闻道集

卷一

农业农村部管理干部学院
教学讲义选编
（2019—2021）

中共农业农村部党校
农业农村部管理干部学院 编著

中国农业出版社
北京

闻道集 **写在前面的话**

近年来，农业农村部管理干部学院深入贯彻习近平总书记重要论述和批示指示精神，着力固本培元强基赋能，大力加强教师队伍建设。把思想政治建设作为第一要务，从群众路线教育到党史学习教育，把学习习近平总书记重要论述一以贯之，不断夯实教师队伍政治之本。以党委中心组带动教师理论学习，以习近平新时代中国特色社会主义思想为重点，用马克思主义理论创新成果培壮教师队伍思想之元。积极选派优秀教师下派挂职、蹲点帮扶，组织基层访谈、实地调研，丰富教师农业农村实践历练，把田头到案头连成一线，不断筑牢教师队伍实践之基。建立健全教学能力培育机制，举办辅导讲座，组织教学观摩，支持青年教师开展教学研究，开展案例教学质量提升等专项行动，落实新课试讲、教学评估等制度要求，塑造教师队伍业务之能。

君子务本，本立而道生。经过多年努力，学院教师队伍讲政治、勤学习、重实践风气蔚然，院、处两级领导干部带头，中高级专业技术人员领衔，老中青结合，与外聘教师有机互补的学院任课教师队伍初具规模，有研究、能讲课、懂培训的科教培复合型人才不断涌现，一批优秀代表荣获全国农业系统先进个人、巾帼建功标兵、三八红旗集体以及中央和国家机关优秀共产党员等称号。

道之所存，师之所存。着眼发展之道、振兴之业、履职之需，学院积极引导、组织教师开发课程、创新教法，提高培训针对性和有效性。2019—2021年，学院56位任课教师开发课程近330门，承担教学任务540余次，授课时长近1 900学时，教学评估平均达到4.91分（满分5分），受到广大学员的欢迎。

闻道有先后，术业有专攻。为展示交流教研成果，促进任课教师互学互鉴，学院决定创编《闻道集》，选编学院任课教师讲义、教案。《闻道集（卷一）——农业农村部管理干部学院教学讲义选编（2019—2021）》收录近3年优秀讲义、教案26篇，涵盖理论与政策、乡村建设与乡村产业、现代农业经营体系、农业农村法治、财会与税收、能力与素养等六个方面。三人行，必有我师焉。提升干部人才教育培训质量水平没有止境，敬请业界同行批评指正。

本书编写组

2022年5月

闻道集／目录

写在前面的话

001 **第一部分**
理论与政策

003 巩固和完善乡村振兴的制度基础
——学思践悟习近平同志重要论述 ················· 闫 石
031 追寻习近平同志关于"三农"工作重要论述彰显的思想品格
与为农情怀形成的历史起点
——《习近平的七年知青岁月》学习体会 ············· 朱守银
069 乡村振兴理论、形势与政策 ····························· 彭 超
088 《资本论》读学悟 ·································· 徐田华
100 《中国共产党章程》导学 ····························· 娄凯强

123 **第二部分**
乡村建设与乡村产业

125 农业绿色发展的理论与实践 ····························· 刘 帅
142 农村人居环境全域整治 ······························· 肖 瑶
149 农业产业发展的"人、货、场" ························· 邵 科
155 休闲农业和乡村旅游典型案例剖析 ····················· 韩 洁

173 第三部分
现代农业经营体系

175　农民合作社规范化建设 ································ 于占海

188　家庭农场的培育与发展 ································ 穆向丽

196　大力发展农业生产性服务业 ······················ 陈　瑜

211 第四部分
农业农村法治

213　农业法律法规概述 ···································· 杨东霞

227　农业行政执法程序解读及文书制作 ············· 汪　明

247　农产品质量安全执法实践 ························· 田　凤

264　农村土地承包仲裁证据规则及应用 ············· 朱信利

277 第五部分
财会与税收

279　政府会计准则制度解释等新制度讲解 ·········· 陈　芯

298　税收政策与实务 ···································· 董烈之

311　村集体资产与财务管理 ··························· 薛　萃

324　农民合作社财务规范要点 ························· 周忠丽

347 第六部分
能力与素养

349　沟通与执行 ·· 徐　倩

359　党校学习方法辅导与演练 ························· 孙晓明

370　高绩效团队建设 ···································· 沈振鹏

381　新时期农垦精神传承与创新 ······················ 甄　瑞

399　新时代机关党建工作的主要问题与创新策略 ····· 黄璟璐

409　工作压力与情绪管理 ······························· 贾　蕾

PART

01

第一部分

理论与政策

巩固和完善乡村振兴的制度基础[*]

——学思践悟习近平同志重要论述

闫　石

　　▶ 农村基本经营制度是乡村振兴的制度基础。本文梳理农村基本经营制度确立完善的历史脉络，指出从联产承包机制到双层经营体制再到基本经营制度，是不断凸显这一制度安排基础性、决定性的过程，也是不断开辟制度空间、放大制度适应性的过程；总结农村基本经营制度变迁和机制变革的经验启示，指出必须坚持党的领导，鼓励农民创造，以经济社会发展主要矛盾牵引农村体制机制变革变迁方向；归纳习近平总书记关于巩固完善农村基本经营制度的一系列原创性思想，强调要系统完整准确把握，切实学深悟透做实；着眼进一步打牢打好乡村全面振兴的制度基础，强调要充分发挥农村基本经营制度对乡村产业振兴、人才振兴、文化振兴、生态振兴、组织振兴的支撑保障作用。

　　党的十八大以来，习近平总书记关于"三农"工作作出了一系列的重要论述，立意高远，内涵丰富，思想深刻，对于我们正确认识"三农"问题、切实做好"三农"工作具有十分重大的指导意义。

　　习近平总书记关于"三农"工作的重要论述，是一个完整的思想体系，贯穿着深邃的历史逻辑、实践逻辑和理论逻辑。讲逻辑必要先讲主题主线。我的体会是，习近平总书记关于"三农"工作重要论述，主题就是农业农村现代化，全部的论述都以推进农业农村现代化为主题来引领，主线就是推动

---

　　* 本文根据在农业农村部第 39 期处级干部任职培训班暨中央党校中央和国家机关分校 2021 年春季学期农业农村部党校处级干部进修班上的课程录音整理而成，该课程评估分值为 5 分。

乡村全面振兴，全部的论述都以这条主线来贯穿。在这个主题主线之下，习近平总书记系统地阐明了一系列重大的理论和实践问题。比如，为什么要振兴乡村？概括地讲，就是一个大局、一个变局的要求。大局就是民族要复兴、乡村必振兴。变局就是百年未有之大变局。应对这个变局，需要做好"三农"工作，发挥"定海针""定盘星""战略后院"这些重要的作用。乡村往哪振兴？就是要实现现代化。现代化是什么样？2020年中央农村工作会议上习近平总书记讲了"两高、两宜、两富"。乡村振兴以什么为抓手？就是习近平总书记讲的五个振兴：产业振兴、生态振兴、文化振兴、组织振兴、人才振兴。

习近平总书记还讲过总要求，5句话20个字，从产业兴旺到生活富裕，是乡村振兴最终要达到的目标。刚提出这5句话20个字的时候，曾经有人提出这与十几年前提出的社会主义新农村建设5句话20个字是什么关系。是不是升级版？我看是，也不是。比如产业兴旺当然比生产发展进了一步，又比如生活富裕当然比生活宽裕又进了一步，我跟我们的同志讲，什么叫生活宽裕？就是兜里有俩钱儿；什么叫生活富裕？就是干啥都不差钱儿。这当然不是一个层次。也有一样的字眼，大家知道，无论过去还是现在，都有乡风文明，而且一个字都没动。但是内涵和要求有所不同，当然也有专家指出，农村精神文明建设任务艰巨繁重，十几年过去了，一些问题我们还没有解决好。

乡村振兴有两个重点要把住，一个是粮食安全，一个是农民增收。维护国家粮食安全是首要任务，增加农民收入是中心任务。还有两个关键，一个是构建城乡融合发展的体制机制和政策体系，一个是巩固完善农村基本经营制度，夯实乡村振兴的制度基础。当然最重要的还有一个根本保证，就是加强党对"三农"工作的全面领导。

建设什么样的乡村、怎么建设乡村，是近代以来中华民族面对的一个历史性课题。100多年来，无论我们党还是党外人士梁漱溟等人、先驱者孙中山先生，都有不少的探索和实践。中国特色社会主义进入新时代，习近平总书记站在党和国家事业全局高度，着眼两个100年奋斗目标，系统科学地回答了新时代要建设什么样的乡村、怎么建设乡村的基本问题，同时根据新的实践，对乡村产业、生态环境、精神文明、社会治理、农村民生、党的建设等各方面都作出了理论分析和政策指导。

刚才提到习近平总书记在 2020 年中央农村工作会议上提出了"两高、两宜、两富"的振兴目标，早前他也讲过"三全"——农业全面升级、农村全面进步、农民全面发展。我想意思是一致的，内涵更具具体明确的指向。特别是关于富裕富足的概括，前段时间也有同志讨论，说高质高效好像是一对概念，好理解；宜居宜业是一对概念，好理解；富裕富足是否也是一对概念，各有各的指向呢？有人认为，富裕主要是富口袋，富足主要是富脑袋。我讲这段话是想说，习近平总书记关于"三农"工作的重要论述是系统的，也是发展的，博大精深，与时俱进，所以对我们的学习而言，既有整体把握的要求，也有学深悟透的要求。

在 2017 年中央农村工作会议上，习近平总书记曾经提出过一个新的论断，即农村基本经营制度是乡村振兴的制度基础，所以我重点就这个论断的学习体会跟大家做一个交流。之所以开这个讲题，除了刚才讲的习近平总书记关于"三农"工作的重要论述内涵丰富、思想深刻、博大精深，既要整体把握又要学深悟透以外，还有四个方面的考虑。

第一，制度带有根本性、长远性。做"三农"工作不论在什么岗位，做什么具体工作，都应当把农村基本经营制度作为一个基本的概念掌握住。

第二，确立农村基本经营制度是农村改革乃至国家改革的重大制度成果，是重大理论创新和实践创新，其中也蕴含着丰富的正确价值观和科学方法论。从这个角度去认识，对我们培训班学员具有特殊重要的意义。处级干部培训班，不少干部是优秀后备干部，大家经历了很多岗位，以后可能走上更重要的工作岗位，专业本领当然很重要，但是掌握正确价值观、科学方法论，重点掌握贯穿其中的马克思主义立场观点方法，这一条是至关重要的。

第三，习近平总书记多次就巩固完善农村基本经营制度作出重要论述，并且亲自推动制度创新、理论创新、实践创新，也提出了很多有关的工作要求。2020 年中央农村工作会议上习近平总书记讲脱贫攻坚取得胜利以后，"三农"工作重心历史性地转移到乡村振兴上来。现在要全面推进乡村振兴，推进乡村全面振兴了，对制度基础怎么认识？应当把这个题目拎出来重新深入学习领会，回答好新形势下的发展课题。

第四，当前正值党史学习教育开展之际，党史为重点，"四史"相统一。有个什么讲题能够更有利于把这"四史"统一起来？我想讲讲农村基本经营制度问题，跟党史、新中国史、改革开放史乃至社会主义发展史，都有直接的关系，对学"四史"，认识历史规律有很好的支撑意义。

一、农村基本经营制度确立完善的基本脉络

2016年，习近平总书记在小岗农村改革座谈会上发表重要讲话，指出，1978年召开的党的十一届三中全会，开启了我国改革开放历史新时期。我国改革是从农村起步的。小岗村是农村改革的主要发源地。当年，18户农民率先发起了大包干。形象地说，就是大包干、大包干，直来直去不拐弯，交足国家的，留够集体的，剩下就是自己的。这种农业生产经营方式，契合农业生产特点，兼顾了国家、集体、农民利益，调动了农民生产积极性，解放了农村社会生产力，受到广大农民欢迎。这段话，精辟概括了农村基本经营制度是怎么来的，有什么内涵，有什么意义，讲得又全面又清楚。我只想提醒一句，习近平总书记讲小岗村是农村改革的主要发源地，请你们注意，说的不是唯一发源地。这是我埋的一个伏笔，后面再作交代。

习近平总书记还讲到，党中央对广大农民实践创造给予了充分肯定，及时总结来自基层的改革实践，形成指导全局的方针政策，引导和推动农村改革不断向前发展。在大包干等农业生产责任制基础上形成的农村基本经营制度——以家庭承包经营为基础、统分结合的双层经营体制，成为农村改革的重大制度成果，成为我们党农村政策的重要基石。

关于基本经营制度确立与完善的基本脉络，考虑到大家可能对农村改革的历程都比较熟悉，我就不再捋了。这里我集中跟大家讲"四个四"，即四个阶段，四个维度，四种形式，四个范畴。

（一）四个阶段

即土地改革及互助合作、合作化、人民公社化、双层经营体制。这是围绕农民和土地的关系划段的。农民和土地的关系、农村土地所有制，在四个阶段呈现不同的形态。郭书田老先生对这四个阶段有个概括的说法，第一阶段叫

私有私营，第二阶段叫私有公营，第三阶段叫公有公营，包括高级社和人民公社，第四阶段是双层经营体制确立以来，叫公有私营。

这个概括表述虽然不尽准确，但是特点鲜明、精练好记。对于各个阶段具体从哪年到哪年，都有什么事，可能我们不同岗位把握的深度不一样。但是从土地所有制、经营形式这个角度要有一个大的概念。1978年到现在算一个阶段，现在看恐怕粗了一些。1978年是农村改革刚开始，双层经营体制还没有确立，1982年、1983年是重要时间节点，一个是普遍实行了"大包干"，一个是废除人民公社体制。1984年提出了承包期15年不变，1993年又提出再延长承包期30年，也都是重要的节点。还包括1999年双层经营体制被写入《中华人民共和国宪法》，我看也是重要的节点。宪法讲农村集体经济组织实行家庭承包经营为基础、统分结合的双层经营体制，这标志着农村土地集体所有、农户家庭承包经营成为全国人民的共同意志，也算是双层经营体制最终在法律层面的确立。所以农村改革以来的40多年怎么分段，我看还可以讨论，从不同的角度也可以有不同的划法。

说到《中华人民共和国宪法》对农村经济体制的规定，"82宪法"就有，"93宪法"做了修改，"99宪法"在双层经营体制上做了明确，各版的宪法都是在第八条规定农村经济体制。经过比较发现，从"82宪法"到"93宪法"的变化，主要是否定了农村人民公社，也不再提农业生产合作社了，反过来把家庭联产承包责任制看作是集体经济的实现形式，强调要以家庭为单位，农户向集体承包，承担对集体的责任。从"93宪法"到"99宪法"的变化，主要是"联产""责任""为主"这些字样没有了，同时明确提出经济体制、经济组织的范畴，强调经营体制的基础是家庭承包经营，特征是统分双层结合。

体会宪法有关规定，联系一段时间来不少人的看法和说法，我想首先要明确，将"农村基本经营制度"写入《中华人民共和国宪法》这一说法是不准确的，因为《中华人民共和国宪法》里没有这个字样，写入的是"双层经营体制"。另外我觉得，"农村基本经营制度"是个政策语汇，不是"法言法语"，或者至少在"99宪法"里没有这个表述。同时也提醒大家注意，《中华人民共和国宪法》规定的是农村集体经济组织实行双层经营体制，不是整个农村经济都是这样的体制。

（二）四个维度

贯穿制度变迁的一条主线当然是农民和土地的关系，但农民和土地的关系不单是土地所有制问题，还包括资源的支配方式特别是劳动力支配方式，包括生产经营的组织方式，包括劳动成果、经营成果的核算方式，包括经济效益的分配方式。支配方式、组织方式、核算方式、分配方式四个方面在过去这些年都有变化，而这四个方面、这些变化，对于区别经济制度、经营制度的各种形态十分重要。

互助合作形式多样，有共同劳作也有分散劳作，其中最有代表性的一种是固定的常年的有组织的合作，把人力耕畜从农户家庭支配转变到合作社互助组来统一调配、共同使用。到初级社，跟互助组相比的重要变化，一个是生产资料包括土地、耕畜、农地折价入股，还有一个是开始记工分了。生产资料折价入股，劳动要记工分，当然分配上就按工分和股份两条线来分配。到高级社，土地就明确归为集体所有，那就不是折价入股了，当然也就没有了按股分配。到人民公社，就统得很死了。相反，农村改革以来，特别是 20 世纪 90 年代以来，经营方式的演进越来越丰富多样。刚才我讲过郭书田老先生的 16 字概括，如果借用那种表述逻辑，农村改革特别是 90 年代以来，也可以说是公有多营，也就是说，实行双层经营体制开辟了以家庭承包为基础、公有多营的新时期。

在思想认识层面或者理论层面看这些变化，可以体会到，原来我们以为集体所有和统一经营是要绑到一块的，集体所有必然要求统一经营。这和认识社会主义市场经济的逻辑同出一辙，最早前讲计划经济为主，市场调节为辅，后来讲有计划的社会主义商品经济，再后来讲到市场经济，逐步明确社会主义市场经济体制。实际上开始的时候是把社会主义跟计划经济绑在一块的，那个时期我们对农村经济体制的认识，就是一定要把集体所有和统一经营绑到一块。后来的突破就是说集体所有并不必然要共同劳作，并不必然要统一经营、统一核算、统一分配。所以我们讲，包产到户、包干到户、双层经营体制、家庭承包经营是对马克思主义合作制理论的一个突破。同时我们也认识到，所有制、所有权这些东西是静态的，但是所有制实现的形式、实现的机制是动态的，它就包括生产组织经营、成果核算分配等。所以现在就不像那些年，一再在所有制问题上折腾，而是坚持集体所有，既不搞私有也不搞国有，同时注重在不同的行业领域、不同的阶段和条件下去选择最适合生产力发展要求的经营方式。今后，也还要不断探索集体经济有效实现形式，不断创新行之有效的经营方式，从而不断巩固和完善农村基本经营制度。

（三）四种形式

这里特指包产到组、包产到户、包干到组、包干到户。20 世纪 70 年代末农村改革初期，实际是存在着很多种形式的农业生产责任制，除了刚才提到的，还有小段包工、专业承包、联产到劳等等。但是这四种是典型形式。当时全国农村基本核算单位实行包干到户的，在 1979 年只有 2 000 个，1981 年就达到了 228 万个，占到当时生产核算单位比例 38%，到 1983 年这个占比就达到了 98%，数量是 576 万个，基本上都实行了"大包干"，即包干到户。

为什么包干到户成为最主要的形式？这里面当然有一个政策逐步松动的过程，有一个思想认识逐步统一的过程，也有一些地方一些干部不愿意多操心的因素，因为包干到户就省事了。但是决定性的因素还是包干到户最简单、最直接、最方便，充分赋予了农户生产经营自主权。包干到户的内涵是什么？形象地说，就是交够国家的，留足集体的，剩下都是自己的。改革赋予农民生产经营自主权，这是最根本的。同时也要看到，经营、核算、分配也都需要发生成本，都需要由组织管理协调。降低这些成本，也是最后普遍实行了包干到户的重要原因。到组、包产行不行，好不好？也行，也好，但是到组多了一个管理协调的层次，包产虽然做到了产量额定上缴超额奖励，减产有罚，但不同于包干的是，没把国家的税收、定购任务、集体提留这些东西包括进去，所以生产队当然还要进行统一的核算和分配。在这个过程中，生产队之间、生产队和农户之间也还有不少的矛盾。回顾这个历程，无论是家庭承包的成功还是人民公社的教训，都从正、反两个方面反映了农业家庭经营的重要性。

包干到户具有革命性意义，1983 年中央一号文件对此作出了精辟概括。"联产承包责任制迅速发展，绝不是偶然的。它以农户或小组为承包单位，扩大了农民的自主权，发挥了小规模经营的长处，克服了管理过分集中、劳动'大呼隆'和平均主义的弊病，又继承了以往合作化的积极成果，坚持了土地等基本生产资料的公有制和某些统一经营的职能，使多年来新形成的生产力更好地发挥作用。这种分散经营和统一经营相结合的经营方式具有广泛的适应性，既可适应当前手工劳动为主的状况和农业生产的特点，又能适应农业现代化进程中生产力发展的需要。在这种经营方式下，分户承包的家庭经营只不过是合作经济中一个经营层次，是一种新型的家庭经济。它和过去小私有的个体经济有着本质的区别，不应混同。因此，凡是群众要求实行这种办法的地方，都应当积极支持。当然，群众不要求实行这种办法的，也不可勉强，应当始终允许多种责任制形式同时并存。"

关于家庭经营的重要性，这些年来也有很多的研究、讨论和概括，揭示了它内在的必然性。归纳起来，主要是三句话：第一，看劳动对象，农业的劳动对象是生物，所以农业生产经营必须适应生物生长连续的特点，不可分割的特点，不可中断的特点，来全程进行管护。第二，农业的基本生产资料是土地，土地广阔而不可移动，所以生产经营就必须适应土地这个特点及时转换经营的场所、作业的场所。第三，农业的生产环境比较复杂，受自然条件影响大，所以管护、转换必须灵活机动。在这三个方面，农业的特点跟工业有截然的不同，概括地讲，农业生产经营不能分段，不能集中，不能固定场所进行，而恰恰在这"三不能"上，家庭生产经营都能够满足要求、适应要求，特别是在核算上，因为家庭再生产的周期是要远远长于以季、以年为单位的农业生产周期的，所以它不需要在一个短周期内去算计。包括家庭成员之间的关系，当然主要不是经济关系，而是血缘、姻缘、亲缘关系，也包括家庭成员结构，性别上、年龄上、体质上、技能上有多样性。这是对家庭经营进而对包干到户必然性的理论分析，认为这种生产经营组织方式最适合农业生产。

我讲这段话也是想提醒大家思考，40 年前固然如此，再往前说，400 年前、1 400 年前也是如此。但是今天的农业和 40 年前是不是还能同日而语？我们对劳动对象的控制、对土地的依赖利用、对自然条件因素影响的应对，或者正面讲，农业物质装备、技术手段和那时比已经大大不同了。从生产经营者和农户家庭方面来看，农户家庭的结构、劳动力的构成都发生了巨大深刻的变化，和城里一样，农村现在也是两三口、三四口人这样的小家庭，而不是过去的七八口人、十几口人那样的大家庭。过去农村的孩子捡麦穗、插秧苗，这样的农活现在的孩子已经不干了，所以现在不可能有半劳力。这些都是深刻的变化，由此也应当对新发展阶段农业的生产经营方式有一个重新的审视。《关于建国以来党的若干历史问题的决议》里有一段话，讲社会主义生产关系并不存在一套固定的模式，我们的任务是要根据我国生产力发展的要求，在每一个阶段上创造出与之相适应的和便于继续前进的生产关系的具体形式，我认为这句话很有概括性和指导性。

（四）四个范畴

农业生产责任制、联产承包责任制、双层经营体制、基本经营制度，这四个范畴有一个逐步明确的过程。

先看 20 世纪 80 年代。1982 年中央一号文件肯定了不同形式的农业生产责任制，"截至目前，全国农村已有 90% 以上的生产队建立了不同形式的农业生产责任制；大规模的变动已经过去，现在，已经转入了总结、完善、稳定阶段。"1984 年中央一号文件提出了"联产承包责任制"，并要求"继续稳定和完善联产承包责任制，帮助农民在家庭经营的基础上扩大生产规模，提高经济效益"。1987 年中央五号文件提出，"要完善双层经营，稳定家庭联产承包制"，"同时发展多种形式的经济联合"，"争取再以五年或稍长一点时间，使新体制充实和完善起来，在农村经济中发挥主导作用"。文件提出了"双层经营"，但后面没有"体制"二字，接着说的是"稳定家庭联产承包制"。

20 世纪 90 年代开始实行以家庭联产承包为主的责任制和统分结合的双层经营体制。1990 年 12 月 1 日，中共中央、国务院发出《关于一九九一年农业和农村工作的通知》指出，"在农村改革中，通过实行以家庭联产承包为主的责任制，建立了统分结合的双层经营体制，为集体经济找到了适应生产力水平和发展要求的新的经营形式。这种经营体制，具有广泛的适应性和旺盛的生命力，一定要作为农村的一项基本制度长期稳定下来，并不断加以完善。稳定是完善的基础，完善不是要改变家庭联产承包，而是要妥善解决实施过程中存在的问题。"

在整个 90 年代，先后把这个体制明确为集体经济新的经营形式，农村的一项基本制度，党在农村的一项长期基本政策，农村集体经济的基本制度，等等。1991 年党的十三届八中全会提出要把实行以家庭联产承包为主的责任制，建立统分结合的双层经营体制作为党在农村的基本政策之一。1992 年党的十四大强调要把双层经营体制作为一项基本制度长期稳定下来，1993 年党的十四届三中全会明确以家庭联产承包为主的责任制和统分结合的双层经营体制是农村的一项基本制度。特别是《中共中央、国务院关于1994年农业和农村工作的意见》（简称《意见》），第一次明确提出了农村基本经营制度。《意见》要求，"按照建立社会主义市场经济体制的目标，进一步深化农村改革，今年农村改革要着重抓好以下五方面的工作……（二）完善农村基本经营制度。重点抓好延长耕地承包期和土地使用权有偿转让等政策的贯彻落实。当前要特别注意两个问题：一是借机撕毁或变更尚未到期的承包合同；二是随意提高承包费，变相增加农民负担。要认真研究在30年的承包期内，如何发展多种形式的适度规模经营，研究土地使用权依法有偿转让的具体规则。实行'增人不增地、减人不减地'的地方，对可能出现的新情况和新矛盾，也要及早确定妥善的解决办法。"

我在读文献的时候发现，"基本经营制度"这个说法好像其他领域没有，"农村基本经营制度"这个概念国外好像也没有。从"责任制"到"双层体制"到"基本经营制度"，我们经历了一个发展和认识的过程。为什么最后要把双层经营体制概括为农村基本经营制度？有说法认为作这个概括是因为"以家庭承包经营为基础，统分结合的双层经营体制"太长，不如"农村基本经营制度"8个字简练，我觉得这种解释可能太简单了。

理解这个表达的变化，需要搞清楚机制、体制、制度三个概念的内涵及其相互关系。机制本来是指机器构造运作的机理原理，后来被解释成在一个系统内部各个部分的相互关系以及相互作用变化的原因、方式、过程。体制是一套规范体系，是关于组织机构设置、领导隶属关系、管理权限划分这些方面的体系、方法、形式的总称。体制决定机制，也包含着机制，体制是机制发挥作用的前提条件，同时也只有依赖跟体制相适应的机制，这个体制才得以实现。概括机制、体制和制度的关系，可以说体制是制度形之于外的具体表现和实施形式，制度决定体制的内容，并由体制来表现，体制的形成发展受制于制度，又对制度的实施、制度的完善具有重要的作用。机制和制度的关系呢？机制受制于制度之下，是在体制之内，同时也有助于制度和体制的运行和实现。

分析这些概念范畴有助于引出两个结论。

第一，从家庭联产承包责任制（这实际是个机制）到集体、农户双层经营体制，再到农村基本经营制度，凸显了这个制度安排的基础性、决定性，提升了体制制度的地位，凸显其重要。举例子说可能更容易理解。大家知道，党的十九届四中全会一个重大理论创新就是把社会主义市场经济体制和所有制、分配方式并列作为社会主义基本经济制度的一个重要内涵。所以大家可以体会，为什么把社会主义市场经济体制作为我国基本经济制度？我们可以套着想，我们为什么把双层经营体制明确为基本经营制度？我的体会是，提升了地位，凸显其重要性，凸显制度安排的基础性、决定性。

第二，从联产承包这样一个机制到双层经营这样一个体制，再到基本经营制度，也开辟了制度的空间，放大了制度的适应性。前面我曾提醒，"99 宪法"写的是农村集体经济组织实行双层经营体制。如果我们局限于在这个组织实行这个体制，很多概念、范畴、实践就摆不进去了，这个制度框架就包不住了，包括我们搞合作经营、搞产业化、搞社会化服务，或者一句话说，赋予双层经营体制新的内涵就摆不进去了。党的十七届三中全会曾经提出过著名的"两个转变"，第一个是家庭经营要向采用先进科技和生产手段方向转变，还有一个是统一经营要向发展农户联合合作形成多元化、多层次、多形式经营服务体系的方向转变，后面又进一步讲要发展集体经济，要培育农民新型合作组织，要发展各种农业社会化服务组织，要鼓励龙头企业连带农民，提高组织化程度。所以我想，这恐怕是从农村集体经济组织实行双层经营体制到把这一体制概括提升为农村基本经营制度最大的意义，就是开辟了制度建设的空间，拓展了制度的适应性。

二、基本经营制度变迁和机制变革的经验启示

这些年我们经常讲要跳出农业看农业、跳出农村看农村，特别是最近几年又讲农业问题、农村政策不能单从经济上看，特别要从政治上看，等等。这里我主要跟大家交流两个方面的体会，第一是农业农村和大局全局的关系，第二是农民创造和党的领导的关系。

（一）农业农村和大局全局的关系

先说土地改革。从大局全局来看，当年实行土地改革是要继续完成新民主主义革命，实现党对农民"耕者有其田"的承诺，满足亿万农民千百年来的愿望。

也是我们党在全国执政之初要医治战争的创伤，要保证新中国真正站住脚的需要。当时在军事上，国民党还有100多万军队在大陆，在西南、华南、沿海岛屿、新的解放区，还有不少国民党的残余势力、残余力量跟当地的恶霸、土匪相勾结，对新政权的对抗、破坏十分猖狂。在政权建设上，过去国民党实行的是"保甲制"，这样的旧政权亟待改造。在经济上，国民党留下的千疮百孔烂摊子亟待收拾。这是当时的大局全局。1950年6月，在党的七届三中全会上，毛泽东主席指出，不要四面出击。争取国家财政经济状况的基本好转，这是全党在那个时期的中心任务。实现这个任务需要3个条件，其中之一就是用3年左右时间完成土地改革。所以到1952年年底新的解放区都实行了"土改"，3亿农民分到了7亿亩*土地，政治热情、生产积极性都得到了极大激发，粮棉油产量逐年增加，同时也推动了工农联盟的巩固、农村基层政权的建设，从根本上铲除了中国封建制度的根基，实现了近代以来中国人民反封建斗争的历史性胜利。说到铲除封建制度根基，这一条是十分重要的。无论我们党当时的认识还是这些年来学者的研究，都认为中国历史上封建朝代更替跟小农经济、地主土地所有制，跟这种制度下对小农的巧取豪夺、剧烈的土地兼并激化农村矛盾都有重要的关系。这是土地改革一个重要的背景、出发点和目的。

再说过渡时期总路线和农业合作化。"土改"的3年时间，我们党同时在政治、经济、军事各个方面取得了超出预期的好成绩，因此信心、热情也进一步高涨，就提出要向社会主义过渡。1953年6月，毛泽东主席第一次提出了"过渡时期总路线"，就是要在一个相当长的时期内，逐步实现国家的社会主义工业化，并逐步实现国家对农业、手工业、资本主义工商业的社会主义改造。这叫"一化三改"。其中对农业的社会主义改造是源于党对"土改"以后农村出现的某种程度的贫富差距的关注，乃至对两极分化的担心，当时有中农化的趋势，有富农化的倾向，因为农民分到土地以后，多年的传统、意识形态就是想要发家致富。但是一部分人发家，另外一部分人受到当时条件的限制，就可能会卖地。

除了这个方面以外，我想特别提示的是，当时农村分散落后的个体经济也难以满足城市和工业发展对粮食、对农产品原料不断增长的需要。"统购

---

*　亩为非法定计量单位，1亩＝1/15公顷。——编者注。

统销"这个体制大家也都很熟，那为什么要搞统购统销？概括地讲就是为了保证大规模建设的需要，为了克服粮食紧张的局势，在农村实行粮食的计划收购，在城市实行粮食的计划供应。这实际上对农村经济体制也提出了要求，组织起来才能够保证粮源。1953 年 12 月中共中央作出的《关于发展农业生产合作社的决议》强调，农业个体经济与社会主义工业化高涨之间的矛盾日益暴露，这是一个很大的矛盾。所以党在农村工作中最根本的任务就是逐步实行农业的社会主义改造。这个逻辑就讲得很清楚了。主要矛盾是什么？是分散落后的农业农村个体经济和社会主义工业化建设之间的矛盾。农业要支持工业，农村要保障城市，因此要对农业进行社会主义改造。这是当时一个重要的背景。不难体会，农业经济体制的调整有农村本身的问题，更有大局全局的需要。

刚才讲"一化三改"，以农业的社会主义改造来支持支撑社会主义工业化，这是一面。另外一面，农业社会主义改造和资本主义工商业的改造也是紧密相连的，农业的改造深刻影响着资本主义工商业的改造。通过农业改造，把农民组织起来，资本家再想采购原料，就得找合作社；资本家再想销售产品，也得找合作社。资本主义工商业从原料和市场两头都受到了严格的控制，出路只有一条，就是接受改造。当然，为什么要改造资本主义工商业，那是另外一个问题，就是要把经济命脉、主要的经济生产掌握到国家政权手中来。

回顾这段历史，可以体会到，我们农业农村体制变革、机制变迁和任何事物的发展变化一样，都有主客观的条件，在客观上讲，既有系统内的因素，也有系统外的因素。从外部因素来考察，可以这么讲，农业农村的问题从来不是孤立的，不是独立的，它总是在全局之中和其他方面联系互动的，甚至可以说是大局、是经济社会发展主要矛盾决定解决农业农村问题的取向，决定农村体制机制变革变迁的方向。我们在今天讨论巩固和完善农村基本经营制度，也要增强自觉，把农业农村工作摆到推进社会主义现代化事业的大局中，摆到实现中华民族伟大复兴的全局中，摆到"五位一体""四个全面"的布局中，摆到应对百年未有的变局中，摆到构建新发展的格局中，在大局、全局、布局、变局、格局之中，结合农业农村农民实际，谋划农村改革，巩固和完善农村基本经营制度。

（二）农民创造和党的领导的关系

给大家讲 3 个历史片段。

凤阳县委书记陈庭元是 1979 年 4 月知道小岗事件的，当时梨园公社要求小岗生产队退回到包干到组，陈庭元对公社书记张明楼表示，"就让他们干一年试试看吧！"

1979 年 11 月，滁县地委在凤阳县召开全区农业工作"三级干部会"，其间在小岗生产队挨家挨户查看收成，地委书记王郁昭对生产队队长说：县委同意你们干 1 年，地委同意你们干 3 年。

1980 年 1 月，安徽省委召开扩大会议，扩大到县委书记和各部门一把手，万里同志在会上明确地说：包产到户不是单干，而是责任制的一种形式。会后，万里来到小岗，挨门挨户走访，面对农民的疑虑和要求，万里表示：地委批准你们干 3 年，我批准你们干 5 年。

这里一是提到了凤阳县委书记陈庭元，二是提到了滁县地委书记王郁昭，三是提到了万里同志。小岗的故事大家听过很多遍，实际也有很多版本。18 户农民摁了红手印，当然是一个很大的突破，冒了很大的风险。但是离不开各级党组织，特别是主要负责人的认识、勇气、担当和决断，农民的创造离开党的正确领导就不可能修成正果。

万里同志是 1977 年 6 月到安徽担任省委书记的，去了以后搞了几个月的调研，主持安徽省委常委会通过了安徽"省委六条"，即《关于当前农村经济政策几个问题的规定》，实际是放宽了政策。"省委六条"影响很大，1978 年 2 月 3 日《人民日报》在头版刊发了长篇通讯即《一份省委文件的诞生》，并且配发了一篇评论，即《尊重生产队的自主权》。可见那时候的人对这些问题的认识也是相当深刻的，明确点出了责任制、自主权问题。1978 年春天在安徽各地都创造了多种多样的承包形式，但是那一年赶上了严重的干旱，减产成为定局。所以到八九月份，安徽省委决定借地度荒，调动农民抗灾自救积极性。在这个背景下，1978 年 9 月初，合肥边上的肥西县有个山南区，山南区的区委书记汤茂林在那里主持搞起了包产到户。山南区 3 个公社搞了包产到户，引发了不少议论，包括很尖锐的意见，因为那时候关于真理标准问题的讨论虽然已经展开了，但是中央文件还明确规定不许分田单干，不许包产到户。1979

年2月，万里就此安排调研，听取汇报，组织安徽省委常委会专题讨论，决定把山南公社正式定为安徽省委搞包产到户的试点，但是嘱咐不宣传、不推广、不登报。1979年5月、12月，万里有两次到山南实地调查，鼓励当地大胆试，考察当地生产丰收的情况。至于考察结果，他讲不虚此行。

有一本书叫《伟大的历程——中国农村改革起步实录》，作者是吴象同志。书中记叙了前面讲过的故事。我在看这一节的时候，心里边是带着一个问号的，为什么小岗能后来居上成为典型、成为农村改革的主要发源地？这个问号我现在也没有完全捋顺，但是也有了一些头绪。第一，小岗是当时凤阳县梨园公社最穷的一个生产队，同时也是人心最散、生产组织最难的一个生产队，18户有17户干过生产队队长，谁也干不长。第二，小岗搞的是包干到户，前面讲的山南公社搞的是包产到户，包干比包产彻底，利益更直接，方法更简便，农民更欢迎。第三，小岗1979年农业增产效果特别显著，材料上讲，1978年冬天，摁了手印"分田到户"以后，一个生产季，1979年小岗向国家交售的粮食比原来超了7倍多，卖给国家的花生、芝麻超过任务80多倍。第四，可能还有一点原因，就是小岗的包干到户没有出现反复。刚才提到的山南公社搞的包产到户出现过波折，省委定的试点，县委后来换了人，5月份发了一个文件，说包产到户要退到包产到组，当然只过了一两个月，县委又发了一个文件，还是搞包产到户，做了纠正。尽管时间不长，但是也在思想上和实际上产生了很大影响。

万里说，"我批准你们干5年"，接着又说，只要能对国家多贡献，对集体能够多提留，社员生活能有改善，干一辈子也不能算开倒车，谁要是说你们开倒车，这场官司由我来跟他去打。万里离开小岗的时候盛情难却，带走了一袋花生，回去在主持召开省委常委会的时候，他把一袋花生都带到会议桌上，跟常委们分享，这实际上也是对小岗进一步的肯定，在省委统一了认识。万里讲包打官司，也不是空穴来风，不是夸大其词，因为当时有"两个凡是"，对于农村改革的探索，对于责任制的具体形式，无论是包产到户，还是包干到户，争论都是十分激烈的。1979年3月15日《人民日报》头版头条刊登过一封群众来信，叫"张浩来信"，这个张浩是甘肃的，来信反对双包到户。报纸同时还配发了编者按，编者按讲，已经出现分田到组、包产到组的地方，应当正确贯彻执行党的政策，坚决纠正错误做法。在头版头条刊发读者来信，并配发编者按，你们可以想见这有多特殊，可以说来头不小，也确实在全国造成了相当影响。直到 1980 年 5 月，小平同志有个谈话，肯定了肥西、凤阳农民的创造，这可以说是对双包到户最有力的支持。但是，不论在广大干部群众那儿，还是在中央高层，在各省省委书记那里，也还有不同的认识。反映在 1980 年 9 月中央的 75 号文件上，就有一个折中的说法，既说包产到户没有脱离社会主义轨道，又不明确肯定它是社会主义集体经济责任制的性质。1982 年，中央肯定了各种行之有效的责任制，给包产到户、包干到户都"上了户口"。1983 年中央一号文件进一步指出，家庭联产承包责任制是党的领导下中国农民的伟大创造，是马克思主义合作化理论在我国实践中的新发展。从这些回顾中，我们不难体会，农村改革离不开党的基层组织负责人、地方领导人和党中央对农民创造的引导、鼓励和肯定。

事实上，包产到户早在 20 世纪五六十年代就出现过，但是搞一趟赶上了打"右派"，搞一趟赶上了反"右倾"，搞一趟赶上了搞"社教"，曾经三起三落，一遍一遍地被认为是资本主义，是修正主义，受到打压，没有成器。所以比较五六十年代和 70 年代末几段历史，我不好说如果没有汤茂林，没有陈庭元，没有王郁昭，山南的改革、凤阳的改革、滁县的改革会怎么样，也不好说如果没有万里同志，特别是没有小平同志，安徽的改革、全国的改革会怎么样，但是我想可以肯定地讲，如果没有真理标准大讨论带来的思想解放；没有党的十一届三中全会拨正社会主义建设发展的航向；没有党的十一届三中全会提出全党工作重心转移到经济建设上来，不再以阶级斗争为纲；没有那个时期平反昭雪冤假错案，把扣错了的帽子摘下来，解放了所谓的"右派"；没有邓小平同志倡导的"允许看、不争论"，一句话说，没有党的正确领导，70 年代末这一波探索、这一场改革，也不可能修成正果。

三、新时代巩固完善基本经营制度的理论创新

世纪之交的一二十年，农业农村发展的环境发生了巨大的变化，农业农村自身也出现了一些新的情况和趋势。对这些新的情况、问题、变动、趋势，习近平总书记洞若观火，在他的论述中提到过很多。比如，在 2013 年中央农村工作会议上，他讲，"目前，随着农村分工分业发展和大量农民进城务工，相

当一部分承包土地的农户不种地了……现在，承包经营权流转的农民家庭越来越多，土地承包权主体同经营权主体发生分离，这是我国农业生产关系变化的新趋势。"在 2017 年中央农村工作会议上，他讲，"乡土社会的血缘性和地缘性减弱，农民组织化程度低、集体意识弱，'事不关己、高高挂起'的心态普遍存在，乡村秩序的基础受到冲击。"在 2020 年中央农村工作会议上，他讲，"粮食生产一大软肋是生产成本偏高，解决办法还是要创新经营方式。"类似这样的分析很多，我引这么几段，只是想传达一个意思，就是时代是思想之母，实践是理论之源。

习近平总书记关于"三农"工作的一系列重要论述，都是站在党和国家事业全局高度深刻洞察农村农业发展变化新的情况、新的问题、新的趋势作出的重要论断，特别是先后 5 次的重要讲话，除了 3 次中央农村工作会议讲话以外，还有一次在小岗村主持农村改革座谈会的讲话，一次是中共十九届中央政治局第八次集体学习讲话。建议大家把这 5 篇讲话专门集中起来反复地加以学习。

这 5 篇讲话里面有 3 篇，习近平总书记专门集中地阐述了农村基本经营制度问题。第一篇是 2013 年中央农村工作会议上的讲话，主要阐述了"三农"工作 5 个重大问题，包括粮食安全问题、谁来种地问题等等，坚持和完善农村基本经营制度是 5 个重大问题中的第二个。在讲话中，习近平总书记首先肯定了农村基本经营制度政策基石、首要的地位，第一次阐发了 3 个方面实实在在的政策要求，就是"三个坚持"，也提出要适应农业生产关系变化的新趋势、新要求，探索实行"三权"分置，创新农业经营体系，提出要把握好土地经营权流转、集中、规模经营的度，概括为"三个相适应"，也提出土地流转要审慎稳妥推进，对工商资本下乡要严格租赁门槛等一系列重要的论述。讲话已经公开发表了，建议大家拿在手上反复去看、去体会。

第二篇集中是 2016 年在小岗村农村改革座谈会上的讲话，除了强调农村基本经营制度的重要地位，再次阐明"三个坚持"、"三权"分置、"三个相适应"等一系列重大问题之外，习近平总书记强调要以足够的历史耐心来推进改革，推进农业经营方式的转变。历史观问题、历史思维问题，我们应当高度注意。回顾当年发展合作化那段历程，人民公社体制下反复折腾的那些教训，其中一条也有工作过急、过糙，对人民群众历史主体地位尊重不够的问题。高级社在几个月的时间内就普遍建立起来了，人民公社只用了一个多月的时间就普遍建立起来了，几百万高级社在一个月左右变成了 6 万个人民公社，这么大的体制变动变迁，无论是干部，特别是群众，你们可以想见适不适应，特别是当时有一些农户根本没有参加到合作社中来，一步迈进了人民公社。人民公社搞"一大二公""一平二调"，留下的教训是十分深刻的。今天我们应当特别体会习近平总书记强调的，改变分散粗放的农业经营方式是一个较长的历史过程，需要时间和条件，不能操之过急。很多问题要放在历史的大进程中去审视，一时看不清的，不要急着去动。习近平总书记讲了历史教训、历史耐心，强调要尊重农民意愿，维护农民权益，把选择权交给农民，由农民去选择，而不是代替农民做选择。这一点，无论我们做什么工作，在哪个岗位上工作，都是十分重要的思想方法。

第三篇是 2017 年中央农村工作会议上习近平总书记的重要讲话，主要阐述实施乡村振兴战略的有关问题。在这篇讲话里，习近平总书记系统阐述走中国特色乡村振兴道路问题，提出七条基本要求，其中巩固和完善农村基本经营制度走共同富裕之路是第二个要求。讲话首先明确了农村基本经营制度是乡村振兴的制度基础，强调了处理好农民和土地的关系仍然是深化农村改革的主线。讲话要求要确保延包 30 年的政策落实好，要完善承包地"三权"分置的制度。讲话还指出，壮大农村集体经济是引领农民实现共同富裕的重要途径，提出要探索宅基地"三权"分置。这篇讲话里有很多重要的创新的思想观点，就我个人体会而言，关于小农的论述就是比较突出的一点，讲话揭示了小农生产的现实性，小农生产的特殊作用，要求发挥新型经营主体的带动作用，把小农生产引入现代农业发展轨道。

无论是这 3 篇讲话集中的阐述，还是其他讲话、批示、指示中有关的阐述，关于巩固完善基本经营制度，习近平总书记有一系列重要的观点，其中很多是对我们党"三农"思想理论的创新发展，我这儿归纳了九条，说不上系统、完整、准确，目的是和大家一起，进一步熟悉习近平总书记关于农村基本经营制度的重要论述，并从中体会我们党的"三农"思想理论的创新发展，特别是党的十八大以来，习近平总书记的创新发展。

第一条，在山东考察时，习近平总书记提出要加快构建新型农业经营体系。讲话明确了要以解决好地怎么种为导向，明确了一系列关于新型农业经营体系的重要内涵，提出了要推进家庭经营、集体经营、合作经营、企业经营共同发展，指出这是党的十八届三中全会有关的重大理论创新和实践突破，强调这是对双层经营体制的丰富和完善。前面我讲到过机制、体制、制度、责任制、双层体制、基本经营制度，讲到这儿，大家可能更容易体会，如果只讲农村集体经济组织实行双层经营体制，那合作经营、企业经营、共同发展就没地方放了。

第二条，关于"三权"分置，习近平总书记2013年提出承包权和经营权分置并行，以利于更好地坚持集体对土地的所有权，更好地保障农户对土地的承包权，更好地用活土地的经营权，更好地推进现代农业发展。习近平总书记开篇就点明完善农村基本经营制度需要在理论上回答一个重大问题，最后他肯定了"三权"分置是我国农村改革又一次重大创新。

第三条，习近平总书记提出坚持党的农村政策首要的就是坚持农村基本经营制度，具体阐述了农村基本经营制度3个方面实实在在的政策内涵，要求以不变应万变，推动提高农业生产经营集约化、专业化、组织化、社会化。

第四条，关于大历史观问题。习近平总书记强调"农村土地承包关系要保持稳定，农民的土地不要随便动"，指出"改变分散的、粗放的农业经营方式是一个较长的历史过程，需要时间和条件，不可操之过急，很多问题要放在历史大进程中审视，一时看不清的不要急着去动"。2020年中央农村工作会议上，习近平总书记又讲到，"今年受新冠肺炎疫情冲击和国际经济下行影响，一度有近3 000万农民工留乡返乡。在这种情况下，社会大局能够保持稳定，没有出什么乱子，关键是农民在老家还有块地、有栋房，回去有地种、有饭吃、有事干，即使不回去心里也踏实。全面建设社会主义现代化国家是一个长期过程，农民在城里没有彻底扎根之前，不要急着断了他们在农村的后路，让农民在城乡间可进可退。"我个人体会，"不急"的内涵，就是要遵循历史规律，汲取历史教训，保持历史耐心，发挥好我们基本经营制度、农村经济体制的优势。

第五条，提出要坚持"三个相适应"，要把握好土地经营权流转集中规模经营的度。"三个相适应"就是土地经营权流转集中规模经营的度要与城镇化进程和农村劳动力转移的规模相适应，要与农业科技进步和生产手段的改进程度相适应，要与农业社会化服务水平提高相适应，不能片面追求"快"和

"大"，更不能人为"垒大户"。

第六条，深化了对小农户、小农生产、小规模家庭经营的认识，要求处理好培育新型农业经营主体和扶持小农生产的关系，发挥新型主体带动作用，把小农生产引入现代农业发展轨道。坦率地说，在过去很长时间里，我的认识水平也十分有限，学习了习近平总书记这方面的重要论述，才体会到小农生产的生态意义、文化意义，所以不能从经济上看，更多要从政治上看，还要从社会上看，从文化上看，从生态上看。正确认识小农问题是社会主义建设的一个基本问题，是将来几十年农村改革发展现代农业建设一直要面对的一个基本问题，也是我们应该高度重视、切实注意的一个问题。

第七条，习近平总书记讲，新形势下深化农村改革的主线，仍然是处理好农民和土地的关系，现阶段深化农村土地制度改革，要更多考虑推进中国农业现代化问题，既要解决好农业问题，也要解决好农民问题，走出一条中国特色农业现代化道路，要求要突出抓好农民合作社和家庭农场两类主体，赋予双层经营体制新的内涵，不断提高农业经营效率。农业农村部管理干部学院里有一个部门，合作社发展中心，我跟合作社发展中心党小组的同志们讲，他们对习近平总书记关于"三农"工作的重要论述的学习，应当有更加具体的要求，我建议他们从总书记关于农民合作社论述学起，进一步学习关于经营体系有关论述，进一步学习现代农业体系有关论述，一步步深入和提升。我也跟他们讨论，习近平总书记讲赋予双层经营体制新的内涵，这句话怎么来理解？在这段话里直接的理解，就是突出抓好了合作社和家庭农场两类主体，就赋予了双层经营体制新的内涵，这跟党的十七届三中全会讲"两个转变"是一致的，家庭经营就是要向集约化方向转变，统一经营绝不是仅指集体经济组织那一块，在这里就包括了农民合作社，生产在家、服务在社。

第八条，习近平总书记明确提出要走共同富裕之路，反复强调农村土地制度改革不能把农村土地集体所有制改垮了，要求要完善农村集体产权权能，发展壮大新型集体经济。

第九条，推动出台保持土地承包关系长久不变的重大举措，决策再延长土地承包期30年。

这些重要论述有的过去没讲过，有的过去没讲到这个深度，有的过去没这么讲过，所以我感到这是习近平总书记对我们党"三农"思想理论的重要创新发展。

讲到习近平总书记的创新发展，我还想专门提一下小平同志有关发展农村集体经济的重要思想。有一段话可能很多同志都熟悉，就是1980年5月小平同志和胡乔木、邓力群的一段谈话。谈话充分肯定了家庭联产承包责任制之后，接着又说了一段，强调我们总的方向是发展集体经济，同时提出了高水平集体化的问题。怎么实现高水平的集体化？小平接着又讲，关键是发展生产力，要在这方面为集体化的进一步发展创造条件。具体来说，要实现以下4个条件："第一，机械化水平提高了（这是说广义的机械化，不限于耕种收割的机械化），在一定程度上实现了适合当地自然条件和经济情况的、受到人们欢迎的机械化。第二，管理水平提高了，积累了经验，有了一批具备相当管理能力的干部。第三，多种经营发展了，并随之而来成立了各种专业组或专业队，从而使农村的商品经济大大发展起来。第四，集体收入增加而且在整个收入中的比重提高了。具备了这四个条件，目前搞包产到户的地方，形式就会有发展变化。"

我想你们已经注意到，原文括号中强调机械化是广义的，在今天说，是不是也可以引申到科学技术的进步、物质装备水平的提高、技术手段的改进呢。在机械化和合作化的关系方面，我们党历史上是有不同认识的，党的高级领导干部之间是有争论的，大家可以体会小平同志是怎么认识这个问题的。说到"有了一批具备相当管理能力的干部"，这也是对我们做干部教育培训工作的要求，本质上讲是要提高管理水平。人民公社时期，之所以存在很多问题，其中一个方面也跟干部的管理水平有关，一乡一社、几乡一社，甚至一个县一个公社，管理跟不上，弄不过来。小平同志讲，"多种经营发展了，并随之而来成立了各种专业组或专业队，从而使农村的商品经济大大发展起来了"，我们能不能从中读出今天讲的社会化服务组织、社会化服务体系的味道呢。"集体收入增加而且在整个收入中的比重提高了"，就这么一句话，我觉得讲得很概括，把得特别准。你看这里讲集体收入，不是一般的增加了，而是要看在农民收入中占的比重。如果你始终在增加，但是占比并不高，可想而知农民对集体化也不见得就当回事。小平同志讲，具备了这四个条件，目前搞包产到户的地方形式就会有发展变化。我还提醒大家，这里讲的是"形式"，而不是"形势"，讲得很准确，不是经济社会发展形势，而是说集体经营、农户经营这种生产组织形式会发生什么变化？就是统分结合双层经营实现第二个飞跃，从低水平的集体化走向高水平的集体化。

"两个飞跃"的思想，可能不少同志也都熟。小平同志在1990年3月和江泽民、杨尚昆、李鹏谈话时讲，中国社会主义农业的改革发展从长远的观点看要有两个飞跃，第一个飞跃是废除人民公社，实行家庭联产承包为主的责任制，这是一个很大的前进，要长期坚持不变。第二个飞跃是适应科学种田和生产社会化的需要，发展适度规模经营，发展集体经济，这是又一个很大的前进，当然这是很长的过程。农业问题要始终抓得很紧，农村富起来容易，贫困下去也容易，地一耕不好，农业就完了。我们看小平同志的战略思维、长远观点、远景规划，看小平同志关于长久不变的思想，关于适度规模经营的思想，关于集体经济发展壮大的思想，应当从中很好地去体会。

小平同志1992年7月审阅党的十四大报告时，进一步阐发了"两个飞跃"的思想，同时提出了集体化、集约化"两化"问题。他讲，"我以前提出过在一定条件下走集体化、集约化道路是必要的，但是不要勉强，不要一股风"，"适度规模经营就是集体化、集约化，农村经济最终还是要实现集体化、集约化"，"仅靠双手劳动，仅是一家一户的耕作，不向集体化、集约化经济发展，农业现代化的实现是不可能的，就是过一百年两百年，最终还是要走这条道"。什么道？就是集体化、集约化的道。今天主要是跟大家交流农村基本经营制度有关的学习体会，实际上小平同志晚年对科学种田、对农业的集约化也是特别关注、多次谈到的。在这次谈话中他还特别讲到，最早提出"两个飞跃"思想的时候，李先念同志说他都赞成，说这是一个大思想，这个思想一直没有阐发。

前些日子，5月20日，我与所在支部的同志做过一个交流，借5月20日这个日子，跟大家讲"小平，我们爱你"，第一讲"小平，你好"，第二讲"小平，你真好"，第三讲"小平你放心，我们会更好"，今天我也想借这个机会向改革开放总设计师致敬、告慰。重温小平同志的有关论述，包括"两个飞跃"，包括"两化"等这些重要思想，很多重要的概念在邓小平那个时代就已经都提出了，在学党史的过程中，体会党的思想理论创新发展史，可以说，改革开放以来我们党"三农"思想理论是一脉相承的。

1984年3月，小平同志和胡乔木、邓力群还有一次谈话，在那次谈话中，他再次肯定了农村政策、农村状况，同时提出了希望要求，就是讲农村政策很见效，农村状况确实很好，我们要继续采取措施，使形势更好。同时他也指出，在农村，我们终归还是要让农民搞集体经济。他还提醒，说这个意见他在1980年有个谈话，已经收到他的文选里了，谈话说了四个条件，就是技术条件、干部条件、专业化服务的条件、集体经济发展的条件。

许多同志对"两个飞跃"、集体化、集约化并不陌生，但很少有人注意过小平同志还讲过四个条件。把四个条件引申开来，我们想一想，和"三个相适应"是不是也有内在的逻辑呢？所以我们学党史、学党的理论发展史，不能只知其一不知其二。今天我们重温这一段，希望大家能够很好地体会。

四、进一步打牢打好乡村全面振兴的制度基础

前面提到习近平总书记新的论断，即农村基本经营制度是乡村振兴的制度基础。我的体会是这个论断是对农村土地承包关系保持稳定并长久不变的再次宣示，也是对新时代新发展阶段农村基本经营制度地位作用的一个充分肯定。之所以把农村基本经营制度明确为乡村振兴的制度基础，我想是由社会主义方向、由集体经济性质保证共同富裕的要求决定的，是由调动农户、集体、合作社、龙头企业、社会化服务组织各个方面积极性来共同提高农业生产经营效率决定的，也是由农业农村现代化和新型城镇化协调发展的要求决定的。

我的体会是，把农村基本经营制度明确为乡村振兴的制度基础，也是巩固和完善农村基本经营制度，进一步强化制度对乡村振兴保障支撑作用的一个新的要求。所以，学习习近平总书记这个新的论断，我想至少应当领会两个方面的基本内涵，一个是长期性，一个是全面性。所谓长期性，因为党的十九大已经提出第二轮土地承包到期后再延长30年，土地承包关系长久不变，这就跟我们第二个百年奋斗目标是衔接起来的，是相互一致的，所以它的长期性至少是30年。所谓全面性，因为乡村振兴是全面的振兴，制度基础支撑保障也应当是全面的。首先是对产业兴旺、产业振兴的支撑保障，构成制度基础，发挥基础作用，但同时也是生态振兴、组织振兴、文化振兴、人才振兴重要制度基础。就组织振兴而言，比如农村基层组织体系中，有党支部、村委会、集体经济组织、农民合作社，习近平总书记论述得很清楚，农村集体经济组织要发挥纽带作用。我想，这个纽带是不可或缺的，没有纽带的联系，必然关系就远了、就散了。生态振兴也是一样，耕地是包到户了，但是生态不能包到户，治

理生态环境，发挥生态功能，利用生态资源，毫无疑问，应当多在统一经营上做文章，多发挥集体经济组织的作用。人才振兴也是一样，最近我注意到不少地方在中央精神指导下制定了本地推进乡村振兴的具体政策举措，比如海南提出建人才房的问题，更多的地方把集体经济组织作为引进人才发挥作用的重要平台，没有这个平台依托，人才去了，在哪落脚？在什么空间作为？当然这不是全部，但这是重要的一个方面。在文化振兴上也是一样，文化振兴特别强调的是社会主义精神文明建设，精神文明一个重要的内涵是弘扬集体主义文化。如果没有集体经济这个基础，文化就成了空中楼阁。

总之，全面地认识农村集体经济组织作用，深刻理解农村基本经营制度是乡村振兴制度基础，这是一个很重要的理论命题，也有很丰富的实践要求。

讲到这儿，我想特别谈谈巩固和完善。前面讲过，习近平总书记讲稳定和完善，也讲坚持和完善，党的十八大以来，稳定完善、坚持完善、巩固完善，不同的表述都有。在座同志不少都参与了政策设计，起草文件意见，所以对这些基本范畴也应当有一个把握。借这个机会说说我的理解。

我觉得巩固和完善是相对而成的，你中有我，我中有你。巩固是完善的基础前提，完善是巩固的内在要求，这两者不能对立起来，也不能割裂开来看。当然了，既然是两个词，就一定有各自的基本指向。怎么来分辨稳定、坚持、巩固、完善这一系列概念内涵？我想，稳定是侧重强调不再有大的变动，坚持侧重于强调继续秉持、坚守，巩固是侧重于强调要扶助、要修补，完善是强调要进一步发展、发挥。

回到农村基本经营制度的内涵、外延上讲，我自己是这么理解的，凡是在集体所有、农户承包、双层经营以及农民和国家的关系问题上的积极变化，包括农民和集体的关系、农民和农民的关系、农民和国家的关系，都可以看作是巩固，比如 15 年不变、30 年不变、再延长 30 年，等等。相应的，凡是在这个范畴以外的，比如相互参股、混合所有、多元主体、多种经营方式，包括从双层经营体制到立体式复合型的或者叫新型的现代的农业经营体系，这都可以看作是完善。正是通过这些完善，才能够使农村基本经营制度更加充满持久的制度活力。

如何理解农村基本经营制度是乡村振兴的制度基础，巩固和完善这一制度基础，这里我想作一些讨论。

第一，我们要体会乡村振兴是党领导的振兴。党的领导是全面的领导，包括对经济工作的领导。党的领导最终要由基层党组织来实现，因此必须夯实基层工作的经济基础。只有坚持双层经营体制，发展壮大集体经济实力，才能切实夯实党在农村的执政基础，不断提高农村基层党组织的威信，来动员群众、凝聚群众、服务群众，把群众组织起来，走社会主义道路，感党恩、听党话、跟党走。这几年从中央到地方已经采取了不少富有实效的举措，包括在具备条件的村，由党组织书记兼任村委会主任，兼任集体经济组织甚至合作经济组织的负责人，也包括从中央到地方组织部门牵头协调，投入真金白银，扶持红色村、脱贫村发展集体经济。各地在集体产权制度改革过程中还探索了领办实体、股份合作、租赁经营、服务创收等各种模式，目的都是一条，就是发展壮大集体经济。在党的领导下，在党组织的领导下，发展壮大集体经济，夯实党在农村执政的经济基础，提高农村基层党组织的政治威信。习近平总书记专门点过这个事，要求把好乡村振兴战略的政治方向，坚持农村土地集体所有制性质，发展新型集体经济，走共同富裕道路。

第二，我们要体会乡村振兴是以农业农村现代化为目标的振兴。就农业现代化而言，抓手就是构建三个体系，现代的产业体系、生产体系、经营体系。习近平总书记讲，专业大户经营、家庭农场经营、集体经营、合作经营、企业经营，各有特色，各具优势，都是农村基本经营制度新的实现形式。我的体会是，现在不少农户在"三权"分置背景下流转土地，已经不再直接从事土地上的生产经营了，经营的不是生产，经营的是权利，经营的是土地经营权，把这个权利让渡出去，取得流转收益。所以在这样的背景下再看双层经营，看集体这个层面，看农户这个层面，看土地流入方这个层面，怎么去更好地引导规范工商资本下乡，怎么去规范发展农民合作社，怎么能够切实发挥新型农业经营主体对小农户的带动作用，怎么能够有效地去调解处理土地流入流出方相关主体权益关系上的纠纷，我想都是很重要的课题、很现实的课题，也都是完善农村基本经营制度的重要内涵，都事关怎么加快推进和最终实现农业现代化问题。

习近平总书记讲过，经过多年努力，我们基本改变了"农民的事农民办"的做法。无论是对农业，还是对农村，我想这个改变都是意义重大的。我们对农业支持保护、农村基础设施建设、农村公共事业发展有不少真金白银的投入，但是也听到一些议论，讲在一些地方、一些事情上存在"干部干、农民看"的问题。我在想，进一步改变"农民的事农民办"，这应当是一个基本趋向，但同时，也要考虑国家管到哪、集体管到哪、农户自己干什么这样的问题，把"农民的事农民办""农民的事集体办"和"农民的事国家办"更好地统一起来。在这方面，完善农村基本经营制度，发挥集体经济组织作用，也还有很大的空间。

第三，我们要体会乡村振兴还是城乡融合发展的振兴。融合发展基础是建立城乡一体化、县域一盘棋的规划管理实施体制，要编制好规划，实施好规划，没有村集体经济组织的参与，是很难落地的。城乡融合发展短板是乡村建设，乡村建设离开村集体也是很难实施的。城乡融合发展关键是城乡间的要素流动合理配置，但是承包地、宅基地、集体经营性建设用地所有权都在集体经济组织，还有大量的集体资产需要盘活，有待盘活。如果不是坚持农村土地集体所有、坚持农户家庭承包，把集体所有、农户承包和稳定土地承包关系统一起来，把宅基地的集体所有权和农户资格权统一起来，把集体资产的经营权、管理权和集体经济组织成员的收益权、监督权统一起来，恐怕会出乱子。乡村振兴是城乡融合发展的振兴，无论是规划的编制实施，乡村建设的推进落地，还是农村生产要素的盘活，都需要把握习近平总书记讲的"三个坚持"，完善基本经营制度，发挥集体经济组织作用。

第四，我们要体会乡村振兴是绿色发展成为内在要求的振兴。绿色发展的一个基本要求是严格保护耕地，保护耕地包括数量上的要求、质量上的要求。怎么把这个要求落实到土地的所有者，特别是承包者、经营者？我想在这个问题上今天也还有课题需要回答。当年搞家庭承包就有这方面的认识，认为承包以后会有掠夺性的经营，会使地力下降，今天这方面的讨论不多了，但是问题是不是还有？针对这些问题是不是应当也有责任制方面的探索？所有者是什么责任？承包者是什么责任？经营者是什么责任？前面我讲到几版宪法的变化，"联产"没了，"责任"也没了，因为税费改革了，农业税没有了，"三提五统"也没有了，不仅上缴没有了，征购定购也没有了，完全市场化了。但是，任何一个组织、任何一个经济行为，总是要讲责任的。在新的时代，包括从绿色发展角度，从其他角度，我们是不是也应当可以明确责任、落实责任、构建责任体系呢？我看对此应当重新加以审视。

　　刚才我讲到生态文明建设、农村绿色发展的问题，习近平总书记指出这是农业发展观的一场深刻革命，良好生态环境是农村最大优势、宝贵财富。过去我们讲农村的优势是人、是地，现在讲的是良好生态环境。但怎么让乡村自然资本加快增值，使之能成为乡村振兴的支撑点？我想，单靠一家一户恐怕是十分有限的，从这个角度研究巩固完善农村基本经营制度，可以说也是一个重要课题。

　　跟大家讨论这些，包括前三部分内容，其中不少是我的粗浅看法，目的是引发大家思考，恐怕有很多不正确的地方，供大家批评、批判、参考。

　　过去几次与培训班学员交流时，我提出学习习近平总书记关于"三农"工作重要论述应当有3句话的知行要求：首在学习家国情怀和科学思维，要在把握发展方向和底线要求，贵在推动政策创设和工作创新。习近平总书记从梁家河开始，到现在，始终心系"三农"。他说，"我是黄土地的儿子"，也曾填词追思焦裕禄。所以我就体会，什么叫家国情怀？大概是视国如家、以国为家，有一个深厚的情愫打底，心里老想着为这个国家、民族、人民干点什么的一种抱负。因为"怀"有"心意"的意思，比如"无介于怀""正中下怀"，我想是不是可以由此引申到"抱负"。习近平总书记讲过5种思维，后来专门强调过历史思维，我们今天的交流也有提到。对于理论学习、经典理论学习、创新理论学习，培训班向来是作为重点内容来安排的，大家来自不同单位、不同岗位，3个月学习结束以后，应该能够掌握部分贯穿其中的马克思主义立场观点方法或者说思想方法、科学思维。

　　要说还有什么该记住的，我想一是发展方向，二是底线要求。所以我建议大家回去再翻一翻习近平总书记的相关论述，做一点重温。比如，习近平总书记讲，"土地流转和多种形式规模经营，是发展现代农业的必由之路，也是农村改革的基本方向"，"发展多种形式适度规模经营，培育新型农业经营主体，是建设现代农业的前进方向和必由之路"，"推进农业供给侧结构性改革，提高农业综合效益和竞争力，是当前和今后一个时期我国农业政策改革和完善的主要方向"，"加强和创新农村社会治理，要以保障和改善农村民生为优先方向"，"要把好乡村振兴战略的政治方向，坚持农村土地集体所有制性质，发展新型集体经济，走共同富裕道路"。总之，凡是讲方向的，特别是政治方向，我们都应该从相当的高度去看，知道我们朝哪前进，绝不能跑偏。还有底线要求，这个不能，那个不得，凡是讲到这些的，我建议你们也勾勾画画，不管是否跟单位、岗位上的工作有直接关系，都应当把它作为基本概念掌握住，不破红线，不犯颠覆性错误。

最后，关键在落实。习近平总书记讲过七项本领，其中有抓落实的本领。什么叫落实？我认为，搞政策研究的，给决策提供参考、咨询、支撑、支持，就是落实。做实际工作的，怎么创新方式方法，能够更好地把握中央要求、党组要求的精神实质，推动落实取得实效，就是我们学习践行习近平总书记关于"三农"工作重要论述的最好行动。怎么创新？我想根本还是要讲我们党的思想路线，解放思想，实事求是，与时俱进，求真务实，还是要讲我们党的群众路线，从群众中来，到群众中去。

【教师简介】

闫石，农业农村部管理干部学院院长、党委副书记，中共农业农村部党校副校长、研究员。长期深耕在"三农"战线，在农业农村部、财政部、贵州铜仁经开办、湖南保靖县委等多家单位有工作经历，对农业农村经济、农业农村人才等问题有所研究，对"三农"理论政策和实践有独到见解，讲授的"习近平关于'三农'工作重要论述导学"系列课程受到学员广泛好评。

追寻习近平同志关于"三农"工作重要论述彰显的思想品格与为农情怀形成的历史起点

——《习近平的七年知青岁月》学习体会*

朱守银

▶ 党的十八大以来，习近平同志关于"三农"工作作出了一系列的重要论述，蕴含着鲜明的思想品格与高尚的为农情怀，本文结合《习近平的七年知青岁月》一书，对这些品格与情怀的形成进行了历史探寻和生动解读，剖析习近平总书记对"三农"事业发展的深厚情怀、高度责任、无私担当和战略眼光，为践行"为农民办实事"宗旨和推进乡村发展，开展了一系列坚实而又丰富的实践创新活动，处处展现出习近平同志创新"三农"工作的强烈意识和行动能力，从人物经历和历史脉络中，帮助读者加强对习近平同志关于"三农"工作重要论述的深入理解。

说实话，讲这个内容压力很大：一是讲正确、讲准确、讲全面不容易，既要讲得政治正确，又要做到实话实说，很难准确把握；二是有思想、有高度、有深度不容易，既没有亲自聆听过，更没有亲身体验过，很难提炼提升；三是说生动、说形象、说通俗不容易，既没受过专业训练，更没受过实践锻炼，很难深入浅出。所以，我只能从"学原文读原著"的视角，讲讲自己对《习近平的七年知青岁月》（简称《知青岁月》）一书的学习体会。

大家都知道，习近平同志从河北正定到福建宁德、厦门，再到浙江，又到

---

* 本课程在 2021 年度农业农村部直属机关预备党员培训班进行讲授，评估分值为 4.95 分。本文引述内容，除特别脚注标注外，均来自《习近平关于"三农"工作论述摘编》《习近平的七年知青岁月》。

上海，直到中央，一直都在主管、领导"三农"工作，对"三农"工作进行了系统的理论思考。通过深入学习习近平同志关于"三农"工作重要论述，我深刻感悟到其中蕴含着鲜明的思想品格与高尚的为农情怀。这些品格与情怀的形成，都能从《知青岁月》中追寻到历史起点。正如知青黑荫贵所说，"习近平后来的成长之路之所以走得那么扎实稳健，我认为陕北七年的历练奠定了非常重要的基础。"

我介绍的"追寻习近平同志关于'三农'工作重要论述彰显的思想品格和为农情怀形成的历史起点"，是从深入学习习近平同志关于"三农"工作重要论述过程中感悟到的；这些"品格与情怀"的形成，又是以"七年知青岁月"为起点的。这里，主要交流介绍六个方面的学习体会。

一、感悟习近平"三农"工作重要论述：品格情怀

通过深入学习和感悟，我初步体味到习近平同志关于"三农"工作重要论述具有如下五个方面的思想品格与为农情怀。这些感悟一定不全面、不系统、不深入，可能会挂一漏万。

（一）习近平同志关于"三农"工作重要论述，体现了丰富而又厚重的实践经验

没有扎实的实践根基和经验，很难有那么丰富的思想品格与为农情怀。习近平同志以延安梁家河村"七年知青岁月"为"三农"事业的起点，又从河北正定到福建宁德、厦门，再到浙江、到上海，基本都在从事、主管和领导"三农"工作，其重要论述体现出厚重而又丰富的实践经验。

第一，思想认识来源实践、契合实际。习近平同志关于"三农"工作的重要论述，与我国国情农情高度契合。对农业农村发展，他指出，"农业是'四化同步'的短腿，农村还是全面建成小康社会的短板"；对家庭承包经营，他指出，"即使城镇化水平到了百分之七十，也还有几亿人生活在农村"，"经营自家承包耕地的普通农户毕竟仍占大多数，这个情况在相当长时期内还难以根本改变"；对农民种粮意愿，他指出，"农民愿不愿意种粮、愿意种多少粮，关键看种粮能给农民带来多少收益"……这些认识，是对国情农情和"三农"实

际的准确把握、深刻思考和正确反映。

第二，观点指向一语中的、切中要害。习近平同志关于"三农"工作重要论述，其观点指向目标明确。对粮食安全，他指出，"我国有十三亿多人口，粮食安全是头等大事"，"粮食问题不能只从经济上看，必须从政治上看"；对"三农"投入，他指出，"公共财政要向'三农'倾斜，逐步解决欠账较多的问题"，"财政再困难，也要优先保证农业支出，开支再压缩也不能减少'三农'投入"……这些观点，既洞察深刻、高瞻远瞩，又切中时弊、直指要害，指导性、针对性都很强。

第三，语言阐释深入浅出、通俗易懂。习近平同志关于"三农"工作重要论述，其语言阐释深入浅出接地气。"小康不小康，关键看老乡""手中有粮，心中不慌"的重要观点已深入人心。为强调粮食安全，他指出，"在吃饭问题上不能得健忘症，不能好了伤疤忘了疼"；为加强水利设施建设，他要求，"既要重视大型水利工程这样的'大动脉'，也要重视田间地头的'毛细血管'，解决好农田灌溉'最后一公里'问题"……这些语言，既简洁质朴，又生动形象，利用大众话、形象语阐述了深刻道理。

（二）习近平同志关于"三农"工作重要论述，体现了真诚而又浓重的为农情怀

厚重而丰富的"三农"实践，滋养了习近平同志真诚而浓重的为农情怀。他说，"作为一个人民的公仆，陕北高原是我的根，因为这里培养出了我不变的信念：要为人民做实事！"这个信念，这种情怀，在其"三农"工作重要论述中体现得淋漓尽致。

第一，持续坚持"三农"工作"重中之重"地位。习近平同志2012年10月当选党的总书记后不久就庄严宣示，"把解决好'三农'问题作为全党工作重中之重"，之后又相继提出，"中国要强，农业必须强；中国要美，农村必须美；中国要富，农民必须富""任何时候都不能忽视农业、忘记农民、淡漠农村"等"三个必须""三个不能"的重要论断，进一步强化了"重中之重"思想，使其成为党持续推进"三农"工作的根本遵循。

第二，高度重视"三农"发展的政策与实践问题。面对农业基础薄弱、农业农村现代化水平不高、城乡差距大的现实，习近平总书记更加高度重视"三

农"政策与实践问题。为指导"三农"发展，他每年都多次深入农村基层考察调研，每到一地，都下田地、进农家，体察民情、问计于民，为"三农"事业发展指方向、谋思路、引路子，处处留下他的足迹、话语和关怀。在每年的全国两会期间，他还深入"代表团""委员会"，与代表、委员共商"三农"发展大计。

第三，坚定推动"三农"事业开启新气象新局面。习近平同志关于"三农"工作重要论述，处处彰显出他对"三农"事业的美好梦想和殷切期待。"让农业成为有奔头的产业，让农民成为体面的职业，让农村成为安居乐业的美丽家园"等"三个成为"的重要观点，使人备受鼓舞；要"加快转变农业发展方式"，"加快农业技术创新步伐"，要"富裕农民、提高农民、扶持农民"，要"加快推进农业农村现代化"等"三农"工作思路、措施，直指短板、切中根本。

（三）习近平同志关于"三农"工作重要论述，体现了强烈而又无私的责任担当

习近平同志关于"三农"工作的重要论述，体现出真诚、浓重的为农情怀，凝聚了他对"三农"事业发展的强烈愿望和殷切期待，更彰显出他对推进"三农"事业发展的自信、责任和担当，尤其是在党的领导、脱贫攻坚、小康社会建设和粮食安全等方面，体现更为突出。

第一，对"三农"事业发展释放出坚定自信。自信，是习近平同志关于"三农"工作重要论述释放的鲜明、充分而又坚定的信号。关于加强党的领导，他指出，"办好农村的事情，关键在党。党管农村工作是我们的传统。这个传统不能丢""这是我们的最大政治优势"；关于保障粮食安全，他指出，"抓农业农村工作，首先要抓好粮食生产""只要粮食不出大问题，中国的事就稳得住"……这些思想认识铿锵有力、掷地有声，彰显出成长中大国领袖推进"三农"事业发展的坚强决心和坚定信心。

第二，对"三农"事业发展彰显出强烈责任。责任，是习近平同志关于"三农"工作重要论述自然流露出的一贯作风和高尚品格。他指出，"消除贫困、改善民生、实现共同富裕，是社会主义的本质要求，是我们党的重要使命""全面建成小康社会，自然要包括农村的全面小康，也必须包括革命老

区、贫困地区的全面小康""保障国家粮食安全，中央义不容辞，承担首要责任"……这些思想，彰显出的是大国领袖对历史责任的强烈意识与一贯坚守。

第三，对"三农"事业发展呈现出无私担当。担当，是习近平同志关于"三农"工作重要论述彰显出的又一崇高品格和无私态度。除"重中之重""三个必须""三个不能"，他还提出"深化农村改革""加快农村发展""维护农村和谐稳定""三个坚定不移"工作重点和政策目标，指出"财政再困难，也要优先保证农业支出""要看真贫、扶真贫、真扶贫"……这些思想，彰显出推进"三农"事业发展的坚强决心和担当精神。

（四）习近平同志关于"三农"工作重要论述，体现了博大而又精深的战略智慧

习近平总书记曾指出，"战略问题是一个政党、一个国家的根本问题，战略上判断得准确、战略上谋划得科学、战略上赢得主动，党和人民事业就大有希望。"这种战略智慧博大精深，在习近平同志关于"三农"工作重要论述中得到充分体现。

第一，体现了恢宏的战略思维。习近平同志关于"三农"工作重要论述，体现了他由远及近、从大看小、协调兼顾的恢宏战略思维。他一再重申的"重中之重"，就是基于国家现代化长远目标，准确把握"三农"问题根本地位及重大影响，明确的战略定位；倡导的"三个必须"，就是站在国家全局高度，论述"三农"强、美、富与国家强、美、富之间的关系，提出的战略要求；揭示的"三个不能"，就是站在历史长河，科学把握"三农"发展规律及经验教训，得出的战略警示。

第二，蕴含着高超的战略谋划。习近平同志关于"三农"工作重要论述，蕴含着他对"三农"事业发展高超的战略谋划艺术。从党的十八大以来的"三个必须""三个不能""三个坚定不移"，到党的十九大以来提出的"乡村振兴战略""农业农村现代化"等，涵盖了"农业、农村、农民""生产、生活、生态""改革、发展、稳定""过去、现在、未来"等"三农"工作方方面面，涉及"三农"事业发展的战略全局与战略重点，体系完整系统，内涵宽广丰富，思想博大精深。

第三，彰显出科学的战略布局。习近平同志关于"三农"工作重要论述，彰显出他善于顺应"三农"形势变化、适时作出科学战略布局。党的十八大以来，随着我国"三农"发展达到新高度、前进遇到新挑战，他提出了"农业供给侧结构性改革""三个坚定不移"等战略部署；随着中国特色社会主义进入新时代，社会主要矛盾转化为人民日益增长的美好生活需要和不平衡不充分的发展之间的矛盾，他作出了"实施乡村振兴战略"安排，成为新时代推进"三农"工作的总抓手。

（五）习近平同志关于"三农"工作重要论述，体现了扎实而又果敢的创新精神

创新，是习近平同志关于"三农"工作重要论述的逻辑主线和鲜明特征。这是基于他对"三农"事业的深入思考和准确把握，基于他那强烈的为农情怀和责任担当，基于他那博大精深的战略智慧，同时也是基于他那科学而又系统的思维方法、扎实而又果敢的创新精神。

第一，科学思维方式。习近平同志关于"三农"工作重要论述，内含的科学思维方法极其丰富。他坚持辩证思维，既强调农业"规模经营"方向、又强调"度"的把握和农民意愿权益，强调扶贫开发"既要整体联动""又要突出重点"；坚持系统思维，他强调"农业基础稳固，农村和谐稳定，农民安居乐业，整个大局就有保障"，认为"办好中国的事，首先要把农村的事办好"；坚持底线思维，认为农地"三权"分置并行是我国农村改革又一次重大制度创新，但不能把农村土地集体所有制改垮了，不能把耕地改少了，不能把粮食生产能力改弱了，不能把农民利益损害了"……

第二，创新思想方法。习近平同志十分善于在借鉴、继承基础上阐发新思想。如，由"洪范八政、食为政首"等传统认知，阐发系列"粮食安全"思想；从遵循乡村发展规律、自然发展规律上，阐述系列"乡村建设""生态发展"思想；由"有肥无水望天哭，有水无肥一半谷"民间农谚，阐发"农田水利建设"思想等。他还非常重视通过实践调研阐发新思想，比如，"三个不能"重要论断就是 2015 年在吉林调研时提出、2016 年在江西考察时再次完善的重要思想。

第三，理论制度创新。党的十八大以来，习近平同志围绕"三农"事业改

革发展，创新了一系列理论制度，提出了一系列重大思想论断。如，对"三农"事业发展具有引领性的"新发展理念"，具有总括性的"三个必须""三个不能""三个坚定不移""三个成为""实施乡村振兴战略""农业供给侧结构性改革"，具有针对性指导性的农地"三权"分置制度、"精准扶贫"思想，具有启发性的"望得见山，看得见水，记得住乡愁"，"绿水青山就是金山银山"思想，等等。

二、从习近平七年知青岁月中体味到的：实践根基

1969 年 1 月，不满 16 岁的习近平响应毛主席号召，赴延安梁家河大队"插队落户"，开启了认知农业农村农民问题、积淀"三农"实践经验的"七年知青岁月"。《知青岁月》对此进行了全方位、大纵深、多视角展示。

（一）巨大的城乡差异，夯实了习近平对贫穷落后农村底色的深刻认知

知青从大城市北京到偏僻落后的陕北农村"插队落户""接受教育"，生存环境发生了巨大变化，成为他们人生经历的重大转折和认知真实农村的实践起点。要适应这种变化，必须有坚定的决心、坚强的意志、坚持的作风。这种适应过程，一定会异常艰难。但村民张卫庞在接受课题组采访时说，那时的习近平，最大的特点是"会忍耐、能坚持"。

第一，从大城市到偏僻落后的小村庄：环境和心理"落差"。习近平写道："年仅 15 岁的我"，最初感到十分的孤独。"[1] 这种落差，有环境条件上的，也有心理感受上的，更有人生追求上的。《知青岁月》显示，这些知青并不是一开始就适应这种"落差"，甚至"感到非常茫然和失落"。知青雷平生说，"当我们乘车前往陕北途中，就被沿途漫无际涯的光秃秃的黄土高坡所震撼，进入眼帘的尽是'穷乡僻壤'，我们无法将眼前的情景与革命圣地、与自己的未来联系起来"，"看到农民惊人的贫穷，心中诧异：'新中国成立已经十几年了，怎么竟还有这么贫穷的地区和农民'"。知青王燕生说，当时

---

① 习近平. 我是黄土地的儿子 [J]. 全国新书目，2002（12）.

"陕北的生活各方面都太艰苦、太原始"。知青艾平说，"简直是来到了一个完全不同的世界，心情非常复杂。"这种落差，是习近平"知青生涯"的第一强烈感受；这种感受，是一种合情合理的正常反应。正是这种"不适应""茫然和失落"的切身体验，更加强化了习近平坚持七年"知青岁月"的实践意义，更加衬托出他后来表现的决心、意志和作风，能够那么坚定、坚强和坚持的可贵与高尚。

第二，从城市的"黑帮子弟"到少年知青："负数"起点。《知青岁月》反映，与多数知青相比，当时的习近平，不仅是"年龄最小"的少年知青，更是城市难容的"黑帮子弟"。这两个特殊"印记"，使他的知青岁月更为艰难、更加漫长。正如当年曾采访过习近平的作家曹谷溪所说，"别人做事从'零'开始，习近平却要从'负数'开始；别人可以平地建塔，他却还得垫平脚下的坑"。当年，作为"黑帮子弟"的习近平，北京的环境简直是"风刀霜剑严相逼"。插队"几个月后，我回到北京，又被送到从前的太行山根据地"，"我作为'黑帮子弟'，来到……梁家河插队落户"。知青戴明说，"知青的两大出路——征兵、招工，对他来说都几乎不可能实现。"所以，习近平从"负数"开始的"七年知青岁月"，在逆境中成长，并实现了精神上的升华，其实践的根基更加扎实深厚、体验更加刻骨铭心、认识更加真实深刻、意义更加重大深远。

第三，从"少年知青"到农村党支部书记："非常"蜕变。从《知青岁月》理解，习近平的七年知青生涯，完成了从"不谙世事""少年知青"到"好后生""好把式"，从"黑帮子弟"到农村支部书记这两个"非常"蜕变。"不谙世事"是少年的基本特征，也就是不懂得、不习惯、不适应等。正如习近平自己描述的，"刚去了以后，什么上班、上工、干活，我是不去的"，"老想去偷懒……哪能撑得住呢……排一溜锄地，没有歇的时候，这个也不适应"[①]。知青雷平生也说，当时"我们尚未养成劳动习惯，也不适应强度较高的劳动"。但正如曹谷溪所说，习近平能够调整自己，很快就在农村扎下根，与当地农民打成一片，融为一体。当然，从《知青岁月》中也可以看出，他的这种调整与变化，与他那"黑帮子弟"印记带来的短时期内不能招工、上学等困境有关，

① 引自"习近平忆延安插队：它教了我做什么"，2015年2月14日，人民网时政频道。

申请入团写了 8 次申请书，申请入党写了 10 次申请书……但是，作为革命家庭的后代，他有崇高的理想、坚定的信念、坚强的毅力，有地方党组织的培养、信任，有老百姓的接纳、理解，终于入了团、入了党，并成为梁家河的党支部书记。

（二）艰苦的农民生活，强化了习近平对农村农民贫困问题的深刻认知

知青插队农村，自然要过农民生活。当时的梁家河，与全国绝大多数农村一样，贫穷落后是农民生活的基本状态，"难、缺、少、差"表现在农民生活的方方面面。习近平就是在这种生存环境和生活条件下，品味着生存的压力、生活的艰难。这种体验，一定会刻骨铭心。

第一，"饿肚子"属常态。首先是"粮食少品质差"。知青戴明说，"非常粗糙和难以下咽的粮食……经常吃不饱肚子"，"正月十五过完，整个村子里大部分人都走了……都出去要饭了"。知青黑荫贵说，"一年的粮食，连六个月都吃不到。"习近平说，"那哪里是五谷杂粮，是糠菜半斤粮"，[①]"我在梁家河插队七年，只吃过一次大米饭"[②]。村民刘金莲接受访问时说，"习近平与我们一起饿肚子受罪。"其次是"缺蔬菜没油水"。雷平生说，"蔬菜很少……喉咙里都'燥的冒烟'。"黑荫贵说，"生活上除了煤油和盐，什么酱油啊醋啊都没有。"梁家河村民张卫庞说，"把杏仁压碎，锅热后倒进去炒一下，就算有点儿油。"缺油更少肉。习近平说，"我们曾经可能都有几个月不吃肉的经历，见到了肉以后我和我那个同学，切下来就忍不住生肉都吃了。"[③]雷平生说，"那一块生猪肉的瘦肉部分竟让我们吃光了。"吃水也困难。"我们用小木桶挑水都挑不好……几趟下来，肩膀就被磨破了皮……火辣辣地疼"，王燕生说。再就是"无煤电缺柴烧"。那时的梁家河，不仅没有煤，也没有电，就是打柴、烧柴都很困难。知青戴明说，"打柴对于我们来说是一个难题。老乡有时候到山崖边上，冒着生命危险去砍硬邦邦的酸枣刺……这种柴很好、耐烧，不需要烧太多

---

① 引自"习近平忆延安插队：它教了我做什么"，2015 年 2 月 14 日，人民网时政频道。

② 引自《习近平的七年知青岁月》230 页，梁家河村民王宪平转述"2015 年 2 月 13 日习近平总书记考察梁家河所说"。

③ 引自"习近平忆延安插队：它教了我做什么"，2015 年 2 月 14 日，人民网时政频道。

就能把一锅饭做熟了。我们只能到山上去搂茅草，一搂就是一大捧，看着挺多，填到灶台里，一点火，那火'呼隆隆'地响，几分钟就烧没了，结果锅还没烧热，茅草已经烧光了。"

第二，"讲卫生"难处多。作为知青，以往生活在城市，不能说多么干净整洁卫生，但基本条件还是有的，而到了陕北可就难了，《知青岁月》中描述的跳蚤多、厕所脏、洗澡难，令人记忆深刻。"跳蚤多"。知青雷平生说，"刚到生产队的那几天，我们几名知青身上都莫名其妙起了又红又大的肿包……后来才知道是跳蚤咬的"，"近平虽然身体好些，但反应仍然很大。他身上的包又红又大，加上挠破的血和感染脓渗出，看上去很吓人"。"厕所脏"。当地厕所极其简陋，知青戴明说，"就是在窑洞外面找个角落挖个坑，四周一挡，就是厕所了。厕所又脏又臭，冬天蹲在那里，寒风吹得人浑身哆嗦；夏天，苍蝇到处都是。""在陕北，不少农村的厕所不分男女……很不方便"，作家曹谷溪说。"洗澡难"。王燕生说，"天气转热，山上干活回来一身汗，又长期没条件洗澡，我们就觉得很难受。"戴明说，"冬天，我们就只好烧点热水，拿毛巾擦一擦身上。天气转暖后，我们6个人就到沟里的水井旁边去洗澡"，"虽然穿着游泳裤，但是村里人笑话我们，说大小伙子还光腚，以后我们就再不好意思那么洗了"。

第三，"生活上"多不便。艰苦的知青生活，不只是6人挤在一个窑洞里、睡一个炕头上那样，还表现在很多方面。语言不通交流难。首先遇到的障碍是语言交流困难。村民梁玉明说，"我们陕北的口音很重，知青刚来的时候，语言跟农民不通。刚开始时，知青说了一句话，农民听不懂，就说'害怕'。知青就懵了……其实是'听不懂'的意思，知青也听不太明白，就听成了'害怕'。"晚间自己缝衣被。当时，无论是知青、还是当地百姓，都是自己缝补衣被。习近平说，"缝衣服、缝被子，这些活都是自己做。"[①] 村民石春阳说，"整天干活，衣服裤子磨损得多……单身汉就缝不好，新衣服就更不会做了。"当地百姓更是如此，干了一天活，天都已经黑了，妇女还要在昏暗的油灯下穿针引线，十分辛苦。生活费时又误工。生活中需要油盐醋、笔墨纸等日常用品，生产上需要镰刀、铁锨、锄头、镬头等劳动工具，都要到15里之外的文

---

① 引自"习近平忆延安插队：它教了我做什么"，2015年2月14日，人民网时政频道。

安驿公社的供销社去买。村民石春阳说，从村里到公社，路差、没车、靠步行，各买各的，往返要"一天时间"；虽然磨面都在村里，但套上毛驴，再搭上一个劳力，耗时、费力、又误工。

（三）繁重的体力劳动，启悟了习近平对艰辛农业生产劳作的深刻认知

知青插队到农村，虽有一些口粮补贴，但还要靠劳动"挣工分"养活自己。《知青岁月》显示，习近平"插队"的梁家河，属于典型的黄土沟壑区和一年一季农作区，可以说是山很高、沟很深，沟壑林立；冬天很冷、夏天很热，干旱无雨；风沙大、路也差，路途较远；村里的耕地多数在山上，良田少、土质差，无农机、缺水源……生产条件十分恶劣。习近平等知青就是在这种条件下开始体验艰辛、繁重的农业劳作。正如习近平所说，"那种劳动强度使我感到震撼。"① 这种体味，一定深入骨髓。

第一，冒着严寒打坝、修梯田。打坝、修梯田，是当时毛泽东主席向全国发出的号召，是冬季陕北农村开展的最重要的农业劳动。这有利于增加耕地面积，尤其是通过打坝增加的耕地基本都是良田，对扩大粮食生产十分重要。这项工作是习近平等知识青年首先接触的生产劳动，但确实很累、很辛苦。村民高小梅说，"那时候，寒冬腊月，土都冻得硬邦邦的，镐刨不动，铁锹铲不动，只能用炮打下土块，再用独轮车推走，整平。这活很累，很多社员都想在家'猫冬'，不想（下沟、上山）去受苦。"村民赵胜利说，很多时候，都需要"白天大干，晚上夜战"。

第二，山上种收更为繁重艰辛。从春季到秋季，是在山上种地的季节。那时缺少机械，劳作过程要使用大量人力，十分辛苦。所需种子、粪肥等生产资料，都要靠人力肩挑上山。雷平生说，"农忙时上山干农活……每天一早四五点钟，天还黑着，我们就得起床出发。"王燕生说，"我们挑着粪上山，不但路远，而且还要走那种'之'字形的羊肠小道，山路又窄又陡，所以劳动强度很大。"村民武晖说，"送粪的工作完成后，就是耕地、播种。苗长出来，主要的事情就是锄地、追肥"，"锄地都是在夏天，天气很热，队长要求大家抓紧时间

---

① 引自"习近平忆延安插队：它教了我做什么"，2015年2月14日，人民网时政频道。

干活，不让我们休息……又饿又渴又晒，有时候觉得实在干不下去"。村民刘金莲说，"夏天，我们这边太阳毒得很，天气干热……近平从村里往地里挑粪，那扁担把他的肩膀磨得一层一层掉皮、出血。"到了收获季节，割下的麦子打成捆，也要靠人力挑下山。村民武晖说，"我们到山上的耕地有五里地的距离，回来的时候社员和知青都是一人一担。"知青王燕生说，"挑麦子更累，一是因为距离远，路不好走；二是因为无论多远，中间都不能休息，因为一旦把挑子放下，一捆麦子在地上一磕，麦穗就会散落……损失是非常大的。所以，挑麦子只能换肩，不能把扁担卸下来休息。"

第三，技能不足增加劳作强度。知青插队之前，基本都没有农村生活经历，更没有从事过农业生产劳动，所以他们一开始对不少农业知识和生产技能都不懂，分不清、看不懂、不会做，这进一步加重了他们的农业劳作强度，"掌握不好技巧，就干得又慢又费力气"，村民武晖说，"一开始他们草和苗分不清"，而且"知青不会铡草，不太容易掌握铡刀的技巧，铡刀压到一半就压不动了"。知青王燕生说，"那时我们学犁地，虽然看着简单，人家都是一个直线就过去了，但我们一弄，就是歪七扭八。近平最初和我们一样，干农活也是很不熟练。"知青普遍不会使用扁担，所以挑水、挑粪就很难、很辛苦。武晖说，"知青刚来的时候，最逗笑的就是挑水。一担水都在五六十斤以上，知青不会用扁担，不会换肩……都驼着背挑水，腰弯着……有时候走得快了，水桶来回摇晃，水洒一地……就只剩下半桶水了"，用挑子挑着牛羊粪往山上送也是这样，"知青不习惯爬山，爬得高了，有时候重心不稳，粪就从粪筐子里洒出来"。知青王燕生说，"近平当时是我们村知青年纪最小的一个。这些农活对他来说，真是难上加难。"

知识青年离开城市"上山下乡"，并不只是"插队到农村""接受再教育"那么简单，更主要的是要承受城乡生存环境的巨大差异带来的种种不适和艰难困苦，要体验巨大的城乡差距、品味艰苦的农村生活、参与繁重的农业劳作……正是在这种环境下，习近平完成了从"黑帮子弟""不谙世事"的城市少年到农村党支部书记的"非常蜕变"，承受了艰苦农村生活的"衣食之难"，体味了繁重农业耕作的"稼穑之苦"……我们相信，这种艰难的实践起点影响深远，使习近平体验到了真实的农业、农村和农民，种下了让农村成为安居乐业美好家园的火种，萌发了让农民成为体面职业的念头，燃起了让农业成为有奔头产业的愿望，构成"三农"重要论述形成的初始起点和历史根基。

三、从习近平七年知青岁月中体味到的：为农情怀

深刻把握习近平关于"三农"工作的重要论述中体现的厚重而又丰富的实践经验，仅仅了解他"七年知青岁月"实践一开始面临的种种困境是远远不够的，更重要的是要把握他完成从"不适应"到"全融入"，从"黑帮子弟""不谙世事"城市少年到农村党支部书记、并带领广大农民"改天换地"的全过程。这个过程，是他累积"三农"实践经验的过程，是他"为农情怀"逐步孕育、成长和夯实的"肥沃土壤"。

（一）宽松的政治氛围，为习近平孕育"为农情怀"提供了巨大空间

北京知青插队陕北，正值"文化大革命"期间，全国尤其是城市极"左"思潮泛滥，"批林批孔""阶级斗争""割资本主义尾巴"氛围十分浓厚。因此，当时梁家河等陕北农村的政治氛围，对"知青"的生存与发展会产生重大影响。

第一，当地的最大矛盾不是阶级斗争。《知青岁月》显示，受"文革"影响，当时的北京，不少人满脑子都是阶级斗争，而且要"年年讲、月月讲、天天讲"。这对习近平来说，更是"风刀霜剑严相逼"。知青艾平说，"我到了陕北才真正知道，哪有那么多阶级斗争啊！当地太穷了……当时最大的矛盾……是人与自然的矛盾……每天面临最现实的问题：怎样才能在这种环境中生存下来。"也就是说，当时陕北的主要矛盾是生产力太落后，不能满足老百姓生存和生活的需求；老百姓关注的"天大的问题"是怎么"吃饱饭"，而不是"阶级斗争"。所以，知青王燕生说，"梁家河的老百姓都很朴实，不管上面'阶级划分'那一套。"知青陶海粟说，"老百姓……根本弄不明白，也不感兴趣。他们最关心的还是多打粮食，吃饱肚子"，"比起北京，陕北农村给我们提供了政治上相对宽松、能够发挥个人潜力的天地……去陕北实际上是某种程度的解脱"，"所以我和习近平在队里的工作……主要精力还是花在了'促生产'上"。

赵家河村民赵胜利说，那些"斗争啊、批判啊……那些神仙打架的事，跟我们山高皇帝远的庄稼人有啥关系嘛"。

第二，农民不依据出身和成分评价人。《知青岁月》显示，当年北京知青插队陕北，除了感受当地艰苦的生活，更深的感受还是当地老百姓的纯朴。村民王宪平说，"近平当年是一个没有出路的'黑帮子弟'……但梁家河人没有'看人下菜碟'，村里人也不认可这种不正常的政治环境对人的歧视……对所有的知青都一视同仁"。知青孔丹说，"陕北老乡都是善良的，他们没有因为我们是'黑帮子弟'而另眼相看。"知青陶海粟说，"淳朴的老百姓……对我们张开了臂膀，敞开了心扉。"当然，他们更不会因为知青不会干农活而说三道四。知青戴明说，"尽管我们干活不行，但这里的老乡很淳朴，对我们这些城里的娃娃都很好"，"劳动的时候，只要你能努力跟上他们的节奏，他们就会说：'好后生'"。陶海粟说，"在他们眼里，评价一个知青，干活好坏远比出身好坏更重要。"村民武晖说，"农民是非常实际的，他就看你能不能做事……"

第三，基层干部有实事求是的思想作风。《知青岁月》显示，虽然习近平插队期间入团、入党历经坎坷，但当地基层组织和干部能客观看待他的"黑帮子弟"身份，实事求是地评价他的素质和能力。1973 年，时任延川县团委书记的知青陶海粟，主动推荐当时只是共青团员的习近平到冯家坪公社赵家河大队开展"社教"工作，他说，"我了解习近平的为人和见识，相信他能够胜任……使他发挥才干"。知青雷平生说，"近平回来与我闲聊时讲，赵书记曾几次与他促膝谈心，态度热情和蔼，鼓励他解放思想、放手工作。"时任文安驿公社书记的白光兴说，1973 年 8 月，公社党委在讨论习近平入党的问题时认为，习近平"在这四五年时间里和村里农民劳动在一起、生活在一起，建立了深厚感情，在生产劳动中有苦干实干精神；还能认真学习、刻苦钻研，政治上积极要求进步，已经具备入党条件"，"当时的大队书记梁玉明也到公社提出让贤，推荐习近平担任党支部书记"。时任延川县委书记的申易，曾在县委会上集体讨论决定：习近平入党不受家庭影响，重在个人表现。为推进习近平加入党组织工作，梁家河党支部多次推荐，县、公社党组织主动开展亲属函调；甚至出现冯家坪与文安驿两个公社书记争相要培养习近平入党、担任支部书记的情形……这是习近平能够入团、入党、担任大队党支部书记，并带领村民"改天换地"的关键。

习近平的七年知青岁月，因陕北农村面临要"吃饱肚子"的最大矛盾，使其没有陷入严重"阶级斗争"的环境之中；因老百姓朴实的认知和评价标准，为其融入当地农民、建立深厚感情提供了坚实群众基础；因基层组织和干部拥有实事求是的思想作风，让其免受更大的政治压力。正是这种相对宽松的政治氛围，为习近平了解和体验真实"三农"、孕育"为农情怀"提供了巨大空间。

（二）良好的互动关系，为习近平增进"为农情怀"提供了丰富营养

作为一个"外来人"，习近平面临的一个重要问题，就是如何与当地老百姓相处。这既取决于各自的品格特质，也取决于双方的互动关系，更取决于习近平的融入能力和水平，对习近平增进"为农情怀"具有重要影响。

第一，老百姓忠厚老实、无私善良，十分善待和保护插队知青。《知青岁月》显示，北京知青眼中的梁家河老百姓，不仅纯朴，而且忠厚老实、无私善良，始终能够善待和保护知青，尤其是习近平。知青黑荫贵说，"他们把对中央红军的那份感情、对毛主席那份感情拿来对待北京知青"。照顾知青生活。知青戴明说，刚从公社走到村的时候，"村里的老乡对我们可好了，什么都不让我们拿，行李都是他们背"；知青雷平生说，到了村里，"老党员张林贵……为了腾出一孔窑洞给我们知青做饭吃饭……全家都搬到旁边的窑洞去住"。初到梁家河，因没柴烧做不了、吃不上饭，"队长说：'这可得想个办法，别把娃饿坏了'，于是他就批准我们去使用大队冬天储存下来的玉米秸……解决了烧柴的问题"，戴明说。教授知青技能。知青王燕生说，"刚到梁家河，我们就在基建队……打坝、拉土……干得不熟练，村民就手把手教我们"；同时，村民还领知青"去砍柴"，教知青"学犁地""学担水""学挑粪""学走山路""学当地话"。保护知青安全。尽管当地政治环境相对宽松，但习近平面临的政治压力仍然不小。知青雷平生说，"近平由于家庭原因目标太大，早已经被一些人注意上了"，"凡遇到有招工招生、入党、入团之类的事情，就常会有人向上面'反映情况'……在那个时代是很常见的"。所以，当有人向公社反映"习仲勋的儿子不跟红旗走"时，公社干部也注意向

梁家河群众询问习近平这个知青怎么样，不曾想梁家河的乡亲们异口同声说近平是"好后生""好的啦！"，这样才使得风波消散于无形，最终没有造成不良后果。梁家河老百姓点点滴滴的善良品格，对习近平构成强烈触动、打下深刻烙印。

第二，习近平谦虚随和、诚心待人，非常照顾和敬重普通百姓。梁家河老百姓的善良品格，对从小接受良好家教、家风熏陶的习近平品格的影响，既是激发、又是催化。《知青岁月》对习近平的性格和为人做了系统描述。他以诚待人。知青雷平生说，"近平这个人，心地非常善良……对贫下中农，对老人、儿童、残疾孩子，都是一片爱心，真诚相待。"即使是对待过世的老人也是恭敬有加。知青雷平生说，我们刚到梁家河那几天，习近平能够向老党员张林贵的母亲——一位"深明大义的革命母亲"的遗体"恭恭敬敬地鞠了几个躬"，"能够对农村一位过世的老人、一位老党员的母亲，恭敬地吊唁祭奠鞠躬，这个做法是当时普通人想不到的，做不到的"，"近平对群众和党员是有真感情的。"他平等对人。知青雷平生说，"在他眼里就没有贫富贵贱的区别，他认为每个人都值得尊重。"他对待村里一个整天挨"欺负"的"半憨憨"，一直"很和气，不仅没有发生过任何矛盾，而且始终都是笑眯眯地对待这孩子"。知青王翠玉说，"在习近平眼里，没有高高低低，没有看得起谁、看不起谁，他待人讲话总是面带笑容，总是很和气。"他无私惠人。村民武晖说，"我上师范学校的时候，近平还送给我三十斤粮票，让我出门在外用。"知青雷平生说，"近平在自己身处困境的时候，能够做到对乞食老汉'解衣推食'"，"把身上的钱、陕西粮票、全国粮票，都掏光了，还把外套也脱下来给了人家"。习近平的这种高尚品格和人格魅力，必然给当地老百姓留下深刻印象、增强了信任感。

第三，习近平与老百姓的关系融洽，良性互动中夯实情感基础。《知青岁月》用大量笔墨描述了习近平与老百姓之间的融洽关系。这种良性互动关系中，他们相互信任、融洽相处、增进感情，习近平"为农情怀"逐步夯实。与老乡"换饭吃"，知青雷平生说，当时知青吃的是被老乡认为是"真粮食"的蒸玉米团子、高粱米团子，而老乡吃的却是糠窝窝。习近平拿起老百姓的糠窝窝一看，确实差了很多，于是他就用"真粮食"和老乡换饭吃；而"婆姨"却因"男人与孩子受苦更重，要给他们留着吃"，这给了习近平非常大的触动，普通粗粮都不舍得吃，还要留给壮劳力。"与村民摔跤"，知青戴明说："打坝中间休息的时候，农村的青壮劳力就和我们知青摔跤。近平也经常摔跤，他跟村里的很多年轻人都摔过跤"。"参加村民婚礼"，习近平等知青曾多次参加梁家河村民的婚礼，"凑凑热闹"。"学说陕北话"。面对语言交流障碍，他学说当地话，"俺老陕""他婆姨""这娃娃"……运用娴熟，交流自如。所以，知青戴明说，"近平在梁家河的这七年，给他对社会、对人民的认识打下一个很好的基础。"

人的感情是在良性互动中相互激发和不断增强的。在这种没有隔阂的相互关系中，习近平与当地老百姓吃在一起、住在一起、玩在一起、干在一起，在日常生活和交往中打成一片，在情感上和精神上融为一体，使其"为农情怀"日益浓厚、迅速成长。村民王宪平说，近平"不仅在劳动方面非常拔尖，而且逐渐和社员们在思想、语言上打成一片"。

（三）自身的不懈努力，为习近平夯实"为农情怀"提供了内生力量

《知青岁月》显示，习近平在七年知青岁月中，从孕育到成长、再到夯实他那真诚而又浓烈的"为农情怀"，受诸多因素影响，但内因还是决定因素。知青雷平生说，"他这七年努力拼搏，自强不息，刻苦磨炼，这是他成长的重要内因。"

第一，刻苦读书学习，提升认知能力。《知青岁月》显示，"读书学习"是习近平插队前已有的习惯，因为他去陕北的时候箱子里面"装得满满的都是书"。在那种艰苦的环境中，习近平"有很强的求知欲和上进心"，"'痴迷'在读书和学习之中"，"从来没有放弃过读书和思考"。他抓紧一切时间读书，别人唱歌，他在读书；别人玩耍，他在读书；别人睡觉；他在读书……他广泛阅读各类书籍，有哲学，有历史，有政治，有经济，有军事，有文学……他注重"几本书同时看"，对比学习、研究不同版本的中国历史和马克思的《资本论》《共产党宣言》等。村民梁玉明说，习近平"在梁家河待了七年时间，我就没见他离开过书本，没见他放弃过读书"，"就是他当了我们的大队党支部书记之后，他每天不仅要和社员一样劳动，还要处理村里的大事小事，在那么忙的情况下，他仍然坚持读书"，尤其是对毛主席的《为人民服务》，习近平反复地

看、反复地读，爱不释手。同时，他还十分注重在与别人交流讨论中学习，与朋友探讨"国家与革命"问题，同老师讨论"五四运动"爆发背景，在"兵棋推演"中发现问题，在阅读人物传记中向伟人学习……

第二，注重观察体验，直面现实问题。《知青岁月》显示，在习近平担任梁家河大队党支部书记之前，他不仅刻苦读书，更注重利用各种机会体验农村生活、观察和思考现实问题，这为他之后担任党支部书记一职打下了坚实基础。适应农村环境度"四关"：忍受"脓包"疼痛，度过"跳蚤关"；面对"饿肚子"常态，度过"饮食观"；坚持向农民学习，度过"劳动关"，成为"好把式"；承受过巨大心理和精神压力，度过"思想关"。主动在实践和交流中积累。村民石春阳说，平时聊天的时候，近平"向我们打听农村的情况，农活怎么干，庄家怎么种，村里各方面的情况他都问得很细"，"在当村支书之前，他就对村里有规划和想法。打坝、修梯田、打井，增加粮食产量，这些他一直都在考虑，都在和社员交流"。这说明，面对艰苦生活和繁重劳动，习近平不是被动接受，而是主动分析问题根源、寻找问题答案。帮助村组织和村干部办事。时任梁家河大队党支部书记梁玉明说，"过了一两年，近平就成了我们梁家河的自家人"，"他在入党之前就已经参与村里的事务了"，"村里的事情特别多，我忙不过来的时候，就让近平来帮忙，他每次都能把事情办得稳稳的，社员都很满意"。日常生活和劳动中，习近平帮助村干部调解农民纠纷，教育偷鸡摸狗，偷奸耍滑、生事打架等"落后"人员等。习近平借抽调到赵家河"蹲点""主持工作""搞社教"的机会，"真心实意努力工作"，摸索着修建厕所、举办夜校、打坝修田等，得到"群众的交口称赞"，"积累了不少农村工作经验"。

第三，坚定理想信念，夯实为农情怀。《知青岁月》显示，习近平七年知青生涯中，经过对当地农村生活、农业生产的切身体验，加上知识、技能和经验的积累，坚定了他"为人民办实事"的理想信念。据知青雷平生回忆，在谈到万一今后"上不了大学了"怎么办时，习近平说，"我到梁家河毕竟好几年了，老乡对我不错，我不能就这么走了，得帮助老百姓做点事儿"，"走不了我就在这儿待着吧，我本来就是个农民"。习近平的这种理想信念，这种为农情怀，在《知青岁月》中体现得淋漓尽致。知青艾平说，"在陕北农村，习近平与农民朝夕相处，建立了与农民的血肉联系，树立了为人民办实事的理想"，

"在梁家河的时候，习近平就把人民这两个字深深地刻在了自己的内心"。知青陶海粟说，"为群众做实事是他始终不渝的信念。对于习近平来说，这不是一句简单的口号，也不是什么被灌输的教导，而是早在陕北七年里，在和那些'面朝黄土背朝天'、挣扎着生存的普通老百姓牵手共度时艰中，就油然而生的、铸入血液中的信念。"

对习近平来说，刻苦读书学习，使他积累了知识，武装了头脑，拓展了视野，增强了认知能力；对陕北农村生活、生产的体验、观察与思考，使他提升了分析能力、找到了问题根源、看到了努力方向；理想信念的确立，使他"为人民办实事"义无反顾、信心倍增。这种学习、思考和实践的过程，使习近平"为农情怀"越来越扎实，而且更加鲜活、更为丰富、更具意义。

总之，陕北"七年知青岁月"中，习近平与最底层农民朝夕相处、患难与共，懂得了农业生产的实际情况和制约因素，体验了农村的人情世故和生存环境，了解了农民的急迫需要和心理期待……"为农情怀"油然而生、并日益成长。他说："梁家河给我的一切，我一辈子都不会忘。"这种"为农情怀"，既来自他对陕北农民收留他、保护他的感恩与回报，也来自他对陕北"三农"现实问题的定位与把握，更来自他"为人民服务"人生目标的理想与追求。这种"为农情怀"，是真诚而浓烈的，坚定而果敢的，崇高而珍贵的。

四、从习近平七年知青岁月中体味到的：责任担当

《知青岁月》显示，习近平的七年知青生涯，不仅夯实了他的"为农情怀"，更是锤炼和激发了他对"三农"事业发展的高度责任和无私担当。正如知青雷平生所说，习近平具有"强烈的使命感……在梁家河经过数年苦难和磨炼……把自己看作是黄土地的儿子，并从这个角度来思考如何为人民服务"，具有"强烈的忧患意识……由从小我出发的'物喜己悲'，转变为对群众利益的一种深沉忧患了"。

（一）关心农民疾苦，解决农民最关心最急需的事情，是习近平对"三农"发展高度责任与无私担当的宗旨体现

知识、技能和经验的积累，为习近平担任大队党支部书记以后大显身手、为农民办实事奠定了坚实基础。《知青岁月》显示，1974 年 1 月 10 日，习近平被批准入党、担任大队党支部书记，找到了"用武之地"，决定从"为农民办实事、解决现实问题"入手，"真正发自内心地要带领村民改变梁家河的面貌"。

第一，着力解决农民生活中最急迫的"烧柴""吃水"难题。习近平当选大队党支部书记正值冬季，正是着力解决农民生活难题的机会。当看到 1974 年 1 月 8 日《人民日报》关于四川绵阳"办沼气"的报道，他就决定在梁家河建沼气。村民梁玉明说，他首先给大家讲解了办沼气的几大好处：能解决社员点灯问题，能做饭，沼气废料可以给庄稼做肥料等。然后，他与其他人一起，到四川遂宁学习沼气技术并请来一位技术员，在知青窑洞旁建成了陕西第一座沼气池。他还向县领导建议推广沼气，并随"代表团"再次入川学习，回来又修建了几座沼气池。最终，农户"实现了 85%～90% 的沼气化，最差的户都能用沼气"做饭、点灯。当得知村里某个地方有个曾经往外渗水的泉眼时，他就决定在梁家河打井。1974 年初春，他带领村干部和村民找到了那个泉眼，带领整个基建队打井。初春打井，风力大、天气冷、土上冻，劳动十分艰苦。习近平带基建队员用镢头挖、筐子装、绳子吊，像"蚂蚁搬家"一样，把那些泥土和石块一点一点挖出来，"挖了半个月左右时间"挖出一口水井；为留住泉眼渗出的水，还打了一个拦水坝。知青雷平生说，这口井打成以后，不但解决了全队社员吃水的问题，水量也足够浇地用，生产生活都顶上用了。

第二，尽力缓解农业生产中集体"好地少""收入低"难题。如何改变当年梁家河面临的耕地资源少、质量差、收入低的状况，是习近平当党支部书记后重点考虑解决的问题。他带领社员们在村里的沟口打了一个淤地坝。《知青岁月》中写道，一开始"大家都持反对意见"，理由是这个位置在通往村里必经之路的正沟上，雨季会面临山洪的高强度冲击。几百年来，老祖宗都没有在这个位置修过淤地坝。而习近平"早就计划好了"，"说啥也得干成这件事"。据村民王宪平回忆，事实上习近平是仔细规划了的，习近平说："河口的一侧

给它拦住，淤地坝的另一侧给它好好加固，把自然河道的一部分再加深、清淤，形成一条大的泄洪沟。只要保证夏天水量最大的时候，泄洪沟能承受得住，那淤地坝的安全就不成问题。"经过耐心的说服工作，在县水利部门技术支持下，终于修成"梁家河村最好、最平整，也是最便于灌溉的土地"。习近平"在村里办了一个铁业社"。他把本村铁匠能手请来，制造和修理割草的镰刀、挖土的铁锨、锄地的锄头、砍柴的镢头等。村民石春阳说，"社员需要农具，不用跑到县上，直接到铁业社就可以了。"村民梁玉明说，"铁业社当时生产的工具很多，剩余用不完的，就卖给我们县的供销社，给村里增加收入。"当然，习近平还试调农业结构，试种了西红柿、黄瓜、小油菜，栽种了烟叶等。

第三，努力克服农民生活生产"用工"矛盾，缓解劳作压力。村民石春阳说，"近平当了支书以后，提出要解放劳力，把社员从家庭事务中解放出来，投入粮食生产中"，"近平让社员发挥各自长处，把村里的生产和生活安排得十分顺畅"。为缓解妇女白天农业劳作、夜间缝被补衣的辛苦和压力，他组建了一个"缝纫社"，把一部分缝纫手艺好的妇女组织起来，集中在一起缝补衣被。"缝纫社的妇女根据每天缝补衣服的数量挣工分，其他社员节省出缝补衣服的时间去劳动，可以挣到更多工分"，石春阳说。为解决农民磨面耗时、费工问题，他就想方设法买了一台柴油磨面机，建了个"磨面坊"，他安排一个专人操作、拿工分，把整个村子磨面的活儿都干了，既免费服务，磨得又好又快。"不仅人力解放了，连毛驴也解放出来了，这些解放出来的生产力都可以投入农业生产中"，石春阳说。为解决农民购买日用品耗时、误工问题，他就创办了"代销店"。习近平对村民说："咱村里人去买个东西，要走一天，这太不方便了……完全可以把文安驿供销社的东西拿一部分回来，在村上统一销售，我们再按单子跟他们结账。"这个提议得到村民一致赞同，并要求越早办越好。"近平说干就干……用最快的速度就把代销店办起来了"，石春阳说。

在梁家河大队党支部书记任上不到两年，习近平想农民所想、急农民所急，动脑子、想办法，科学谋划、精心组织，带领村民做了那么多好事实事，解决了那么多老百姓最关心最急需的现实难题。这是习近平履行"人民为本"宗旨的具体行动和实践起点，是他"七年知青岁月"中对"三农"发展高度责任与无私担当的宗旨体现。村民王宪平回忆："近平有一次跟我拉话时说：'我饿了，乡亲们给我做饭吃；我的衣服脏了，乡亲们给我洗；裤子破了，乡亲们给我缝。咱梁家河人对我好，我永远都记着'。"

（二）讲原则、建机制、抓关键，促进农业农村发展，是习近平对"三农"发展高度责任和无私担当的智慧体现

《知青岁月》反映，七年知青生涯中，习近平在领导、谋划和组织推动为老百姓做好事做实事上，并不是硬干蛮干，而是有方法讲技巧，注重讲原则、建机制、抓重点，体现出很强的工作智慧。

第一，他一贯讲原则，坚持公平公正、一视同仁。《知青岁月》中多位被访人反映，习近平在与人相处、处理事务和开展工作中，无论是对知青还是对村民，无论是对老人还是对孩子，无论是对正常人还是对疾患者，无论是在生产劳动中还是在日常生活上，无论是利益分配还是处理纠纷，习近平一贯公平公正、一视同仁，从来不偏不向。推动工作他以身作则、带头垂范；处理问题他对事不对人、认理不认人，绝不会做不公正的事。他坚守政策、严守规矩。为便利村民、集体增收，习近平创建"铁业社"。这"在当时的政治和经济环境下……近平搞这些副业，是有一定风险的，很容易被扣帽子"，但"近平对政策方面把握得很严谨。铁业社给村里人打农具、修农具是不盈利的……与县农副产品公司公对公，没有问题"，村民石春阳说。他认准就做、不打折扣。《知青岁月》显示，习近平"敢说、敢做、敢担当"，他认为：我说的话，如果有错你们就指出来，我肯定改；如果我说的没错，你们就照着办，不能打折扣。如果是你不对，我就要纠正你，而且不能说一下我就不管了，还要督促你真的改过来。如果有人指鹿为马，颠倒黑白，不对的事情还要说对，那绝对不行。他的这种坚守，既表现在打"淤地坝"等工作上，还表现在他调解打架等纠纷上。

第二，他注重建机制。《知青岁月》显示，习近平在建铁业社、代销店、缝纫社、磨面坊等过程中，建立了"多劳多得，少劳少得"的劳动分配机制。他把会打铁的社员组织起来，实行定额管理，规定：如每个铁匠一天打3把镢头，就给他10个工分；超出了3把就给奖励，完不成任务就要扣除相应的工分。铁匠打的锄头、镢头、镰刀，村里用不完的，就送到公社供销社代卖，村

里得实惠，还给铁匠分成，比如一件工具卖了 3 元钱，就奖励铁匠 2 毛、3 毛钱。"整个铁业社的规划、管理、分配方法都是近平制定的，这在当时是非常先进的管理方式"，村民武晖说。在"缝纫社"的运转上，习近平也制定了一个规则：社员可以用工分来支付裁缝的报酬，比如，一个社员一天的工分是 10 分，就可以用这个工分来做衣服，做一件上衣用 5 分、下衣用 2 分。而裁缝做得越多，所得的工分就越多，既解放了妇女劳动力，又满足了村里人日常的需求。在修筑"淤地坝"工作中，习近平围绕调工、派工、用工，也制定了不少制度规则。当地退休干部刘明升说，为调动村里集体的力量一起打坝……近平把规章制度定得严严的。在制度规则的约束下，大家按照规章制度办事，制度不认人，不管你张三李四，不按制度办事就不行，该罚就罚，该批评教育就批评教育。

第三，他善于抓关键。《知青岁月》显示，习近平担任大队党支部书记以后，他重点围绕农民急需解决的问题谋划和推动工作。在赵家河"社教"、落实"抓革命、促生产"口号时，他把主要精力花在了"促生产"上，以解决"多打粮食，吃饱肚子"的问题。为解决梁家河村民吃饭问题，他下大力气组织社员修建 5 块"淤地坝"，"好地"大幅度增加，粮食产量迅速提升。他两赴四川考察沼气建设时，不仅注重学习沼气建设技术，更重要的是，他十分重视比较四川与陕北的土质、气候、资材等方面的差异，结合陕北的特殊条件，有针对性地学习和请教，这为陕西第一口沼气池成功落地梁家河打下了坚实的基础。为解决农民生活生产"用工"矛盾，把社员从家庭事务中解放出来，投入粮食生产中，他组建了"铁业社""缝纫社"，他建成了"代销店""磨面坊"，有效地缓解了农民农业劳作压力。习近平抓重点抓关键的工作作风，还表现在用人上：在赵家河，为请回"能人"随娃当生产队长，他"三顾茅庐"；在梁家河，为让"能人"拖拉机手当生产队长，他不厌其烦地做说服工作；为留住铁匠在"铁业社"打铁，他动之以情、晓之以理，结果这些人都发挥了重要作用。

七年知青生涯中，作为一种思想过程和实践探索，习近平一贯坚持原则，做事、问事、理事有坚守，赢得社员高度认同；他注重建立工作机制，有效调动社员积极性、主动性，提高了工作效率；他善于紧抓工作重点，着力解决主要矛盾和矛盾的主要方面，有效带动整体发展，成为他谋划"三农"发展高度责任与无私担当的智慧体现。

（三）以身作则、干在实处、走在前列，正人先正己，是习近平对"三农"发展高度责任与无私担当的作风体现

履行"三农"发展责任与担当，不仅需要正确的宗旨意识和高超的智慧艺术，更需要坚实的工作作风。

第一，他以身作则，正人先正己。七年知青生涯中，习近平始终严格要求自己。他以身作则。无论是在赵家河"整社"，还是担任梁家河大队党支部书记，他始终以身作则，带领党支部、发挥"车头"作用、沟通思想、谋划工作、组织协调；他坚持生产一线，与老百姓干在一起、吃在一起、住在一起，把想法变现实。村民高小梅回忆，当年习近平经常说"火车跑得快，全靠车头带"，"打铁还靠自身硬""正人先正己"。要求别人做到的，他首先自己做到，这在《知青岁月》里多有体现。他一心为农。不仅对农民"解衣推食""真粮换糠窝"，帮农民"拉车""找猪"，更重要的是时刻为发展着想。据作家曹谷溪回忆，当年习近平曾因建沼气等被延安地委评为先进个人，获奖励一辆摩托车；但习近平却说："这个摩托车对咱有啥用！拉不了多少东西，又不能下地干农活，难道我天天开着它去兜风吗？"，最终他让人把摩托车换成了手扶拖拉机等农机具。他不贪便宜。习近平在农户家吃"派饭"都会付钱、给粮票。在赵家河，他吃了村民聂瑞兰的"派饭"，执意要付粮票和钱，却"拗"不过。后来"我才发现碗底下压了 1 斤 2 两粮票和 3 毛钱……超过这两碗热汤面几倍的价值了"，聂瑞兰说。担任梁家河大队党支部书记以后，习近平在村民张卫庞家吃饭近 1 年时间，他每个月都交 40 斤粮。"我婆姨做什么，他就跟我们一起吃什么……再糙的饭他也吃得香，再穷的人他也看得起"，张卫庞说。

第二，他公平公正，无私又无畏。习近平担任大队党支部书记以后，之所以能为老百姓做成许多好事实事，根本原因在于他的"为民"宗旨。为履行这一宗旨，他有三个法宝。一是以公平公正待人。当时的梁家河姓氏多、家族多、纠纷多，如何处理与村民的关系，对习近平如何做好工作十分重要。从客观上说，作为外来知青，感情上他不需要远近亲疏、厚此薄彼待人；从主观上说，他具有真诚、坦荡、无私等高尚品格，为人做事对事不对人。所以，他在

推动工作、调解关系时始终坚持公平公正原则，得到群众一致拥护和信任。二是靠道理实效服人。实事好事能否做好，取决于老百姓是否理解、认可和支持。担任大队党支部书记以后，"近平在处理纷繁复杂的关系时，能够认真细致地给村民做思想工作，做说服工作，鼓励大家放下分歧往前看，团结起来，把事情做好"，注重以真诚团结人、讲道理打动人、用好事吸引人、用实效征服人，让大家有希望、有目标、有盼头、有干劲，使老百姓心往一处想、劲往一处使。三是用制度规矩管人。当时，村民之间矛盾、纠纷时有发生，既影响村民团结，又影响工作推动。对此，习近平感觉是个严重问题。因此，"近平把规章制度定的严严的……制度不认人……不按制度办就不行"，他首先制定了村规民约，禁止骂仗、打架，否则受罚。当村民"猴儿"与"矮矮"再次打架时，近平给予"扣10个工分""大会上检查"的处罚，并真诚地说，"如果你们接受不了扣工分，我就把我的工分给你们，但你们必须做检查"。使他们心服口服、甘愿受罚。

第三，他真抓实干，处处走前列。担当、实干、走在前列，是习近平的基本工作品格。他勇于担当。多位受访者反映，担任大队党支部书记后，他想干事敢干事，有决心有办法，认准的事，就想方设法干起来、干得好。建沼气、筑堤坝、打机井……每件事都有设想、有规划、有安排，思想工作在前，统一行动在后，意志力、组织力很强。他真抓实干。陕北到处是光山秃岭的山沟沟，良田不多、雨水稀少。要解决吃饭问题，习近平就多筑坝地，把河道变良田；找水源、打机井，方便用水；学技术、建沼气，方便做饭、照明、肥田……据时任公社团干、知青专干的刘明升回忆，习近平"不搞形式主义，不搞那个年代时兴的学习、运动"，"要给群众做实实在在的事情"。他走在前列。为给百姓做实事，他"付出了全部的热情和精力，他白天晚上，起早贪黑……"解决了诸多技术和物资短缺难题。打堤坝，遇到排洪沟规格问题，他跑到县上，找水利部门严格计算排洪相关数据；建沼气，缺沙子、水泥、石灰等，他带领村民到15里以外去挖沙子，带头到公社背水泥、在本村烧石灰……

七年知青生涯中，习近平做成那么多好事实事，除了有理想、决心、智慧以外，还取决于他解决好了两个问题：一是得到老百姓的理解和支持，二是找到了本村没有的物资和技术。他表现出的以身作则、无私无畏、真抓实干等优良品格、领导艺术和工作方法，超强的组织力、推动力、行动力，成为他推动"三农"发展高度责任与无私担当的作风体现。

万丈高楼平地起。习近平总书记2015年2月13日在梁家河考察回忆知青岁月时说："那时候我就想，今后如果有条件、有机会，我一定要从政，做一些为老百姓办好事的工作。"他这种对"三农"发展的高度责任和无私担当，不仅体现在他直接从事和领导"三农"工作的河北正定、福建宁德等地，也体现在他走入"政界"第一步的赵家河、梁家河的"知青岁月"之中。这种高度责任和无私担当，成长在他那崇高的为民宗旨下，蕴含在他那高超的思维智慧中，镶嵌在他那扎实的工作作风上。

五、从习近平七年知青岁月中体味到的：战略智慧

《知青岁月》显示，七年知青生涯，习近平与农民一起体验艰苦的农村生活、从事繁重的农业劳作，处理系列复杂问题，推动诸多具体工作，培养了他的全局意识、长远观念，注重谋划解决对事业发展、个人成长具有根本性、综合性、基础性、持续性影响的大问题，体现出他看长远、谋全局、做大事的战略智慧。

（一）在刻苦读书和深入思考中训练战略思维

《知青岁月》显示，几乎所有的受访者都会介绍习近平七年知青生涯中"痴迷"读书、思考的故事。坚持读书学习、深入思考，是他给人们留下的突出标志和深刻印记，成为他锤炼战略意识、增强战略智慧的重要起点。

第一，坚持读书学习体现战略思维意识。自带书籍。村民梁玉明说，知青来的时候，"都带了很多行李，大包小包装的是衣服、被褥，虽然看着很大，但分量并不重。近平有两个箱子，不算大……死沉死沉的"，"装的全都是书"。始终坚持。知青雷平生说，近平"数年如一日保持着刻苦读书的习惯"；作家曹谷溪回忆说，"习近平几乎视读书如吃饭、饮水一样必不可少"。博览群书。习近平读的书有中国的、外国的，有古代的、现代的，有哲学、有历史，有政治、有经济，有军事、有文学……找书借书。习近平每次探亲或外出都能带来一些新书，他从当地一个教员家里借到苏联图书《中世纪史》的中译本，他跑

30多里地去借读《浮士德》……习近平"带着书"去插队，说明读书学习是他的已有习惯和自觉意识；坚持读书学习，说明那是他"发自肺腑的热爱"；广泛阅读各科、各类、各版书籍，说明那是他"来自内心的需求"；想方设法借书、找书看，说明那是他"对知识的强烈渴求"。习近平把读书学习当作事关个人成长和长远发展的大事看待和坚持，学习了理论和逻辑的方法，体味了榜样和经验的力量，汲取了心理和精神的营养……因此，他把读书学习作为一种自觉行为、生活习惯并如饥似渴的长期坚持，这对他人生道路的影响是长期的、全面的、持续的，这本身既是一种战略意识和战略思维，也是一种战略安排和战略投入。

第二，通过理论思考提升战略思维能力。《知青岁月》显示，习近平坚持读书学习，不单单是为了满足"知道"，他更加注重通过理论思考探真相、寻根源、找答案。通过学习郭大力、王亚楠翻译的《资本论》，他体会到两位译者"一生矢志不渝翻译和介绍马克思主义著作到中国来"的执着和毅力，认识到无论做什么事，都要持之以恒，一以贯之，才有可能实现自己的夙愿；通过学习不同版本的《共产党宣言》，他感慨道"这么个小薄本经典，就有这么多名堂，可见认识真理很不容易"。他通过学习《国家与革命》，"对当时很多'左'的做法有了新的认识"，"对这种长期无休止激烈的阶级斗争有了疑问，引起思考"；通过"阅读研究辩证唯物主义和历史唯物主义"，认为"不要把辩证法简单化"，其内容不仅仅就是一个"斗"字。通过学习毛泽东军事理论与作战方法，对"关门打狗"，"围而不打，隔而不围"，"大淮海和小淮海"，"吃一个，夹一个，看一个"等"耳熟能详"，对"对什么对手打什么仗，拿什么武器打什么仗，在什么地方打什么仗"等如何"积极争取主动"的军事思想"充分领会"……通过深入的理论思考，他不仅体味到伟人、名人的高尚品格和不懈追求，而且养成了全面、辩证、历史和举一反三看问题的科学思维方法。

第三，利用对比分析增强战略思维水平。《知青岁月》显示，习近平不仅坚持读书学习、善于理论思考，还有一个突出特点，就是注重在对比分析、相互佐证中学习。他重视"马列著作版本沿革"，学习过俄、日、德、英、法等不同语种翻译的《共产党宣言》中译本；他以范文澜的《中国通史简编》为主要读本学习中国历史，但针对其中反映的史学家的不同观点，又以钱穆、吕振羽等不同版本的中国历史书籍来相互印证、相互对比、深入理解；他以《基督教青年读本》为对照，认真学习《中世纪史》，比较全面地了解了罗马帝国时期基督教作为基层群众信仰的宗教被罗马当权者镇压的历史；他学习和讨论"五四运动"爆发的背景和史实的同时，还广泛涉猎威尔逊"十四点和平原则"、巴黎和会等知识……他采取的学习方法，是一种有高度、看长远、重比较的学习方法，他学到的历史知识，使他对历史有一种更加复杂、更加真实、更加长远的全局性、战略性把握；他掌握的历史观点，是一个立体、全面、系统的观点；得到的历史结论，是在独立思考基础上得出更加深刻、准确、科学的结论；既掌握了它们之间的联系和不同点，也养成了从不同角度观察分析问题的习惯，取得了"既知其然又知其所以然"的学习效果。

正如知青雷平生所说，"青年时期所养成的不倦学习精神和良好的学习方法，以及通过学习养成的思维能力，则可以伴随人的一生，对后来的各个阶段依然起着作用、发挥着影响。"这是习近平坚定在陕北长期"待下去""做农民"信念、树立"为人们办实事"理想、抓住"吃不饱肚子"主要矛盾的战略思想源泉，是他重视农民"团结""思想""知识"等对全局和长远发展具有基础性、根本性影响因素的战略思维体现。

（二）在观察农情和把握实情中明确战略目标

《知青岁月》显示，七年知青生涯中，习近平在度过"彷徨、迷茫"阶段以后，并不是消极、被动、简单地应付和适应艰苦的农民生活及繁重的农业劳作，而是积极、主动、系统地思考与谋划个人成长和事业发展中的重大问题。观察农情、把准实情，既是向实践、向农民学习的过程，也是找准个人定位、谋划事业目标的过程。

第一，确定和把握人生战略定位。《知青岁月》显示，"逃命""躲难"来梁家河插队的习近平，头几年可谓"四面楚歌"：不能回北京、不能被招工、不能去当兵、不能上大学……"要寻找出一条从梁家河走出去的路，对那时的近平来说，实在是太艰难了"。但他"没有消沉""没有放弃"，通过调整自己，发现"路在脚下"，发出"我为什么就不能在梁家河扎根呢？我为什么不能留在这里为老百姓干好事呢？"，"自己的路自己走，自己的事情自己干"的豪言壮语。"在梁家河待下去、当农民"成为习近平的人生战略定位。为把握和实现这个定位，习近平作出不懈努力。成真正农民。他向农民学习挑粪、担麦、锄地、耕地、翻土、赶牲口……所有农活一样样学，掌握劳作方法、技巧，吃苦、卖力干农活，成为"好把式"。让农民接受。他与农民"同吃同住同劳动"，融为一体；他学会当地话，言语实在、稳重、谦和，从不"咋咋呼呼"；他为人大公无私，处处为农民利益着想；他尊重人、团结人，对谁都真诚相待、仁义相处，不分贫富贵贱；他做事公平公正，从不偏袒，成为"好后生"。做优秀农民。他坚持学习、自我磨炼，不断丰富、提升自我；他时刻干在实处、走在前列，发挥模范示范作用；他"解衣推食"，善待农民、同情穷人，不吝私利；他出主意、想办法，帮助村干部做事；他积极要求入团、入党，主动争取进步，成为"好领导"。以至于梁家河乡亲们依依不舍送他上大学时，他甚至说"要不然我不走了，继续留下来干"。

第二，深刻体味农情和农事哲理。农村农民中间蕴含着丰富的智慧和哲理。"行稳"才能"致远"。陕北沟壑林立，挑粪、担麦等都要走山路。老乡告诉知青，"走山路可急不得，得走得慢慢的、稳稳的，才能走得远。要是心急，一会儿就能走出一身汗，还能叫你喘半天。"就是说，越是遇到困难，越不能着急，一定要先慢下来，稳下来，才能克服困难，走得更远。习近平自然体会行稳致远的道理。"疏""堵"必须结合。打"淤地坝"增加"好地"和粮食产量，是当时陕北农村的一项重要基础工程。但由于筑坝、整地都是在山沟里河滩地上，如何实现既拦住山上冲刷下来的泥土、形成"好地"，又让河水顺利通过、防止涝灾就成为关键。习近平自然明白"疏堵结合"的道理。"知""行"务必合一。习近平看到关于四川推广沼气的报道，就决心在梁家河办沼气。那为什么他要两赴四川学习呢？因为依"报道"所"知"是远远不够的：他不仅要知道办沼气的好处、技术，更要清楚两地的资源条件差异，要了解各种沼气类型及其在陕北的适应性，要明白办沼气要避免的关键问题等。只有全面的"知"与强烈的"行"相结合，才能完成在梁家河办沼气的夙愿。习近平自然知道"知行合一"的道理。走"山路"如此，打"淤地坝"如此，建"沼气池"如此……做人做事更是如此。

第三，确立为民办实事战略目标。深入思考现实问题根源。习近平清楚地知道，"梁家河为啥穷？为啥吃不饱饭？就是因为土地太少了"，"为啥妇女那么劳累？有一个原因就是生的娃太多了。生的孩子多，农民负担就重，妇女的劳累就更多"。他也明白，劳动"效率低"是因为生产力水平落后，"吃水难""浇灌难"是因为"没水源"，"缺柴烧""做饭难"是因为"没能源"，农民矛盾纠纷不断且打仗骂架盛行、厕所简陋且男女不分等是因为"知识困乏，愚昧落后"。他准确把握社会主要矛盾。当时陕北农村的主要矛盾不是阶级斗争，这是插队知青的切身体验和普遍共识。这个现实，习近平自然明白：农民面临的"天大问题"是"吃不饱肚子"，是个生存问题；老百姓根本不懂得、不关心"阶级斗争"那一套，所以基层干部也"不过是支应一下"。他确立"为农民办实事"目标。习近平确立了"在梁家河待下去、做农民"的人生战略定位以后，通过思考梁家河面临的现实和长远问题，认清了问题根源，把握了农村主要矛盾，从而坚定"为人民办实事"的理想信念，自然是顺理成章的事情。知青陶海粟说，"为群众做实事是他始终不渝的信念。"

习近平确立在梁家河长期"待下去、当农民"人生战略定位，使其"待入尘寰，与众悲欢，始信丛中另有天"，更加放松、坦然，不仅有效填补了心理落差，奠定了他与农民深度融合的基础，更为重要的是，他的各方面优势得以突显，丰富的知识、非凡的智慧，随和的性格、真挚的情感，朴素、形象、实在的语言……对他团结农民、推进农民团结和做农民思想工作、推进事业发展，产生了事半功倍的效果。

（三）在实践探索和创新发展中注重战略布局

《知青岁月》显示，习近平七年知青生涯，不仅为老百姓做了诸多好事实事，而且还谋划和实施了许多事关梁家河发展大局、长远、基础的事情。这种战略谋划，取决于他的知识、思维、眼光、能力，也与他下决心要在梁家河"长期待下去"的长远打算密切相关，他"下决心像父兄一样好好在农村大干一场，这辈子就当个农民吧"。

第一，他重视团结农民和促进农民团结。团结就是力量。这是习近平在梁家河"长期待下去"、做好各项工作的情感基础。他主动团结农民。他努力克服"四关"难题，向农民学习怎么锄地、翻土、赶牲口，同老百姓吃、住、玩、干在一起，给老百姓"摆书场，讲古今中外"，与老乡"换饭吃""摔跤""学说陕北话"，主动参加村民的"婚礼""葬礼"等。通过这种努力，使老百姓从心里接纳他、信任他、支持他，在情感上和精神上融为一体；使他在村里有了威信,"那屋子逐渐成了那个地方的中心",大队支书和一些老人有什么事都找他商量。他注重农民团结。在那个"阶级斗争为纲"的年代,偷窃分子会被作为"管制分子"予以"批判",还不让"说话"。据村民梁玉明回忆,当时村民对一个偷鸡摸狗的"二流子"进行"批判""谩骂"时,习近平却认为,"他只是犯了一些毛病……还是可以团结的人嘛。咱们应该以教育为主",经过近平几次"开导和教育",还让他给大家唱歌,这个人就变成了"好社员";还有两个经常打架、骂仗的婆姨,经过近平多次调解也成为"好朋友"。近平"尊重人、团结人","社员都信服他,认为他公正,没有私心",梁玉明说。

第二,他重视和善于做好农民思想工作。思想通,事事通。这是习近平在梁家河"长期待下去"、做好各项工作的群众基础。《知青岁月》显示,习近平当大队支书后做的每一件事都需要处理各种矛盾和情况,做各种细致工作。知青雷平生说,"近平做群众工作很注意方法,也很人性化,从不采取强势、高压的做法,总是尽量做思想工作,把人的思想弄通了,心里疙瘩解开了,事情也就顺理成章做成了。"讲尊重、重团结、能公正、有道理,是习近平做思想工作的几大法宝。他公平平等待人,不偏不倚。习近平懂得,"做工作说到底还是做人的工作"。他做工作的出发点很公平,也很平等,既不带自己的主观情绪,也不会出于对他人的成见,而是给予别人以尊重,把思想教育工作做到人心里去。在处理上级"救济粮"分配矛盾时,他散会后直接带领大家连夜到各家各户调查摸底,找到了"最公正的解决办法"。他耐心细致,以理服人。面对村里一些观念保守的老人反对修建最大"淤地坝"问题,他向大家解释说"梁家河为啥穷?为啥吃不饱饭?就是因为土地太少了",他耐心细致、一点一点做工作,还请别人帮助做工作,把思想工作做通了,让大家都信服。他动之以情、晓之以理,说服铁匠留在"铁业社";他妥善解决生活困难和思想负担,留住修建沼气的四川技术员……

第三,他重视知识、人才、技术和种子。《知青岁月》显示,习近平非常懂得"知识是基础、人才是关键、技术是支撑"的道理。他"办夜校"扫盲,提高农民文化素质。在赵家河"社教"期间,他创办了当时全县最好的"夜校",并给农民讲课,教农民写名字。在梁家河,他指出,"年轻人如果不识字,不学习,以后是没有出路的",他提议"办一个扫盲班,把大家组织起来学习",并亲自讲课,目标是让每一个梁家河人都能够认识最常用的一些汉字。

"在当时，与周围的其他村相比，梁家河的村民文化素质要高一些，识字的人也要多很多"，村民王宪平回忆说。他注重发挥"人才"的作用。在赵家河"社教"时，他主张并推荐有能力的年轻人当村党支部书记。在梁家河，为办"铁业社"，他亲自从公社请回本村最好的铁匠；为建"沼气池"，他从四川请来了泥瓦匠出身的沼气技术员；为办"缝纫社"，他请来缝纫手艺好的妇女专门缝补衣被；为办"代销店"，他请来有文化、会算账的年轻人担任代销员；为请拖拉机手等能人当生产队长，他"三顾茅庐"、10多次做通思想工作，希望"多为集体考虑，要用自己的能力给全生产队的作贡献"，"随娃"当了生产队长，"队上的面貌立竿见影发生了变化"；在即将离开梁家河去上大学时，他举荐"能吃苦，办事公道"的能人担任支书等。他注重发挥技术、种子的作用。为了解决村民缺粮、少菜问题，他给中国农业科学院写信，找来多种蔬菜种子，专门开出试验田试种西红柿、黄瓜、小油菜，分配给老百姓食用；他借赴四川学习沼气技术的机会，引进试种烟叶；为了节省人力、畜力，他想方设法购买了磨面机等成套设备……

七年知青生涯，作为一种思想过程和实践探索，习近平注重以人为本，统一老百姓的思想认识；注重与老百姓融为一体，成为农民，营造出良好的信任、友好、合作氛围；注重发挥知识、人才、技术的根本作用，为梁家河的发展积攒了力量、形成了合力、提供了动力。

七年知青岁月中，习近平通过读书学习，受到了很好的博弈思维、战略思维训练，有效地提升了战略思维能力和水平；确立在梁家河长期"待下去、当农民"的人生战略定位，增强了他对农民的亲和力、吸引力，增加了他与农民之间的韧性和黏性；他追求长远、不急功近利，他亦步亦趋、不急于求成，培植和累积了他善于从战略上谋划"三农"工作格局的意识和能力，看长远谋全局做大事的战略智慧不断增强。

六、从习近平七年知青岁月中体味到的：创新精神

七年知青生涯，青年习近平不仅认识了区情、农情、民情，孕育了深厚的"三农"情怀，而且，在那个"广阔天地"里，他注重将书本知识与实践相结合，注重创新思维方式方法、创新乡村发展思路、着力提升劳动效率，取得了

事半功倍的效果。

（一）创新思维方式方法

《知青岁月》显示，有关方法论的理论知识，是习近平七年知青生涯中一贯坚持读书学习的重要内容，范围宽、领域多、内容深，涉及政治、经济、文化、历史、哲学等方方面面。他能够将掌握的理论知识结合实际、灵活运用，不断创新工作思维方法。

第一，他注重运用辩证思维方法。在读书学习中，习近平懂得了"不要把辩证法简单化"，"不能一'斗'了之"，"除了对立还应考虑统一"的道理。辩证思维下的人生战略定位。正因为他掌握了辩证思维方法，才能在那复杂的"阶级斗争"环境中，"读懂了'生活'""读懂了'中国农村'"，"读懂了'实际'"，"懂得了什么叫实际，什么叫实事求是，什么叫群众"，把握了当时陕北农村的主要矛盾，作出了"待下去、当农民"的人生战略定位，使自己立足于陕北农村"广阔"天地之上，融合于"农民"群体之中，统一于"为农民办实事"目标之下。利用辩证思维处理矛盾纠纷。在梁家河期间，习近平曾数次处理农民之间的矛盾纠纷。在村民把偷东西的"二流子"作为"管制分子"进行批判时，习近平却认为这是人民内部矛盾，是"可以团结的人"，采取的是"以平和的态度""一条一条讲道理""以教育为主"的方式；在处理"两个婆姨没完没了骂架"，"'猴儿'与'憨憨'打架"等纠纷时，习近平基于"一个巴掌拍不响"的认识，按照"各打五十大板"的方式，妥善处理纠纷，使当事人"心服口服"、成为好朋友。实际上这恰是对辩证思维方法的正确应用。事实上，习近平深刻体味行稳才能致远、疏堵必须结合、知行务必合一的农情农事哲理，这本身既是辩证思维方法运用，也是辩证思维能力训练。

第二，他善于利用系统思维方法。通过读书学习，习近平充分领会了毛泽东军事理论与作战方法中"积极争取主动"的系统军事思想，准确把握了立体、全面、系统的历史观点，取得了"既知其然又知其所以然"的学习效果。他利用系统思维方法指导修筑"淤地坝"、建设"沼气池"。他知道，做这些事情，不仅需要得到村民的认可和参与，也需要掌握相关技术，还要率先垂范、处理好种种突发问题。因此，为修筑"淤地坝"，他首先做好科学规划，并邀请村里有威望的人一起做思想工作，统一了思想认识；他还身先士卒，"白天晚上，起早贪黑"，第一线指挥、第一线劳动；他主动邀请县水利部门的同志，帮助解决技术难题。为建设"沼气池"，他首先以"三大好处"说服村民、取得支持，又带人两赴四川学习沼气技术，还带头修公路、挖沙子、背水泥、烧石灰，并率先跳进池子、通疏管道被满脸喷粪。他用系统思维方法看待"农民团结""思想工作"问题。他深知，如果农民不团结、有矛盾有纠纷，农民看短期、看眼前、思想认识不统一等问题不解决，制约的是农民生产的积极性、自觉性，破坏的是发展秩序和发展环境，影响的是全局和长远发展目标。所以，他非常重视团结农民和促进农民团结，十分注重做好思想工作，主张和鼓励农民"放下分歧往前看，团结起来把事情做好"。

第三，他一贯坚持底线思维方法。《知青岁月》显示，七年知青生涯中，习近平一贯坚持底线思维方法，具有很强的底线意识。一是不偏袒待人。无论是农民、还是知青，无论是老人、还是孩子，无论是正常人、还是疾患人，态度上他始终是友善待人，行为上一贯是一视同仁，他不骂人、不欺负人、不给别人起外号、不看扁人。二是不贪图便宜。吃派饭，他该付钱付钱，多数时还多付钱；看到农民困难，他用自己的"真粮食"换取"糠窝窝"；碰到"乞讨老人"，他"解衣推食"、倾其所有；去上大学时，还把价值80元的盈余粮钱留在了村民张志林家。三是不能违反上级政策。创建"铁业社"，他规定对内要求完全免费、不盈利，对外供货要求公对公、明白账，收入归集体；他对生产队长带村民"集体开荒"增加粮食生产给予肯定，但对违反上级政策、随意开荒提出了批评。四是不能违反村规民约。为加强规章制度建设，有效解决梁家河村民打架骂仗等"严重问题"，习近平带领村民制定了村规民约，规定"禁止骂仗、打架，否则受罚"；当"猴儿"与"矮矮"违反村规民约、再次打架时，他给予了"扣工分""做检查"等处罚。

除了辩证、系统、底线等思维方法以外，习近平还注重运用战略思维、逻辑思维、创新思维等方式方法开展工作。方法决定成败。习近平之所以在梁家河能做成那么多好事实事、赢得一致赞誉，与其正确的思维和工作方式方法是分不开的。这是他形成扎实的马克思主义实践观点、历史观点和群众观点的实践起点。

（二）创新乡村发展思路

《知青岁月》显示，习近平七年知青生涯，尤其是当选梁家河大队党支部书记以后，他努力践行"为农民办实事"宗旨，全方位思考和推进乡村发展。

第一，一产二产三产"并举"。"一产"多种经营。增加粮食生产是基础性工程。为此，他科学谋划，修筑了许多梯田和5个"淤地坝"，增加了大面积良田；他带领村民找到被掩埋多年的"泉眼"，打出第一口水井，方便浇灌。这都有效地增加了粮食产量，缓解了"吃不饱肚子"的难题。为了缓解农民"吃菜难"的难题，他主动给中国农业科学院写信，寻求蔬菜种子支持，试种了西红柿、黄瓜、小油菜等，分配给农民食用。使梁家河的农业显现出多种经营的局面。他还借赴四川学习沼气技术的机会，引进和试种了烟叶等。"二产"集体增收。为给村里"创收""增加点活钱"，在资源"一无所有"、收入"一穷二白"的艰苦条件下，他倡议并创建了"铁业社"，在"供应本村农具使用的同时"，将多余的农具交给公社供销社代卖。正如知青雷平生所说，"当时这个铁业社，是村里一个很重要的产业，如果一下子就不干了，对村里的损失不小。""三产"方便农民。为把劳动力从家庭事务中解脱出来、投入到粮食生产中去，习近平提议并创办了一个"磨面坊"，建立了一个"代销店"，组建了一个"缝纫社"，有效地解决了劳动力、畜力紧张，农民购买生产、生活用品难，妇女生产生活劳动压力大等诸多方面的问题。

第二，生产生活生态"共生"。除了在农业生产上作出的种种努力，习近平也非常注重改善农民生活和农村生态。在改善农民生活方面，除了抓粮食生产、缓解农民吃饭难题，创办"磨面坊""代销店""缝纫社"方便农民生活以外，他发挥优势，在窑洞里给农民讲北京、讲中国、讲世界，开阔了"山里人的眼界"，正如村民石春阳所说，他"经常给我们讲书本上的知识"；他注重尊重人、团结人，善做农民思想工作，教育农民不要打架骂仗，促进邻里和谐、家庭和睦、纠纷和解，农民之间形成了团结、友善的良好氛围；他关心病人、残疾人的生活，为他们寻医问药……在改善农村生态方面，习近平也作出不少努力。除了修筑"淤地坝"、防止水土流失，修沼气池、提供清洁能源以外，他还做了一件很有意义的事情：那就是修建了一个男女分开的公共厕所。1973年，习近平在赵家河村搞"社教"期间，所住窑洞外面有一个男女合用的公共厕所，就是在地上挖个坑，周边随便用木头、秸秆、土坯以挡，上面盖个草棚子，非常小、也很简陋，人在里边方便，外面都能看见。据村民赵胜利回忆，"近平来了不久，就动手修建了一个男女分开的公共厕所。他把旧的厕所拆掉，重新用砖和石头砌。扩大了面积，又加高了围墙，一间男厕，一间女厕……隐秘性很强。在他的带领下，村里的社员也纷纷改造自己家的厕所……基本都改成了砖混结构。"

第三，农业农村农民"兼顾"。除了抓好粮食生产、在农业上发展多种经营外，习近平还很注重农村发展和农民进步。在这方面，除了上面提到的种种做法以外，还有两条重要的令人记忆深刻：一是组织农民修建了一条方便进出山沟的公路。这条路是在兴办"沼气池"时修建的。原来的路是一条"架子车都无法通行的羊肠小道"，为建"沼气池"，要把"水泥、沙子运进来"，习近平就带领村民修建了一条"平整宽敞的路"。村民王宪平说，后来，"这条路又为村里的发展带来了很多好处"。二是"办夜校"扫盲，教农民识字。他在赵家河"社教"期间，就曾创办"夜校"，给农民讲课。回到梁家河担任党支部书记以后，他提议"办一个扫盲班，把大家组织起来学习"，并亲自讲课。他经常利用晚饭时间和下雨不出工的时间，自己抄写一些卡片，上面写着简单的汉字，先教"一、二、三、四、五、六……"再教"大、小、多、少；前、后、左、右；东、西、南、北；男、女、老、少"，等等。村民王宪平说，"他先让村民了解这些经常用得到的字，把这些学扎实了，再慢慢教他们更多的字"，"他的目标是，让每一个梁家河人多少都能够认识常用的一些汉字，并且认得越多越好"。

在那个"以粮为纲""一大二公""物资匮乏""普遍贫穷"的年代，尽管现在看来这些"并举""共生""兼顾"都是初步的。但是，当时习近平想到了、推进了，并带领广大干群做到了，切实践行了"为农民办实事"宗旨。这种做法，既是乡村发展思路的创新，也是乡村发展的实践探索。

（三）创新农业劳作方式

《知青岁月》显示，当时的梁家河，山高、沟深、资源少，风大、路差、行走难，生产条件恶劣，生产力水平低下。在农民生活艰辛、农业劳作繁重的情况下，如何提高劳动效率就极其重要。为此，习近平进行了一系列探索实践。

第一，探索分工分业。劳动"大帮哄"，是当时集体化时期农业生产劳动的典型特征，但效率低下却是突出问题。为提高劳动效率，习近平就提议并陆续创办了"铁业社""代销店""缝纫社""磨面坊"等。主要措施包括：让有一定专业知识和技能的劳动力专门从事打铁、代销、裁缝、磨面等工作；从事上述专业岗位的劳动力不用下地干活，对他们实行定额工分制，采取"按劳分配"方式，多劳多得；"代销店"批发先赊销后结算、零售不加价不赚钱，"铁业社"修理农具免费、多余农具外卖，到"缝纫社"缝补衣裤可以用"工分"换，到"磨面坊"磨面不要加工费；等等。这样做的好处很多：一是让少数专业人才从事专业的生产技能劳动，有效解决了因所有家庭都要各自"缝衣补被""打造农具""购买日用品""撑磨面粉"带来的费时费力问题；二是发挥社员各自所长、学有所用，促进了分工分业，节约了劳动力，节省了畜力，集中进行农业劳动、粮食生产；三是"多劳多得，少劳少得"的分配机制，有效调动了专业人员的劳动积极性；四是明确了岗位责任，提高了劳动效率。正如村民石春阳说，"铁业社"方便了群众，增加了集体收入；"代销店"免去了"那么多人来回奔波"；"缝纫社"解放了妇女，又可以挣更多工分；"磨面坊"磨面"又快又好"，还解放了"毛驴"。

第二，缓解劳作强度。《知青岁月》显示，当时，梁家河村民从事农业生产、挖土等劳动，都是靠肩挑、背扛、步行，耗时费力、效率低下，十分艰苦和繁重。为缓解这些问题，习近平勤于思考、积极探索，创新劳作方式。实行"水坠坝"式"淤地坝"模式。针对修筑"淤地坝"全靠人力在山上镐刨、锹铲冻土，再肩挑、背扛或用独轮车运下山、整平的问题，他想方设法，贷款购置了一台柴油机、起坝机。先把起坝机拉到山上，将土打松；然后再用一截一截4米长的水管接上起坝机，用柴油机把水提流到山上，用水把土冲到山下，形成平整的土地。村民梁玉明说，"这叫'水水坝'。这种坝打起来很结实。像这样的坝地，近平领着我们一共打了五大块，给村里增加了几十亩的耕地"，使"梁家河的子子孙孙都会受益"。实行"送饭上山，中午不回家"的劳作方式。以往，老百姓基本上都是实行早上上山、中午下山做饭吃饭、午饭后再上山的劳作方式。习近平到赵家河"社教"时发现，这种劳作方式"又累又浪费时间，一个中午来回'赶场'，忙忙叨叨，还白白浪费了一两个小时"；他认为，"这么多人，完全可以中午好好休息一下，剩下的时间还能多干很多活"。村民高小梅回忆说，"为了节省时间，近平就跟我们商量着定下：每天中午不回家，留在山上，专门派几个人做饭送上来，吃完饭以后可以休息一会儿，然后再继续干活。"

第三，添置农用机械。《知青岁月》显示，当时的梁家河基本没有什么农业机械，一是村集体基本没有什么收入来源，小农机都买不起，大农机更没有、也用不上；二是农民劳作除了人挑肩扛外，仅有的就是一些独轮车和些许毛驴等。尽管如此，习近平当选支书以后，还是想方设法地添置农用机械，以提高劳动生产率。除了贷款购置了柴油机、起坝机用于修筑"淤地坝"，购置了柴油机、磨面机、碾米机等用于"磨面坊"以外，值得提出的就是，因习近平在党支部书记任上成绩突出，被评为延安行署的"农业学大寨"先进个人，受到表彰，并获奖励——一辆三轮摩托车。但习近平认为摩托车"没有啥用"，就让老支书梁玉明到延安农机公司换成了手扶拖拉机等农机具，有力地支持了农业生产。

农业生产劳动效率提升，根本上取决于经营方式的变革和机械化水平的改善，但要做到这些，在当年的梁家河简直难上加难。习近平凭借他的知识和智慧，进行了积极探索，也取得了明显进展和成效，实属难能可贵。

习近平七年知青生涯，凭借他那丰富的知识和高超智慧，以及对"三农"事业发展的深厚情怀、高度责任、无私担当和战略眼光，为践行"为农民办实事"宗旨和推进乡村发展，开展了一系列坚实而又丰富的实践创新活动，处处展现出他创新"三农"工作的强烈意识和行动能力，不仅为老百姓带来了实实在在的利益，更为我们留下了弥足珍贵的精神财富。

【教师简介】

朱守银，农业农村部管理干部学院副院长，中共农业农村部党校副校长，二级研究员。长期从事农业农村改革发展政策与实践研究。享受国务院政府特殊津贴，原农业部有突出贡献的中青年专家，原人社部国家公务员局首批国家公务员培训兼职教师。曾获农业部科技进步一等奖，3篇论文获得中国农村发展研究奖。

乡村振兴理论、形势与政策[*]

彭　超

▶ 中共十九届五中全会后，我国开启了全面建设社会主义现代化国家新征程。农业农村发展面临着"两个百年目标"交接、精准脱贫与乡村振兴衔接、供给侧结构性改革深化、创新驱动发展、统筹发展与疫情防控等重要历史时期交汇。我国社会主要矛盾已经转化为人民日益增长的美好生活需要和不平衡不充分的发展之间的矛盾，体现在农业农村发展上，事关消费、技术、业态、成本、要素、制度、供需、基建、生态、民生等十大不平衡不充分。本文以此为背景，阐述了"十四五"及未来一段时间政策改革的方向，即在顶层设计上转向城乡融合发展，政策支持更多地向农村发展倾斜，财政支农资金集约化和市场化使用，保供给、调结构、转方式并行，统筹国际国内政策与市场，更加依靠信息化技术促进政策落实落地。

一、我国开启了全面建设社会主义现代化国家新征程

中共十九届五中全会后，我国开启了全面建设社会主义现代化国家新征程。2020年10月30日上午，首场中共中央新闻发布会举行，介绍和解读了中共十九届五中全会精神。

从"十四五"到2035年，我国发展规划的蓝图可以概括为"一二三"："一"，就是围绕一个根本目标，促进全体人民共同富裕。当前我国社会发展的主要矛盾是不平衡不充分的问题，城乡区域发展与收入分配的差距依然较

---

　　* 本文是在农业农村系统事业单位干部能力提升培训班进行讲授时的课程文稿，该课程评估分值为4.95分。

大，促进全体人民共同富裕是一项长期任务。《中共中央关于制定国民经济和社会发展第十四个五年规划和二〇三五年远景目标的建议》里特别强调，全体人民共同富裕要取得更为明显的实际性进展，要扎实推进共同富裕。"二"，就是统筹两件大事，即发展和安全。首先，集中精力办好自己的事；其次，各种可以预见和难以预见的风险因素明显增多，必须筑牢国家安全屏障。"三"，就是"三新"，新发展阶段、新发展理念，新发展格局。新发展阶段，即我国全面建成小康社会、实现第一个百年奋斗目标后，开启全面建设社会主义现代化国家新征程，向第二个百年奋斗目标进军的新发展阶段。在庆祝中国共产党成立 100 周年大会上，习近平总书记庄严宣告："经过全党全国各族人民持续奋斗，我们实现了第一个百年奋斗目标，在中华大地上全面建成了小康社会，历史性地解决了绝对贫困问题，正在意气风发向着全面建成社会主义现代化强国的第二个百年奋斗目标迈进。"对内，我们从未像今天这样接近中华民族伟大复兴的梦想；对外，我们面对的是世界百年未有之大变局。新发展理念，就是创新、协调、绿色、开放、共享。新发展格局，就是加快构建以国内大循环为主体、国内国际双循环相互促进的新发展格局。新发展格局意味着产业链重构，进而传导至消费、投资、贸易等环节，对农业农村发展速度、稳健性、平衡性、持续性等方面产生深刻影响。

二、当前中国农业农村现代化面临"九期交汇"

（一）全面建成小康社会已经如期实现

第一个"百年奋斗目标"是到中国共产党成立 100 年的时候，我国全面建成小康社会。"小康不小康，关键看老乡"。这个目标已经实现。农业、农村、农民的发展，是检验全面建成小康社会的成色和质量的关键指标。农业现代化要取得明显进展，城乡发展的融合协调性需要明显增强，农民生活水平和质量需要普遍提高。"十四五"时期农业农村现代化和农民生活质量需要再迈上一个新台阶，方能筑牢小康社会的根基。

（二）精准脱贫任务已经按期完成

成果需要巩固拓展，要守住不发生大规模返贫底线。绝对贫困按期消灭。

现行标准下农村贫困人口实现脱贫，贫困县全部摘帽，解决区域性整体贫困。党的十八大以来，我国平均每年减贫 1 300 万人以上，接近 1 亿人口脱贫。2020 年绝对贫困按期消灭。"十四五"是检验"脱真贫、真脱贫"的重要时期，期间要保证已脱贫人口不返贫，已摘帽贫困县不反复。这就需要继续帮扶已脱贫地区，尤其加强对不稳定脱贫户、边缘户和边缘村镇的动态识别，夯实精准脱贫成绩。

（三）第二个百年目标建设需要顺期开局

第二个"百年奋斗目标"，是到中华人民共和国成立 100 年的时候，我国建成富强民主文明和谐的社会主义现代化国家。"十三五""十四五"两个五年规划，正逢两个"百年奋斗目标"的历史性交接。这就需要在第一个"百年目标"实现的同时，为中华民族的伟大复兴筑牢根基。"中国要强，农业必须强；中国要美，农村必须美；中国要富，农民必须富。"要建成富强民主文明和谐美丽的社会主义现代化强国，基础在"三农"。到 2050 年，要达成乡村全面振兴的目标，真正实现农业强、农村美、农民富。把我国从一个农业大国建设成为农业强国，从乡土文明建设成城乡融合文明[①]，把农民发展成高素质的城乡公民，"十四五"要做好开篇布局。

（四）乡村振兴战略需要即期有机衔接

在精准脱贫的基础上，巩固提升精准脱贫成果，加快补齐乡村振兴的基础设施和社会民生短板，实现产业兴旺、生态宜居、乡风文明、治理有效、生活富裕。一个重要的衔接点在于，加快缓解农村相对贫困问题。相对贫困首先在于收入，世界银行制定了每天生活费 5.5 美元的相对贫困标准[②]，以 2019 年汇率计算，相当于年可支配收入 13 843.51 元人民币。2019 年我国农村居民人均可支配收入中位数 14 389 元，仅高于该数值 545.49 元。可以估计到，我国还有相当一部分农民处于相对贫困状态。解决乡村相对贫困问题，不仅是收入

---

① 刘守英，王一鸽. 从乡土中国到城乡中国——中国转型的乡村变迁视角［J］. 管理世界，2018，34（10）：128 - 146.

② WORLDBANK. Poverty and Shared Prosperity 2018：Piecing Together the Poverty Puzzle：Poverty and Shared Prosperity ［Z］. The World Bank，2018：2019，10986 - 30418.

要达标，而且要在产业、人才、文化、生态、组织方面全面振兴乡村，实现城乡融合发展。尤其是相对落后的农村地区，要把推动产业扶贫帮扶资源、政策举措等有序转到乡村产业振兴[①]。从"十四五"开始，要把农业发展成有魅力的希望产业，把乡村建设成为宜居宜业的乐土，让广大农民群众可持续地增收致富。

（五）农业供给侧结构性改革需要适期深化

"十三五"期间，农业供给侧结构性改革不断深化。产品结构初步调优，2016—2018 年，非优势产区籽粒玉米面积调减 4 300 万亩，大豆面积增加 2 400 多万亩，棉油糖、肉蛋奶、水产品品种结构和品质结构均有所提升，农产品质量安全例行监测总体合格率连续 3 年稳定在 97.5％以上。生产方式初步调好，"一控两减三基本"取得明显成效，2018 年农田灌溉水有效利用系数为 0.554，化肥和农药使用量均实现负增长，秸秆、养殖废弃物和农膜综合利用取得明显进展。产业体系初步调顺。2018 年规模以上农产品加工企业 7.9 万家，经营收入 14.9 万亿元，农产品精深加工水平加快提升，共享农业、体验农业、中央厨房等农业新业态蓬勃发展，农业多种功能不断拓展。2018 年休闲农业和乡村旅游接待游客 30 亿人次、营业收入超过 8 000 亿元。农业补贴制度不断优化，托市政策改革攻坚阶段顺利完成，信贷、保险支农政策力度加大，2018 年银行业涉农贷款余额达到 33 万亿元，农业保险提供风险保障 3.46 万亿元。但是，"十四五"期间，我国农产品需求总量仍然刚性增长、需求结构还会持续升级。这就仍然需要真正有市场引导，顺应从过去的"有没有"到"好不好"的转型升级，实现创新为第一动力、协调为内生特点、绿色为普遍形态、开放为必由之路、共享为根本目的的农业高质量发展（表1）。

---

① 魏百刚．提高产业扶贫质量　巩固成果防止返贫［EB/OL］．（2020－02－10）［2020－02－06］．http：//www.crnews.net/jrgz/sn/130186_20200206033434.html.

表 1 农业供给侧结构性改革 3 年部分成效

		2015 年	2018 年
调优产品结构	玉米种植面积（亿亩）	6.75	6.32
	大豆种植面积（亿亩）	1.02	1.26
	畜牧业产值占农业总产值比重（%）	28.12	26.80
	农产品质量安全监测总体合格率（%）	97.1	97.5
调好生产方式	农田有效灌溉系数	0.532	0.554
	主要农作物化肥利用率（%）	35.2	38.5 *
	主要农作物农药利用率（%）	36.6	39.3**
	农作物秸秆综合利用率（%）	80.1	85.5
	养殖废弃物综合利用率（%）	60	74
	农膜回收率（%）	60	75
调顺产业体系	农产品加工业与农业总产值比	2.16	2.3
	农产品电商零售额（亿元）	884***	2 305
	休闲农业和乡村旅游营业收入（亿元）	4 400	8 000
改革	全国公共财政农林水事务支出总额（万亿元）	1.74	2.08
	农业结构调整补贴（亿元）	31.06	98.38
	农业资源保护与利用资金（亿元）	254.03	323.27
	粮油储备支出（亿元）	1 409.57	1 157.88
	金融机构涉农贷款余额（万亿元）	26.35	32.68
	农业保险深度（%）	0.62	0.88

数据来源：根据统计年鉴和各类官方公开报道测算、整理。

（六）城乡发展进入全面深度融合期

强化以工补农、以城带乡，推动形成工农互促、城乡互补、协调发展、共同繁荣的新型工农城乡关系。当前我国城市群和都市圈发展渐趋成熟，"十四

---

* 根据官方公布数据，2018 年并没有测算主要农作物的化肥和农药利用率，主要农作物化肥利用率 2017 年为 37.8%，2019 年为 39.2%，2018 年数据为二者取算术平均。

** 原因同上，主要农作物化肥利用率 2017 年为 38.8%，2019 年为 39.8%，2018 年数据为二者取算术平均。

*** 农产品电商零售额数据经过一次调整，2015 年数据根据 2016 年到 2018 年的同比增速推算。

五"期间，新型城镇化和乡村振兴有望形成优势互补、高质量互促互进的新局面。

（七）创新驱动发展战略已经进入由"量积累"向"质突破"的飞跃期

新一轮科技革命和产业革命深度演进、相互交织、加速拓展，"十三五"我国的研发投入占全球比例增至 20％以上。新科技革命和产业革命表现为：智能化主导、融合式聚变、多点面突破。2019 年我国新产业、新业态、新商业模式"三新"经济增加值为 161 927 亿元，相当于 GDP 的 16.3％。但是仍然存在技术"卡脖子"问题。

（八）安全发展进入底线愈加凸显期

新冠疫情防控和统筹农村社会经济建设，复产复工复学和疫情防控统筹推进，实现更为安全的发展。全球气候变化，极端天气事件时有发生，我国及周边地质活动进入短期频繁阶段，干旱、洪涝、地质灾害等自然灾害呈现多发频发重发态势，典型的就是非洲猪瘟和草地贪夜蛾。

（九）重要衔接期

第一个百年奋斗目标收官，第二个百年奋斗目标新征程开启，"十三五"的发展指标应当得到全面评估总结，"十四五"农业农村现代化的重大目标、重大工程和重大政策需要科学谋划。

三、我国农业农村现代化面临十大不平衡不充分问题

我国社会主要矛盾已经转化为人民日益增长的美好生活需要和不平衡不充分的发展之间的矛盾。中国发展最大的不平衡是城乡发展的不平衡，最大的不充分是农村发展的不充分。以前，我国社会的主要矛盾是人民日益增长的物质文化需要同落后的社会生产之间的矛盾。这个主要矛盾的转化是消费需求升级、产业结构升级、治理体系升级的必然要求。在"十三五"和"十四五"交汇的背景下，我国农业农村发展中诸多不平衡不充分一起碰头。

（一）高质量的农产品和生态需求与落后的市场意识产生了矛盾

截至 2020 年我国粮食产量已经连续 5 年稳定在 1.3 万亿斤以上，重要农产品供给比较丰富，已经基本告别了农产品总量短缺的时代。但是在农业高产出的背后，是农产品消费结构的升级。城乡居民不仅要求"吃得饱"，还要求"吃得好"，即高质量，还要"吃得巧"，也就是营养健康，对乡村的绿水青山还有需求。农业并不是单纯的"种出来""养出来"再卖出去，而是需要满足个性化、多样化、多功能性的消费需求，才能有市场。改革开放以来，我国农业生产经营主体产权意识逐步觉醒，尤其是对土地承包权、经营权等意识逐步强化。但是，产权意识觉醒的同时，农业生产经营主体的市场意识仍然落后。从事农业的主体，找到政府部门"不要政策，要资金"，经营过程中"不要建议，要项目"，产出产品后"不找市场，找市长"的情况经常出现。总体而言，农业供给侧还没有转到满足市场需求升级上来。例如，鼓励有机农产品发展已有多年，但是产量仍然较少。即使是在我国有机农产品种植较多的黑龙江，有机稻谷产量仅占稻谷总产量的 2.3％，有机玉米仅占 1.4％。主要原因还是在于，农民囿于经验性的行为习惯，种植结构和种植行为调整转型困难。

（二）新技术、新产业、新业态大量涌现与新动能点状存在混合在一起

新技术、新产业、新业态、新商业模式不断涌现，但是多数仍然只是小部分主体的尝试。例如，电商普遍被认为是一种新业态，地方发展热情较高，大部分县域都鼓励农村电商发展。到 2020 年，农产品网络零售额超过 4 000 亿元[1]。然而，农产品电商发展的速度并不及预期。2015 年，农产品网上零售额占农业总产值比重约 1.5％。根据指数增速，相关部门在农业农村信息化发展规划提出了 2020 年年底要增加到 8％的目标[2]。经历 3 年发展，到 2018 年这一比重仅为 2.0％。这其中尽管有计算方法调整的因素，但是比例偏低、增速

---

[1]　商务部电子商务和信息化司. 中国电子商务报告（2018）［G］. 北京：中国商务出版社，2019.

[2]　2015 年比重和规划目标比重均来自农业部关于印发《"十三五"全国农业农村信息发展规划》的通知。

低于预期，已经成为事实①。其他新技术、新产品、新业态也面临着增速低于预期，仍然依赖投入，很少找到可持续的盈利模式。在点状存在下，新技术、新产业、新业态不足以形成规模经济和范围经济效应，新动能接续远未完成。

（三）成本不断抬升与农业基础竞争力乏力并存

2018年，中国三大主粮总成本达到1 093.77元/亩，比2010年增长62.6%。农业基础竞争力乏力。与世界主要农产品出口国相比，中国单位生产成本较高。以玉米为例，2018年中国每吨玉米的生产成本已经达到2 125.99元，美国每吨玉米的生产成本仅为962.31元，中国玉米生产成本是美国的2.21倍。对成本按细项分析，中国高成本起因首先来自劳动力成本。劳动力的高成本主要来自家庭劳动力折价，也就是自家劳动力的机会成本。中国种植1吨玉米家庭劳动力折价为845.55元，雇工费用44.60元，均远高于美国。上述两项相加，中国玉米种植的劳动力成本超过美国的19倍，绝对数值更是高出843.44元。其次的成本差距来自土地，中国土地机会成本比美国高出239.77元②。造成中国农业成本抬高、基础竞争力乏力的主要原因在于"隐性成本显性化"③。以往，农业生产者主要依靠自家劳动力和自家土地从事生产，不必给家庭成员支付货币化的工资，也不用给自己的家庭交纳地租。因此，劳动力和土地成本主要是隐性成本，并不用考虑成本。然而，随着土地流转加速、新型农业经营主体增加，越来越多的规模农业经营主体要雇工和租入土地。到2018年，全国家庭承包耕地流转面积超过了5.3亿亩，土地适度规模经营占比超过40%，畜禽养殖规模化率达到60.5%。这种情况下，以往被单家独户小农户生产所"隐藏"的劳动力和土地成本，开始越来越显性化出来。农业规模经营主体更是要把这些成本计入财务成本。更为重要的是，这种"隐

---

① 经比较2015年以来商务部电子商务和信息化司发布的各年度中国电子商务报告，根据农产品网络零售额增长幅度倒推，可以发现同一年度的农产品网络零售额有所不同。经过与大数据专家咨询，农产品网络零售额的数据根据算法、农产品分类方法于2018年进行了合理化地调整，能够更为准确地反映农产品电商发展情况。

② 其他的分项成本中，中美机械作业、燃料动力和修理费等方面有差异，主要由于中国农业机械化的实现方式与美国不同，美国以农场主自有农机作业为主，燃料和修理费多为自付，而中国则多是农户支付作业费用，把机械作业环节外包给农机经营主体。实际上，如果把固定资产折旧计算在一起，中美机械和其他装备使用成本的差距也不大。剩下的细分项目并不构成成本主要差异。

③ 薛岩，彭超. 粮食市场全面放开后的政策调控及其改革方向 [J]. 理论探索，2020（01）：115-123.

形成本显性化"造成的成本上升,只会越来越明显,降成本难度较大(表2)。

表2 中美玉米生产成本比较

单位:人民币/吨

	中国	美国
种植成本	2 125.99	962.31
种子费	744.73	472.80
肥料费	114.41	136.21
农药费	309.21	161.05
作业费	35.15	48.92
燃料动力费	240.79	31.83
修理费	1.15	41.53
排灌费	8.25	48.00
利息	35.75	0.38
雇工费用	0.02	4.88
家庭劳动机会成本	1 381.26	489.51
固定资产折旧	44.60	6.87
土地机会成本	845.55	39.84
税金与保险费	6.53	172.20
管理费	467.21	227.44

数据来源:根据农产品成本收益汇编资料测算。

(四)新型农业经营主体迅速发展的同时各种软硬配套滞后

截至2018年年底,全国在工商部门注册登记的农民专业合作社数量已达到217.3万家,经农业部门认定或工商注册登记的家庭农场有87.7万个,县级以上农业产业化龙头企业近9万家,高素质农民队伍已经超过1 700万。但是,各种软硬件配套滞后。例如,以往小农户生产粮食较少。根据第二次全国农业普查数据,2006年76.1%的农户种植面积在8亩以下,根据当年的粮食单产计算,大部分农户家庭粮食产量在5 000斤以下。这个粮食产量,村内晒场、房前屋后,甚至柏油马路上,都可以晾晒干燥。但是,经过多年发展,2016年第三次全国农业普查时,从事粮食生产的合作社、家庭农场等新型经营主体播种面积多在 50 亩以上，而且 500 亩以上合作社已经比较多见。根据目前的粮食单产，这些新型经营主体粮食产量已经在 1 万斤甚至 10 万斤以上。这种情况下，继续使用传统的晾晒干燥方式就不现实，这就需要建设谷物烘干设备。但是，谷物烘干设备造价高，即使是规模经营主体仍然难以承担；而且每年仅在谷物收获季节使用，利用频率低，成本回收周期长。新型农业经营主体进行硬件建设往往需要补贴或金融支持。在软件建设方面，制度健全完善和分层落实相对滞后。尽管农业税基本已经减免，但是税收改革需要缴纳营业税[①]。"营改增"后，合作社等新型经营主体缴纳的增值税等与一般农业企业相差不大，直接影响了财富积累及扩大再生产。财政补助形成的新型经营主体资产，应该如何在财务上进行入账等操作，甚至如果新型经营主体资产清理了，财政补助形成的资产如何清理，都需要有相应的制度规定。再如，高素质农民培养效果停留在"发了多少结业证"上，而缺乏培训后的跟踪服务。

（五）农村人口老龄化日趋严重与外出劳动力不稳定并存

20 世纪 90 年代以来，人口结构变迁趋势明显，劳动力老龄化速度加快，人口和劳动力更加向城市群、都市圈集中。我国农村青壮年劳动力大规模向城镇转移，农村劳动力短缺情况也来越严重。农业吸引力下降，青年农民务农积极性明显下降。"60 后还在种地、70 后不种地、80 后不想种地、90 后不会种地"。根据全国第三次农业普查，农业生产经营人员年龄在 55 岁以上的比例已经达到 33.6%。农业青壮年劳动力短缺，老龄农民对现代化科技和业态掌握能力有限，越来越不适应农业农村现代化的要求。即便是农业劳动力进入城镇非农产业，他们中的大多数就业稳定性较差，只能通过从事简单的、机械的、低水平的劳作，换取在城市稍作停留的机会。如果发生经济下行，这部分农业转移劳动力在"男 50 岁、女 45 岁左右"就离开工作岗位回到农村老家[②]。一方面会加剧农村老龄化态势，另一方面还要与刚刚兴起的新型经营主体争夺已经稀缺的土地等农业生产资源。

---

① 孔祥智. 论稳定和完善农村基本经营制度［J］. 新视野，2010（03）：16-18.

② 徐林. 建言"十四五"规划：合理目标与全方位创新［EB/OL］.［2019-05-27］. http://o-pinion. caixin. com/2019-05-27/101420283. html.

（六）农产品相对过剩与短缺交替出现

在我国，人均粮食占有量超过 400 公斤，是一个平衡点。如果供过于求，且不加调控，产需矛盾积累两到三年之后，就可能出现库存高起的局面。这一节点曾经出现在 20 世纪 90 年代中后期，当时粮食产大于需、陈化粮出现。上一轮比较大的粮食市场调控政策改革就发生在此阶段（图 1）。再看本轮粮食市场供需变化的态势：2004 年以来，粮食连年增产。2010 年人均粮食占有量稳定地超过 400 公斤，超过这一平衡点后，2013 年我国粮食出现了高库容的问题。目前人均粮食占有量超过 474 公斤，稻谷等部分品种仍然有较大的库存压力。与此同时，玉米从短缺到过剩再到相对不足，已经经历了一个完整的周期。2005 年玉米供不应求，库存消费比仅为 20%。此后受临储政策刺激，玉米连续增产。2015 年，玉米严重供过于求[1]。市场普遍预期，玉米库存高达 2.5 亿吨。2016 年玉米临储政策取消后，随着一系列"去库存"措施的实施，玉米库存又迅速消化。到 2019 年，市场再度出现了玉米供求偏紧的预期。

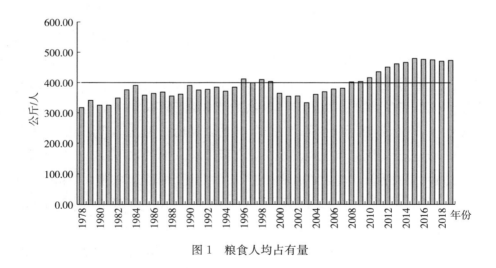

图 1　粮食人均占有量

----

① 丁声俊.玉米供求的阶段性转变与收储制度改革［J］.价格理论与实践，2016（08）：25－28.

（七）水电路气房网建设滞后

"城市像欧洲，农村像非洲"是城乡发展差距最典型的表现之一，农村"垃圾靠风刮、污水靠蒸发"是农村发展滞后最明确的证据之一①。全国第三次农业普查表明，2016 年尚有 52.3% 的农村居民还未能用上经过净化处理自来水，38.1% 的村内主要道路没有路灯，还有 10.5% 的村内主要道路为沙石或砖石板等，44.2% 的农户还在使用柴草做生活能源，钢筋混凝土结构住房的比例仅为 12.5%，52.2% 的农户手机联通不了互联网。尤其是，农村道路尽管实现了"村村通"，但是农村道路多数以 3.5 米标准建设，难以满足未来农村小客车增长速度，也很难满足城镇居民返乡下乡休闲旅游、养生养老、创业创新的需求。

（八）资源环境承载力已达到或接近上限

我国部分地区土地资源受污染较为严重。据调查，我国有 3 亿亩耕地受到镉、镍、铜、砷、汞、铅等重金属污染，每年不同程度遭重金属污染的粮食达 1 200 万吨。2013 年湖南销往深圳的多批次大米被检出重金属超标，就是土壤污染影响粮食质量安全的一个典型事件。水资源开发利用模式不可持续。我国许多地区尤其是华北和西北地区水资源过度开发问题十分突出。目前华北地区地下水超采累计亏空 1 800 亿立方米左右，超采的面积达到了 18 万平方公里，约占平原区面积的 10%。2018 年全国高效节水灌溉面积 3.34 亿亩，占耕地比例仅为 16.5%，远低于以色列、法国等集约式利用农业资源国家 80%～90% 的水平，也低于美国等粗放式利用农业资源国家 50% 的水平。农业生产过程中造成的污染较为严重。为了追求农业高产，化肥、农药、农膜大面积过量使用，造成地表和地下水体污染严重、土地板结、沙化。近年来虽然化肥农药农膜减量化不断推进，但是减少仍然需要过程。2018 年，我国化肥折纯使用量达到 5 653.42 万吨，每亩用量仍高达 27.89 公斤，远超国际公认的亩均 15 公斤的安全上限。农药施用量达到 150.26 万吨，亩均用量超过 0.74 公斤，农用地膜使用量突破 246.48 万吨，残留率高达 40% 左右。

---

① 彭超，张琛.农村人居环境质量及其影响因素研究［J］.宏观质量研究，2019，7（03）：66-78.

（九）农村基本公共服务和社会事业滞后

经过多年努力，广大农民已经基本实现了"上学不交费，看病不太贵"。但是，农村社会公共服务历史欠账仍然较多，城乡之间在教育、养老、医疗、社会保障等方面的差距已经成为社会民生最大的痛点。根据第三次全国农业普查数据汇总结果，2016 年全国仍有 3.5% 的乡镇没有幼儿园、托儿所，其中这一比例在西部达到 6%；全国近 41% 的村没有体育健身场所，其中西部为 54%；全国 33.2% 的乡镇没有社会福利收养性单位，西部为 46.7%；全国 58.7% 的村没有农民业余文化组织，中、西部这一比例分别高达 59.2% 和 63.3%；全国 45.1% 的村没有执业医师，其中东部和西部分别为 50.6% 和 50.1%。新冠疫情初起时期，部分农村地区应急防控体系建设不足、防控手段落后，甚至出现了封村堵路的情况。更值得关注的是，最基本的疫区返乡、需要隔离的人数等农村数据，缺乏权威的统计数据，反映出农村应急统计监测手段十分落后。

（十）城乡就业收入和生活方式差异仍然较大

从相对数上看，城乡居民收入已经缩小为 2.64∶1。但是，收入的绝对差距已经拉大到 26 338 元。实际上，城乡收入差距只是一个方面。农村经济繁荣的程度也无法与城镇相比。从就业总量上，2014 年城镇就业人口已经超过

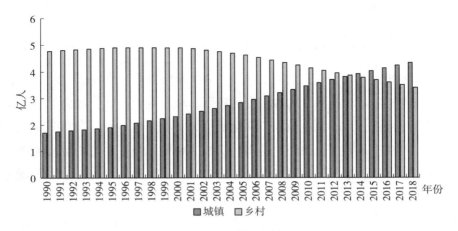

图 2　城乡就业人数

乡村，目前城镇的产业吸引了 4.34 亿人就业，而乡村则容纳了 3.42 亿人就业。从就业质量上，乡村就业多是临时性、非完全的就业，从事产业层次和水平也不高。而且，乡村水、电、路、气、房的基础设施落后，生活单调、乏味，缺乏青壮年向往的生活方式。农村利益格局深刻调整、新老矛盾交织。"农二代""农三代"已经成长为乡村建设的主要力量，也成为农村生活方式改善的主要需求者。

四、"十四五"期间政策改革的方向

党的十九大提出实施乡村振兴战略，农业农村优先发展基本框架建立，全社会关心农业、关注农村、关爱农民的氛围更加浓厚；我国已是世界第二大经济体，人均 GDP 接近 1 万美元，支持农业农村发展的物质基础更加雄厚；工业化城镇化进入中后期，生产要素的内涵和外延不断扩张，农业农村产业跨界融合；生物技术、数字资源等将为农业农村现代化提供弯道超车的加速器，农产品市场空间和农业多功能性进一步拓展，乡村多元价值将更加凸显；农业进入高质量发展新阶段，农村改革不断深化，绿色发展理念深入人心，农业农村现代化建设的阶段性起点之高前所未见。在"九期交汇"的历史背景下，要进一步认清形势，针对上述十大"不平衡不充分"问题，把握政策改革的方向，科学制定"十四五"规划。

（一）在顶层设计上转向城乡融合发展

以往的规划在顶层设计上的表述是"统筹城乡发展""以城带乡"，实际上是"城市主导、农村从属"的城乡发展思路。城乡融合发展，就是要促进城乡社会现代化经济体系、民主政治、文化活力、社会治理、生态文明互联互通。城镇化红利在于规模经济效应、范围经济效应和集聚经济效应，而城乡融合发展则在于让规模、范围、集聚三大经济效应辐射到乡村。城乡融合的体制机制和政策体系要加快建立，实现城乡基础设施和公共服务一体化建设、一体化管护、一体化运营，城乡之间的要素自由流动。城乡融合发展的基础是要让城镇居民和农村居民的权利实现互联互通。要保障农民的"十大权利"，即要保障农民在乡村的土地承包经营权、宅基地使用权、集体资产收益分配权，也要保障城乡融合过程中的人身财产安全、就业创业、体面居住、医疗卫生、养老社保、公平教育、政治参与方面的权利。

（二）政策支持更多地向农村发展倾斜

以往的政策目标主要指向为农业产业支持。一个很典型的证据是，农业补贴的测算依据一度是按照家庭承包经营耕地的面积，而且基本实现了不减存量、保持增量。按照单位耕地面积所获得的补贴计算，中国农业补贴已经超过美国[1]。新时期则需要农业产业支持和农村发展协调并行。未来的政策支持要更多地向农村人居环境改善、农村社会事业等倾斜。而农村发展只依靠财政投入，是不可持续的，必须增强农村地区的自我发展能力。这就需要发展壮大农村集体经济，让农村集体经济集中力量办大事。但是，农村集体经济实力仍然不强。根据第三次全国农业普查10%村庄样本数据（约5.5万个村），2016年平均每个村集体全年收入才105.19万元，每年还要支出人员的工资、办公物品等村集体办公经费64.32万元。如果以中位数计，村集体收入才8万元，支出2.5万元。根据农村社会事业促进部门测算，一个村建设一个公共厕所，投入资金至少需要10万元。在这种集体经济发展水平下，很难指望农村集体经济集中力量办理基础设施、民生服务等"大事"。未来，要在保障农民利益的前提下，落实土地政策改革成效，千方百计盘活农村资源资产，放大产权制度改革经济效应，健全完善审批、财税、金融等政策，促进农村集体资源资产保值增值并创造实实在在的红利，释放农村集体经济活力。

（三）财政支农资金集约化和市场化使用

以往的规划主要依靠补贴、投资和工程项目等大幅增加财政投入。2003—2015年，国家财政支持农林水事务年均递增速度曾经达到21.2%。但是，随着国内经济转向中高速增长，经济下行压力加大，财政收入自2014—2018年连续5年增速在10%以下。"十四五"期间，减税降费政策效应会大概率地进一步释放，民生领域仍然需要财政资金补短板，其他多元化财政投入需求巨

---

① 彭超. 我国农业补贴基本框架、政策绩效与动能转换方向［J］. 理论探索，2017（03）：18-25.

大①。这种背景下，财政对农业农村投入的增速大幅增长的空间有限。未来的财政支农资金会更加整合集约使用，更多地发挥杠杆作用，激发社会资本和市场主体投入积极性。近年来，农林水事务财政支持资金探索使用了"大专项＋任务清单"的方式，采取因素法测算分配，就某一薄弱环节的建设内容按地区切块，加强对建设任务的绩效评估。例如，国家现代农业产业园就参考了"大专项＋任务清单"。以园区为单位投入，设立建设清单，直接验收建设清单项目。与此同时，未来政府分配资源所依赖的项目制补贴方式会进一步改革。未来的农业农村支持手段会更多地依靠信贷、保险等市场化的方式，以大数据追踪的方式，实现市场化的精准支持，激发市场主体投入。

（四）农业产业本身的支持要保供给、调结构、转方式并行

以往规划的目标主要是支持农产品尤其是粮食产量增加。例如，农业部门一度把粮食年度产量作为绩效考核的主要指标。这就造成无论是农业补贴，还是农业投资，其政策作用机制主要是鼓励生产经营主体增加资源要素投入。从财政支农结构上看，农业生产资料与技术补贴仍然占到农业公共财政支出的20%以上。而农业结构调整补贴一度在1%以下，农业资源保护与利用是"十二五"之后才逐步增加起来的。新时期的农业产业支持政策，一方面要继续保障农产品供给，让城乡居民在物质上和经济上获得足够、安全和富有营养的食品②。另一方面，则需要保供给、调结构、转方式并行。尤其是需要促进农业结构、生产方式与资源环境承载力相匹配。特别需要指出的是，应当支持农业资源休养生息，耕地有序休耕、轮作，坡度较高的耕地有序退出耕种或进入后备耕地（表3）。

（五）统筹国际国内资源、市场、制度

以往的农业支持政策主要立足国内，对国际规则参与的较少。当前世界面临着百年未有之大变局，国际格局和政治力量对比加速演变，全球经济发展进

---

① 刘昆. 以习近平新时代中国特色社会主义思想为指导 奋力开创中国财政学会工作新局面［J］. 财政研究，2019（12）：3‐7.

② 朱信凯. 现代农业发展视野下的国家粮食安全战略［J］. 中国人大，2012（15）：36‐43.

表3　部分农业产业政策资金支持情况

年份	农业公共财政支出	稳定农民收入补贴		农业生产资料与技术补贴		农业结构调整补贴		农业资源保护与利用	
		金额/亿元	占比/%	金额/亿元	占比/%	金额/亿元	占比/%	金额/亿元	占比/%
2010	3 949.43	12.49	0.3	444.36	11.3	28.2	0.7	8.58	0.2
2011	4 291.16	21.76	0.5	1 134.44	26.4	40.79	1.0	163.22	3.8
2012	5 077.41	18.8	0.4	554.57	10.9	30.69	0.6	185.71	3.7
2013	5 561.57	20.31	0.4	546.86	9.8	38.17	0.7	208.33	3.7
2014	5 816.57	98.18	1.7	531.02	9.1	34.68	0.6	222.82	3.8
2015	6 436.18	69.23	1.1	756	11.7	31.06	0.5	254.03	3.9
2016	6 458.59	170.05	2.6	1 605.55	24.9	38.84	0.6	256.22	4.0
2017	6 194.61	274.02	4.4	1 427.44	23.0	54.93	0.9	300.58	4.9
2018	6 156.09	291.62	4.7	1 350.92	21.9	98.38	1.6	323.27	5.3

　　数据来源：历年财政统计年鉴。

入再平衡时期，传统国际贸易投资规则加速重构，我国面临大国战略性竞争的严峻考验。农产品消费总量刚性增长，消费结构由过去的以谷物消费为主，快速升级到高级植物纤维、动物蛋白和脂肪兼重。此外，工业加工需求导致原料消耗增长。尽管农业技术进步增产效应已经一定程度上实现了对消费增长的追赶，但是受国内耕地资源和淡水资源约束，仍然需要从国外进口农产品。根据虚拟土地贸易模型计算，2017年中国农作物播种面积25亿亩，而进口农产品折算耕地超过12亿亩[①]。另外，根据虚拟水贸易模型计算，2015年我国进口粮食相当于净进口了2 015亿吨淡水资源[②]。既然相当规模的农产品进口不可避免，那么就需要适应这一趋势。"十四五"时期则需要统筹国内资源、市场、制度，根据土地和淡水资源来合理布局农产品进口来源，以市场需求的力量驱动国内外资源为我所用。在国际农业合作的过程中，更多地参与推动国际贸易规则和多边体制改革。

---

　　①　胡冰川.中国农产品进口增长：原因与结果 [J]. 清华金融评论，2018（07）：48 - 50.
　　②　王秀鹏，胡继连.中国粮食虚拟水国际贸易研究——基于2001—2015年的数据 [J]. 山东社会科学，2018（02）：117 - 122.

（六）更加依靠信息化技术促进政策落地

以往的规划主要是靠自上而下的执行。从公共经济学的角度看，"自上而下"需要有相应的行政体制的保障，很可能导致政策执行的监督成本过高①。实际情况也是如此。以往的规划和各种政策，主要依靠地方政府分层对接。涉及农业农村的规划和政策落地，经常需要村和乡镇干部核实，经过县（市、区）、再到省（自治区、直辖市）层层上报。新一轮科技革命和产业变革迅速发展，信息技术深刻改变了农业农村发展的基础，也改进了政策执行和落实的方式。农业农村现代化虽然仍要激活从中央到地方的各类参与主体的积极性②，但是手段可以更加依靠大数据、物联网、移动互联、云计算、人工智能、区块链等技术手段。例如，区块链技术在农产品电商的质量安全控制方面具有非常好的前景，每个环节的农产品投入都会在线形成"记账本"，从而自动实现农产品质量安全可追溯。但是，以信息化手段促进政策落实，需要考虑技术使用的成本收益。目前，给一台深松整地机加装能够准确测量上报深松作业质量的传感器，成本需要 1 200 元，而深松整理作业补贴每亩 40 元。为了监督政策落实，一个传感器的成本相当于作业 30 亩的补贴。当然，随着技术的进步，成本收益的平衡点会向低成本移动。在那之前，需要正确把握监督政策落实过程中技术监督执行与人力监督执行的对比关系。

总体而言，未来乡村振兴面临的形势更加复杂。而且，粮食等重要农产品需求刚性增长的趋势不会改变，人多地少的基本国情农情不会改变，农业小部门化的规律不会改变，推动农业高质量发展的迫切要求不会改变，新旧动能转换接续的态势不会改变，资源环境约束趋紧的生态基础不会改变，国际国内"黑天鹅""灰犀牛"交织的局面不会改变，农村经济社会加速转型的趋势不会改变。

---

① BANERJEE A，IYER L，SOMANATHAN R. Chapter 49 Public Action for Public Goods ［M］//Schultz T P，Strauss J A. Handbook of Development Economics. Elsevier，2007：3117－3154.

② 刘合光. 激活参与主体积极性，大力实施乡村振兴战略［J］. 农业经济问题，2018（01）：14－20.

【教师简介】

　　彭超，学院乡村振兴研究中心（科研管理处）主任（处长），研究员。曾获中美富布莱特奖学金赴马里兰大学和美国农业部经济研究局访问学习，工作期间在中国科学院农业政策研究中心在职从事博士后研究。获得农业农村部软科学优秀研究成果、国家粮食局软科学优秀成果等省（部）级奖励 7 项，国家自然科学基金优秀评价 1 项。主持国家自然科学基金课题等国家级研究课题 3 项，省部级课题 6 项。在中外各类核心期刊上发表论文 32 篇。获得党和国家领导人批示 6 次，起草国家级重要规划 5 项。兼任中国农业经济学会副秘书长、青年（工作）委员会副主任。

　　讲授课程："三农"问题调查与研究——科学设计、规范执行与落到纸面；乡村振兴理论、形势与政策；农村电商出村进城理论与实践；农业农村现代化：趋势、问题与对策；大历史观下"三农"发展与中国共产党的伟大贡献；中国国情（Overview of China）（全英文授课）；中国农业农村现代化的道路（Modernization of Agriculture and Rural Area in China：Path and Wisdom）（全英文授课）。

《资本论》读学悟[*]

徐田华

▶《资本论》是马克思倾注毕生心血创作而成的一部光辉巨著，是马克思主义的经典作品。尽管与马克思所处的那个时代相比，资本主义世界发生了很大的变化，但是资本支配一切的局面并没有发生根本改变。《资本论》中很多普适性的规律对于指导社会主义市场经济的发展和我们理解把握当代资本主义的新发展仍然具有重要意义。本文通过介绍《资本论》的写作背景、主要框架、知识点和它的当代价值，有助于读者理解学习。

一、学习《资本论》的意义

2016年5月，习近平总书记在哲学社会科学工作座谈会上指出："有人说，马克思主义政治经济学过时了，《资本论》过时了。这个说法是武断的。远的不说，就从国际金融危机看，许多西方国家经济持续低迷、两极分化加剧、社会矛盾加深，说明资本主义固有的生产社会化和生产资料私人占有之间的矛盾依然存在，但表现形式、存在特点有所不同。国际金融危机发生后，不少西方学者也在重新研究马克思主义政治经济学、研究《资本论》，借以反思资本主义的弊端。"

---

* 本文是在农业农村部第38期处级干部任职培训班暨中央党校中央和国家机关分校2020年春季学期农业农村部党校处级干部进修班进行讲授的课程文稿，该课程评估分值为4.88分。

二、马克思主义政治经济学在经济学中的定位

（一）经济学的发展与分野

经济学起源于古希腊的思想家色诺芬所著的《经济论》一书，原意是指农场主的家庭（或庄园）管理规律。封建社会后期，在欧洲随着商品交换日趋频繁和资本主义的产生和发展，商品经济活动日益超出了农场主家庭（或庄园）的狭小范围，于是出现了研究国家（或社会）经济的重商主义理论。

重商主义是最早的政治经济学学派。马克思说："对现代生产方式的最早的理论探讨即是重商主义"。它只考察了流通领域，其研究方法也只限于对经济现象的观察、描述与肤浅的说明。因此，虽然它使用了政治经济学一词，但它本身还不是真正的经济科学。资本主义生产方式建立初期，无产阶级与资产阶级之间的矛盾尚未激化、斗争尚未发展时，诞生了代表新兴资产阶级利益、具有一定科学成分的经济理论体系，即古典政治经济学。古典政治经济学从威廉·配第开始，到亚当·斯密时发展成一个完整体系，大卫·李嘉图则将它推进到顶峰并最终完成。李嘉图是古典经济学理论的完成者，同时也是终结者。李嘉图逝世后，留给其追随者的是著名的"李嘉图难题"。

与此同时，资本主义制度的矛盾也日益显露出来。面对这种形势，产生了为资本主义制度辩护的经济理论学派——庸俗政治经济学。在资产阶级经济学领域中，到 19 世纪 30 年代以后，庸俗经济学逐渐取代了古典政治经济学。

在西方经济学发展为庸俗经济学的同时，马克思吸取了斯密和李嘉图的学说，继续沿着劳动价值论及整体结构分析的视角前进，为了解释李嘉图难题，马克思创造性地引入了辩证法和唯物史观，发展了马克思主义政治经济学。

李嘉图之后，西方经济学沿着另外一个方向发展，产生了以"均衡价格论"作为理论核心的微观经济学。1936 年，约翰·梅纳德·凯恩斯出版了《就业、利息和货币通论》一书，标志着现代西方宏观经济学的真正确立。微观经济学和宏观经济学称为西方经济学。

由于对资本主义世界的认识不同，以及对李嘉图难题的解答不同，经济学就被分为两大体系，一个是以马克思为代表的政治经济学体系，另一个就是西方经济学体系。综观经济学发展史，有 3 部真正划时代的巨著，分别是《国富

论》《资本论》和《就业、利息和货币通论》。《资本论》就是我们今天要讲的内容。

（二）《资本论》的思想来源

《资本论》不仅是一部政治经济学著作，而且是一部天才的哲学和逻辑学著作，还是一部伟大的科学社会主义著作，作为一部经典理论著作，它并不是凭空产生的，而是在前人思想、前人研究的基础上继承发展而来的。

作为一部政治经济学著作，它的主要思想来自英国古典政治经济学的劳动价值论。古典政治经济学指出了价值是劳动创造的，但是没有区分劳动的二重性，所以没有沿着劳动价值论走下去。马克思则将"劳动创造价值"作为自己的理论出发点，提出了生产商品的劳动具有二重性，即具体劳动和抽象劳动。进而找到了剩余价值的存在，揭示了资本家财富的积累和工人阶级贫困的根源。

作为一部天才的哲学和逻辑学著作，《资本论》的主要思想来源于德国古典哲学，尤其是黑格尔哲学。但是，黑格尔哲学与马克思主义哲学的重大区别是，黑格尔哲学是唯心主义的，对于黑格尔来说，发生变革的本体是观念，而马克思主义哲学是唯物主义的，对马克思来说，发生变革的本体是物质。因此，马克思主义哲学被称为辩证唯物主义。

作为一部伟大的科学社会主义著作，其思想来源于空想社会主义。1789年法国大革命之后，欧洲出现了三位伟大的空想社会主义者，分别是法国的圣西门、傅立叶和英国的欧文。马克思、恩格斯认为这3个人的思想是"本来意义的社会主义和共产主义体系"。他们的思想也成为科学社会主义的直接来源。

三、《资本论》产生的时代背景及写作概况

（一）《资本论》产生的时代背景

资本主义生产关系已经成为阻碍社会生产力发展的桎梏。从18世纪60年代英国开始产业革命后，资本主义生产逐步进入机器大工业时代，并先后在英国、法国、德国占据了统治地位。随着资本主义生产方式的发展，社会矛盾日益尖锐，最终导致了经济危机的爆发。资本主义世界第一次经济危机发生于

1825 年的英国，1857 年开始经济危机扩大为世界性的大危机，此后，资本主义国家就被周期性地卷进经济危机的大风暴中。在这种情况下，正确地阐明资本主义生产方式的运动规律和历史趋势，以便指导革命斗争和及早解决社会矛盾，成为异常迫切的时代需要。法国里昂工人起义、英国宪章运动、德国西里西亚的纺织工人起义，表明了欧洲工人阶级已经作为一支独立的政治力量，登上了政治舞台。马克思、恩格斯认识到无产阶级的斗争实践迫切需要一个科学的革命理论的指导，需要有一个为本阶级服务的思想体系和科学理论。

（二）马克思的成长背景

马克思出生在德意志联邦普鲁士王国西南部特里尔小城一个条件很好的中产阶级家庭。特里尔小城离卢森堡和法国很近，这个小城位于当时德国政治经济发达的莱茵兰—普法尔茨州，有着丰富的历史文化底蕴。马克思 13 岁到特里尔中学接受教育，特里尔中学受 18 世纪启蒙运动的自由主义精神影响较深。马克思在中学毕业时写下了大家所熟悉的《青年在选择职业时的考虑》，他在文中表达了为人类谋幸福的高尚理想。

马克思在柏林大学读书期间认识了青年黑格尔派的阿道夫·鲁滕堡和布鲁诺·鲍威尔等人，在他们的热情相邀下，加入了博士俱乐部。1839 年，马克思在鲍威尔的鼓励下决定写作博士论文，并获得了耶拿大学授予的哲学博士学位。1842 年，马克思担任《莱茵报》的主编，在这个位置上，他需要审阅一系列经济和政治方面的稿件，马克思发现大学象牙塔里学到的整个知识体系在现实问题面前都受到了根本的动摇。这让马克思很苦恼，这个苦恼促使马克思脱离和批判黑格尔哲学，而与历史唯物主义的新世界观越走越近。

1843 年，25 岁的马克思从原来研究哲学、法律、历史转向研究经济学，开始全面透彻的研究政治经济学和社会主义，一直到他 65 岁去世，研究了整整 40 年。恩格斯说，他曾不止一次听到马克思说，正是他对林木盗窃法和摩泽尔河地区农民处境的研究，推动他由纯政治转向研究经济关系，并从而走向社会主义。

（三）《资本论》的写作及出版

1843 年 6 月，马克思应卢格之邀移居法国，主编《德法年鉴》。在筹备

《德法年鉴》时，马克思收到了恩格斯的两篇文章《政治经济学批判大纲》《英国工人阶级状况》，收到这两篇来稿时，马克思发现文中很多观点都与他不谋而合。马克思和恩格斯两个人一见如故，并开始了合作。

1847年，马克思、恩格斯受正义者同盟所托写了《共产党宣言》，并于1848年2月公开发表，之后，马克思和恩格斯遭到了驱逐。马克思落脚到了英国伦敦，以极大的热情坚持研究和学习，他在大英博物馆看了10年书，并且写出了大量的笔记，然后才开始写作他的研究内容，他曾计划将自己研究资本主义经济制度的成果冠以《政治经济学批判》这一总标题，分为六册写作和出版。这个内容被现在的人们称为"六册计划"，六册分别是资本册、土地所有制册、雇佣劳动册、国家册、对外贸易册和世界市场册。资本这一分册又包括价值、货币和资本一般。今天我们读的资本论是在写作资本册的一篇叫资本一般的基础上演变形成的。

1858年，将近40岁的马克思写出了《经济学手稿：1857—1858年》，这部手稿后来也被称作《资本论》第1稿或者"《资本论》的最初草稿"。《政治经济学批判》导言就是其中的一部分，马克思写于1857年八九月份，生前没有发表。1902年，后人从他的遗稿中发现了导言的存在。他在《〈政治经济学批判〉序言》中说："我把已经起草好的一篇总的导言压下了，因为仔细想来，我觉得预先说出正要证明的结论总是有妨害的，读者如果真想跟着我走，就要下定决心，从个别上升到一般"。

1859年，马克思在《经济学手稿：1857—1858年》的基础上抽出来一部分，以《政治经济学批判（第一分册）》这个书名出版。马克思说，这是从1843年至1858年这15年中他"一生的黄金时代的研究成果"，这部书由《序言》《商品》和《货币或简单流通》3章组成。

《政治经济学批判（第一分册）》出版之后，马克思就开始着手研究和整理第二分册的内容。并于1861—1863年，写了一部篇幅巨大的《经济学手稿：1861—1863年》，通常被称作《资本论》的"第二稿"或是"直接草稿"。但是这部分内容完成之后，马克思没有将它继续以《政治经济学批判（第二分册）》的形式出版，因为他巨大的篇幅和独立完整的内容体系已经不适合继续以《政治经济学批判》续篇的形式出版了，所以马克思将书名定为《资本论》，副标题是政治经济学批判，打算分4卷出版。

1867 年，《资本论（第一卷）》出版。之后，马克思开始整理第二卷和第三卷，直到 1883 年 3 月 14 日马克思逝世，这两卷还没完成。马克思去世后，恩格斯接手整理第二卷、第三卷，并先后于 1885 年、1894 年出版。第三卷出版后的第二年，恩格斯逝世。

按照马克思的计划，《经济学手稿：1861—1863 年》中《剩余价值理论》部分作为《资本论》第四卷出版，但是恩格斯没来得及整理就去世了。考茨基于 1905 到 1910 年分 3 卷把这部分内容整理出版了，但是出版时没有用《资本论》第四卷，而是用一个独立的书名，叫做《剩余价值学说史》。这就是整个资本论的创作过程。

四、《资本论》的基本框架内容

（一）《资本论》的理论框架

《资本论》是一部篇幅巨大的科学著作，全部《资本论》有一个中心，就是恩格斯所说的"整本书都是以剩余价值为中心的"。剩余价值理论是贯穿全书的一条主线。在内容上，《资本论》正面论述了资本主义经济的运动规律，也就是通过阐明剩余价值的生产、实现和分配的规律，来论证资本主义制度如何发生、发展和必然走向灭亡。

第一卷研究的是资本的生产过程，主要阐述资本的生产过程，中心是分析剩余价值生产问题；第二卷研究的是资本的流通过程，主要阐述资本的流通过程，中心是分析剩余价值实现问题；第三卷研究的是资本主义生产的总过程，阐述作为资本的生产过程和流通过程统一的资本主义生产总过程，中心是分析剩余价值分配问题。[1]

（二）《资本论》的主要知识点

第一卷《资本的生产过程》，全文共 7 篇 25 章，可以分为三个部分。第一部分由第一篇构成，题目为《商品和货币》，中心是阐述劳动价值论。劳动价

---

〔1〕 王天义.《资本论》及其当代意义［J］. 时事报告（党委中心组学习），2019（01）：114-128.

值论是整个马克思主义政治经济学的理论起点，也是研究剩余价值论的理论基础。这一部分的理论要点包括：商品及其特性，体现在商品中的劳动二重性，价值形式的演化，货币的职能及其流通规律，商品拜物教，价值规律。商品是用于交换的劳动产品，使用价值和价值是商品的基本属性，使用价值是商品对人的有用性，它是商品的自然属性，价值是凝结在商品中的无差别的一般的人类劳动，它是商品的社会属性，反映出商品生产者之间的生产关系。使用价值和价值的关系形成了商品的内部矛盾。马克思通过分析商品的二因素，劳动二重性，价值形式和商品的拜物教性质，论述了完整的劳动价值论。

第二部分由第二至六篇构成，中心是阐述剩余价值的生产理论。马克思在阐述劳动价值论的基础上，着重考察了剩余价值的生产过程，以揭露资本主义剥削的秘密。马克思从资本的总公式及其矛盾出发，以劳动力成为商品解释货币向资本的转化，然后分析了剩余价值的生产过程。这一部分的理论要点包括：货币转化为资本，剩余价值生产的前提，剩余价值的生产过程，资本的本质和构成，剩余价值生产的两种方法，资本主义工资。资本总公式为 $G-W-G'$（货币转化为商品，商品再转化为数量更多的货币），其中 $G'=G+\Delta G$，表示流通过程完成后，预付资本有了一个增值额，即剩余价值。剩余价值是从哪里来的呢？货币与商品进行等价交换，价值量不会增殖。商品与货币也是等价交换，卖出商品也不会引起价值量增殖。可见，价值量增殖只能发生在商品上。资本家必须找到一种可以使价值量增殖的商品。这个增值的关键就是劳动力这个特殊的商品。资本家购买生产资料和劳动力都支付了成本，其中购买劳动力的成本叫做工资。工人为资本家工作，资本家付给工人工资，看起来是合理的，但是实际上，工人出卖的是劳动力而不是劳动，劳动力和劳动是两个概念。劳动力在劳动过程中的必要劳动时间内创造的价值刚好等价于劳动力的价值，也就抵消了资本家为劳动力支付的成本——工资。但是他还要在剩余劳动时间内创造价值，这个价值就是资本的增殖。工资掩盖了这一秘密，工资表现为劳动的价格或价值，但其本质是劳动力的价格或价值而非劳动的价格或价值。在这里，马克思解决了李嘉图的第一个难题。劳动力在劳动的过程中形成了这个增值，生产出了剩余价值。生产剩余价值的资本分为不变资本（c）和可变资本（v）。可变资本是购买劳动力的那部分资本，其价值量在生产过程中发生增殖。生产剩余价值的两种方法是绝对剩余价值和相对剩余价值。

第三部分由第七篇构成，主要研究资本的积累过程，中心是分析剩余价值转化为资本的一般规律和历史趋势，并对资本主义经济规律和历史过程进行总结。这一部分的理论要点包括：资本主义简单再生产及其本质，资本主义扩大再生产和资本积累，资本主义积累的一般规律，资本主义积累的历史趋势。剩余价值是资本积累的源泉，剩余价值转化为资本就是资本积累，资本积累一方面导致财富集中在少数资本家手中，另一方面导致无产阶级陷入贫困，这就是资本积累的一般规律。资本积累必然使生产的社会性与生产资料的资本主义私有制这一资本主义生产方式的基本矛盾不断加深，并导致无产阶级与资产阶级对立的加剧，它决定了资本主义制度最终走向消亡。

第一卷的三个部分成为一个逻辑严密的有机整体：劳动价值论是分析剩余价值生产和资本积累的理论基础；剩余价值生产理论则直接研究资本主义的生产过程，揭示剩余价值产生的内在机理和资本主义剥削的秘密；资本积累理论则进一步研究了剩余价值转化为资本的过程，以及由此导致的资本主义发展的历史趋势。

第二卷《资本的流通过程》共 3 篇 21 章。主要阐述通过流通怎样为剩余价值的生产准备条件，以及在生产完成之后怎样实现剩余价值。第一篇为资本循环原理，研究资本的形态变化及其循环。马克思以货币资本循环为例分析了资本依次经过购买、生产和售卖三个阶段，分别采取货币资本、生产资本和商品资本三种职能形式，实现其价值增值，并回到原来出发点的运动过程，然后综述资本循环的三个公式（货币资本循环、生产资本循环、商品资本循环），并阐明产业资本循环是这三个循环的统一。第一篇的主题思想在于资本在连续的循环运动中实现增殖，为此，必须保证资本的 3 种职能形式在空间上的并存性和时间上的继起性。如果资本运动的连续性遭到破坏，往往就伴随着经济危机。

第二篇为资本周转原理，研究资本的周转，主要围绕着资本周转的速度和效益展开。资本循环是一个周期性过程，叫做资本周转。影响资本周转速度的因素主要有两个方面，一个是生产资本的构成状况，主要是固定资本和流动资本的比例，固定资本是指投在厂房、机器、设备等劳动资料上的资本，流动资本是投在原料、辅助材料和劳动力上的生产资本，一般来说，固定资本周转期长（通常一年以上），流动资本周转期短（通常不超过一年）。另一个是资本周转时间的构成和长短。资本周转时间由生产时间和流通时间构成，为了加快资本周转，就要尽量压缩生产时间和流通时间。第二篇的主题思想在于加快资本周转的速度，提高资本周转的效益。

第三篇为社会总资本再生产原理，研究社会总资本的再生产与流通，阐明社会再生产是以什么形式和在哪些条件下不断反复进行的。与个别资本的运动相比，社会总资本再生产和运动具有以下特点：不仅包含生产消费，而且包含个人消费；不仅包含资本流通，而且包含一般商品流通。社会总资本生产的核心问题是社会总产品的实现问题，即社会总产品的价值补偿和物质补偿。从社会交换过程来看，价值补偿和物质补偿是交织在一起的，一些资本的价值补偿正是另一些资本的物质补偿，只有社会总产品的各个部分既在价值上得到补偿，又在物质上得到补偿，社会总资本的再生产才能继续进行。马克思将社会总产品划分为生产资料和消费资料两大类，相应的把社会生产划分为两大部类——生产生产资料的第Ⅰ部类和生产消费资料的第Ⅱ部类，并对社会总资本再生产的实现条件进行了阐述。第三篇的主题思想在于为保证社会再生产的持续性和协调性，必须抓住社会总产品实现这个核心问题，保持各部门间应有的比例关系。当然，在资本主义条件下，由于私有制和生产的无政府状态，社会总资本的再生产往往是在周期性危机中实现的。

第二卷的主要理论可以概述为"三大理论、两个再生产、一个实现"。"三大理论"分别是资本循环论、资本周转论与社会总资本再生产论。"两个再生产"分别是个别资本的再生产、社会总资本的再生产。"一个实现"主要是剩余价值的实现问题。

第三卷《资本主义生产的总过程》，共7篇52章。本卷研究了资本主义生产的总过程，通过对总过程中资本和剩余价值的各种具体形式的分析，阐明了剩余价值怎样在资本主义各个剥削集团之间进行分配。《资本论》第三卷可分为三大部分。第一部分第一篇到第三篇，分析产业资本，探讨剩余价值转化为利润，利润转化为平均利润，价值转化为生产价格等问题。中心问题是利润，它是剩余价值的各种具体形式中最一般的形式。利润转化为平均利润后，资本家获得的利润就似乎只与投入的资本有关了。于是便出现了等量资本获取等量利润的情况。在这里，马克思解决了李嘉图的第二个难题。随着利润转化为平均利润，商品的价值，即成本加上剩余价值，也就转化为了生产价格，即成本价格加上平均利润。此时，商品不再按照价值出售，而是按照生产价格出售。

第二部分为第四篇到第六篇，分析商业资本、借贷资本、土地所有权和地租，探讨剩余价值怎样分割为商业利润、利息和地租。

第三部分为第七篇，分析资本主义各阶级的收入及其源泉，通过探讨各阶级的收入和它们的源泉，总结性地进一步分析了资本主义生产关系，对资产阶级庸俗政治经济学"三位一体"的公式给予彻底的批判，粉碎了这种掩盖资本主义剥削的谬论。①

《资本论》的主题思想是揭示资本主义生产方式发生、发展和必然灭亡的规律，目的是为全世界无产阶级推翻资本主义制度，建立社会主义和共产主义制度的革命提供科学的理论依据。从这种意义上说，《资本论》实质上是一部"资本主义必然灭亡论"。这一主题思想体现为一个基础——劳动价值论、一个中心——剩余价值论、一个结论——资本主义制度必然灭亡论。②

五、《资本论》的当代价值

（一）对我国经济发展具有理论指导意义

《资本论》发表距今已有 150 多年的历史，可能很多的具体内容已经过时了，不适用于今天的经济情况了，但是资本论中很多普适性的规律仍然能够指导我们今天社会主义市场经济的发展，学习这些规律对于我们自觉地认识和遵循经济规律，促进我国经济社会稳定健康可持续发展，都具有重要的现实指导意义。

比如，关于社会化商品经济的一般规律价格机制、供求机制、等价交换规律等，对我们搞好社会主义市场经济仍然是适用的。利用资本循环和周转理论，提高企业生产效率。利用社会再生产理论推动国民经济持续协调发展。利用地租理论、货币流通规律理论、虚拟资本理论看当前的高房价问题。

---

① 张燕喜，石霞．资本论与中国经济理论热点［M］．北京：中共中央党校出版社，2009.
② 王天义．《资本论》及其当代意义［J］．时事报告（党委中心组学习），2019（01）：114 - 128.

（二）有助于理解把握当代资本主义的新发展

与马克思写作《资本论》的 19 世纪相比，当代西方资本主义社会与整个世界格局发生了巨大变化，现在的生产力发展水平已经超过了马克思时代人类的想象力。马克思说，"资本是资产阶级社会的支配一切的经济权力。"时代虽然发生了巨大变化，但就整个资本主义世界来说，资本支配一切的局面并没有发生根本改变。

资本寻找外部市场的强大冲动形成了资本的全球化浪潮。在马克思的时代，为了解决资本增殖所面临的的两难情境，资本主义大量开拓殖民地，形成了第一代全球化浪潮。两次世界大战之后，殖民主义被迫退出历史舞台，产生了第二代全球化浪潮——国际产业链分工，贫穷的生产国与富裕的消费国相分离，资本对劳动力市场的要求与它对商品的消费市场的要求分别得到了满足。资本金融化导致经济金融危机。始于股票的第一代资本金融化导致了资本主义世界最严重的经济危机，虽然凯恩斯主义提出了政府进行宏观调控的解决方案，但并没有从根本上解决问题。资本产生了第二代金融化，就是通过对各种资产进行证券化，但是 2008 年席卷全球的美国金融危机对这种模式提出了挑战。与资本本性相悖的社会福利化同样导致一系列国际经济社会问题。福利化本身是与资本本性相悖的，将它植入资本主义体系之中，就会产生重重矛盾，这些经济矛盾导致发达国家内部的社会矛盾、发达国家与发展中国家的国际矛盾、发达国家之间的国际矛盾。

所有这些转变，都是企图减轻与化解资本主义固有矛盾——生产的社会化与资本的私人占有制之间的矛盾，客观上扩展了资本主义生产关系对生产力发展的容量。但是它们并没有消除资本主义根本矛盾，只是使这种矛盾以越来越复杂的形式表现出来，由此产生了当今世界的复杂乱象。① 而这些变化的胚芽在马克思主义时代就已经开始萌发了。

① 鲁品越，姚黎明．当代资本主义经济体系发展新趋势［J］．上海财经大学学报，2019，21（06）：4-17．

【教师简介】

徐田华，学院党校工作部副研究员。主要从事"三农"问题、马克思主义中国化等方面研究。先后在《学习时报》及《农业经济问题》《当代经济管理》《现代经济探讨》《中国延安干部学院学报》等报纸及核心期刊上发表多篇文章。

《中国共产党章程》导学*

娄凯强

▶《中国共产党章程》是党的总章程和根本大法，集中体现了党的性质和宗旨、党的理论和路线方针政策、党的重要主张，规定了党的重要制度和体制机制，是全党必须共同遵守的最基本、最重要、最全面的行为规范。认真学习党章、严格遵守党章，是加强党的建设的一项基础性、经常性工作，也是每位党员应尽的义务和庄严的责任。本文从历史发展的角度，围绕党章的地位作用、历次修改过程，以及党的十九大党章新修订的变化，交流和分享对党章学习的心得体会。

每一名共产党员在入党前都有面对党旗宣誓的程序，誓词中有一条是"拥护党的纲领，遵守党的章程"。那么，什么是党章呢？党章有什么地位和作用呢？本文的主要目的是系统地梳理党章的地位作用、历次修改过程，以及十九大修改的新变化，帮助大家增强对党章的认识与理解，更好地开展党章学习。

"同志"是我们党内党员之间的称谓，但"同志"一词是什么时候确定的呢？"同志"一词最早出现在 1921 年的中国共产党一大党纲中，一大党纲规定："凡承认本党党纲和政策，并愿意成为忠实的党员者，经党员一人介绍，不分性别，不分国籍，均可接收为党员，成为我们的同志。"这是"同志"一词最早出现在我们党的正式文件中。

曾在 1924 年加入中国共产党的叶挺同志，在 1941 年 1 月的皖南事变中被国民党反动派囚禁长达 5 年。1946 年 3 月出狱后，他发电报给党中央要求申

---

* 本文是在 2020 年度农业农村部直属机关发展对象培训班上进行讲授的课程文稿，该课程评估分值为 4.78 分。

请重新入党，党中央的回电全文如下，"亲爱的叶挺同志：五日电悉。欣闻出狱，万众欢腾。你为中国民族解放与人民解放事业进行了 20 余年的奋斗，经历了种种严重的考验，全中国都已熟知你对民族与人民的无限忠诚。兹决定接受你加入中国共产党为党员，并向你致热烈的慰问与欢迎之忱。"这份电报曾对叶挺的称呼先后改动 4 次，其中 3 次是毛泽东同志经过慎重思考亲自修改的。叶挺同志在致刘少奇同志、任弼时同志的信中曾激动地写道："从此以后，我能很自然地亲切地称你们为'同志'了。"① 1951 年，毛泽东同志在审阅李达同志撰写的《实践论解说》书稿时，将书稿中的"毛主席"字样通通圈去，改为毛泽东同志②。许多老一辈革命家也十分注意倡导互称同志的优良传统。有一次周恩来同志在广州开会，有位曾在八路军重庆办事处工作过的工作人员专程赶来看望他，交谈中亲切地称他"恩来同志"。周恩来同志对大家说："这位同志保持了当年的好传统，很好！在革命队伍里，大家永远要以'同志'相称"③。陈毅同志就任上海市市长期间，曾到报社审阅稿件，忙完了工作，他楼上楼下地看望值班的同志们。他走到哪里，笑声就跟到哪里，人也聚到哪里。很快，大家忘记了他是一位叱咤风云的将军、市长。不知不觉间，由起初称他"市长"而自然地改口称他为"陈毅同志"了④。1984 年，《武汉晚报》刊登了这样一则消息，"小平同志：我这样的称呼，似乎不太礼貌，若有不妥之处，请给予责备。"这是 1984 年 4 月武汉一名职工向邓小平同志反映情况的信。对此，邓小平同志指示："头一次看到这样的称呼，我很喜欢，酌重处理！"⑤

后续中央多次印发文件，要求严格落实"同志"称谓，1965 年中共中央发出《关于党内同志之间的称呼问题的通知》，要求："今后对担任党内职务的所有人员，一律互称同志。"1978 年，党的十一届三中全会公报中重申："党内一律互称同志，不要叫官衔。"1980 年 2 月，党的十一届五中全会通过的《关于党内政治生活的若干准则》也强调党内要以"同志"互称。2016 年 10 月，党的十八届六中全会讨论通过的《关于新形势下党内政治生活的若干准则》规定："坚持党内民主平等的同志关系，党内一律称同志。"这是我们党内

---

① ② ③ ④ ⑤　林汐. 历史是最好的教科书：党章中的治国理政故事［M］. 北京：研究出版社，2018.

党员之间必须要称呼同志的一段历史。党内称谓绝不是一个简单问题，这不仅反映和折射党员作风、党内政治生态，还影响社会风气，在党内以同志相称亲切自然，不仅能拉近党员之间的距离，也是党内民主的重要体现，更是增强党的凝聚力、战斗力的基础①。

2017年10月24日，中国共产党第十九次全国代表大会通过了《中国共产党章程（修正案）》。党的十八大以来，以习近平同志为核心的党中央坚持以马克思列宁主义、毛泽东思想、邓小平理论、"三个代表"重要思想、科学发展观为指导，顺应时代发展，集中全党智慧，大力推进理论创新，创立了习近平新时代中国特色社会主义思想，开辟了马克思主义中国化新境界、中国特色社会主义新境界②。在习近平新时代中国特色社会主义思想指导下，中国共产党领导全国各族人民，统揽伟大斗争、伟大工程、伟大事业、伟大梦想，推动中国特色社会主义进入了新时代③。习近平新时代中国特色社会主义思想的理论意义和实践意义日益显现，得到全党全国各族人民广泛认同和拥护，列入党的指导思想的时机和条件已经成熟④。在征求意见中，大家一致建议对党章进行适当修改，把习近平新时代中国特色社会主义思想同马克思列宁主义、毛泽东思想、邓小平理论、"三个代表"重要思想、科学发展观一道确立为党的指导思想并写入党章，把坚定维护以习近平同志为核心的党中央权威和集中统一领导写入党章，把党的十八大以来党中央推进全面从严治党一系列重大创新成果和行之有效的成功经验写入党章⑤。可以说，修改党章是实现党的指导思想与时俱进的客观需要，是新时代推动党和国家事业发展的必然要求，是推进我们党的建设新的伟大工程的战略举措，是贯彻落实党的十九大精神的现实需要。

一、党章的地位作用

当代中国，有两部神圣之书。一部是《中华人民共和国宪法》，作为国家的根本大法，是全体公民的必读之书；另一部是《中国共产党章程》，作为党

---

① 林汐．历史是最好的教科书：党章中的治国理政故事［M］．北京：研究出版社，2018.
②③④⑤ 就党的十九大通过的《中国共产党章程（修正案）》答记者问，人民网。

内的根本大法，是全体党员的必读之书。可能大家已经读过《中国共产党章程》，最起码应该是读过其中的一些章节和部分条款。不知道大家读的时候什么感觉，其实党章读起来相对比较单调，一方面是因为党章讲的都是党内最重大的一些事项，不涉及具体细节的展开，没有很多的感性的表达和生动的事例；另一方面，党章全文用语大多是哲学语言。这是源自毛泽东同志学哲学、用哲学的传统，源自《矛盾论》《实践论》，从以毛泽东同志为核心的领导人开始，我们党的政治语言就大多采用哲学语言写成，世界政党历史上没有任何一个国家的政党是用哲学语言来写政治语言的，但是在我们党的文件中，包括我们的政府工作报告中，经常出现生产关系、生产力、社会基本矛盾、社会主要矛盾等哲学术语。从那时起，就给我们党奠定了一个好的基础，大家以后可以关注一下，在我们党历史上，每一届新领导班子成立之后，最开始那几次中共中央政治局集体学习，学习的主题肯定是哲学，先学好了哲学，才开始学习其他内容。所以，党章读起来感觉单调也在所难免，但是通读一遍后，大家就会发现，党章的结构性很强，党章承载的使命也很明确。

　　党章分为两大部分，第一部分是总纲，第二部分是条文规定。那这两部分是什么样的关系呢？总纲是学习、遵守、贯彻及执行党章的重中之重。因为总纲规定了我们政党的本质属性、政治理念、价值追求，以及由此所作出的一系列重要主张。由此，总纲实际上是制定条文规定所需要遵循的标准和依据。也就是说，如果抛开党章总纲，单独看条文，那么条文中的一些内容不太好理解，因为我们不知道其源头在哪里。在总纲的依据和指导下，条文规定将总纲的精神条文化、具体化、制度化了。所以从这个角度上来看，总纲是重中之重，它对理解条文有直接的帮助。当然，大家可能会说，那用总纲不就完了嘛，干嘛还用条文呢？这是因为只有通过条文的转化，才能使总纲的这些规定、精神和要求，变成行为规范落地生根，才能提高党章整体的执行力、规范性。综上，总纲部分和条文部分两者均不可或缺，两者共同构成了完整的党章。

　　怎样认识党章的地位作用？通过党章研读，我们可以从中得到两个认识：

　　一是党的宗旨、性质、任务、理想和目标等主要在总纲部分进行阐述，清楚地交代了我党由什么人组成，为什么人的利益服务，为实现什么样的目标而奋斗（一个小问题：中国共产党的最高理想和最终目标是什么？在党章第一自然段最后一句话——实现共产主义）。所以总纲部分的主要任务，就是阐明党的宗旨、性质、任务、理想和目标。目的就是为了凝聚共识，构筑全党共同的思想基础，为了实现共产主义而奋斗。

二是中国共产党作为一个政党，有其组织架构、原则、纪律以及行为规范。党章的制定，目的就是为了要统一行动，要建立严密的组织体系，要把党打造成一个先进的、纯洁的、有执政能力的队伍。

习近平总书记指出，"党章是我们立党、治党、管党的总章程，是全党最基本、最重要、最全面的行为规范"，强调"党章就是党的根本大法，是全党必须遵循的总规矩"。从这个层面上讲，党章在党内具有至高无上的权威性和约束力。

那么党章的权威性和约束力从何而来？

主要是由两个原因决定：党章是由党的全国代表大会制定和修改的党的"根本大法"；党章是制定和修改党内其他法规的根本依据。

大家知道，中国共产党召开党的全国代表大会，其中一项重要议程就是修订党章。那么反过来理解的话，就是只有在党的全国代表大会上才能对党章进行制定和修改。为什么？因为党章对每一位党员都有约束力，一部合法的党章，就要征得每一位党员的同意。在什么样情况下，才能以全体党员的名义进行，只有在党的全国代表大会上。而党内其他所有法规，都是党章的延伸或补充，都必须服从或从属于党章。也就是说，党章是党内的"母法"，党内其他法规为党内的"子法"。正如习近平总书记指出的，"我们党的制度是从党章开始的"。从产生的程序看，只有党的全国代表大会才能制定、颁布和修改党章。截至 2021 年 7 月 1 日，全党现行有效党内法规共有 3 615 部，唯一的一部（即党章）由党的全国代表大会制定。大家想想看，其他的党内法规，中央政治局会议可以通过，中央全会也可以通过，北京市委是党内法规制定的主体，也可以制定。2016 年，全国党内法规工作会后，开了口子，在基层党建创新和党风建设方面，赋予了副省级城市、省会城市党委开展党内立法权试点，青岛、深圳、武汉、沈阳成为首批试点城市。但截至目前，只有共产党党章是由党的全国代表大会制定和修改的，这充分体现了全党的整体意志，说明了党章在我们党内至高无上的地位。

从作用上看，党章在党内生活中起着重要的作用。主要体现在三个方面：

一是调整党内关系，二是指导党的工作，三是严格党的纪律。回顾革命、建设、改革不同历史时期，衡量党组织、党的干部和党员的具体标准和条件各有不同，但共性的、根本的一条，就是看党组织、党的干部和党员是不是遵守党章。某种意义上讲，学习贯彻党章的水平，体现着党员队伍党性修养的水平，体现着各级党组织凝聚力和战斗力的水平，体现着全面从严治党的水平。

回顾党的历史，正是因为有无数的共产党员恪守党的纪律，坚决服从组织，才有了钢铁一样的队伍，使党成为中国特色社会主义事业的坚强领导核心。今天，我们在新形势下坚持全面从严治党，就更需要每一名共产党员都要对自己高标准、严要求，时刻牢记入党誓词，遵守党的章程，履行党员义务，不折不扣执行党的决定。

学习党章要深刻理解党章修改的重大意义。中国特色社会主义进入新时代，党的十九大对党章进行了修改，充分融入了党的理论创新和党的建设实践取得的新成果，意义十分重大。

一是政治意义。党的十九大党章修正案贯穿了习近平新时代中国特色社会主义思想这根主线，突出"党是领导一切的"这一重大政治原则，提出社会主要矛盾转化为人民日益增长的美好生活需要和不平衡不充分的发展之间的矛盾，明确中国特色社会主义的总任务、总布局等战略部署，明确了政治方向、提供了根本政治保证。

二是历史意义。中国共产党的发展历程表明：党章在坚持和加强党的领导，规范和指导党的建设方面发挥着非常重要的作用。抗日战争胜利前夕，党的七大确定毛泽东思想为党的指导思想，通过了"一个能够确保中国民族与中国人民获得胜利和解放的党章"，开创了新民主主义革命的新时代；改革开放初期，邓小平同志在中国共产党第十二次全国代表大会上首次提出"建设有中国特色的社会主义"的崭新命题，明确指出："马克思主义的普遍真理同我国的具体实际结合起来，走自己的路，建设有中国特色的社会主义，这就是我们总结长期历史经验得出的基本结论。"并通过"适应了新时期执政党的需要"的党章，开创了改革开放和社会主义现代化建设的新时期；在全面建成小康社会的决胜阶段、中国特色社会主义进入新时代的关键时期，党的十九大党章修正案为建设中国特色社会主义吹响了新时代的冲锋号。

三是理论意义。党的十九大党章修正案把习近平新时代中国特色社会主义思想确立为行动指南，实现了指导思想又一次的与时俱进，从理论上证明了科学社会主义的生命力，对新时代加强党的领导、推进党的建设具有重要理论意义。

二、党章修改历程

（一）党章的三大发展阶段

回顾中国共产党从成立到今天的历史，共召开了 19 次全国代表大会，制定了一部党纲和 18 部党章。在党的十九大修改党章之前，党章大致经历了三个阶段。

第一阶段，党章的形成时期（从一大到六大）。1921 年，党的一大通过了《中国共产党第一个纲领》，宣布"我党定名为'中国共产党'"，规定了党的性质、纲领和最终奋斗目标。1922 年，中共二大通过了首部《中国共产党章程》，我们党从此有了最高行为规范。此后，党的各项组织原则也在历次党代会上逐渐得以确立、规范和细化。比如，严格党员入党手续、党员 3 人以上要成立党支部、民主集中制等党的重要原则，先后在党的三大到六大上得以确立。

第二阶段，党章的曲折发展时期（从七大到十一大）。在 1945 年的中共七大上，毛泽东思想作为全党的指导思想被写入党章，特别强调了党的群众路线，也明确了党的性质、领导地位、宗旨和作风。1956 年 9 月召开的党的八大，是中华人民共和国成立后召开的第一次全国代表大会，制定了党执政后的第一部党章，提出了全面开展社会主义建设的任务，把"四个现代化"第一次写入党章，首次把"各尽所能，按劳取酬"的原则写进了党章。党的八大后的20 多年，中国共产党召开了 3 次全国代表大会，制定了 3 部党章，即九大党章、十大党章和十一大党章。

第三阶段，党章发展完善时期（从十二大到十八大）。党的十一届三中全会重新确定把党和国家的工作重心转移到社会主义现代化建设上来。党的十二大修改制定的党章，第一次比较全面、正确地回答了新时期执政党建设的目标、途径和方法等基本问题，是一部至今仍在发挥重要作用的党章，我们现行的党章，就是在这一部党章基础上不断修改完善而来的。党的十三大党章是第一次也是迄今为止唯一的一次用部分条文修正的形式对党章进行修改，着重体现在党的领导体制和党内选举制度的改革方面。党的十四大把"建设有中国特色社会主义的理论"载入党章。党的十五大将邓小平理论确立为党的指导思想。此后的十六大到十八大，也先后把"三个代表"重要思想和科学发展观写入党章。这段时期对党章进行了 5 次修改，重点把邓小平理论、"三个代表"重要思想、科学发展观确立为党的指导思想，实现了党的指导思想的与时俱进。

（二）党章的发展历程

1. 一大党纲

这是我们党第一个纲领性文件。1921 年 7 月，中国共产党在上海召开第一次党的全国代表大会，通过了我们党的建设的第一个马克思主义光辉文献《中国共产党第一个纲领》，标志着中国共产党的正式创立。参加一大的共有 13 位代表，代表全国 50 多名党员。一大选举产生的机构叫中央局，为什么叫中央局？这是因为整个党纲包括党章一开始是吸收、借鉴共产国际、苏联共产党党章而来，党员 100 人以下不成立中央执行委员会，成立的机构叫中央局，中央局 3 位领导成员，中央局书记陈独秀，中央局组织委员张国焘、宣传委员李达，与我们现在支部的建制完全一样。中共一大究竟是哪一天召开的？1921 年 7 月 23 日召开，我们现在将 7 月 1 日作为党的生日，原因是建党甚至新中国成立后一些年，我们都不知道具体是哪一天召开的会议，会议代表们也记不清了，只记得是 7 月召开的，所以党中央就发文决定，将 7 月 1 日作为党诞生的纪念日（大家注意，文件中并没有说 7 月 1 日开的会）。后来，经过国内外很多专家的共同考证，最终确定了 1921 年 7 月 23 日是我们党真正成立的日子。

当年，参加一大的 13 位代表怀揣着救国救民的理想抱负走到中国共产党的一个历史起点，后来又由于各种原因各奔东西，应该说是书写了各自跌宕起伏、命运迥异的人生，关于他们后来的人生道路和结局，过去的党史著作一般都没有做详细交代，即使提到了也都语焉不详。改革开放以来，对这些人物的研究有了很大进展，很多地方党史研究室还召开过专门的纪念研讨会。目前，对他们的人生道路和结局也基本调研清楚了，很具有启迪意义。他们的情况大致分为五类：

第一类：毛泽东、董必武。他们在长期的革命斗争中经受住了考验，发挥了重要作用，毛泽东成为党和国家的领袖，大家很熟悉。董必武参加过辛亥革命，后来也成为党和国家领导人，担任过中央政治局常委，国家副主席、代主席等，还代表中国共产党参加中国政府代表团出席的历史性的联合国制宪大会，并在《联合国宪章》上签字。现在南湖的红船，就是根据董必武的回忆加以设计和复制的。

第二类：陈潭秋、何叔衡、邓恩铭、王静美。他们的人生是英勇奋斗的一生，先后牺牲或者病故。陈潭秋，湖北人，参与建立武汉共产党的早期组织，先后担任过江西、福建等省的省委书记；1935年去了苏联；1939年，回国途经新疆，就留在了新疆工作；1942年，与毛泽民一起被盛世才逮捕；1943年，壮烈牺牲；由于当时信息闭塞，很长一段时间大家都不知道他已经牺牲了，等到1945年召开党的七大的时候，他还被选为中央委员。何叔衡，湖南人，他是一大代表中年龄最大的一位代表，时年45岁，曾任中央苏区临时法庭主席，中央红军长征后留在苏区工作，1935年在长汀突围时牺牲。邓恩铭，贵州人，在山东参与创建共产党的早期组织，曾经受到列宁同志的接见，1928年被捕，1931年牺牲。王尽美，山东诸城人，创办了共产党山东早期组织，1925年因病去世。

第三类：李达、李汉俊。他们因为不满陈独秀家长制作风等原因退党，但是仍然坚持马克思主义信念。李达，湖南人，曾留学日本，翻译过很多马克思主义的经典著作；1920年，参与上海中国共产党组织的建立，负责筹备召开党的一大，当时与他的妻子王会悟一起参与筹备工作；1923年，因为不满陈独秀家长制的作风而脱党，但是后来承认这是犯了一生中最大的错误，以后主要从事理论研究和教学；1948年，毛泽东同志曾经带信给李达，"吾兄系本公司发起人之一，现公司生意兴隆，望速前来参与经营"；1949年5月，李达抵达了北京，后经刘少奇作为其入党介绍人重新入党；先后任湖南大学校长、武汉大学校长，是著名的哲学家；1966年被迫害致死。李汉俊，湖北潜江人，曾留学日本，通晓4国语言，1920年参与建党，曾代理中国共产党上海党组织的书记；李汉俊参与筹备了一大，负责起草了党纲和给共产国际的报告，一大会议会址就在其胞兄弟李书城家（李书城是中华人民共和国第一任农业部部长）；李汉俊因不同意陈独秀主张的中央集权制，于1923年退党；1927年，因为保护共产党人被国民党军阀杀害；1952 年，被追认为烈士。

第四类：包惠僧、刘仁静。曾一度误入歧途。包惠僧，湖北黄冈人，曾任武汉早期共产组织的书记，作为陈独秀的代表出席了一大；1925 年，包惠僧任黄埔军校政治部代理主任；1927 年，脱党；1931 年后，任国民政府中央军事委员会秘书和中央军校政治教官，中将军衔，退役后成为政府官员；1950年，承认错误，担任中华人民共和国内务部参事；1979 年病逝。刘仁静，湖北人，出席党的一大时才 19 岁，是当时最年轻的代表，作为北京大学的一名学生，参加过五四运动；曾经担任两位共产国际代表的翻译，并且参与起草了党的纲领性文件；1926 年，刘仁静去了苏联，在政治上同情托洛茨基；1929年，他利用转道欧洲回国的机会，又专程到土耳其面见托洛茨基，成为托洛茨基的忠实追随者；1931 年，刘仁静成立了托派组织，于是被我们党组织开除，但后来他也被赶出了托派组织；刘仁静后来也承认了错误，1956 年，他在《人民日报》发表了一份承认错误的公开声明，之后被组织安排到北京师范大学任教，兼任人民出版社特约编辑，后成为国务院参事；改革开放之后，很多人都去跟他了解中共一大的情况，他也发表了很多的文章回忆一大召开的情况。1987 年，刘仁静因车祸去世。

第五类：张国焘、陈公博、周佛海。他们叛变投敌，沦为罪人。张国焘，也是北京大学的学生，而且在五四运动中是一名学生领袖；他同陈独秀、李大钊一起谋划建党事宜，中共一大的时候主持了所有的会议，被选为中央局成员，分管组织工作，1923 年铁路工人大罢工，张国焘是主要领导人；1931 年11 月当选为中华苏维埃共和国临时中央政府副主席，红四方面军和川陕苏区的领导人；1938 年投奔了国民党，成了叛徒；1948 年去了台湾；1949 年，转居香港，写了 100 多万字的回忆录；1968 年，移居加拿大，和儿子一起生活；1979 年，在加拿大多伦多一家养老院病逝。陈公博，广东人，北京大学哲学系学生，他父亲陈志美曾经是反清革命的功臣；1921 年 3 月，陈公博参与创建了广州共产党的早期组织；一大召开期间法国巡捕房搜查时他留下来陪同李汉俊；1922 年被开除党籍，后去美国留学，1924 年完成哥伦比亚大学的硕士论文，其中论文的几个附件成了我们研究中共一大的重要素材（包括一大党纲英文版）；1925 年，陈公博经廖仲恺介绍加入了国民党，一直升至国民党的中央执行委员。抗日战争全面爆发后，陈公博与已叛国投敌的汪精卫、周佛海狼狈为奸。1946 年，因叛国罪被处决。周佛海，湖南人，中共一大时是旅日代表；1922 年，周佛海返回日本留学；1924 年，回国后就脱党投靠了国民党；1938 年，叛国成了汪伪政府三号人物，但是在叛国后一直和当时的重庆方面有联系，并且提供过很多情报，包括设计杀死了当时汪伪特务头子李士群；1946 年，周佛海被国民党判处死刑；1947 年，减为无期徒刑；1948 年，在南京老虎桥监狱去世。

看到 13 位代表的浮浮沉沉，我们能深刻地感受到：同一个起点，不同的选择，不同的归宿，大浪淘沙。有激励，有感慨，有唏嘘，更有警示。中共一大代表的人生经历和命运对我们很有启示作用。现在，我们说说党的性质。我们党是中国人民和中国工人阶级的先锋队，同时也是中国人民和中华民族的先锋队，共产党员都是人民群众的先进分子。从中共一大代表们不同的人生选择和人生道路上，我们可以深深感受到如何始终保持一个政党和党员的先进性，坚定党员的理想信念问题，始终是我们要关注和解决的一个大课题。

当时参加一大的两位共产国际代表，命运也是错综复杂。

马林，荷兰人，曾创建印度尼西亚共产党；1921 年协助成立中国共产党；1927 年加入托派；1940 年在荷兰参加抗击德国法西斯的斗争；1942 年被杀害。

尼克尔斯基，俄国人，兼共产国际远东书记处代表，红色工会国际代表和苏俄红军情报人员三重身份。1938 年在苏联肃反中被捕，1943 年被杀害，1956 年被平反。

2. 二大党章

1922 年 7 月 16 日到 23 日，中国共产党第二次全国代表大会召开，出席的代表一共有 12 名，代表全国 195 名党员。其中有一名代表的姓名不详，这位代表是谁呢？学界一直有人在研究这个问题，前些年有材料发现这位代表可能是四川的王右木，但结论有待进一步验证。鉴于第一次全国代表大会遭到法国巡捕搜查的教训，中共二大采取了较为严密的保密措施，决定以小型的分组会议为主，尽量减少全体会议的次数，而且每次会议都要更换地址。二大会议一共召开了 8 天，举行了 3 次全体会议。按规定设立了中央执行委员会，成立了中央执行委员会，中央执行委员会有 5 个委员，还有 3 个候补委员，这是中共二大成立的机构。这个时候成立的是中央执行委员会，所以陈独秀就不再是书记，而是中央执行委员会委员长，这个职务始于中共二大。

二大的党章只有 6 章 29 条。只有章程部分，没有总纲。主要交代了党员和党的组织如何发展和建立、党的会议和经费如何筹措。用 1/3 的篇幅阐述了一个问题，就是党的纪律问题。中国共产党刚成立没多久，首先要强调的就是如何把这个党打造成一个严密的，有战斗力的组织，所以要强调纪律。而且，当时党员主要来源是知识分子。知识分子有个特点，就是比较强调个人精神和人格的独立，这对人文社会科学研究很有优势，但是对党的建立就很有问题，所以，为了扭转这个自由、散漫的气氛，就特别地强调了纪律的问题。

党的第二次全国代表大会也有几个我们党发展史上的第一次：

第一个第一次，公开发表了《中国共产党宣言》。

第二个第一次，提出了彻底的反帝反封建的民主革命纲领。这是符合历史事实的，也是中共二大最重大的一个贡献，大会通过对中国经济政治状况的分析，揭示出中国社会的半殖民地半封建性质，指出党的最高纲领是实现社会主义、共产主义，但是现阶段的纲领即最低纲领是消除内乱，打倒军阀，建设国内和平；推翻国际帝国主义压迫，达到中华民族完全独立；统一中国为真正的民主共和国。

中共二大党章一方面区分了最高纲领和最低纲领；另一方面，也规定了整个新民主主义革命的历史任务。虽然这个纲领还不是很完善，后来也进行了不断的丰富和完善，但在当时，能首次提出这些内容，已是非常不容易。

第三个第一次，制定了比较完备的《中国共产党章程》。

第四个第一次，提出了统一战线——民主联合战线的思想。大会通过了《关于民主的联合战线的决议案》，号召全国的工人、农民团结在共产党的旗帜下进行斗争，同时也提出了联合全国一切革命党派，联合资产阶级民主派，组织民主的联合战线。这样就改变了中共一大中关于不同其他党派建立任何联系的规定。这是我们党最早提出关于统一战线的思想和主张，它对推动中国革命发展有着重大的意义，成为党的统一战线史之发端。

第五个第一次，比较完整的对工人运动、妇女运动和青少年运动提出了要求。

第六个第一次，选举产生了中央执行委员会。中共二大党章规定全国代表大会为本党最高机关；在全国大会闭会期间，中央执行委员会为最高机关，陈独秀任委员长。

第七个第一次，正式决定加入共产国际。中共二大专门通过了《中国共产党加入第三国际决议案》，所以说第一次正式决定是恰当的。

3. 三大党章

中共三大党章是在党的第三次全国代表大会上审议通过的。1923 年 6 月 12 日到 20 日，在广州举行了中国共产党第三次全国代表大会，出席大会的代表有 30 多人，代表了全国 420 名党员。共产国际代表马林参加了会议，陈独秀主持会议，并且代表第二届中央执行委员会作报告，大会事宜主要是有三项：一是讨论党章草案；二是讨论同国民党建立革命统一战线的问题；三是选举党的中央执行委员会。这次大会的中心议题其实是讨论与国民党合作建立革命统一战线的问题，这是一个核心的问题，包括对国共合作的形式，各方有过激烈的讨论，最后达成了共识，采取党内合作的形式，确定了共产党员以个人身份加入国民党，与国民党进行党内合作的策略方针。

在大会上修改的修订案也有一个重大的变化，就是把入党介绍人从原来的一人增加为两人，第一次规定了党员候补期，这对于严格党员发展程序、提高党员质量具有重要意义。

4. 四大党章

突出重视党支部的作用。1925 年 1 月，党的四大通过的《中国共产党第二次修正章程》，第一次规定凡有党员 3 人以上均得成立党支部。这表明我们党高度重视党的基层组织建设，尤其注意发挥党支部的作用。党的四大把支部作为基层单位，为什么把支部作为基层单位？因为当时党的主要同志研究形势时发现，从党的三大以来光跟着国民党忙合作去了，我们党自己的党员发展就相对滞后了，党的三大时我们党有党员 490 多名，到党的四大时党员不到 1 000 名，一年半还没翻一番。所以，中共四大党章规定，凡是铁路、医院、学校、农村、矿山党员人数 3 人以上的，一律成立支部，言外之意是不够 3 个人的，想办法、加快吸纳，发展成 3 人，然后成立支部，所以这叫基层组织全覆盖，这个政策有多厉害呢？党的四大时共产党员不到 1 000 人，一年多之后共产党员有 5 万多人，增长几十倍。

中共四大党章首次把中央最高领导人的称谓改为总书记。四大党章对于中国革命的一些基本问题，比如时代环境、世界背景、革命的主要任务，党的纲领、领导权、同盟军问题，等等，都进行了不算非常深入但很有价值的研究，把原来党在这方面的认识进一步加以梳理、探讨，表明党这时已经把新民主主义革命基本思想的要点提炼了出来，为后来形成新民主主义革命理论奠定了重要基础。

5. 五大党章

这是唯一一部不是由中国共产党全国代表大会通过的党章，是大会闭幕后由中央政治局代行通过的党章。这个例外，是不是说明我们党政治生活的随意？并不是，党的五大于1927年4月27日至5月9日在武汉召开，当时中共党员已经比较多了，在武汉出席代表大会的代表共有94人，代表全国5万多名党员，共产国际也派代表出席了会议。了解历史的同志应该比较清楚"四一二"反革命政变。之前的国共合作，大批的党员在保留共产党党籍的情况下加入了国民党，共产党当时是没有建军，也没有自己的革命武装力量，到1925年孙中山去世之后，蒋介石陆续发动"清党"运动，所以在1927年4月份召开党的五大的时候，形势非常严峻，为了安全考虑就匆匆结束，议程都没有全部完成。当时面临的问题是：下一步中国共产党人应该如何面对中国革命的发展，也必须要有重大的调整，也就意味着要对党章进行重大调整。所以在党的五大闭幕之前，紧急委托中央政治局在之后召开的全体会议上，继续讨论党章修正案。五大党章的内容很多，没有总纲，章程有12章85条，条目之多已超过了十九大的党章条目，是历史上条目最多的党章。第一次非常正式地规定了我们党必须实行民主集中制。

中共五大的一个突出亮点就是第一次选举产生了中央监察委员会，这是中国共产党最早设立的中央纪委监察机构，就是中纪委的前身。第一届中央监察委员会一共由旧人组成，令人肃然起敬的是党的五大选举的10名监察委员会委员，连同他们的主席王荷波，共有8人先后牺牲在刑场或战场上，无一人叛变投敌。

6. 六大党章

六大党章是在党的第六次全国代表大会上审议通过的。在我们党的历史上，有一次党的全国代表大会的会议地点比较特殊，不在北京、上海、广州，也没在国内其他城市，而是在莫斯科，这就是中共六大。当时我党内忧外患，党中央想得到共产国际更多的帮助和指导，所以就决定去莫斯科召开第六次党的全国代表大会。1928 年 6 月 18 日至 7 月 11 日，中共六大召开，出席大会的代表共有 142 名，其中有选举权的正式代表有 84 人。斯大林会见了中国共产党的领导人，并且与布哈林一起参加了中共六大主席团。这部党章不可避免地带有浓厚的共产国际色彩。现在经常有人统计党的重要文件中的高频词汇，如果我们也用这种方式统计六大党章，会发现，经常出现的词是共产国际。六大党章第一章第一条，命名中国共产党是共产国际的一个支部，作为中国共产党党员，要无条件接受党组织安排的工作，还加了一条，要无条件服从共产国际委派的各项工作。

从 1921 年建党到 1928 年党的六大召开，一大到六大期间，党章进行了 4 次修正。这一时期的党章有许多共同特点：一是当时我们是共产国际下的一个支部，受共产国际的直接指导和间接影响，党章都没有总纲部分，对党的性质、奋斗目标、新民主主义革命的性质、任务和特点均没有做说明，也没有明确党的指导思想，理论不成熟；二是对共产国际依赖性强；三是对党的领导干部监督力度不够，容易造成部分党员错误思想的形成，比如"左倾"和"右倾"思想；四是党章的条文对群众路线认识不够，不能很好地组织群众、发动群众。

7. 七大党章

中国共产党第一次独立自主召开的党的全国代表大会，是 1945 年召开的中共七大（1943 年共产国际解散）。

从 1928 年到 1945 年，党的六大到七大之间相隔了 17 年。现在党召开大会在时间上是很有规律性，从 1982 年起，每 5 年召开一次。但之前有条件时，一年召开一次；没条件时，十几年才召开一次。主要是受当时条件限制，党的六大以后开始了 5 次反围剿，第五次反围剿失败后开始长征，长征结束到陕北后，马上又爆发了抗日战争。到 1941 年抗战进入僵持阶段，党开始了整风运动，清理建党以来的路线斗争、路线冲突问题。到了 1944 年 4 月，延安整风告一段落，这时候召开的中共六届七中全会上作出决议：1945 年召开党的七大。1945 年 4 月至 6 月，抗日战争即将取得胜利前夕，党的七大在延安召开。在长期斗争中逐渐成熟起来的中国共产党，对中国革命的规律和党的建设规律的认识达到了新的水平。

所以，七大党章是在新民主主义革命时期制定的最好和最完备的一部党章。

为什么？因为它第一次在章程前面增加了总纲的部分。也就是说，在党的的七大上党章才在形式上具备了今天党章的结构："总纲＋章程"。七大党章最重要的意义是：第一次增写了具有深刻内涵的总纲，明确阐述了党的性质、宗旨、纲领和指导思想，中国革命的性质、动力、任务和特点，党领导中国革命的基本方针，加强党的建设的基本要求等，增强了党章的理论性和指导性；第一次确立了毛泽东思想在全党的指导地位，标志着中国共产党对如何领导中国革命，有了清晰、明确的判断和自我认识；第一次规定了党员的 4 项义务和 4 项权利；第一次对民主集中制作了科学表述；第一次把"四个服从"载入党章。

七大党章是对中国共产党成熟独立有着标志性意义的党章。

8. 八大党章

党的八大于 1956 年召开。八大党章是我党执政之后制定的第一部党章，体现了党工作重心的变化，对我国社会主要矛盾作出了判断，"人民对建立先进工业国的要求同落后农业国的现实之间的矛盾，是人民对经济文化迅速发展的需求同当前经济文化不能满足人民需要的状况间的矛盾"。归纳成一句话："社会主义制度建立情况下，我国社会的主要矛盾是先进的社会主义制度同落后的社会生产力之间的矛盾。"这就意味着我们工作的核心就变成了尽快地解放和发展生产力，满足人民对经济文化迅速发展的需求。党的八大对当时社会主要矛盾的判断是非常精准的，所以现在人们对八大党章的评价很高，但是我们也知道，八大党章对社会主要矛盾的判断后来没有保持下来。八大党章其实有一句话，在十九大党章里还保存着。是哪一句？就在总纲第十段里，"阶级斗争还在一定范围内长期存在，在某种条件下还有可能激化，但已经不是主要矛盾"。

9. 九大、十大、十一大党章

党的九大、十大、十一大召开的时候，我党出现"左"的错误，也都体现在党章中。比如，九大党章坚持以阶级斗争为纲的基本路线，而且还有一句非常著名的、关于林彪的话："林彪同志是毛主席的亲密战友和接班人。"党的十大、十一大，也是有"左"倾错误。1973 年 8 月，中共第十次全国代表大会通过的十大党章，继续了九大的"左"的错误，沿袭了九大党章的总纲和条文，只作了个别的修改和补充。由于林彪反革命集团的败露，十大党章删去了九大党章中有关林彪为接班人的内容，但继续肯定了"文化大革命"。1977 年 8 月，中共第十一次全国代表大会通过了十一大党章，是在粉碎"四人帮"以后制定的一部党章，它恢复了党的八大关于把中国建设成"四个现代化"的社会主义强国的提法。在内容上比九大、十大党章作了较多的修改。但是，十一大党章没能清除"左倾"错误的影响，比如仍然强调"文化大革命是社会主义条件下巩固无产阶级专政、防止资本主义复辟的政治大革命，今后还要进行多次"。这些错误观点，一直到十二大党章产生之后才得到彻底纠正。

10. 十二大党章

核心是总结党建设的历史经验。1982 年 9 月，经历了"文化大革命"10 年内乱和两年徘徊之后，在全面拨乱反正的基础上制定的十二大党章，最具特色之处是：在总纲中体现了新形势新任务对执政党建设的新要求；在国际共产主义运动史上第一次增加了禁止个人崇拜的内容；增加了"党的干部"一章，提出了干部队伍"四化"方针；首次写进入党誓词。这表明在改革开放的新时期，中国共产党开始了执政党建设的新探索。十二大党章也成了新时期党章修订的蓝本。这里延伸一些知识点，党的十二大到十三大期间开了 7 次全会，这里面中共十二届三中全会很重要，于 1984 年召开，通过了《中共中央关于经济体制改革的决定》，这是党的历史上第一个经济体制改革文件。中共十二届六中全会通过了《中共中央关于社会主义精神文明建设指导方针的决议》，两个文明一起抓就是从这里来的。

11. 十三大修正案

突出改革和制度建设。1987 年 11 月，党的十三大通过的《中国共产党章程部分条文修正案》，是第一次也是迄今为止唯一的一次，用部分条文修正的形式对党章进行修改。修正案共 10 条，总共有 13 处增删改动，着重体现在党的领导体制和党内选举制度的改革方面，表明党的建设正在走上一条不搞政治运动，而靠改革和制度建设的新路子。

12. 十四大党章

提出"建设有中国特色社会主义的理论"的概念。1992 年 10 月，党的十四大通过的党章第一次郑重提出了邓小平"建设有中国特色社会主义的理论"的概念，阐述了这一理论的科学内涵和历史地位，适应建立社会主义市场经济体制的需要，对党的思想建设、组织建设、作风建设提出了新的更高的要求。

13. 十五大党章

邓小平理论确立为党的指导思想。1997 年 9 月，党的十五大通过的党章只有 7 处 150 个字的修改。这部改动最小却意义重大的党章，第一次明确提出了"邓小平理论"的科学概念，并把它确立为我们党的指导思想。这是我们党从历史和现实中得出的不可动摇的结论，也反映了全国各族人民的共识和心愿。1998 年 10 月 12 日至 14 日，党的十五届三中全会召开，通过了《中共中央关于农业和农村工作若干重大问题的决定》，提出了从 20 世纪末起到 2010 年，建设有中国特色社会主义新农村的奋斗目标，这一点是涉及农业农村问题，大家可以了解一下。

14. 十六大党章

"三个代表"重要思想确立为党的指导思想。2002 年 11 月，党的十六大通过的新党章是我们党进入新世纪的政治宣言。这部体现鲜明时代特征、具有丰富内涵的党章，总共有 60 多处改动。

15. 十七大党章

首次将科学发展观写入党章。2007 年 10 月，党的十七大通过新党章，对中国特色社会主义作出精辟概括，丰富了党的基本路线和基本纲领，把党的一系列对内对外重大方针政策写入党章，包括军队建设、民族、宗教工作、统战工作、外交工作等。对推进党的建设新的伟大工程作出全面部署。党的十七大到十八大期间召开了 7 次全会，其中 2008 年党的十七届三中全会专题研究农业农村问题，从这时候开始提出以工促农、以城带乡、统筹城乡发展，审议通过《中共中央关于推进农村改革发展若干重大问题决定》。2009 年党的十七届四中全会通过了《中共中央关于加强和改进新形势下党的建设若干重大问题的决定》，"四大危险""四大考验"第一次并列就在这里。

16. 十八大党章

科学发展观被确定为行动指南，中国特色社会主义制度同中国特色社会主义道路、中国特色社会主义理论体系一道写入党章。党的十八大根据国际形势变化和国内经济社会发展的新特点，对推进社会主义经济建设、政治建设、文化建设、社会建设、生态文明建设和党的建设作出全面部署，确立一系列重大理论观点、重大战略思想、重大举措。

三、新党章修改变化

党的十九大对于党章作了 100 多处细节修改。概况为十个主要方面：

第一处修改，十九大党章最大的亮点，也是大家最熟悉的一点，是将习近平新时代中国特色社会主义思想写入党章，在总纲部分的第二个自然段。为什么写在这个自然段，因为这个自然段是专门阐释我们党的行动指南的。即习近平新时代中国特色社会主义思想是写入了党的行动指南中（在其他政治性文件中这些叫党的指导思想，在党章中叫党的行动指南）。这是第一处大的变化。

第二处修改，把中国特色社会主义文化写入党章，也写在了总纲部分，党章总纲有个部分专门归纳和总结党改革开放以来取得这样实践成果的原因。在十八大党章中，归结为我们中国特色社会主义的道路、理论、制度。在十九大党章里，在这一部分增加了一个十分重要的原因，即文化建设。改革开放以来，我们能取得这样举世瞩目的成果，是因为我们开辟了中国特色社会主义道路，形成了中国特色社会主义理论体系，确立了中国特色社会主义制度，发展了中国特色社会主义。文化和文化的建设是我们党特别重视的一个问题。

第三处修改，将实现中华民族伟大复兴的中国梦写入党章。党的十七大首次提出"中国梦"，但是对它有一个清晰的定位并真正写入党章的是十九大党章。

第四处修改，也是大家比较熟悉的，党章根据我国社会主要矛盾的转化作出相应修改。我们知道，党的十九大报告提出我国的社会主要矛盾是人民日益增长的美好生活需要和不平衡不充分的发展之间的矛盾。这是十九大报告对于我国的社会主要矛盾提出的一个新的阐述。在此之前，我们对于社会主要矛盾是怎么阐述的？是"人民日益增长的物质文化需求同落后的社会生产力之间的矛盾"，这是 1981 年中共十一届六中全会通过的《关于建国以来党的若干历史问题的决议》中提出的，这也是我国改革开放后第一次提出了我国社会的主要矛盾。这样的提法，整整使用了 38 年的时间。这段时间，社会的生产力和老百姓的生活水平都已经有了很大变化。所以十九大党章提出了"在现阶段，我国社会的主要矛盾是人民日益增长的美好生活需要和不平衡不充分的发展之间的矛盾"。

第五处修改，将推进国家治理体系和治理能力现代化写入党章，体现了中国共产党执政理念的一种更新，表明了我们党要切实打造一个以人民为中心、以人民利益为出发点和落脚点的执政体系的决心。

第六和第七处变化，把一些新的政策写入党章。第六个方面的变化是把供给侧结构性改革（经济方面的）、"绿水青山就是金山银山"（关于生态文明建设的）等新的政策，写入党章，第七处变化也是这样，人类命运共同体被写入党章，我们要构建新型大国关系，表明今后的中国将承担越来越多的大国责任，也意味着我们将寻求更多的话语权和影响力。另外，"一带一路"倡议也写入了党章，把这些新的政策写入党章意味着什么？意味着在未来相当长的一段时期，这些政策会有相当的稳定性和指导意义。

第八处修改，把全面从严治党、"四个意识"写入党章，把党的十九大确立的坚持党要管党、全面从严治党，加强党的长期执政能力建设、先进性和纯洁性建设，以党的政治建设为统领，全面推进党的政治建设、思想建设、组织建设、作风建设、纪律建设，把制度建设贯穿其中，深入推进反腐败斗争等要求写入党章，把不断增强自我净化、自我完善、自我革新、自我提高能力，用习近平新时代中国特色社会主义思想统一思想、统一行动，牢固树立政治意识、大局意识、核心意识、看齐意识，坚定维护以习近平同志为核心的党中央权威和集中统一领导，加强和规范党内政治生活，增强党内政治生活的政治性、时代性、原则性、战斗性，发展积极健康的党内政治文化，营造风清气正的良好政治生态等内容写入党章，把坚持从严管党治党作为党的建设必须坚决实现的基本要求之一写入党章。

十二大党章首次写入三项基本要求，首次提出坚持四项基本原则；十四大党章首次写入"从严治党"，将三项基本要求丰富为四项基本要求；十六大党章提出"党要管党、从严治党"，不断提高党的领导水平和执政水平，提高拒腐防变和抵御风险的能力。十九大党章首次写入"坚持党要管党、全面从严治党""政治建设""纪律建设"等内容，将四项基本要求丰富为五项基本要求，增写"坚持从严管党治党"自然段，强调全面从严治党永远在路上。

第九处修改，将"党是领导一切的"写入党章。党的十九大认为，中国共产党的领导是中国特色社会主义最本质的特征，是中国特色社会主义制度的最大优势。党政军民学，东西南北中，党是领导一切的。大会同意把这一重大政治原则写入党章，这有利于增强全党的意识，实现全党思想上统一、政治上团结、行动上一致，提高党的创造力、凝聚力、战斗力，确保党总揽全局、协调各方，为做好党和国家各项工作提供根本政治保证。

最后一项修改，将实现巡视全覆盖、推进"两学一做"写入党章。党的十九大认为，总结吸收党的十八大以来党的工作和党的建设的成功经验，并同总纲部分修改相衔接，对党章部分条文作适当修改十分必要。实现巡视全覆盖，开展中央单位巡视、市县巡察，是巡视工作实践经验的总结，必须加以坚持和发展；推进"两学一做"学习教育常态化制度化；明确中央军事委员会实行主席负责制，明确中央军事委员会负责军队中党的工作和政治工作，反映了军队改革后的中央军委履行管党治党责任的现实需要等，是党的十八大以来党的工作和党的建设成果的集中反映。把这些内容写入党章，有利于全党把握党的指导思想与时俱进，用习近平新时代中国特色社会主义思想武装头脑、指导实践、推动工作，有利于强化基层党组织政治功能，推动全面从严治党向纵深发展。

习近平总书记在十九届一中全会上指出，认真学习贯彻党章是贯彻落实党的十九大精神的一个重要任务，强调要"在全党形成自觉学习党章、模范贯彻党章、严格遵守党章、坚决维护党章的良好局面，切实把党章要求贯彻到党的工作和党的建设全过程、各方面"。学习贯彻党章，关键是要以习近平新时代中国特色社会主义思想为指引，根本是把党章要求贯彻到党的工作和党的建设全过程各方面，归根结底是为了把中国特色社会主义伟大事业推向前进。那么，党要管党、从严治党，靠什么管、凭什么治？显然，要靠以党章为核心的党的制度体系来管、来治。各级党组织和每一名党员干部，都要把学习贯彻党章，放到加强党的建设、推进党和人民事业的政治高度来看待，放到实现中华民族伟大复兴中国梦的历史维度来加强，经常学、反复学，真正把党章要求内化于心、外践于行，转化为思想力量和行动自觉。

今天，我们共同学习新党章，只是学习贯彻党章的第一步。更重要的是按照习近平总书记强调的"不仅要原原本本学、反反复复学，做到知其然，而且要联系实际学、深入思考学，做到知其所以然"，通过学习，"把党章融会贯通，做到学而懂、学而信、学而用"。

【教师简介】

娄凯强，学院党校工作部主任科员、助理研究员。主要从事处级干部任职培训班、重大精神轮训班等党校主体类班次教学教务管理、课程设计开发，以及基层党建、党校教学管理、农业农村发展等领域研究教学工作。2019 年入选为阿里巴巴青年学者，获评农业农村部 2019—2020 年度"青年理论学习标兵"，农业农村部管理干部学院 2017—2019 年度、2019—2021 年度优秀班主任荣誉称号。主持或参与中组部、农业农村部人事司、规划司，中国科协、阿里巴巴等院内外重大课题 10 余项。先后获 2017 年度、2019 年度农业农村部干部返乡调研报告一等奖、三等奖，6 次获得农业农村部中青年干部学习专题三等奖、优秀奖，部分成果刊发《农村工作通讯》等期刊。主讲《中国共产党章程》导学、《实践论》《矛盾论》导读等课程，得到学员一致认可与好评。

PART
02

第二部分

乡村建设与乡村产业

农业绿色发展的理论与实践[*]

刘　帅

▶ 农业绿色发展既是乡村振兴的内在要求，也是农业供给侧结构性改革的主攻方向。习近平总书记强调，以绿色发展引领乡村振兴是一场深刻革命。本文分别从科技的视角、经济的视角、社会治理的视角，剖析新时代农业绿色发展面临的机遇与挑战，结合大量鲜活案例，对不同主体参与农业绿色发展的方式和路径展开深入分析，揭示农业绿色发展必须遵循的客观规律。

一、农业绿色发展的内涵

搞清楚农业绿色发展的内涵，要回答以下 4 个问题：什么是农业环境问题？为什么会产生农业环境问题？如何解决农业环境问题？农业绿色发展的意义是什么？

（一）什么是农业环境问题以及为什么会产生农业环境问题？

结合残膜污染这一具体问题，发现从不同的视角出发，对上述问题的回答是不一样的。

第一，从技术进步的视角看，科学家认为残膜污染问题的产生，源自聚乙烯塑料膜在自然环境中的不可降解，或降解速度非常缓慢，该问题本质上是一个技术问题，随着技术的进步，如可降解膜的发明，这一问题便可以迎刃而解。

---

　* 本文是在 2020 年基层农技推广体系改革与建设补助项目培训班进行讲授时的课程文稿，该课程评估分值为 4.94 分。

第二，从经济效益的视角看，经济学家发现，残膜污染问题不仅仅是一个技术问题，还与农民是否接受新技术及其价格有密切关系。如果新技术成本太高，超过了农民的心理预期，甚至超过了农户的种植收入时，新技术的可接纳程度就会大打折扣。

第三，从社会治理的视角看，社会学家发现，残膜污染问题也并不仅仅是一个经济问题，由于土地承包关系的存在，土地经营者可以将环境污染的长期成本转嫁给土地承包者，这样土地经营者就没有动力为保护耕地而支付费用，从而缺乏使用新技术的动力。

农业环境问题还涉及两个概念："公地的悲剧"和"环境外部性"。

"公地的悲剧"：一群牧民同在一块公共草场放牧。一个牧民想多养一只羊增加个人收益，虽然他明知草场上羊的数量已经太多了，再增加羊的数目，将使草场的质量下降。牧民将如何取舍？如果每人都从自己私利出发，肯定会选择多养羊获取收益，因为草场退化的代价由大家负担。每一位牧民都如此思考时，"公地悲剧"就上演了，草场持续退化，直至无法养羊，最终导致所有牧民破产（1968 年，美国学者哈定在《科学》杂志上发表的《公地的悲剧》）。

"环境外部性"：一个主体的经济行为对其他主体造成了负面影响，但该经济主体却没有为之承担相应的成本。焚烧秸秆、滥用化肥农药等都会造成环境外部性。

（二）如何解决农业环境问题？农业绿色发展的意义是什么？

解决环境问题的一般原则是"谁污染谁治理"，但该原则可能并不适用解决农业环境问题。原因在于分散、排放方式不稳定；监管难度大：监管成本高、主体存在反抗情绪、监管效果差。农业绿色发展的意义则是通过鼓励经营主体采取绿色发展的方式，解决农业环境问题。

二、农业绿色发展的机遇

（一）技术进步

无人机植保、可降解地膜等新技术层出不穷，人工智能也已经被广泛应用于农业生产，为农业绿色发展创造了前所未有的发展机遇。

无人机植保，顾名思义是用于农林植物保护作业的无人驾驶飞机，该型无人飞机由飞行平台（固定翼、直升机、多轴飞行器）、导航飞控、喷洒机构三部分组成，通过地面遥控或导航飞控，来实现喷洒作业，可以喷洒药剂、种子、粉剂等。目前，无人机植保操作方法趋于简化，可自动规划路线，操作员培训难度降低，作业效率大幅提升。

可降解地膜，根据主要原料可以分为以天然生物质为原料的生物降解地膜和以石油基为原料的生物降解地膜。天然生物质如淀粉、纤维素、甲壳素等，通过对这些原料改性，再合成形成可生物降解地膜的生产原料。这些物质在自然界能够很快分解和被微生物利用，最终降解产物为二氧化碳和水。

（二）市场需求

近年来，我国绿色食品产业快速发展，市场需求逐年扩大。"十三五"期间，绿色食品获证企业和产品年均增长速度分别达到 21％和 22％，产品覆盖种植、畜禽、水产等大宗农产品及加工食品，大米、面粉、大豆、水果、食用菌、茶叶等绿色食品产品已占同类产品总量的 5％～8％，机制糖、食用盐等产品市场份额超过 15％。绿色食品抽检合格率保持在 98％以上，产品质量始终稳定在高位水平，没有发生重大农产品质量安全事件。2020 年，全国绿色食品生产企业总数达到 19 321 家，产品总数达到 42 739 个；创建绿色食品原料标准化生产基地 742 个，基地面积 1.7 亿亩，绿色食品总产量超过 2 亿吨。

（三）政策引导

近年来，农业绿色发展前所未有地受到了政府的高度重视。2017 年 9 月，中共中央办公厅、国务院办公厅印发《关于创新体制机制推进农业绿色发展的意见》，系统提出了推进农业绿色发展的指导思想、基本原则、目标任务和保障措施，要求把农业绿色发展摆在生态文明建设全局的突出位置。

以凤冈县有机茶叶的发展历程为例，介绍政策引导在农业绿色发展中的作用。2000 年以前，凤冈县没有主打产业，政府尝试推广烟叶种植，但效果不好。2000 年，孙德礼到田坝村种树，同时将部分次生林改造成茶园；2003 年，田坝村当地茶园面积扩大到 6 000 亩，引起政府高度关注，经专业机构检测，田坝村茶叶含锌含硒，政府提出茶叶产业"高端运作、抢占先机"的发展目标。2018 年，凤冈县茶叶种植面积扩大到了 50 万亩，其中达到绿色生产标准的 20 万亩以上；田坝村的 1.8 万亩茶园全部采用有机生产标准。

凤冈县在有机茶叶发展中，主要做了以下几方面的政策引导。

一是打造区域品牌——凤冈锌硒茶，政府成立茶叶办，负责凤冈锌硒茶品牌的推广；政府组建茶叶协会，负责制定凤冈锌硒茶的生产标准，凤冈锌硒茶品牌"东有龙井，西有凤冈"的宣传广告覆盖酒店、出租车、房地产开发外墙。区域品牌的创建，可以节约茶农的产品宣传推广成本，茶农可以方便"搭便车"。

二是打造田坝村核心产区，发展"茶海之心"旅游区，每年举办瑜伽大会，吸引全国各地游客来凤冈品茗。

三是引入贵茶等大型茶叶加工企业，为茶农解决销售问题。2005 年，任克贤在崇新村当地租了 250 亩土地，从事茶叶种植；2008 年，任克贤的茶园获得了当地茶叶协会"锌硒茶"品牌的使用授权；2012 年，贵茶公司与任克贤签订茶叶订单合同，任克贤需要按照贵茶公司的生产标准进行生产；2017 年，任克贤在茶园旁建设猪场，发展"猪—沼—茶"模式，全面转向有机茶叶种植。

四是财政补贴有机茶叶种植。当地茶叶施肥农户一般采用牛粪。当地具备一定数量的商品牛养殖规模，牛的养殖以草料为主，精饲料较少添加，牛粪重金属含量超标情况基本不存在。存在问题是施用牛粪本身非常麻烦，仅用牛粪，茶叶品质产量得不到保证，使用商品有机肥，价格太过昂贵，在产品品牌还不具备市场影响力的情况下，农户不愿意采用有机种植。为此，当地政府实施有机肥补贴，从 2008 年起，农户施用商品有机肥的，每吨肥料补贴 200 元，同时，还有其他方面的补贴。补贴首先在田坝村开始执行，田坝村利民茶叶合作社全部采用有机方式种植茶叶。所选用有机肥，除以牛粪为原料外，还添加油菜饼肥，茶叶产量不至于下降太多。到 2010 年，利民茶叶合作社就有了有机茶叶认证，2010 年后，当地茶农种茶收入迅速从 2 000 元提高到 6 000 元，2010 年后，政府不再向利民合作社提供有机肥补贴，到 2018 年，利民茶叶合作社下有机茶种植规模已达 1.8 万亩。

五是推广牛—沼—茶模式，商品有机肥价格是每吨 1 200 元，从节约成本的角度考虑，茶农愿意建养殖基地的，政府给予养殖基地沼气工程和田间管道50％的补贴款，如凤冈县朝阳茶叶有限公司采用的就是这种模式。

六是在当地建设商品有机肥生产基地。目前，当地所使用商品有机肥主要来自外地。政府支持建设商品有机肥厂，实行每吨200元的生产补贴。规划中的有机肥厂4座，每座有机肥厂收购周边20公里内的牛粪，商品有机肥生产工艺服务于茶叶种植，预期可以降低当地茶农购买商品有机肥的成本。

此外，政府还参与对有机茶种植的管理。采用"公司＋基地＋农户"模式，基地是核心区，农户需要按照公司的要求进行标准化生产；公司提供农资，包括有机肥、生物农药、统防统治。实施中的困难是农户偷偷施用化肥。田坝村利民合作社注销，成立田坝村连帮合作社后，将种植标准写入"村规民约"，规定施用化肥的，整株茶树砍掉，该村规民约在村民大会中表决通过，所有连帮合作社成员，都要签订同意书，而且在田间地头安装摄像头，便于连帮合作社开展监管。

三、农业绿色发展面临的挑战

（一）传统农业生产方式走向解体

一是农业生产方式的社会化。包括生产资料、生产过程和生产产品的社会化。在传统小农经济形态下，农户的生产局限于家庭和村落的范围，无需与村落以外的世界发生联系。农民的种子、肥料、农药、农具等主要生产资料大都以从外购买的方式获得。从生产过程看，尽管农业生产主要是以农户为单位进行的，但是农户之间的互助合作日益广泛，特别是在大量农民外流的情况下，农户之间的互助合作更加紧密。生产过程由一系列的个人行为变成了一系列的社会行动。生产产品也社会化了，它从农户创造的产品变成了许多人共同劳动创造的社会产品。

二是农村生活方式的社会化。传统的小农经济是自给自足的经济，人们的生活基本上可以在家庭和村落内完成。在绝大多数农村，农户的消费资料和行为已日益社会化。他们获得的生活资料不再只是与自然交换而更多的是与社会交换。农村住宅一般称之为"土房""土屋"，即农民完全依靠就地取材建立起住宅。农村改革以后的最大变化就是"土屋"的消失，农户的新居用材、建筑等有相当一部分从村落以外的社会取得。小农经济形态的重要特点是相互封闭和与外部世界的隔绝，农民的交往范围十分有限。当下的农民与外部世界的交往广度和深度都是历史上前所未有的。交通和信息将封闭的农户与外部世界连接起来。

在农村，过去家家户户都有一个粪坑，秸秆可以用来沤肥，现在多数农户使用化肥，很少有农户还保留粪坑了。过去农户家也会养一两头猪、三四只羊，秸秆可以作为牲口的饲料，现在畜禽养殖主要是通过规模化养殖场，喂的也不是秸秆了。过去农户家建房，是土房土围墙，有时需要用秸秆进行加固，现在农户房屋建筑主要是砖房、瓦房，土房土围墙已经很少了。农民大规模外出务工，农业生产的劳动力投入不足，农业生产方式粗放化，秸秆焚烧简单方便，可以节约不少农村劳力，因此很多农民更愿意将秸秆用于焚烧，而不是用来还田。

（二）有机农业发展面临的挑战

有机农业具有天然的环境正外部性，可避免对土壤质量的破坏，为消费者提供了安全的食品，但需要投入更多的生产成本，包括有机肥施肥成本、人工锄草的成本、三年培肥的成本、产量下降的成本、市场推广难度大，并且推广成本非常高（产品认证、广告、分拣、加工、包装、冷链物流）。

案例介绍：大庆市乾绪康米业专业合作社，位于大庆市肇源县大兴乡通兴新村，是一家专门从事绿色农业生产、加工与销售的专业合作社。合作社注册于 2011 年，注册资金 700 万元，合作社成员 35 人，张玉军为合作社理事长。

一是施用有机肥来自当地畜禽粪便，发展有机农业，必须全部施用有机肥。在肇源县，粮食种植面积广，畜禽养殖量相对较小，畜禽粪便甚至成了稀罕物。张玉军主要通过小型农车，上农户家去拉畜禽粪便，费用为 1 立方米 120 元。张玉军在田头自己建了一个小型的生物菌发酵池，拉来的粪便放入发酵池，洒上生物菌，持续翻搅约 10 天左右，取出烘干制成颗粒，放进袋子中入库，等到春秋天整地的时候使用。施用有机肥带来了成本的增加。据张玉军介绍，1 亩地要用 1 吨有机肥，出 1 吨有机肥需要 4 立方米畜禽粪便，算下来有机肥的购买成本为每亩 480 元。加上有机肥发酵成本、人工成本，施肥成本为每亩 800 元，数倍于施用化肥的成本。

二是除虫除草采用人工方式。发展有机农业，需要严格控制对农药的使用。除虫方面，张玉军采取了人工除虫与生物制剂除虫相结合的方法。张玉军表示，几年来，小米种植基本上没有出现大面积的虫害。也只有 2012 年的时候，出现过少量虫害，组织了人力去抓虫，作物产量受到轻微影响。除草方面，投入了更多的人力。为小米除草是一件非常麻烦的事情，野草与小米的秧苗非常相像，需要熟练工才能分辨。小米从出苗到成熟需要除三次草，第一次除草期间，雇用一个工人，1 天只能除半亩地草，第二、第三次除草相对容易，1 亩地需要花上 1 个人半天到 1 天的时间。肇源当地人工费用为每天 120 元，三次除草成本在每亩 420 元。

三是作物轮作为 3 年一轮。作物轮作，能起到减少虫害和保护耕地的作用，在张玉军看来，轮作更是为了保证小米的品质。种植小米，对土壤肥力的消耗很大，在仅依靠有机肥为耕地提供肥力的情况下，连续种植小米，会导致其品质的下降。在不断摸索的过程中，张玉军也经历了惨痛的教训，最初，张玉军尝试连续两年种植小米，结果第二年长出的苗中，有第二年播种发的，也有第一年落下的种子发的，秧苗生长参差不齐，只好铲掉重新翻地来过。如今，张玉军对小米实施 3 年一轮的方法，种 1 年小米，接下来需要种两年的大豆、高粱或玉米。在这一轮作制度下，小米、大豆、高粱或玉米种植面积各占 1/3。轮作保证了小米的品质，但也带来了高昂的轮作成本。有机小米的种植面积实际只有 1 000 亩的 1/3，在有机大豆、玉米和高粱尚未打开市场以前，合作社的利润空间被压缩，这就是轮作的机会成本。

四是着力打造"乾绪康"小米品牌。有机农业成功的关键在于赢得市场。需要依靠市场营销手段，将产品最终销售出去。为此，张玉军做了大量工作。首先是产品认证，张玉军对有机种植的小米、高粱、大豆、玉米等十来种作物申请了有机认证，同时申请了 ISO 9001 质量管理体系认证和 ISO 22000 食品安全认证。再是打造品牌，目前，合作社主打"乾绪康"小米，请专人进行包装设计。积极参加在黑龙江省和北京举办的有机博览会、绿色博览会，宣传产品品牌。获得了 2014—2017 年全国有机博览会金奖，被评为黑龙江省名牌产品。通过在中央电视台、省电视台做广告，和在高速公路树立广告牌的方式，进一步扩大了品牌影响力。市场推广的成本是高昂的，据张玉军所述，产品认证费用每年需要十几万元，加上参加各种博览会，以及广告宣传的费用，每年的市场推广费为70万元。摊到1 000亩土地上，亩均成本高达700元。

产量方面，合作社种植的有机小米亩产150斤，相比普通小米减产70%；有机玉米亩产600斤，相比普通玉米减产60%；有机大豆亩产200斤，相比普通大豆减产40%。

成本方面，种植小米过程中，土地流转成本为500元/亩，有机肥施用成本为800元/亩，人工除草成本为420元/亩，推广成本为700元/亩，算上其他费用，每亩投入近3 000元，折成每斤小米的生产成本为20元。除开政府每年给予的20万元省级示范区补贴资金，以及5万元的有机产品注册补贴，"乾绪康"小米的实际成本为每斤15元，高出普通小米生产成本10倍以上。

收入方面，目前，合作社对"乾绪康"小米按盒销售，每盒6斤，售价288元，除开包装费20元，每斤小米的售价约为45元。虽然每斤小米的售价高于成本，但张玉军表示，多种原因的存在使合作社收入不理想。一是轮作使得小米实际种植面积仅占流转土地的1/3，大大限制了小米的产量；二是小米无法全部销售，对于没有销售出去的小米，张玉军表示不愿意降价促销，有相当一部分小米是在宣传活动中被赠送出去的。

盈利方面，经营初期的合作社，面临3年土壤改良、轮作制度下较小的种植规模，以及难度极大的市场推广，从2011年到现在仍未摆脱亏损的经营状况。据张玉军介绍，合作社从事种植业出现的亏损累积已达200万元，这一数字还可能进一步增加。

四、小农户参与农业绿色发展的途径

（一）小农户是践行农业绿色发展理念的重要微观载体

从个体的角度，农户个人或家庭特征会影响其行为选择，这些因素包括收入、年龄、受教育水平等。从理性经济人的角度，农户的行为逻辑往往遵循特定的经济学规律，土地使用权的稳定性、农村雇佣劳动力的成本、相关技能学习的难易程度以及市场交易的不确定性会影响其从事绿色生产的意愿。

一般来说，农户从事有机肥替代、人工除草、残膜捡拾等作业活动，其成本会随着生产过程绿色化程度的增加而边际递增。相比于普通农产品的提供者，绿色农业的实践者往往生产投入更大、获利周期更长、市场风险更高，其行为选择也因此更加谨慎。尽管存在诸多挑战，但自 20 世纪 90 年代以来，新型经营主体如雨后春笋般出现，带动了一家一户式的中国传统农业经营方式向合作化方向转变，推动了小农户对绿色农业新技术、新模式的使用。这启发了我们以更宏观的视角，深入思考农业产业化经营组织方式对农户绿色行为模式的影响。

我国农业经营组织的主体模式，是以家庭生产经营为基础，按照自愿原则，通过分工协作，把各种生产要素有效组织起来投入农业生产的结果。其主体构成经历了从单个小农户，到"公司＋农户""公司＋合作社＋农户""公司＋社会化服务组织＋家庭农场"的演进过程，其中的每一次变革，对农户的绿色生产行为都产生了深远影响。

（二）不同时期小农户从事绿色生产的行为

1978 年家庭联产承包制改革，重新奠定了农户家庭作为农业生产基本单元的地位，极大调动了农户参与农业生产的积极性。但由于长期在有限的土地上种植自己需要的多种作物，农户无法享受专业化分工所带来的好处，生产效率长期处于较低水平。加之小规模农户在市场经济条件下自我积累能力弱，限制了他们在农产品种植、加工、营销环节的投资。同时，由于无力抗拒较大自然灾害的侵袭和市场的风险，加剧了农户生产的反风险倾向，抑制了他们在农业领域的技术创新与制度创新，较难产生促进农业绿色产业发展的内生动力。

20 世纪 90 年代初，山东莱阳等地"龙头企业＋农户"合作经营模式的出现，标志着中国农业走向了合作化的产业经营之路。"龙头企业＋农户"，又被称之为"分包制"或"订单农业"，农户家庭分工生产农产品，龙头企业专门从事农产品的加工和销售。龙头企业由于具有较为雄厚的资金实力，在农产品生产基地建设以及产品加工、包装和销售等方面都可以投入大量资金，通过将先进的绿色种养技术、机器设备和现代管理、经营理念引入农产品生产，有助于加快农业绿色发展的进程。而针对小农户生产技术的缺乏，龙头企业根据其雄厚的资本建立技术体系，通过技术人员的派驻，将技术信息、知识和规范传递给小农户。这一制度安排在很大程度上限制了农产品质量变异的空间，有助于将绿色农业生产引向标准化。

进入 21 世纪，合作社迅速崛起，带动了"龙头企业＋合作社＋农户"合作经营模式的出现。作为龙头企业与农户之间的中介者，合作社为协调农户开展各项生产活动起到了关键作用：龙头企业通过契约与合作社约定本年度生产的数量、品种及主要品质指标，由合作社把生产任务分解落实到各个农户，农产品生产出来以后，再由合作社组织收购并交付龙头企业。作为当地的种植能手，合作社理事长往往能起到意见领袖的作用，通过率先使用新技术、主动承担潜在风险、充分展示使用效果，让农户更容易接受农业绿色生产技术。同时，得益于合作社范围内成员间彼此的熟悉，单个农户的行为始终处于合作社成员的观察之下，这保证了合作社能及时制止农户的机会主义行为，确保符合要求的绿色农产品的供给。

进入新时代，我国农业产业化经营体系又发生了新的变化。传统农户通过适度扩大经营规模，逐步发展成家庭农场。由于拥有更强的信息、资金和技术优势，家庭农场能够更好地理解并执行绿色生产技术标准。通过与家庭农场联合，龙头企业能够以更低的成本促成农业绿色生产。鉴于家庭农场具有较强的谈判能力，因此合作社不再仅仅作为农户利益的代表而存在，而逐渐演变成为专门提供专业社会化服务的组织。家庭农场主只要成为合作社的成员，就能够以组织内部分工的形式获得绿色、高效的服务供给。得益于规模化带来的成本优势，这些社会化服务组织可以在标准化、机械化和智能化的道路上走得更远，成为农业绿色生产的重要参与者。

（三）小农户绿色生产行为方式的不确定性

现代农业的产业化经营，是各利益相关方围绕如何生产和销售农产品达成的契约关系。稳定和持续的契约关系是组织有效运行的基础。由于现实世界的复杂性和人的有限理性，各缔约方想要签订一个包括对未来任何偶然事件的详尽的合约条款是不可能的。不完全合约下，各利益相关方都有可能利用自己掌握的信息优势，以追求个体利益最大化为目标，做出不利于合作组织总体目标实现的行为选择。

具体到农业绿色生产方面，主要表现在农户不按照技术规程的要求使用有机肥或生物农药，或是在精细化管理方面不愿意执行合作组织的要求。这一现象存在的根源，首先源于企业无法有效监督农户的生产行为。与工业生产不同，我国农业生产具有季节性特征，加上作业空间的广阔性，使得对农民生产活动努力程度及其劳动成果计量十分困难。人民公社时期，这一矛盾就曾不可避免地导致了"大概工""大呼隆""大锅饭"等平均主义问题，并最终促成了中国农业生产向家庭经营的回归。如今，这一问题同样困扰着现代农业生产企业。为制约农户的机会主义行为，企业能够采取的办法往往十分有限。作为解决争端的最终途径，企业在决定是否对簿公堂，请求第三方规制时，还不得不面临一个十分棘手的成本与效益权衡的问题。

事实上，作为有着共同利益追求的主体，企业与农户或许能够在农业绿色生产的方向性问题上达成一致，但这无法排除部分农户出现"免费搭便车"的心理。这些农户希望企业或别的农户为产品品牌的打造付出更多的努力，而自己则可以坐享其成。然而，当组织内更多人持有"免费搭便车"的心理时，组织目标根本无法实现。

另一方面，对企业的不信任也是农户不愿意为农业绿色生产增加投入的原因。在以企业为主导的经营组织中，农产品生产和销售计划的制定由企业做出。但考虑到农业生产和市场行情的不确定性，企业存在无法按照契约规定进行产品收购的可能。这时，农户在向企业提供绿色农产品时，会面临不收购或压级收购的问题。鉴于农户在谈判中所处的被动和弱势地位，因此不难理解农户减少投入以规避违约风险的行为动机。

再者，农业生产具有资产专用性强的特征，这令组织各方在农业绿色投资问题上更加小心谨慎。农业生产活动中，化肥、农药、农业机械、设施及种养知识都是专用性的投资。考虑到合约的不完全性，这些专用性将成为农业生产交易各方"敲竹杠"问题的根源。现实中，企业或农户都可能成为"敲竹杠"的一方。当企业一方进行更多地专用性资产投资时，企业就将更多地面临被套牢风险，农户亦然。例如，企业在绿色产品品牌打造和销售渠道维护方面进行的投资就具有较强的资产专用性，一旦农户决定将绿色产品另售他人，企业在销售端的投资将悉数"打水漂"。为应对这种不利局面，企业的策略是鼓励农户更多地进行事前投资，而作为剩余索取权和再谈判地位低下的一方，农户天然不具备进行专用性投资的积极性。在不完全合约背景下，因资产专用性而产生的矛盾是企业与农户双方博弈的焦点，导致对农业绿色生产的投资不足。

案例介绍：牛蒡大战。山东莱阳有种植牛蒡的传统，企业看好当地牛蒡种植，欲发展相关产业。1992 年初农户就农副产品加工收购与企业签约，按契约规定，农户种植牛蒡，企业以 0.40 元/公斤合同价格收购。到了秋季，由于市场价格上涨到 1.20 元/公斤，农户纷纷违约，把产品转售给市场。由于企业已经投资兴建了牛蒡加工生产线，为了收回投资，它们不得不从市场上收购原料。于是，在各个龙头企业间发生了"牛蒡大战"，致使当年牛蒡价格最高达到 2.00 元/公斤。契约完全丧失了约束力，无契约规范也就不成其组织，组织为利益相关者带来的利益也就不再存在。到了第二年，企业不愿再与农户签订合同，"龙头企业＋农户"这种组织形式陷于解体。结果，牛蒡价格下跌到 0.10 元/公斤，伤企又伤农。

（四）对小农户绿色生产行为的管理

面对潜在的不确定性因素，为尽可能约束农户行为，使之作出与组织目标相一致的行为选择，经营组织需要通过实施一系列的制度安排，确保组织运行的稳定性和持续性。实践中，经营组织会通过农资供应、技术指导、代耕代种、产品分级等方式，直接或间接介入到农户的生产活动中。这几种管控方式，按照作用阶段的不同可分为前端控制、过程控制和结果控制等。

第一，前端控制，这里指合作组织通过直接向农户提供种子、肥料和农药，替代农户自行购买农资的行为方式。前端控制有助于企业以更低的监督成本实现农业绿色生产的组织目标。为鼓励农户更多使用这些农资产品，企业为农户提供了诸多优惠措施，包括价格、贷款或结算方式上的优惠等。前端控制实施的主要障碍在于前期推广难度大，在某些情况下，为消除农户的犹豫心理，企业会以极低的价格向农户推销有机肥或生物农药，但却免不了出现农户卖掉这些农用物资的情况。

第二，过程控制，这里指合作组织通过为农户提供播种、施肥和植保服务，直接参与田间管理的行为方式。过程控制是一种介入程度更深的管控方式，有助于企业将农户不按规程开展农业生产的不确定性降到最低。过程控制的有效执行，有时需要依靠社会化服务组织的参与。社会化服务组织通过在连片土地上开展规模化作业，能够在显著提升作业质量的同时，将作业成本降到最低。过程控制实施的主要障碍，在于并非所有的农业生产过程都适合于开展托管作业。对于蔬菜、杂粮等高度依赖家庭作为主要生产单元的作物品种，企业要想全方位介入其生产过程，只能采用大量招募产业工人的方式，这必然导致监督成本的大幅上升和执行效果的下降。

第三，结果控制，这里指合作组织通过对农户所交付农产品进行质量控制，来倒逼农户改变其生产行为的管控方式。结果控制不要求企业直接参与农户的生产过程，而只要做好产品端的管控即可。结果控制，需要企业建立较为完备的产品质量分级体系，具备对产品外观、色泽、大小、甜度、农残含量等关键指标的检测能力，并有与质量体系相适应的价格收购方案。对于品级更好的农产品，企业除支付更高的收购价格外，还会与生产者达成更多的合作协议，而对于质量始终无法达到最低标准的农户，则有可能与之解除合作关系。结果管控的优势在于只需要向农户进行一个经济激励，就可以预期对方做出行为上的改变，在整个过程中，企业都不需要承担太大的管控风险。

案例介绍：张绪国，男，山东滨州滨城人。年轻时从事过农资销售生意，2012年发起成立滨州绿丰植保专业合作社，注册资金500万元。合作社2019年被评为国家级农民专业合作示范社，现有植保无人机40余架，自走式喷药机50余台，其他各型农业机械100余台（套），主要从事小麦、玉米植保业务，年均综合作业面积30余万亩次。

发展历程：从农资经销商到社会化服务的提供者。1992年，张绪国从山东滨州经济学校毕业进入滨州市农药厂，后进入滨州供销社系统，任滨北供销社任主任。1998年市场经济改革后，张绪国辞去原有工作，从事农资经销，年营销收入达到2 000万元。2012年，为应对激烈的市场竞争，转型进入农业社会化服务领域，注册成立滨州绿丰植保专业合作社，为当地小麦和玉米的种植户提供植保服务，使其经营范围拓展到生产性服务领域。

面临问题：土地碎片化制约了作业效率的提升。进入生产性服务领域，最大挑战来自土地的碎片化。表现在大型喷药设备需要频繁转场，导致作业效率降低。以走式喷药机作业为例，其作业能力是200亩/天，工人需要首先将机器装车，从公司运送至作业地点，完成作业后再赶往下一个作业点。若作业面积等于或大于200亩，工人在完成一天的作业后，可以将机器运回公司，也可留在作业场地；若作业面积小于200亩，工人就必须在不同的作业点之间进行转场，单日转场时间在作业总时长中占比越高，工人的作业效率越低。为解决土地的碎片化问题，张绪国考虑与当地种植合作社联合，借助后者实现服务规模化，但进展并不顺利。一方面当地种植合作社组织能力较弱，另一方面双方在服务价格和支付方式上无法达成一致，迫使张绪国必须寻找其他途径与小农户完成交易。

解决策略：充分发挥村妇女干部的"媒介"作用。作为解决之道，最终的选择是在乡村寻找代理人充当媒介。2012年，通过联系各乡镇妇联，召集了全县200个村的妇女干部开展宣传与培训，与其中150个村的妇女干部签订协议，建立了合作关系。根据协议，村妇女干部在完成200亩的集中连片目标后，可获得2元/亩的单次服务提成。按年计算，小麦一季打药3次，玉米一季打药两次，200亩连片土地对应的提成是2 000元。村妇女干部采用何种手段说服农户参与，具体到每个村、农户各有不同。通常的做法是增强与农户的信任关系，消除农户参与服务的疑虑。彼此信任关系的建立，一部分是通过血缘关系维系的，另一部分则来自邻里之间的互相熟悉。作为乡村事务最活跃的群体，村妇女干部在与各家各户的串门、唠嗑、恩惠给予中孕育的情感关系，使她们能够更加容易地争取到农户的信任。并且，这种信任关系一旦形成，也会产生示范与传导效应，在农户之间口口相传。除此之外，也鼓励村妇女干部在当地物色拖拉机手，发展为植保合作社的技术工人。该拖拉机手仅负责在本村的植保作业，在作业过程中由村妇女干部跟随下地。除监督拖拉机手完成作业外，村妇女干部还能顺便将作业款一并收齐，即便有谁不在家或是手头没钱的，也不妨碍过些日子再上门收缴。

效果评价：大幅降低小农户获得社会化服务的交易成本。总体来看，村妇女干部在说动农户参与方面效果较为显著。到2019年，滨州绿丰植保专业合作社年综合作业面积已达30余万亩次，服务农户万余人。首先，植保服务主要面向滨城区小麦、玉米种植，从这两种作物本身的属性看，满足机械化作业要求，可替代家庭作业。在使用走式喷药机进行作业时，技术工人只需要按照操作规程完成作业即可，因技术工人主观懈怠导致作业过程出现问题的可能性较低。其次，村妇女干部媒介作用的发挥破解了小农户组织化程度低的问题。通过与村妇女干部建立利益关系，激发了她们的参与热情。作为农村熟人社会中最活跃的成员，村妇女干部在说动小农户参与方面拥有无可比拟的优势，相应的交易成本能够降到可控范围以内。张绪国方面实际只需要为村妇女干部支付每亩2元的中间费用即可完成交易。再次，村妇女干部的加入为植保合作社赢得了农户的信任。村妇女干部作用的发挥，不仅停留在交易达成的层面，还深入到交易的执行过程中。张绪国利用村妇女干部在当地物色拖拉机手的做法，进一步降低了服务提供过程中的交易成本。一来作为本村村民，这些拖拉机手对村里土地平整和归属情况更加了解，方便开展作业；二来拖拉机手与村民们彼此熟悉，有热情将事情做好，以维护自己在村里的声望；三来村妇女干部跟随下地，方便监督和避免矛盾。

五、农业绿色发展需要遵循的客观规律

区域之间、乡村之间，资源禀赋、发展阶段、经济实力、气候条件不一样，且不可移动、不可替代、不可交换。没有完全一样的区域和乡村，也不可能有完全一样的农业绿色发展模式。农业绿色发展要因地制宜，需要密切结合当地的自然资源禀赋，并充分考虑市场的需求。

案例介绍：为什么秸秆燃料化项目在东北地区可行在南方却难以推进？

李吉银，1967 年生，黑龙江省肇源县人，12 岁就开始帮家里放牛，从事农业生产。2012 年，李吉银了解到秸秆可以粉碎压块制成燃料，于是购买了一些机器设备，做起了秸秆压块生意。李吉银主要收购水稻秸秆，收购价格为每吨 200 元，按照 1 亩地产秸秆 500 斤计，1 亩地的秸秆收购价格为 50 元。秸秆通过粉碎后压块成形，全程耗电量为 90 度每吨，耗电成本为 45 元 1 吨，除开耗损，1.3 吨秸秆能压成 1 吨燃料块，加上人工成本和机器折旧，李吉银的秸秆燃料压块成本为每吨 350 元。秸秆燃料在当地的售价为每吨 500 元，除开各项成本，李吉银的秸秆压块项目总体来看是能够赚钱的。

2016 年以后，黑龙江省全面禁止焚烧秸秆，肇源县政府着手试点秸秆燃料化，这为李吉银的秸秆压块项目带来了发展契机。政府为李吉银提供了 100 多万元的设备补贴款，其中压块设备补贴比例 40%，打捆设备补贴比例 60%。2016 年，李吉银的秸秆回收规模增长了 10 倍，达到了 2 万吨的回收量，相当于 8 000 亩水稻种植面积的回收量。李吉银秸秆压块项目的实施，细算下来能带来以下几方面的政策收益。

一是环境收益。秸秆焚烧是秋冬季中国北方地区雾霾的成因之一。黑龙江省粮食种植面积广阔，大量的秸秆在短时期内被焚烧，会给大气环境带来巨大

压力。将秸秆压块制成燃料，有效缓解了秸秆集中焚烧所带来的环境压力。

二是经济收益。秸秆压块项目为李吉银带来了每年约300万元的收入，也为拾荒者、种植业者和农户带来了收益。拾荒者通过租用李吉银的秸秆打捆机，在当地收集秸秆，并以200元每吨的价格卖给李吉银，赚取劳动回报；种植业者避免了秸秆处置的各种难题，有时还能从拾荒者那里获取一些收益；农户用500元的价格从李吉银那里购买秸秆燃料，一个冬天可省下煤钱200～400元。

三是能源效益。秸秆压块项目可替代当地燃煤。从热效率上讲，秸秆燃料块与煤炭热值比为1：1.2。2万吨秸秆制成燃料后，再按照1吨秸秆燃料替代0.8吨的燃煤量计，项目总计可减少燃煤1.6万吨。考虑到秸秆粉碎压块每吨需要耗费90度电，而发电厂每发1度电，需要耗煤400克，秸秆粉碎压块过程需要耗费720吨煤，相比于秸秆压块可替代的燃煤量，煤炭损耗可忽略不计。

未来，秸秆燃料化项目还有进一步挖掘的空间。例如，可以通过推广清洁炉具，提高农户对秸秆燃料的利用效率，减少燃料利用过程中排放的污染物。另外，秸秆燃烧后形成的草木灰也可用作肥料，做某些酸性土壤的改良剂。

在江苏泰州，秸秆燃料化项目同样在积极试点，但却不尽如人意。调研中了解到，当地曾建过秸秆压块厂，但由于亏损严重，很快就停产了。那么，为什么同样是秸秆压块项目，在泰州就行不通呢？总结起来有如下原因。

一是泰州当地稻、麦两茬间隔短，只有几天的时间，大量秸秆必须尽快收集，在农忙时节，秸秆收集成本高，1亩地的水稻秸秆回收需要1个劳动力，秸秆收集的人工成本在一吨200元以上，相较而言，粉碎还田最省人工和节约时间。二是秸秆晾晒难度大，秸秆晒干是个大麻烦，碰到南方雨季根本晒不干，无法压块。三是泰州当地秸秆回收规模小，秸秆压块厂难以形成规模化作业。四是秸秆销售利润薄，当地对秸秆燃料块的需求非常有限，农民生活都用液化气了，所以秸秆燃料块只能卖给工厂做锅炉燃料，很多工厂还不愿意用，因为秸秆燃料块热值低，工厂需要重新改造锅炉，所以，秸秆燃料块即便每吨400元也不好卖。

【教师简介】

刘帅，学院乡村振兴研究中心（科研管理处）副研究员。主要从事农业绿色发展及相关问题研究，在《农村经济》《中国农业资源与区划》等核心期刊上发表论文 30 余篇，参与撰写《农业绿色发展概论》一书，开发形成农业绿色发展理论与实践等系列课程。

农村人居环境全域整治[*]

肖　瑶

▶ 改善农村人居环境，是以习近平同志为核心的党中央从战略和全局高度作出的重大决策部署，是实施乡村振兴战略的重点任务。本文从探求农村人居环境全域整治的概念、内涵出发，阐释了农村人居环境全域整治的系统观念，并在相关部门、要素、项目和产业的不同维度上探讨提出可行性方法和路径。

以习近平同志为核心的党中央高度重视改善农村人居环境。改善农村人居环境是全面建成小康社会的硬任务，是实施乡村振兴战略的一场硬仗，是增强亿万农民获得幸福感的重大民生工程，更是新时期农业农村部门更好地履行"三农"工作职责的需要。通过一段时间的努力，农村人居环境整治工作虽然取得初步成效，但仍然面临一些突出困难和问题：一是思想认识还不到位，二是工作进展很不平衡，三是主体作用发挥不够，四是要素保障不足，五是长效机制不健全。就现实情况来看，有些地区是分部门割裂完成每项工作任务，没有形成系统思维，导致互相掣肘，影响了环境的统一改善。比如有些区域经过治理，江河水域的地表水得到明显改善，但由于厕所改造科学规划不够，统筹实施监督不严，导致污水渗漏，反而又影响了地表水质量。这些问题都值得我们思考。因此建立农村人居环境整治的一个系统观念，统筹好相关部门、相关要素，相关项目和产业，实现全域整治，共同向好，十分必要。

---

* 本文是在 2019 年农村人居环境整治培训班进行讲授时的课程文稿，时长为 1 学时，该课程评估分值为 4.95 分。

本文主要分两个部分，一是农村人居环境全域整治是什么？二是农村人居环境全域整治怎么干？

一、农村人居环境全域整治的概念和内涵

打开百度词条，全域，最先关联的就是全域旅游，这是国家文化与旅游局精心打造的将区域整体作为旅游目的地发展的新理念和新模式，强调区域资源有机整合、产业融合发展、社会共建共享，强调社会全面参与、产业共融共荣、旅游业促进全行业发展。全域土地综合整治是国土行业的概念，可有效解决因土地利用碎片化带来的环境污染问题，成为创新农村环境治理模式的有效策略。浙江省率先实施农村全域土地综合整治，通过全域规划、全要素整治、全产业链发展，充分发挥土地制度优势，打好农村土地管理组合拳，有力推动了美丽乡村建设。

在农村人居环境整治领域，广东省出台了《关于全域推进农村人居环境整治建设生态宜居美丽乡村的实施方案》，这里的全域泛指广东全境，是一个空间意义上的地理范畴。本文所讨论的全域可以是特定的任何一个区域，省份、地市、县、乡镇、村均可。同时它也不限定是一个空间地域的范畴，可以涉及产业、文化等多个层面。

（一）农村人居环境全域整治的概念

农村人居环境全域整治是指在一定区域内，通过对区域内农村人居环境相关内容、相关产业、公共服务体制机制、政策法规、文明素质等进行全方位、系统化的优化提升，实现区域农村人居环境整体提升、产业融合发展、社会共建共享，以人居环境的整治和改善带动和促进农村经济社会协调发展的一种发展理念。

农村人居环境全域整治的提出更明确地强调了整治的主体、客体、要素和过程，相较过往的农村人居环境整治内涵，更关注于社会经济布局的结合，更强调多部门联合管理的积极效应。它是根据自然条件、社会经济条件和国民经济发展的需要对"全空间"内有限的资源，通过"全部门"之间的有效综合管理，达到农村人居环境"全要素"的系统改善，实现"全覆盖"的健康发展。

相较以往农村人居环境"头痛治头、脚痛治脚",就污水谈污水、就厕所谈厕所,缺乏全盘化考量等弊端,农村人居环境全域整治强调协调、有序和动态的系统观,核心在于"全空间、全部门、全要素、全覆盖"。

(二)农村人居环境全域整治的基本内涵

第一,全空间——新的区域理念。农村人居环境全域整治即是要突破人居环境这个仅限于生活环境的狭隘概念,着眼于区域内整体环境整治和提升的大格局,整个区域内的山林水田湖草都是人类生产生活居住环境的范畴,需要统一考虑,统一部署。从农村人居环境改善到全域整治,实现农业农村统筹发展,多规合一,公共服务全域覆盖,以农村人居环境改善为抓手提升区域综合竞争力。

第二,全部门——新的管理理念。农村人居环境全域整治即是要从农业农村部门主导向全社会协同推进转变。打破不同归口管理部门的体制壁垒和管理围墙,实现监管和治理的全域覆盖,由政府统筹负主体责任,国土、水利、环保、住建、交通等有关部门共治共管、联合执法、相互作用、维护秩序,互不越位、无缝对接,管理上各负其责,协作推进,从"小马拉大车"到"群马拉大车";全社会各界广泛参与、多元共治,调动社会组织、企业、居民等各界群体参与农村人居环境整治的积极性。

第三,全要素——新的产业理念。农村人居环境全域整治即是要跳出农村人居环境整治目标任务的范畴,与社会经济各行业要素充分结合,统筹发展,通过优化各要素之间的联结和配置,促进整个农村社会经济系统的协调发展。生态宜居只有同产业兴旺、乡风文明、治理有效、生活富裕一起统筹实施才能更有成效、更能持续。

第四,全覆盖——新的生活理念。农村人居环境全域整治要从注重硬件改善向软硬兼顾转变。厕所革命、污水垃圾治理等任务重点在于硬件建设,但人居软环境氛围打造、新的生活理念的树立却是一个更为漫长、更需要耐心的过程。居民树立环保节能、文明友好的生活理念,积极建设美好家园和农村人居环境,获得更整洁优美的居住生活环境是以惠民,获得更完善的公共服务设施是以便民,获得更多就业机会与经济收益是以富民。

二、农村人居环境全域整治的方法和路径

（一）坚持全域规划，优化生产、生活、生态空间格局

习近平总书记强调，必须树立和践行绿水青山就是金山银山的理念，坚持节约资源和保护环境的基本国策，像对待生命一样对待生态环境，统筹山水林田湖草系统治理，实行最严格的生态环境保护制度，形成绿色发展方式和生活方式，坚定走生产发展、生活富裕、生态良好的文明发展道路，建设美丽中国，为人民创造良好生产生活环境，为全球生态安全作出贡献。

改善农村人居环境决不能单纯从农民居住的生活环境来看，要看到生态环境是一个整体，任何生产生活活动都是在这个大环境下进行的。农村人居环境的改善也必须统一在山水林田湖草系统治理中。因此，农村人居环境全域整治势必要与国土部门的农村土地综合整治统筹考虑，坚持科学规划，统筹好全域生产、生活、生态空间，统筹好山水林田湖草系统治理，提高资源环境承载力。要利用乡村振兴战略规划编制契机，加强空间规划、战略规划与农村人居环境改善的协调衔接，统筹生产、生活、生态空间安排，统筹产业发展、农房建设、基础设施、公共服务、公益事业、生态保护、历史文化保护等各项内容，通过系统修复、综合治理，打造人与自然和谐共生发展新格局。

（二）坚持全域管理，创新政府、企业、居民协同治理

不管是公共部门还是私人部门，不管是政府机构、农村集体经济组织、企业、农户还是游客，都是农村人居环境全域整治的参与和受益主体。针对社会公众参与不足、公共部门内部条块分割、企业主体积极性缺乏等诸多问题，要强调提升各个主体的整治参与性，平衡各方主体的投入和利益，真正实现"各出一盘菜、同享一桌席"。

农村人居环境全域整治必须加强体制机制创新，加强制度供给。一是要坚持高位推动，健全地方责任机制，压实市县党委、政府主体责任，细化分解工作方案，主要领导牵头，成立农村人居环境整治领导小组，形成强有力的组织领导机制、强化协调职能，加大财政投入和保障力度。以"全域"为依托，打破人居环境整治中行政壁垒的制约，最大程度降低了行政职能部门权责冲突、

信息失真等问题。二是创新农村基础设施和公用事业投融资体制机制，吸引社会资本参与农村人居环境改善与乡村振兴，鼓励各级投资融资平台在市场化运作、依法担保的前提下，增加改善农村人居环境全域整治项目建设相关投资或担保规模；健全社会资本参与机制，支持科技研发；实施财政奖补政策，鼓励工商资本投入农业农村。三是要坚持村民主体地位，建立和完善村级组织自主管理、自主服务、自主教育、自主监督的农村人居环境管理机制，充分动员发动群众，做好政策宣传、组织动员工作，不能由政府大包大揽，农民主体作用发挥不够，反成了局外人、旁观者。要引导农民对直接受益的农村人居环境改善建设投工投劳，要尊重农民意愿，把农民能自主决策、自己动手的事情交给农民，特别注意防止急功近利，下指标、定任务，通过行政力量强行推动，效果适得其反。

（三）坚持全域联动，促进行业、产业、企业高效发展

农村人居环境以其生产支持功能和空间承载功能支撑着农村一二三产业的发展。农村人居环境全域整治可以培育并激活乡村的生态资源，为农村产业的发展提供源泉。农村人居环境改善每一项任务的推进都将带来行业、产业、企业的一系列发展。以最近热门的垃圾分类为例，上海等城市垃圾分类强制实行带来的机会，让很多人都在觊觎这块大蛋糕。据天眼查数据显示，仅2019年就有超过1 000家垃圾分类相关企业注册，仅7月1日当天，就有6家相关企业注册。有业内人士预计，10年内环卫产业规模将在2 000亿元到3 000亿元。在农村生活垃圾处理产业链上，前端分类、中端收运、后端处置，每一个环节都是工作任务，但也可能带来商机。从不同种类的垃圾分类和运输，到不同环卫设备的提供、运营，以及垃圾分类后再生资源利用回收或是焚烧处理等，通过引入市场化公司参与，一方面提高农村垃圾处理的效率与能力，另一方面也是人居环境整治辐射相关行业共同发展。

此外，可通过农村公路硬化建设，夯实农业农村发展的物质基础；可通过乡村道路、农田林网、公共空间、庭院等绿化美化提升农业农村发展的环境友好水平；可通过农民房前屋后的绿色种植等庭院经济，与发展休闲农业、乡村旅游的结合丰富农业农村的发展内涵；可通过农村生活污水和垃圾的治理、村容村貌的提升，改变农民多年生活习惯，树立环保节能意识，助力化肥农药零

增长，农业废弃物资源化综合利用，降低农业资源消耗强度，依托优质的山水资源发展绿色有机农产品，夯实生态农业发展势头，等等。要推动以农村人居环境改善为平台和纽带的全产业链发展，有效延长人居环境全域整治的产业链、价值链和生态链，为实施乡村振兴战略提供强劲动力。

（四）坚持全域覆盖，营造诚信、友爱、生态的人文氛围

农村人居环境以其生态调解功能和文化传承功能影响着农村生活品质的提升。在农村人居环境全域整治中，一方面要使自然景观、生态环境、历史建筑、文物遗迹、民族民俗等得到有效保护，充分体现乡村独特风貌，留住绿、留住旧、留住文、留住魂。另一方面要通过宣传动员、国民教育、政策引导等手段，建设诚信、友爱、生态的人文氛围，提高社会友好度和改善区域软环境。倡导健康生活习惯，激发农民群众"自己的事自己办"的自觉；倡导"婚事新办、丧事简办"，树立良好乡风；通过电视、网络、明白纸、倡议书等多种形式，组织"最美清洁户""最美家庭"等评选，营造全社会共建文明美好家园的浓厚氛围；通过开展民俗文化节等多类型节庆活动，将农村人居环境改善与发展乡村经济结合起来；将文化要素通过乡村地标、景观小品等载体展现；通过建立主客和谐共处、共建共享的生活方式，让游客深入乡村体验社区和风土人情，让居民享受便利的基础设施、公共服务、知识信息和文化交流等。

农村人居环境整治，环境美了，也同时留下了代表村民守望的村头小桥、凉亭、土地龛，修缮了承载村民对先祖敬畏的祠堂，翻新了历史留下来的武术校场，白墙青瓦集间铺满了耕读传家的写意画。这些努力接续了珍贵的乡间文脉，留住了独特的乡村味道，考验的更是执政者的智慧、情怀和韬略。

所以，农村人居环境全域整治要以合作整治为载体，强化资源整合，避免政府大规模负债，兼顾乡村整治的效率与公平。要以环境改善为抓手，保护水源涵养地、维护生物多样性，切实维护和改善农村的生态环境质量，促进社会生态系统的可持续运转，真正让人民"望得见山，看得见水，记得住乡愁"。

【教师简介】

肖瑶，学院农村土地经营管理服务中心主任。2007年硕士毕业后进入农业农村部管理干部学院工作，在农村土地经营管理服务中心任职后，一直致力于农村人居环境整治提升、乡村建设、农村集体产权制度改革、发展壮大新型农村集体经济等业务的研究和培训工作。

农业产业发展的"人、货、场"[*]

邵　科

▶ 在全面实施乡村振兴战略和促进乡村产业振兴的背景下，拓展农业多种功能价值，做优乡村特色产业具有重要意义。本文从"人、货、场"的逻辑思路出发，指出改革开放社会经济发展带来消费者需求升级，而消费升级需要农产品差异化表达，农业产业也需要展现多功能价值，营造美好场景。因此，农业营利模式需要创新，需要构建起更紧密合理的农业产业体系。

一、人：改革开放经济发展带来消费者需求升级

改革开放 40 年，中国的社会经济发生了巨变。当前的中国拥有全球最大的统一市场（14 亿人），有全球最大的中等收入群体（4 亿人群）；中国的城镇化进程距离发达国家仍有约 20 个百分点的成长空间，潜力很大。中国劳动力资源近 9 亿人，1 亿多市场主体，就业人员 7 亿多，受过高等教育和职业教育高素质人才接近 2 亿，每年大学毕业生 800 多万，人口红利转向人才红利。中国有 8 亿多网民，新经济借此迅速崛起，独角兽数量仅次于美国；中国 GDP 年均增速 6% 以上，是美国 2～3 倍。新一轮改革开放开启新周期，释放巨大活力。3 届中国国际进口博览会（简称进博会）现场意向成交金额不断增长，其中第三届进博会意向成交额达到 726.2 亿美元。总体而言，中国相对 40 年前的温饱经济时代，富起来了，老百姓相对有钱了。

因此，消费者对农产品有了更高的需求，不再只要求吃得饱，对吃得营

---

　　* 本文是在 2020 年农民合作社带头人能力提升研修班（第三期）进行讲授时的课程文稿，该课程评估分值为 4.97 分。

养、安全、健康以及吃得开心、快乐的需求日益增长。特别需要指出的是，以前养动物是为了吃它的肉，现在养动物可能是为了让它成为自己的灵魂伴侣。中国宠物数量从 2010 年的 9 601 万只快速增长到了 2 亿只以上。其中，截至 2020 年，全国城镇宠物猫和宠物狗的数量已经达 10 084 万只。中国养宠家庭数量也逐年上升，2019 年达到 9 978 万户，5 年里同比增长 43.9％。2010—2020 年，我国宠物消费市场规模从 140 亿元大幅攀升至 2 065 亿元，年复合增长率高达 30.9％。中国消费者养殖动物的需求维度变化明显。

同时，不同的消费群体需求在分化，少女、小孩、老人、男人的消费需求差异越发大。比如老人很愿意为保健品买单，很多时候上当受骗就是因为买了各种花样的保健品；而年轻女性在吃的方面可能就很喜欢买各种奇珍异果，比如牛油果，2011 年中国牛油果进口量为 31.8 吨，2020 年牛油果进口量为 2.75 万吨，进口金额 7 163 万美元，这还是在疫情冲击下。

所以说，人变了之后，农产品的功能定位也跟着变了，某些农产品已经成为美好生活的表征——吃到的不只是美食，还代表某类消费者所追求的理想生活状态。农业正在被富起来的消费者赋予更加多功能的价值。

二、货：消费者需求升级需要农产品差异化表达

因为消费者变了，所以我们面向消费者所提供的农产品也要跟着变。在一个供过于求的买方市场时代，农业生产者应该想清楚我们在生产销售什么农产品？我们的农产品有什么特色？我们可以认真想想生产者在推销自己的产品时是作为品类在销售产品（如大葱、白菜、砂糖橘），还是在蹭区域公用品牌的热点做推广（如恩施土豆、洛川苹果、赣南脐橙），抑或是已经有了自己的注册商标和品牌产品（如圣野果源、猴娃桥猕猴桃、俏倾橙等）？

实际上，农产品作为货品要构建出差异化，本质上需要做到两点：一是为顾客创造价值，二是为渠道贡献利润。如果能达到这两个目标，就能构建出自己的独特性，塑造出品牌价值。具体而言，在塑造差异化方面，生产者可以围绕以下 8 个方面来探索。一是构建品种（质）独特性（如象山红美人柑橘、山东马家沟芹菜）；二是构建供应链能力独特性（如 17.5°橙子）；三是构建流通能力独特性（如寿光蔬菜）；四是构建上市时间独特性（如河北崇礼 6 月份的

甘蓝菜);五是构建精神内涵独特性(如褚橙、塬上初心);六是构建消费场景独特性(如盱眙小龙虾);七是构建综合成本控制能力独特性(如美国大豆);八是构建资质(文化)独特性(如丽江雪桃、深州蜜桃)。

如果农业生产者对产品的独特性看不清楚,或者说觉得产品没有太大的独特性内容,那还可以尝试在组织或者企业家自身的独特性上做文章。比如企业争取获得绿色、有机认证,争取获得 A 级景区认证,争取获得教育部门课外教学基地认证,争取获得工会系统疗养基地认证,争取成为专家学者的科研基地。再如,企业争取成为各个级别的龙头企业、示范社等荣誉,还可以争取让自己的创业故事获得各类新闻媒体的宣传报道,把自己打造成网红和网络带货达人等。总之,当企业的接待场所和办公室等摆满了各种社会名人的参观体验照,摆满了各种新闻媒体报道,放满了各种社会荣誉与奖励证书,公众号、抖音号等新媒体积极传递企业的各种正能量的信息时,就能间接为农产品的差异化和品牌价值赋能。

此外,表达差异化时一定要弄清楚,我们的差异化表达给谁看?是给最终消费者看、还是给采购商、渠道商看?不同的对象有不同的差异化要求。消费者可能更加在乎感官、营养、安全等维度需求;而采购商、渠道商可能还在乎品质稳定、供货期长、价格平稳等,他们还会对农产品的商品化特征、供应链能力等有门槛设定。

中国农业当前面临的最大挑战是小农经济模式下,农产品雷同性太强,差异化能力不足,尤其是产后商品化处理能力不足。我国农产品在产地预冷、分级分选、包装设计、冷链运输等环节薄弱,品牌塑造和 IP 传播更是明显不足,差距巨大,以至于一方面产品品质不稳定,另一方面好产品也卖不出高价。

同时,我们还可以认真思考下,农产品的差异化表达,除了产品品种差异化、品质差异化、包装差异化,还有什么维度差异化?其实还有如消费场景的差异化等,而这正是第三部分想要表达的内容。

三、场:农业产业可以营造更加美好的消费场景

一盒水果平时自己吃,与逢年过节时作为礼物送给岳父岳母吃,产品功能

属性和定价会不一样。一杯茶在街头一家无名小茶馆喝，与坐在西湖边欣赏风月无边的美丽风景时喝茶，定价也会不一样。这就是典型的消费场景差异化带来的产品定价差异，消费者愿意为美好场景的溢价买单。

对于农业生产者而言，要想塑造好农产品的美好场景，一种可行的模式就是开展农旅结合的业务，搞休闲农业、观光农业，把消费者请上门。当消费者上门消费的时候，农业可以经营的就不只是农产品，这正是产地三产融合发展价值所在。农产品的采摘价格为什么比在超市里面的销售价格要贵？里面有产地环境和消费者劳动体验的溢价，也就是心灵层面感受到美好而带来的主观溢价，农业最值得彰显也最难彰显的正是这种溢价。

案例：宁夏回族自治区银川市贺兰县稻渔空间乡村生态观光园

宁夏稻渔空间生态休闲观光园位于贺兰县常信乡四十里店村，面积 3 600 亩。主要建设有稻田景观图案观赏区，稻田养鸭、鱼、蟹、虾等农事活动观赏和体验区，有机瓜果采摘园，休闲娱乐及垂钓餐饮区，农耕文化展示及科普教育长廊，有机水稻认购及土地托管，农业生产物联网及产品质量追溯信息平台等生态景观。稻渔空间实现节水、增效、生态立体种养后，这种模式比普通种植节水 25％以上。与此同时，种植有机水稻加养殖稻田蟹、稻田鱼的效益，平均每亩可达 3 000 元，除去成本可获净利润 1 000 元以上，是普通水稻种植的 2 倍！如今，这里每年入园游客达到 20 多万人次，可解决周边农民 80 余人就业。园区内 188 户农民通过土地入股，可得到保底分红和二次分红，亩均实现增收 850 元。一二三产融合使"稻渔空间"每亩综合收益突破 1.2 万元①。

休闲农业（农旅结合）的商业模式打造，需要在吃、住、行等方面进行系统的设计，找到面向团体客户和零散消费者的商业变现方式，让消费者在基地园区里面不仅能停下脚步，还可以坐下来慢慢欣赏，有条件的还可以请消费者住下来细细体验。

需要注意的是，农旅结合（休闲农业）发展，美丽场景营造有一定门槛，比如是否靠近城镇或热点景区、是否有足够的资金支持、是否拥有非农建设用地指标、是否有团队人才支撑、是否有产业链条延伸空间、是否有地方政府和

---

① 马俊，许晋豫．宁夏"稻渔空间"：在乡村振兴的田野上撒欢［EB/OL］．新华网客户端百家号 https：//baijiahao．baidu．com/s？id=15937209821799279078wfr=spider&for=pc

村集体支持等，不是想做就能做好，需要认真严谨的论证设计。尤其是这些年非农建设用地指标卡得很严，农业设施用地的审批程序也相对复杂。再加上民宿、餐饮等业务功能的申请还有不少准入条件，所以，真要想实现一二三产融合发展，真不是容易的事。

四、创新：积极构建更加合理的农业营利模式

关于农业营利模式，需要在本质上回答农业生产靠什么赚钱？是提高农产品亩均产量，销售给农村经纪人然后挣差价吗？此外，采收期几个月有产出，剩下几个月没收入怎么办？传统的农业营利模式会让我们在有限的土地面积上难以获得足够体面的生产经营收入。

因此，需要仔细构思怎样的营利模式才能实现更好发展，怎样才能获得更大的利润空间。其中接"二"连"三"是必须要探寻的方向，比如通过加工深挖党参、连翘等中药材的药用、食用价值（如韩国正官庄人参的品类设计和产品开发），比如通过田园综合体开发、餐饮、休闲体验等功能配置（如浙江省安吉县田园鲁家村的例子），让农业生产经营者可以在更长时间窗口（多于3个月）、更宽消费需求（不仅是厨房需求）里面进行市场开拓，实现增值增效。当然，接"二"连"三"需要一定的资本、技术和人才等要素门槛，需要积极找寻到与之匹配的主流消费者，这里面需要有一定特色的自然资源条件为基础，需要更加专业化的人才配备，需要有合理的利益分享模式等，因此也是有门槛条件的。

五、对策：建设更加紧密的现代农业产业体系

现代农业发展离不开农业产业链体系的有效构建，我国正在倡导构建农业产业化联合体。农业产业化联合体是龙头企业、农民合作社和家庭农场等新型农业经营主体以分工协作为前提，以规模经营为依托，以利益联结为纽带的一体化农业经营组织联盟。我们也可以把它理解为分工更合理、利益更紧密、分配更公平的"公司＋合作社＋农户"产业化模式。这是一种好的模式探索，当然，也可以有其他类型的产业链组织化安排。

从实际上讲，我们的农业产业体系建设与发达国家相比还存在一定的发展差距。我们的农业农村部门在支持农业产业的发展过程中，由于职能所限，全产业链的思维和手段不足，发展了产区却往往产业链体系塑造得不完备，因此农业产业的发展并不理想。

合意的农业产业体系应该是"生产商＋加工商＋服务商＋流通商"的合理配置，应该具有"主要产业＋主导企业＋主抓部门＋主流客群"，这样才有可能实现农产品的"品质标准＋品牌清晰＋包装美好＋渠道合理"，并且实现上等货主攻礼品市场，中等货发力主流商超，普通货畅通批发市场、电商直播、加工企业。我们的农民合作社和家庭农场等主体也才有机会实现从单干的个体户向现代化企业的转变。

最后用一段话总结，那就是我们要找到更愿意为高品质溢价买单的人，提供更加能表征美好生活的产品，营造让消费者沉醉其中的美好场景，重构好接"二"连"三"的农业营利模式，并构建起更加紧密合理的现代农业产业体系。这样才能实现新型农业经营主体的茁壮成长和一个地区特色乡村产业的有效振兴。

【教师简介】

邵科，学院农民合作社发展中心（家庭农场发展中心）副研究员。长期从事新型农业经营主体的教学与研究工作，主持或参与国家社科青年项目、农业农村部软科学课题等，撰写两部农民合作社主题的专著，发表数十篇学术文章，参与出版多部农民合作社教材，多个研究报告获得国务院领导和中央农办、农业农村部领导的肯定性批示。持续为相关业务司局提供职能支撑工作，其中参与了多个国务院和农业农村部文件的起草。长期为全国各地农业农村系统干部和新型农业经营主体带头人等开设农民合作社规范化建设、农民合作社创新发展、农业产业发展的"人、货、场"等课程。

休闲农业和乡村旅游典型案例剖析*

韩 洁

▶ 2005 年，习近平同志在浙江工作时，首次提出"绿水青山就是金山银山"的重大科学论断，引领中国迈向生态文明建设新时代，为新发展理念和"五位一体"总体布局的形成和发展奠定了理论和实践基础。在全面实施乡村振兴战略的背景下，大力发展休闲农业和乡村旅游，把生态环境优势转化为经济社会发展优势，具有十分重要的现实意义。本文通过案例剖析，梳理中央关于发展休闲农业和乡村旅游的文件精神，针对海南省琼海市美丽乡村建设、河北省张家口市崇礼区乡村旅游带动贫困农户增收，从发展模式、运行机制、效应影响等维度"解剖麻雀"，对如何因地制宜发展休闲农业和乡村旅游进行探究。

一、乡村振兴战略的提出

（一）乡村振兴战略的总要求

党的十九大报告提出"乡村振兴战略"，其重大原则是"坚持农业农村优先发展"。这是重大原则，也是重大方针，是顺利实施乡村振兴战略的前提保障。总要求是"产业兴旺、生态宜居、乡风文明、治理有效、生活富裕"。

产业兴旺（重点）。农业是国民经济的基础，农村经济是现代化经济体系的重要组成部分。就是要深化农业供给侧结构性改革，构建现代农业产业体系、生产体系、经营体系，实现农村一二三产业深度融合发展，推动农业从增

---

* 本文是在 2020 年农垦系统休闲农业发展培训班（第 2 期）进行讲授时的课程文稿，该课程评估分值为 4.8 分。

产导向转向提质导向，增强农业创新力和竞争力。

生态宜居（关键）。农业是生态产品的重要供给者，乡村是生态涵养的主体区，生态是乡村最大的发展优势。就是要统筹山水林田湖草系统治理，加快推行乡村绿色发展方式，加强农村人居环境整治，构建人与自然和谐共生的乡村发展新格局，实现百姓富、生态美的统一。

乡风文明（保障）。中华文明根植于农耕文化，乡村是中华文明的基本载体。就是要促进农村文化教育、医疗卫生等事业发展，推进移风易俗、文明进步，弘扬农耕文明和优良传统，使农民综合素质进一步提升、农村文明程度进一步提高。

治理有效（基础）。社会治理的基础在基层，薄弱环节在乡村。就是要加强农村基层基础工作，健全乡村治理体系，确保广大农民安居乐业、农村社会安定有序，打造共建共治共享的现代社会治理格局，推进国家治理体系和治理能力现代化。

生活富裕（根本）。就是要让农民有持续稳定的收入来源，经济宽裕，衣食无忧，生活便利，共同富裕。"做好脱贫攻坚与乡村振兴的衔接，对摘帽后的贫困县要通过实施乡村振兴战略巩固发展成果，接续推动经济社会发展和群众生活改善。"①

（二）对发展休闲农业和乡村旅游的文件精神

实施休闲农业和乡村旅游精品工程，建设一批设施完备、功能多样的休闲观光园区、森林人家、康养基地、乡村民宿、特色小镇。

加快发展森林草原旅游、河湖湿地观光、冰雪海上运动、野生动物驯养观赏等产业，积极开发观光农业、游憩休闲、健康养生、生态教育等服务。创建一批特色生态旅游示范村镇和精品线路，打造绿色生态环保的乡村生态旅游产业链。②

尊重原住居民生活形态和传统习惯，加快改善村庄基础设施和公共环境，合理利用村庄特色资源，发展乡村旅游和特色产业，形成特色资源保护与村庄

---

① 摘自《中共中央　国务院关于坚持农业农村优先发展做好"三农"工作的若干意见》（2019 年 1 月 3 日）。

② 摘自《中共中央　国务院关于实施乡村振兴战略的意见》（2018 年 1 月 2 日）。

发展的良性互促机制。

实施休闲农业和乡村旅游精品工程，发展乡村共享经济等新业态，推动科技、人文等元素融入农业。

大力发展生态旅游、生态种养等产业，打造乡村生态产业链。

推动文化、旅游与其他产业深度融合、创新发展。[①]

鼓励社会力量积极参与，将农村人居环境整治与发展乡村休闲旅游等有机结合。

充分发挥乡村资源、生态和文化优势，发展适应城乡居民需要的休闲旅游、餐饮民宿、文化体验、健康养生、养老服务等产业。加强乡村旅游基础设施建设，改善卫生、交通、信息、邮政等公共服务设施。[②]

鼓励东部地区围绕服务中心城市，重点推进环都市乡村旅游度假带建设，提升乡村旅游产品品质，推动乡村旅游目的地建设。

鼓励中西部地区围绕脱贫攻坚，重点推动乡村旅游与新型城镇化有机结合，合理利用古村古镇、民族村寨、文化村镇，打造"三区三州"深度贫困地区旅游大环线，培育一批乡村旅游精品线路。

鼓励东北地区依托农业、林业、避暑、冰雪等优势，重点推进避暑旅游、冰雪旅游、森林旅游、康养旅游、民俗旅游等，探索开展乡村旅游边境跨境交流，打造乡村旅游新高地。

注重旅游资源开发的整体性，鼓励相邻地区打破行政壁垒，统筹规划，协同发展。依托风景名胜区、历史文化名城名镇名村、特色景观旅游名镇、传统村落，探索名胜名城名镇名村"四名一体"全域旅游发展模式。

突出乡村旅游文化特色。在保护的基础上，有效利用文物古迹、传统村落、民族村寨、传统建筑、农业遗迹、灌溉工程遗产、农业文化遗产、非物质文化遗产等，融入乡村旅游产品开发……支持农村地区地域特色文化、民族民间文化、优秀农耕文化、传统手工艺、优秀戏曲曲艺等传承发展，创新表现形式，开发一批乡村文化旅游产品。

丰富乡村旅游产品类型。结合现代农业发展，建设一批休闲农业精品园

[①]　摘自中共中央　国务院印发《乡村振兴战略规划（2018—2022年）》。

[②]　摘自《中共中央　国务院关于坚持农业农村优先发展做好"三农"工作的若干意见》（2019年1月3日）。

区、农业公园、农村产业融合发展示范园、田园综合体、农业庄园，探索发展休闲农业和乡村旅游新业态。充分利用农村土地、闲置宅基地、闲置农房等资源，开发建设乡村民宿、养老等项目。

建立全国乡村旅游重点村名录，开展乡村旅游精品工程，培育一批全国乡村旅游精品村、精品单位。鼓励具备条件的地区集群发展乡村旅游，积极打造有影响力的乡村旅游目的地。

大力支持懂经营、善管理的本地及返乡能人投资旅游，以吸纳就业、带动创业的方式带动农民增收致富的"能人带户"模式。不断壮大企业主导乡村旅游经营，吸纳当地村民参与经营或管理的"公司＋农户"模式。引导规范专业化服务与规模化经营相结合的"合作社＋农户"模式。

探索资源变资产、资金变股金、农民变股东的途径，引导村集体和村民利用资金、技术、土地、林地、房屋以及农村集体资产等入股乡村旅游合作社、旅游企业等获得收益，鼓励企业实行保底分红……支持当地村民和回乡人员创业，参与乡村旅游经营和服务。①

二、海南省琼海市美丽乡村建设

习近平同志在中央农村工作会议上提到，搞新农村建设要注意生态环境保护，注意乡土味道，体现农村特点，保留乡村风貌，不能照搬照抄城镇建设那一套，搞得城市不像城市、农村不像农村。我到海南去时，就对海南的同志说，青山绿水、碧海蓝天是海南最强的优势和最大的本钱，是一笔既买不来也借不到的宝贵财富，必须倍加珍爱、精心呵护……搞新农村建设，决不是要把这些乡情美景都弄没了，而是要让它们与现代生活融为一体，所以我说要慎砍树、禁挖山、不填湖、少拆房。②

习近平同志又提到，现在，不顾资源环境的事还不少，围湖造田、围海造地、过度养殖、过度捕捞、过度放牧等现象还大量存在……那种吃祖宗饭、断子孙路、竭泽而渔的发展方式，决不能再延续下去了！正所谓竭泽而渔，岂不

---

① 摘自《关于促进乡村旅游可持续发展的指导意见》。

② 在中央农村工作会议上的讲话（2013 年 12 月 23 日）. 十八大以来重要文献选编［M］. 北京：中央文献出版社，20-11.

获得，而明年无鱼；焚薮而田，岂不获得，而明年无兽。①

实施乡村振兴战略，是以习近平同志为核心的党中央着眼党和国家事业全局，对"三农"工作作出的重大决策部署。习近平总书记关于农业绿色发展的重要论述是习近平生态文明思想在农业农村领域的具体体现，是推进农业绿色发展的行动指南和工作遵循。以绿色发展引领乡村振兴是走中国特色社会主义乡村振兴道路的必然选择。海南省作为国家生态文明试验区，以"美丽海南百镇千村"为抓手，扎实有效推进宜居宜业宜游的美丽乡村建设，在绿色发展引领乡村振兴方面开展了有益探索。2017 年年底，琼海市被列入第一批国家农业可持续发展试验示范区暨农业绿色发展试点先行区，是海南省唯一名列其中的城市，同时该市贯彻生态文明理念，依托优质的农业资源和优美的田园风光，创建了一批美丽乡村，为乡村振兴打造了样板。琼海在农业绿色发展和绿色发展引领乡村振兴方面做出的实践探索，值得研究和学习。

（一）调研村基本情况

第一，资源生态。沙美村位于琼海市博鳌镇，是三江入海口，地理位置优越，西面是博鳌国家农业公园，南侧是瓜果热带种植区，东面是沙美内海湿地公园，是退塘归湿的大自然景观。沙美村辖 10 个村民小组（自然村），村域总面积 631 公顷（9 465 亩），共 301 户 1 075 人。沙美村耕地面积 1 380 亩，其中 788 亩流转给北京新发地公司种植绿色蔬菜，剩余 592 亩由村民种植水稻。退塘还林还湿面积 568 亩。北仍村是官塘行政村中的 8 个村民小组（自然村）之一，位于琼海市三大组团之一——官塘组团的核心区，毗邻官塘温泉、万泉河和白石岭景区，享有优越的区位和资源优势。北仍村总面积 39 公顷（585亩），共 48 户 162 人。北仍村 585 亩土地中只有 25％是耕地，60％属于林地，剩下的 15％为宅基地。林地中大量种植橡胶、槟榔、胡椒等热带作物。

第二，规划投入。沙美村紧邻博鳌亚洲论坛永久会址，与博鳌国家农业公园一起被琼海市作为海南乡村振兴战略的试验区，对全村村容村貌升级和新业态布局进行了科学规划。海南省和当地政府投资上亿元支持沙美村建设美丽乡

---

① 走中国特色社会主义乡村振兴道路（2017 年 12 月 28 日）. 论坚持全面深化改革［M］. 北京：中央文献出版社，2018：404.

村。在村基础设施建设方面，建设污水管网和污水集中处理设施，出水处理标准达到一级 A；建立垃圾回收系统，并实施"村收集、镇运输、市处理"的垃圾处理过程；对各家厕所进行改造，达到"一户一厕"。在生态环境整治方面，国家补贴养殖户退塘还湿，每亩补贴 10 000 元，共腾退 18 家养殖户的鱼塘虾塘 568 亩，复植红树林。在产业转型方面，帮助村民改造房屋经营农家乐和民宿，由传统种植转型农旅结合，发展乡村旅游。北仍村毗邻官塘温泉区，因为度假区缘故，开发较早，于 2014 年被琼海市选择打造美丽乡村，村庄游览道路以及路旁农房腾退改造等基础设施建设所需资金都源自政府财政补贴。

第三，产业转型。沙美村因为美丽乡村的政策机遇而发展乡村旅游业，虽然开业时间不长，但是年接待游客在 160 余万人次。沙美村传统产业以槟榔、橡胶等热带作物种植为主，同时也种植水稻等粮食作物，并辅以内海捕捞，农业收入不高，村民外出就业较多。但自 2017 年以来，琼海市在实施乡村振兴战略中重点打造沙美村，使得村民收入有了大幅提升，人均纯收入从 2016 年的 13 000 元上升到 2018 年的 16 500 元，返乡创业人口增多。北仍村虽然毗邻官塘温泉区，但 2014 年以前仍然主要依靠种植槟榔、橡胶和胡椒为主，经过政府投资建设美丽乡村之后，北仍村对村庄进行改造升级，于当年 9 月份开放接待，当年游客达到 7 万多人次。2015 年 3 月 28 日，习近平夫人彭丽媛邀请出席博鳌亚洲论坛 2015 年年会的部分外方领导人夫人参观了北仍村，进一步带动了北仍村的乡村旅游业发展，村民年收入从 2014 年以前的 1 万元/人上升到 2018 年的 3 万元/人，增收效果显著，不仅吸引本村外出务工人员返乡创业，还帮助提升了邻村的居民收入。

（二）要处理好几个关系

第一，产业振兴：处理好政府规划主导与内生动力培育的关系。

乡村振兴，产业兴旺是重点。习近平总书记强调，产业兴旺是解决农村一切问题的前提。琼海市在农业绿色发展先行先试过程中，以绿色发展拓宽乡村产业振兴空间，推动一些乡村依托当地自然资源和生态环境，从传统种养业向乡村旅游、民俗观光产业转型。其中，沙美村打造"椰林水韵""饮水思源""滨海长廊""耕读传家""山海在望"和"金牛泉涌"等沙美六景，发展乡村旅游、民俗体验、农家餐饮等农村特色产业；北仍村在保护绿色生态环境和保持原汁原味特色村庄的同时，建成三环骑行绿道、乡愁味道农家乐、草寮咖啡屋、庭院时光咖啡屋、北仍书屋、北仍大客厅、重教之家等一批景点发展乡村旅游。乡村旅游业迅速发展的同时，也存在一些问题：一是产业持续发展内生动力不足。如沙美村在美丽乡村建设过程中，得到政府财政的大力支持，使得生态环境和人居环境大力改善、乡村旅游产业兴起，但旅游项目较少、民俗供应不足，缺乏吃、住、行、游、购、娱一体化多元化经营能力，乡村旅游产业发展缺少内生动力。以沙美村为例，2018年该村接待游客160余万人次，乡村旅游收入却仅有200万元，折算下来，平均每人次带来的旅游收入仅有1元多。二是村集体经济及其带动能力较弱。调研发现，两村的农家乐、民宿等旅游项目主要由少数村民经营，其他村民参与机会较少。同时，村内还没有健全经营管理机制，在组织管理、经营模式、利益分配等方面都还比较迷茫或者处于起步摸索阶段。如，沙美村对农家乐等经营主体仅收取部分卫生费用（100元/月）和摊位费（100元/月）；北仍村对经营主体按照经营收入的5％收取管理费，2018年村民仅获取300元/人的分红。三是产业融合度较低。沙美村、北仍村的乡村旅游产业并未与传统种养业实现深度融合，乡村休闲观光采摘、农情农事体验不足，村民的土地仍然以传统的槟榔、橡胶种植为主。乡村产业振兴，应基于当地的生态环境、民俗文化、产业基础打造适宜的特色产业，促进传统的种养业与加工业、旅游业的结合，丰富旅游项目与观光体验，增强盈利能力，壮大集体经济，让村民共享改革发展成果。

第二，人才振兴：处理好总量过剩与结构性不足的关系。

实施乡村振兴战略，必须破解人才瓶颈制约。要把人力资本开发放在首要位置。琼海市在推进美丽乡村建设过程中，仍然面临着劳动力过剩与结构性不足的问题。如在沙美村和北仍村，一方面，由于土地流转和传统种养业的萎缩，除部分年轻劳动力外出打工外，大量劳动力闲置；另一方面，乡村旅游产业发展紧缺的管理人才、服务人才、电商人才、经营主体、新型职业农民等高素质人才供给不足。这要求当地在以绿色发展引领乡村振兴过程中，要注重引进和培养人才，壮大"一懂两爱"干部人才队伍。要引进产业发展管理人才，解决美丽乡村建设、乡村旅游发展遇到的难题；强化服务人才、电商人才等实用人才培训，提高乡村旅游产业服务水平，适应产业发展需要；培养新型经营主体等实干人才，提高适应市场和带动农民增收致富能力显著增强，为乡村振兴提供新动能；同时，把节约利用农业资源、保护产地环境、提升生态服务功能等内容纳入农业人才培养范畴，培养一批具有绿色发展理念、掌握绿色生产技术技能的新型职业农民。

第三，文化振兴：处理好乡村文化保护与开发的关系。

乡村是传统文化生长的家园，乡土文化是中华优秀传统文化的根柢。在乡村振兴战略实施过程中，既要做好新时代绿色健康的价值观和法治文化的传播，又要做好优秀农耕文化、民间艺术等绿色文化的挖掘和传承。琼海市有着丰富多样的文化资源，有黎苗文化、东坡文化、军坡公期文化、疍家文化、南洋文化等很多独具特色的文化资源。在推进美丽乡村建设的过程中，一方面要充分保护当地的文化传承，对当地文物古迹、传统村落、民族村寨等物质文化进行保护和修复；另一方面，要对民间艺术、文化遗产等非物质文化进行挖掘和传承，结合新时代的乡村绿色发展，修订《乡规民约》、践行社会主义核心价值观，丰富文化内涵；同时，也要充分对文化产业价值进行挖掘和开发，拓展农业功能、实行农商文旅结合，增加乡村发展内部动力。

第四，生态振兴：处理好经济发展与生态保护的关系。

乡村振兴，生态宜居是关键。良好生态环境是农村最大优势和宝贵财富。习近平总书记 2018 年 4 月在海南考察时强调，"要把保护生态环境作为海南发展的根本立足点，牢固树立绿水青山就是金山银山的理念，像对待生命一样对待这一片海上绿洲和这一汪湛蓝海水，努力在建设社会主义生态文明方面作出更大成绩。"沙美村同时拥有山峦林野风貌、南国田园风光、丘陵村落景观和海河湖泉景色，集"山水林田湖"生态景观为一体，为建设美丽乡村、打造乡村旅游，在内海全面退塘还林还湿，形成以红树林保护为主的湿地生态区。北仍村坚持"不砍树、不拆房、不占田，就地城镇化"的原则，整合提升自然景观、挖掘特色民俗风情、扶持特色产业发展、成立管委会。同时两村实行"户分类、村收集、镇转运、市处理"的垃圾处理模式，推进乡村厕所革命，建设污水管网，使生态环境和人居环境得到大力改善。但是，当地美丽乡村建设也面临着产业发展单一、规划推进缓慢的问题。究其原因，当地对生态环境的保护要求，使得建设乡村旅游产业配套设施用地批准受限，如沙美村建设观光码头，收到国家海洋局罚单，使得村集体对推进乡村旅游产业发展态度消极。因此，在美丽乡村建设的过程中，保护生态是前提，同时也要结合当地产业发展情况，灵活运用"增减挂钩"、"占补平衡"等政策工具，为当地产业发展配套设施建设提供建设用地支持。

第五，组织振兴：处理好党组织引领与村民自治实践的关系。

乡村振兴，治理有效是基础。在琼海市的美丽乡村建设过程中，基层党员在先行先试、退塘还湿、产业经营、纠纷化解等方面，发挥着重要的先锋模范作用，为生态保护、人居环境整治等工作推进作出了重要贡献，充分体现了基层党组织在乡村振兴过程中的主心骨和顶梁柱的作用。同时，除了村党委、村民委员会以外，以北仍村管委会、沙美休闲农业农民专业合作社为代表的经济组织、以村务协商会为代表的纠纷处理组织、以北仍客厅为代表的乡风引导组织，为完善基层治理发挥着重要作用。因此，一方面，要加强基层党组织建设，优化基层党组织带头人队伍，壮大基层党员队伍，大力推进村党组织书记通过法定程序担任村民委员会主任和集体经济组织、农民合作组织负责人，充分发挥基层党组织思想引领和组织引领的作用；另一方面，健全和创新党组织领导下的村民自治实践，鼓励村民建立完善充满活力的自治组织、志愿组织，开展绿色服务，倡导文明新风，壮大绿色经济组织体系，健全以党组织为核心的组织体系。

（三）提高科学思维能力

习近平总书记指出："马克思主义哲学深刻揭示了客观世界特别是人类社会发展一般规律，在当今时代依然有着强大生命力，依然是指导我们共产党人前进的强大思想武器。"[①] 在乡村振兴战略实施过程中，应学好用好马克思主义哲学，提高战略思维、辩证思维、创新思维和底线思维能力。

第一，提高战略思维能力，高瞻远瞩、统揽全局。

乡村振兴战略是党的十九大提出的七大战略之一，是以习近平同志为核心的党中央着眼党和国家事业全局，对"三农"工作作出的重大决策部署。在乡村振兴战略实施过程中，应从国家战略的高度，用全局的眼光和系统的方法来看待问题、分析问题、解决问题。2001 年，博鳌亚洲论坛落户海南，不仅给

---

① 中共中央宣传部．习近平新时代中国特色社会主义思想学习纲要［M］．北京：学习出版社，人民出版社，2019：241．

博鳌镇带去了名声和发展机遇，也让周边村镇焕发出蓬勃生机。北仍村，隶属嘉积镇官塘村，借助博鳌亚洲论坛的东风誉声海内外，吸引了各地游客的到来。2018年北仍村接待游客超过100万人次，本村80％的村民参与到旅游项目经营中，有力带动了本村村民收入的快速增长，还辐射带动周边其他自然村、村民小组，对当地的住宿、餐饮等服务业以及椰子、槟榔等传统产业起到了拉动作用；同时，以北仍村为核心的官塘组团，在北仍村接待能力受限的情况下，在住宿、餐饮等方面为北仍村提供了有力支撑。北仍村的良性发展得益于搭上了国家战略平台博鳌亚洲论坛的"顺风车"，选定了组团前行一体化发展的"小康路"。当地政府从战略全局的高度进行规划指导，是战略思维能力的具体实践。

第二，提高辩证思维能力，承认矛盾、解决矛盾。

在乡村振兴战略实施过程中，经济发展和生态保护是一对客观存在的矛盾，需要用辩证思维方法来看待和分析解决。沙美村和北仍村依托天然美好的生态景观发展乡村旅游，吸引到访游客超过百万人次，带动了村民收入的增加，如沙美村2018年乡村旅游收入200万元，充分体现了"保护生态环境就是保护生产力，改善生态环境就是发展生产力"①的真谛；同时，也应该看到，经济发展与生态保护的矛盾是不可避免的，如沙美村退塘还湿后，生态变美了，但村民的捕捞收入却损失了。看待这个问题，就要提高辩证思维能力，一方面承认矛盾，认识到退塘还湿、林木保育都是保护自然资源和生态环境的必然举措；另一方面分析矛盾、解决矛盾，及时转变发展理念，调整发展思路，健全组织管理、利益联结等运行机制，将产业发展与生态保护有机统一起来，真正实现绿水青山就是金山银山。

第三，提高创新思维能力，深化改革、促进发展。

在乡村振兴战略实施过程中，需要勇于开拓、敢于创新的组织和人才，落实新理念，深化改革，转变方式，促进发展。在美丽乡村建设和博鳌亚洲论坛的大背景下，生态环境得天独厚的沙美村和北仍村成为政府顶层设计的关键一环，海南省投入1亿多元专门支持沙美村美丽乡村建设。沙美村于2017年10月被纳入美丽乡村建设，是琼海市实施乡村振兴战略、建设博鳌田园小镇过程

---

① 2013年5月，习近平总书记在中央政治局第六次集体学习时指出。

中重点打造的美丽乡村，与博鳌国家农业公园一起作为海南乡村振兴战略的试验区。无论规划设计、基础设施建设，还是公共服务配套，政府对沙美村都倾注全力进行创新性开拓性的创建。海南电网公司琼海供电局将电缆全部入地，并提高电力建设标准，不仅使村子更美观，而且趋避了台风影响、使供电更有保障，可以满足未来5～10年的负荷增长需求。为了打消村民对美丽乡村建设的疑虑，村支书带头拆除自家房屋，村两委干部、党员表现出知难而进、开拓创新的勇气和魄力，以敢为人先的精神引领本村建设和发展，发挥了重要的"头雁"作用。

第四，提高底线思维能力，居安思危、未雨绸缪。

在乡村振兴战略实施过程中，保持农业的绿色本底，保护农村的生态资源，就是底线思维的具体体现。习近平总书记2013年4月在海南考察时就强调，青山绿水、碧海蓝天是建设国际旅游岛的最大本钱，必须倍加珍爱、精心呵护。北仍村在规划设计上，坚持"三不一就"（不砍树、不占田、不拆房、就地城镇化）的新型城镇化原则，最大限度保留传统村落，整合提升自然景观、挖掘特色民俗风情，让游客能够体验到原汁原味的乡风民俗。沙美村秉持"山水林田湖草是一个生命共同体"的生态保护理念，全面退塘还林还湿，恢复生态和景观功能，自2017年4月博鳌田园小镇建设以来，共清退鱼塘虾塘复植红树林568亩，打造以红树林保护为主的湿地生态区。这些做法都是底线思维方法在实践中的具体运用。

三、河北省张家口市崇礼区乡村旅游带动贫困农户增收

（一）发展乡村旅游业促进贫困农户增收模式

该种模式是指在乡土自然生态、环境景观基础上，结合农林渔牧和手工业生产经营活动、农村特色文化及农家生活，开发农产品采摘、农事体验、风情观光、餐饮住宿等功能，促进贫困农户增收的模式。河北省张家口市崇礼区把握京张携手筹办冬奥会、京津冀协调发展和建设国家可再生能源示范区发展机遇，结合全区"旅游＋"产业战略和美丽乡村建设，以三道河区域为核心区，探索"旅游＋休闲农业"带动贫困农户增收模式，其中仅西湾子一个镇就通过"一带辅双游"带动295户贫困户656个贫困人口稳定脱贫。

第一，全区域规划开发。把自下而上的积极性和自上而下的顶层设计结合起来，坚持规划先行、规划引领。崇礼区把三道河区域规划为"一轴一线三区"——沿张沽线产业发展轴、山间绿道休闲游赏路线和上下两间房现代农业示范区、上下三道河及刷见草沟乡村旅游示范区、王子沟休闲度假示范区，有效避免了重复建设、发展失序。

第二，全要素融合发展。强化政策引导扶持，引进具有一定资金实力和管理能力的专业企业，充分发掘各种自然资源与人文资源、农业资源与非农业资源、物质文化资源与非物质文化资源，打造农业生产、农民生活、农村生态"三生一体"的旅游休闲业态。在"一轴一线三区"规划引领下，西湾子镇整合资源要素，依托王子沟雪上运动区提供就业岗位，帮助 35 户 67 人稳定脱贫，结合美丽乡村建设发展农家旅馆，带动 149 户 321 人稳定脱贫，开发观光采摘、农事体验等农业旅游项目，带动 111 户 268 人稳定脱贫。

第三，全程式旅游休闲。着眼全面调动和满足消费者视觉、听觉、嗅觉、味觉、触觉，把分散的资源聚点连线、闭环成面，拓展吃、住、行、游、购、娱多功能体验。崇礼区依托生态农业和田园风光，通过农业龙头企业和农民合作组织带动农户发展设施果蔬、认种基地、摄影写生等农业旅游项目。2016年有 8 家企业、合作社被命名为"河北省休闲农业园和休闲农业采摘园"，"油菜花景观"被评选为"河北美丽田园"。崇礼区山亚湾农业旅游开发有限公司规划建设生态农业示范区、农耕文化展示体验区、锦鲤观赏养殖及休闲垂钓区、绿地景观特色休闲区、儿童益智娱乐区、"乡村花海"文化园、珍稀动物观赏区、餐饮住宿综合服务中心等八大功能区块，着力打造大型旅游休闲农业综合体。

第四，全方位带动增收。广泛调动和支持贫困农户参与旅游休闲产业项目，大力开拓贫困农户增收渠道，创造条件使贫困农户依托土地流转赚租金、劳动就业赚薪酬、投资入股赚红利。崇礼区山亚湾农业科技生态园流转土地280 亩，每亩租金 800 元/年；吸纳就业 150 人，月均工资 2 000 元以上；把70 万元扶贫资金作为股本注入企业，2016 年给 200 个贫困户分红 12 万元。

（二）以冬奥举办为契机，建立"旅游＋产业"区域开发整体布局

崇礼区以 2022 年冬奥会举办为契机，以打造奥运农产品为目标，结合全

区"旅游＋"产业战略和美丽乡村建设，推行"特色农业＋旅游""美丽乡村＋休闲农业"扶贫模式。以三道河区域开发为总体布局，以西湾子镇上、下三道河、刷见草沟3个村为重点，建成观光农业、乡村旅游、现代农业相结合的脱贫模式，其中把下三道河村打造成示范点，脱贫路径为"订单农业＋三金（租金、股金、薪金）"。

三道河区域位于崇礼城区西南部，总面积74平方公里，涉及10个村、2 066户、4 847人，其中精准脱贫村7个（包括下三道河、瓦窑、刷见草沟村）、贫困户396户794人，贫困人口相对集中；可用耕地较少，总面积7 748.4亩，人均不足1.6亩，对以种植业为主要来源的农民收入制约较大，2015年人均纯收入仅5 830元，只有全省平均水平的一半。2016年，下三道河村和刷见草沟村被确定为美丽乡村建设省级示范村。

三道河区域有三大优势：一是交通区位优势明显。三道河区域距崇礼主城区10公里，距张家口市主城区29公里，距张承高速巴图湾出口和草原天路坝场线入口仅5公里，省道张沽线（S242）贯穿全境，交通较为便捷。二是农业发展基础较好。设施蔬菜发展到3 000多亩，占全部可用耕地面积的近40%，并聚集了崇河、山亚湾、爱度、钰琪等多家农业龙头企业，形成了从育苗到深加工的完整农业产业链条，农业产业化程度较高。三是旅游发展潜力巨大。境内遗存了古树名木和响铃寺等人文古迹，以观光采摘、农事体验、农家旅馆为重点的乡村旅游形成一定规模，为打造乡村旅游胜地创造了优越条件。

（三）以"旅游＋休闲农业"整体规划为引领，积极引入龙头主体

崇礼区按照"优质资源＋实体项目＋美丽乡村"的招商模式，引进有实力的企业参与旅游综合开发，建设美丽乡村，依托生态农业和田园风光，重点打造"旅游＋休闲农业"产业，通过农业龙头企业和农业经济合作组织带动周边农户发展观光采摘、认种基地、农事体验、摄影写生等农业旅游项目，提升农业产业附加值，促进一、三产业融合互动。2016年，有富京、远大等8家龙头企业或合作社被评选为四星级"河北省休闲农业园和休闲农业采摘园"，获评数量占河北省总数的8.9%，"油菜花景观"被评选为河北美丽田园，崇礼区被认定为"全国休闲农业与乡村旅游示范县"。

在此整体规划引领下，西湾子镇以三道河区域"旅游＋现代农业"的发展定位，把整个区域规划为"一轴一线三区"："一轴"即沿张沽线产业发展轴，"一线"即山间绿道休闲游赏路线，"三区"即上下两间房现代农业示范区、上下三道河及刷见草沟乡村旅游示范区、王子沟休闲度假示范区。

依托"一轴一线三区"的区域优势，西湾子镇"一带辅双游"创新脱贫模式。"一带"指景区带村。依托王子沟度假小镇，为周边村庄发展乡村旅游提供丰富的客源。同时，景区还可直接为当地农户提供就业岗位，帮助 35 户 67 人稳定脱贫。"双游"指美丽乡村民宿游和农事体验观光游。美丽乡村民宿游，主要在上下三道河及刷见草沟乡村旅游示范区，通过"政府扶持、企业实施、群众参与"的方式，结合美丽乡村建设进行民宿旅游综合开发，并依托崇河、山亚湾 2 家龙头企业带动群众发展农家旅馆，可辐射刷见草沟、东南沟、上三道河、下三道河、王子沟、瓦窑 6 个村 943 户 2 208 人，带动 149 户 321 人稳定脱贫。农事体验观光游，主要在上下两间房现代农业示范区，以爱度、钰琪、金源 3 家企业为带动，引导和支持群众发展观光采摘、农事体验等农业旅游项目，可辐射上两间房、干沟、下两间房 3 个村、870 户 1 977 人，带动 111 户 268 人稳定脱贫。

（四）以企业为龙头通过多要素合作，积极带动贫困农户增收脱贫

以西湾子镇三道河"旅游＋现代农业"核心区域的山亚湾农业科技生态园项目为典型，有关产业开发项目实施过程中比较注意贫困农户的脱贫增收机制构建。

崇礼区山亚湾农业旅游开发有限公司从 2014 年开始在西湾子镇下三道河村投资以农业休闲、农业文化为主题，集农业观光、餐饮美食、民俗文化、休闲采摘、体验娱乐为一体的大型休闲农业旅游综合体，目前规划了生态农业示范区，农耕文化展示体验区，锦鲤观赏养殖及休闲垂钓区，绿地景观特色休闲区，儿童益智娱乐区，"乡村花海"文化园，珍稀动物观赏区，餐饮住宿综合服务中心等八大功能区块，并建设了其中的部分功能模块内容。该项目在开发建设过程中，积极整合资本、土地、劳动力等要素，提高当地村民特别是贫困农户在该项目当中的参与程度。

第一，依托土地流转赚租金。山亚湾农业科技生态园项目在打造以低温季节喜温蔬菜、花卉等供游客冬季采摘、观赏为主的生态农业示范区过程中，共流转土地 280 亩，每亩租金 800 元/年，增加了包括贫困农户在内的下三道河村土地流转农户的出租收益。

第二，吸纳劳动就业赚薪金。山亚湾农业科技生态园通过建造生态温室餐厅以及开展其他方面的项目投资建设，共吸纳就业 150 人（80% 为当地村民，辐射 7 个村），其中近半为贫困农民，月平均工资 2 000 元以上。

第三，项目投资入股赚红金。山亚湾农业科技生态园将投入的 90 万元扶贫资金，20 万元用于基础设施建设，70 万元作为股本金注入企业，2016 年 200 户贫困户（含低保、五保户）户均分红 600 元。

由于在旅游扶贫方面的良好带动效果，崇礼区下三道河的山亚湾农业科技生态园合作社也在 2016 年被国家旅游局评定为全国 65 个"合作社＋农户"旅游扶贫示范项目之一。

（五）以休闲农业旅游综合体为方向，培育产业持续发展内生动力

必须看到，目前包括山亚湾农业科技生态园项目在内的西湾子镇甚至整个崇礼区的"旅游＋现代农业"项目还处于发展建设的初期，下一步全面实施、深入推进有关发展规划，仍然需要多维度提升运营能力。

第一，需要进一步延伸项目服务功能。有关项目的盈利来源需要从依赖餐饮、门票等单一收入渠道，拓展到包含吃、住、行、游、购、娱的多个维度，抓紧完善住宿功能、配套建设其他游乐体验设施，努力通过高标准的住宿设施，让更多游客愿意在园区住下来，并在过程中进一步转化为游、行、购、娱消费，提升产业附加值。同时，也需要进一步协调、整合同一区域内不同景区之间的功能定位，避免低水平的重复竞争，实现互补互促的角色分工。

第二，需要进一步拓展农户参与途径。农户的项目参与收入除来自土地租金、打工薪金和入股红金，还可以在农宅、手工业等方面做文章。当前包括山亚湾农业科技生态园项目在内，崇礼区的不少相关项目正在着手推进美丽乡村建设，可以考虑在农户自愿的基础上，引导农民尤其是贫困农户将闲置的空房屋统一规划和装修后，作为民宿统一对外出租经营，既解决旅游项目建设用地

不足的问题，也为贫困农户增加房屋出租的财产性收入。同时，还可以鼓励项目区有意愿和能力的农户发展特色农家餐饮和特色农产品、手工业生产，实现自身、带动周边村民增收致富。

第三，需要进一步开阔项目资金渠道。以山亚湾农业科技生态园项目为例，目前该项目已投入了 7 000 多万元，而要想按照规划设计形成完整产业链条，则仍然需要数以千万计的后续项目资金投入。这些后续资金投入，仅靠项目投资方自身的资金筹措和政府部门适当的扶贫资金注入可能还不足以完成项目预期建设目标。因此，崇礼区在"旅游＋现代农业"项目实施过程中，亟须建立合理的农业领域政府和社会资本合作（PPP）项目投资、建设、运营机制，吸引第三方市场资金支持。这种机制建立，需要政府部门的宏观制度设计和优惠政策导向，引导大中城市的工商资本愿意来、希望留、留得住，既能造福一方百姓和经济，又能具有商业上的可持续性。

第四，需要进一步提升管理团队能力。面对未来更为宏大的业务布局，崇礼区现有的相关项目管理团队需要进一步配备生产、营销、酒店、财会等多方面的中青年业务骨干，但就目前的项目方财力和整体经营环境而言，还很难吸引足够优秀的年轻人加盟和持续参与。这也是农业农村创业创新项目面临的共性问题。因此，崇礼区亟须进行整体的农业创业创新人才的培育扶持，需要进一步挖掘当地有意愿、有潜力的"农二代"，进一步提高这些中青年人员的业务技能水平，实现更低成本和更可持续的团队修炼和组建。

【教师简介】

韩洁，学院农业农村法治研究中心（农业农村部法律服务中心）副主任、副研究员。被聘任为中国农业科学院研究生院专业学位研究生校外指导教师。

研究领域：农业农村政策、乡村治理、农业补贴、现代农业经营体系等。

主讲课程：休闲农业和乡村旅游典型案例、乡村治理体系建设与典型案例、我国财政支农政策及其发展趋势等。

科研情况：主持国家社科基金、国家软科学农业农村部软科学等国家级、省（部）级研究项目，参加多项农业农村部领导交办、司局委托课题研究。在《人民日报》《农民日报》《改革》、清华大学《"三农"决策要参》等报刊和内参发表论文。出版学术专著 2 部。研究成果获得正国级领导、农业农村部领导肯定性批示和表扬。

PART

03

第三部分

现代农业经营体系

农民合作社规范化建设[*]

于占海

▶《中华人民共和国农民专业合作社法》（简称《农民专业合作社法》）于2007 年 7 月 1 日正式实施。10 多年来，农民专业合作社得到了快速发展，农民合作社作为新型农业经营主体的关键力量，已经成为促进小农户和现代农业有机衔接的核心载体。但在发展的同时也存在一些瓶颈问题，通过本文学习，让学员了解农民合作社高质量发展的法规政策，理清合作社发展思路，明确规范化建设要点，助力农民合作社又好又快发展。

2006 年十二届全国人大常委会通过了《中华人民共和国农民专业合作社法》，2007 年 7 月 1 日开始正式实施。10 多年来，农民专业合作社得到了快速发展，也取得了很多成效。到 2021 年 9 月底，全国农民专业合作社已经超过了 224 万家，每一个村平均有三四家农民合作社。

从合作社发展内部看，农民合作社不仅仅在数量上得到了快速的增长，发展的质量也在稳步提升。全国有 18 万家各级示范社，其中国家级示范社超过9 000 家，这些都是农民合作社的标杆，也是农民合作社的榜样，也代表了农民合作社发展的最高水平。在数量快速增长，质量稳步提升的基础之上，合作社的产业类型也日趋多样，基本涵盖了种植、养殖、畜牧、休闲农业、手工业、光伏、电商等各个行业。同时合作社的合作内容也在不断丰富，合作社为成员提供产前、产中、产后一条龙服务，服务能力也在不断增强，这都是合作社取得的实实在在的一些成效。

---

* 本文是在 2020 年农民合作社带头人能力提升研修班（第六期）进行讲授时的课程文稿，课程评估分值为 4.97 分。

从合作社发展外部看，农民合作社的法律法规体系比较健全，支持保护农民合作社发展的相关政策也比较完善，有中央的政策，有各个部委的政策，各省份也针对农民合作社的发展，出台了一系列的相关文件及相关政策。另外，农民合作社的社会影响力越来越大，比如，农民合作社理事长当选为十三届全国人大代表的，初步统计已经有 54 位，这个比例还是非常高的。

我们看到农民专业合作社在取得巨大成绩的同时，也不得不承认合作社内部也存在着一些问题，比如合作社规模小，散、弱，成员与合作社的利益连接机制还没有完全建立起来，合作社带动能力还不足、规范化办社水平还不太理想。剖析一下根源，主要有两个方面，一方面是就合作社本身来讲，办社能力还需要不断提升，只有办社能力提升了，社会影响力才能更大，才能够为成员带来更大的利益，为周边农户更好地提供服务；另外一方面，合作社辅导员指导服务水平还需要加强，做到吃透合作社法律、政策，更好去指导合作社的发展。

一、法律修订

（一）法律修订的背景、成效、问题

近年来，随着农村分工分业深化，农民专业合作社的发展出现了许多新情况，现行农民专业合作社法的一些规定已不适应合作社实践发展的需要。

第一，发展环境有待优化。虽然《农民专业合作社法》已经实施近 10 年，但对合作社这一市场主体认知模糊，没有将合作社摆到应有的市场主体位置上，存在求形式不究实质、重数量轻质量、管建立不服务等粗放发展的倾向。近年来虽然中央层面出台了不少合作社支持政策，但一些政策仍然落不了地，用地难、融资难、融资贵等仍然是普遍难题。随着合作社规模的扩大，自然风险、市场风险、质量安全风险等系统性风险显著增加，迫切需要给予保险政策支持。

第二，组织形态与业务内容不断拓展。一些农民专业合作社由单一的生产经营向从事多种经营和服务的综合化方向发展，需要对专业合作社的内涵重新界定。土地股份合作社、光伏合作社、电商合作社以及一些依托当地自然或传统人文资源优势成立的农村民间工艺及制品合作社、休闲农业与乡村旅游合作社等经营范围不断扩大、服务领域不断拓宽的多种新型合作社不断涌现，需要予以规范和扶持。

第三，一些专业合作社有基本制度但规范不够。有的没有按照法律规定运营合作社；一些合作社没有制定符合自身实际的章程，"千社一章"；有些合作社成员大会、理事会、监事会流于形式，管理不民主；部分合作社"合而不作"，成员仍"单打独斗"；有的合作社处于休眠状态，甚至是"空壳社""挂牌社"；有的合作社财务管理薄弱，只记流水账，财务报表不符合要求，成员账户制度落实不到位，盈余分配制度待完善。存在管理不民主、财务制度不健全等问题，影响和制约了合作社的健康发展，需要进一步规范和完善其内部运行机制。

第四，联合社没地位。一些地方的专业合作社为扩大规模，增强竞争力，专业合作社之间成立的联合社缺乏相应的法律规定，需要明确其法律地位，规范和保障其发展。

（二）修订的主要内容

第一，进一步规范农民专业合作社的组织和行为。为更好地发挥法律对农民专业合作社规范发展的引导作用，这次法律修改在规范农民专业合作社的组织和行为方面做了一些补充和完善，比如总则第一条将第二句"规范农民专业合作社的组织和行为"提前到第一句，开宗明义突出规范导向；第八条明确规定农民专业合作社不得从事与章程规定无关的活动；第十七条规定应当按照国家有关规定向登记机关报送年度报告，并向社会公示；第二十六条规定成员不遵守章程、成员大会或者成员代表大会的决议，或者严重危害其他成员及农民专业合作社利益的，可以予以除名；第三十二条第二款规定依法设立成员代表大会的，成员代表人数一般为成员总人数的10%，最低人数为51人；第七十一条规定连续两年未从事经营活动的，吊销其营业执照。

第二，取消同类限制，扩大法律调整的范围。现行合作社法第二条规定，"农民专业合作社是在农村家庭承包经营基础上，同类农产品的生产经营者或者同类农业生产经营服务的提供者、利用者，自愿联合、民主管理的互助性经济组织"。为适应各种类型的农民专业合作社并行发展，从专业化基础上向综合化方向发展的趋势，以及农民对各类合作社提供服务的需求日益多元，不局限于同类农产品或者同类农业生产经营服务的范围，修订后的《农民专业合作社法》第二条取消了有关"同类"农产品或者"同类"农业生产经营服务中的"同类"的限制，扩大了法律的调整范围，同时第三条以列举的方式明确农民专业合作社经营和服务的业务范围，增加了"农村民间工艺及制品、休闲农业和乡村旅游资源的开发经营等"。

第三，明确对合作社事业发展作出突出贡献的单位和个人予以表彰和奖励。表彰作为褒扬先进的一种重要形式，对推动农民专业合作社事业持续发展具有重要作用。为从法律层面对表彰予以规范，修订后的《农民专业合作社法》第十条第三款明确"对发展农民专业合作社事业做出突出贡献的单位和个人，按照国家有关规定予以表彰和奖励"。

第四，建立农民专业合作社工作的综合协调机制。为加强部门间协调配合，强化指导扶持服务职能，形成促进农民专业合作社规范健康发展的合力，修订后的《农民专业合作社法》第十一条规定，"县级以上人民政府应当建立农民专业合作社工作的综合协调机制，统筹指导、协调、推动农民专业合作社的建设和发展"，"县级以上人民政府农业主管部门、其他有关部门和组织应当依据各自职责，对农民专业合作社的建设和发展给予指导、扶持和服务"。

第五，允许土地经营权、林权作价出资。随着农村家庭承包经营制度进一步完善，以土地经营权出资参加农民专业合作社的现象越来越普遍。为适应农民财产多样化和农村土地"三权"分置的发展趋势，平衡农民财产权利的实现和农村社会稳定之间的关系，保护农村家庭承包经营户在农民专业合作社中的利益，完善农民专业合作社出资结构。修订后的《农民专业合作社法》第十三条增加了土地经营权、林权作价出资的规定，明确农民专业合作社成员"可以用实物、知识产权、土地经营权、林权等可以用货币估价并可以依法转让的非货币财产，以及章程规定的其他方式作价出资；但是，法律、行政法规规定不得作为出资的财产除外"。同时规定，"农民专业合作社成员不得以对该社或者其他成员的债权，充抵出资；不得以缴纳的出资，抵销对该社或者其他成员的债务。"

第六，增加对农民专业合作社平等权利的保护。为保障农民专业合作社在向公司投资、从事农产品深加工以及其产品进入超市销售等方面，享有与其他市场主体平等的法律地位，修订后的《农民专业合作社法》第七条明确规定，"国家保障农民专业合作社享有与其他市场主体平等的法律地位"；第十八条明确规定，"农民专业合作社可以依法向公司等企业投资，以其出资额为限对所投资企业承担责任"。

第七，增加登记信息通报同级农业等有关部门。《政府信息公开条例》明确规定，行政机关应当及时、准确地公开政府信息。共享农民专业合作社在工商行政管理部门登记的基础数据，是增强指导扶持服务效率、提高政府工作透明度、促进依法行政的关键举措。修订后的《农民专业合作社法》第十六条第四款增加了"登记机关应当将农民专业合作社的登记信息通报同级农业等有关部门"的内容。

第八，增加了"农民专业合作社联合社"一章（第七章），共8条。农民专业合作社按照自愿、平等、互利的原则设立联合社，是世界各国合作社发展的普遍做法。目前我国已经有14个省份对联合社的注册登记作了原则规定，由于过去缺乏上位法的依据，一定程度上影响了联合社的发展。修订后的《农民专业合作社法》在总则第九条规定，"农民专业合作社为扩大生产经营和服务的规模，发展产业化经营，提高市场竞争力，可以依法自愿设立或者加入农民专业合作社联合社"；增加的第七章"农民专业合作社联合社"，对联合社的成员资格、注册登记、组织机构、治理结构等作了规定，明确3个以上的农民专业合作社（企业不入联）在自愿的基础上可以出资设立农民专业合作社联合社，依法登记取得法人资格，登记类型为农民专业合作社联合社；联合社的成员大会选举和表决，实行一社一票。

第九，增加了新的支持政策内容。为进一步加大对农民专业合作社的支持力度，修订后的《农民专业合作社法》增加了保险服务、互助保险、用电用地等政策规定；第六十五条规定，国家对革命老区、民族地区、边疆地区和贫困地区的农民专业合作社给予优先扶助，县级以上人民政府有关部门应当依法加强对财政补助资金使用情况的监督；第六十六条第三款规定，国家鼓励保险机构为合作社提供多种形式的农业保险服务，鼓励合作社依法开展互助保险；第六十八条规定，合作社从事农产品初加工用电执行农业生产用电价格、生产性配套辅助设施用地按农用地管理，具体办法由国务院有关部门规定。

二、农民合作社发展的政策

（一）领导关怀

2013 年 3 月 8 日，习近平参加十二届全国人大一次会议江苏代表团审议时指出，农村合作社就是新时期推动现代农业发展、适应市场经济和规模经济的一种组织形式。

2016 年 5 月，习近平总书记在黑龙江省考察调研时指出，农业合作社是发展方向，有助于农业现代化路子走得稳、步子迈得开。农民专业合作社是带动农户增加收入、发展现代农业的有效组织形式，要总结推广先进经验，把合作社进一步办好。

2018 年 9 月 21 日，中共中央政治局就实施乡村振兴战略进行第八次集体学习时，习近平总书记指出"要突出抓好农民合作社和家庭农场两类农业经营主体发展，赋予双层经营体制新的内涵，不断提高农业经营效率"，同时强调"发挥亿万农民的主体作用和首创精神"。

2020 年 7 月 22 日，习近平总书记考察四平市梨树县卢伟农机农民专业合作社时强调，鼓励全国各地因地制宜发展合作社，探索更多专业合作社发展的路子来。

（二）党的决议

党的十八大报告提出，坚持和完善农村基本经营制度，依法维护农民土地承包经营权、宅基地使用权、集体收益分配权，壮大集体经济实力，发展农民专业合作和股份合作，培育新型经营主体，发展多种形式规模经营，构建集约化、专业化、组织化、社会化相结合的新型农业经营体系。

中共十八届三中全会提出，鼓励农村发展合作经济，扶持发展规模化、专业化、现代化经营，允许财政项目资金直接投向符合条件的合作社，允许财政补助形成的资产转交合作社持有和管护，允许合作社开展信用合作。

党的十九大报告提出实施乡村振兴战略。农业农村农民问题是关系国计民生的根本性问题，必须始终把解决好"三农"问题作为全党工作的重中之重。

要坚持农业农村优先发展，按照产业兴旺、生态宜居、乡风文明、治理有效、生活富裕的总要求，建立健全城乡融合发展体制机制和政策体系，加快推进农业农村现代化。乡村振兴的五个振兴分别是产业振兴、人才振兴、文化振兴、生态振兴、组织振兴。

中共十九届五中全会指出，加快培育农民合作社、家庭农场等新型农业经营主体，健全农业专业化社会化服务体系，发展多种形式适度规模经营，实现小农户和现代农业有机衔接。

（三）中央一号文件

2004年中央一号文件规定，从2004年起，中央和地方财政应分别安排资金，支持合作社开展信息、培训、质标与认证、生产基建、市场营销、技术推广等服务。

2013年中央一号文件在以下几方面作了规定。

两个机制：实行部门联合评定示范社机制，分级建立示范社名录，把示范社作为政策扶持重点。安排部分财政投资项目直接投向符合条件的合作社，引导国家补助项目形成的资产移交合作社管护，指导合作社建立健全项目资产管护机制。

财政资金支持：增加农民合作社发展资金，支持合作社改善生产经营条件、增强发展能力。

涉农项目支持：逐步扩大农村土地整理、农业综合开发、农田水利建设、农技推广等涉农项目由合作社承担的规模。

流通加工支持：对示范社建设鲜活农产品仓储物流设施、兴办农产品加工业给予补助。

金融信贷支持：在信用评定基础上对示范社开展联合授信，有条件的地方予以贷款贴息，规范合作社开展信用合作。

2016年中央一号文件规定，发挥多种形式农业适度规模经营引领作用。积极培育家庭农场、专业大户、农民合作社、农业产业化龙头企业等新型农业经营主体。大力发展休闲农业和乡村旅游。积极扶持农民发展休闲旅游业合作社。完善农业产业链与农民的利益联结机制。鼓励发展股份合作，引导农户自愿以土地经营权等入股龙头企业和农民合作社，采取"保底收益＋按股分红"等方式，让农户分享加工销售环节收益，建立健全风险防范机制。加强农民合作社示范社建设，支持合作社发展农产品加工流通和直供直销。推动金融资源更多向农村倾斜。扩大在农民合作社内部开展信用合作试点的范围，健全风险防范化解机制，落实地方政府监管责任。

2019年中央一号文件规定，支持合作社开展农产品初加工、农技推广。开展农民合作社规范提升行动，深入推进示范合作社建设，健全农民合作社发展的政策体系和管理制度。

2020年中央一号文件规定，启动农产品仓储保鲜冷链物流设施建设工程。中央安排资金支持各类主体建设产地分拣包装、冷链保鲜、仓储运输、初加工等设施，设施用电执行农业生产用电价格。

2021年中央一号文件规定，推进现代农业体系建设。推进农民合作社质量提升，加大对运行规范的合作社支持力度。

三、规范化建设要点

（一）发挥章程作用

章程是决定合作社发展方向的根本制度。《农民专业合作社法》中有47处提到"章程"，其中有33项要由章程作出具体规定。

一是要按照合作社法要求，参照《农业农村部农民专业合作社示范章程》，制定符合自身实际的章程。名称和住所、业务范围（成员范围和经营范围）、成员资格及入社退社和除名、成员权利与义务、组织机构职权任期和议事规则、成员的出资方式及出资额、财务管理、盈余分配及亏损处理、解散事由和清算办法等都可以在章程中载明。

二是章程一经发起人通过，就要严格执行。要根据生产经营活动和自身变化及时修改章程。修改章程要经成员大会讨论，并应由本社成员表决权总数2/3以上通过。

（二）明晰产权关系

第一，农民合作社应明确各类资产的权属关系。

第二，村集体经济组织、企事业单位、种养大户等领办农民合作社的，应严格区分其与农民合作社之间的产权。

第三，成员以其账户内记载的出资额和公积金份额为限对农民合作社承担责任。

第四，农民合作社公积金、财政补助资金形成的财产、捐赠财产应依法量化到每个成员。

第五，财政补助形成的资产转交农民合作社持有和管护的，应明确资产权属，建立健全管护机制。

第六，农民合作社接受国家财政直接补助形成的财产，在解散、破产清算时，不得作为可分配剩余资产分配给成员。

（三）完善协调运转组织机构

第一，农民合作社要依法建立成员（代表）大会、理事会、监事会等组织机构。

第二，成员（代表）大会是农民合作社的最高权力机构，每年至少召开一次，决策部署本社重大事项，选举和表决实行一人一票制加附加表决权。理事会是执行机构，负责落实成员（代表）大会决定，管理日常事务。监事会是监督机构，代表全体成员监督理事会的工作。

第三，理事会和监事会会议的表决，实行一人一票。

第四，规范经理选聘程序和要求，明确经理工作职责。

第五，理事长、理事、经理和财务会计人员不得兼任监事。

（四）成员账户与档案管理

第一，农民合作社应为每个成员建立成员账户，准确记载成员出资额、公积金量化份额、与农民合作社交易量（额）等内容。

第二，加强档案管理，建立符合自身产业特点、行业要求的基础台账，包括成立登记、年度计划、规章制度、会议记录（纪要）以及产品加工、收购、购销合同等文书档案，会计凭证、账簿、成员盈余分配等会计档案以及其他档案。

（五）收益分配

第一，可分配盈余中，按成员与农民合作社的交易量（额）比例返还的总额不得低于可分配盈余的60％；剩余部分依据成员账户中出资额、公积金份额、财政补助和社会捐赠形成的财产平均量化的份额，按比例进行分配。

第二，农民合作社可以由章程或成员（代表）大会决定，对成员为农民合作社提供管理、技术、信息、商标使用许可等服务或作出的其他突出贡献，给予一定报酬或奖励，在提取可分配盈余之前列支。

第三，农民合作社可以从当年盈余中提取公积金、公益金和风险金。

第四，农民合作社不得将成员作为牟利对象，其与成员和非成员的交易应当分别核算。

（六）年度报告制度

第一，农民合作社要通过企业信用信息公示系统定期向工商部门报送年度报告。

第二，有关部门根据年报公示信息，加强对农民合作社的监督管理和配套服务，对没有按时报送信息或在年报中弄虚作假的合作社，列入经营异常名录，并不得纳入示范社评定和政策扶持范围。

企业年度报告的主要内容应包括公司股东（发起人）缴纳出资情况、资产状况等。

经检查发现企业年度报告隐瞒真实情况、弄虚作假的，工商行政管理机关依法予以处罚，并将企业法定代表人、负责人等信息通报公安、财政、海关、税务等有关部门。

对未按规定期限公示年度报告的企业，工商行政管理机关在市场主体信用信息公示系统上将其载入经营异常名录，提醒其履行年度报告公示义务。

企业在三年内履行年度报告公示义务的，可以向工商行政管理机关申请恢复正常记载状态；超过三年未履行的，工商行政管理机关将其永久载入经营异常名录，不得恢复正常记载状态，并列入严重违法企业名单（"黑名单"）。

根据工商部门通报数据显示，截至 2017 年 3 月底，全国被列入经营异常名录的农民专业合作社 43.6 万户，占全国农民专业合作社的 23.5%。

（七）登记条例

第一，完善了农民合作社的登记规范。明确一般登记事项。农民合作社的一般登记事项有 6 项，即名称、主体类型、经营范围、住所或者主要经营场所、出资额、法定代表人姓名。明确备案事项。农民合作社的章程和成员须向登记机关办理备案。章程或成员发生变更的，农民合作社还应当及时办理变更登记和备案。对于章程发生变更的，农民合作社应当自作出变更决议之日起30日内向登记机关办理备案；对于成员发生变更的，备案期限延长至90日，农民合作社应当自本会计年度终了之日起90日内向登记机关办理备案。

第二，构建了宽松便捷的市场准入制度，提升登记便利度。《中华人民共和国市场主体登记管理条例》推行当场办结、一次办结、限时办结制度，提高农民合作社等市场主体的登记效率。

创新登记形式。《中华人民共和国市场主体登记管理条例》将电子化登记法律化，明确了电子营业执照的法律效力，农民合作社电子营业执照与纸质营业执照具有同等法律效力。实现网上办理、异地可办，申请人可异地网上申请农民合作社设立登记、变更登记和注销登记，不受登记地限制。

第三，创设了兼顾效率与安全的市场退出制度。《中华人民共和国市场主体登记管理条例》设立了歇业制度，因自然灾害、事故灾难、公共卫生事件、社会安全事件等原因造成经营困难的，农民合作社等市场主体可以自主决定在一定时期内歇业（最长3年）。实行简易注销登记程序。现实中，因市场主体注销手续复杂、耗时，有的经营者法律意识淡薄、诚信意识较弱，一些主体放弃办理注销或"吊而不销"，成为市场主体登记管理面临的难题。为解决市场主体注销难，《中华人民共和国市场主体登记管理条例》针对未发生债权债务，或者已将债权债务清偿完结的市场主体建立了简易注销制度，通过全体出资人承诺、系统公示等措施，大幅缩短了注销时长。

四、重点任务

（一）关于开展农民合作社规范提升行动的若干意见

2019年9月，中央农办、农业农村部等11部门联合下发了《关于开展农民合作社规范提升行动的若干意见》（简称《意见》）。

《意见》从总体要求、提升规范化水平、增强服务带动能力、开展"空壳社"专项清理、加强试点示范引领、加大政策支持力度、强化指导服务等7个方面，对农民合作社发展提出了明确要求。

《意见》从哪些方面对农民合作社规范提升给予政策支持？

一是加大财政项目扶持。统筹整合资金加大对农民合作社的支持力度，把深度贫困地区的农民合作社、县级及以上农民合作社示范社、农民合作社联合社等作为支持重点。

二是创新金融服务。支持金融机构结合职能定位和业务范围，对农民合作社提供金融支持。鼓励全国农业信贷担保体系创新开发适合农民合作社的担保产品，开展中央财政对地方优势特色农产品保险奖补试点。鼓励各地探索开展产量保险、农产品价格和收入保险等农业保险品种。探索构建农民合作社信用评价体系。

三是落实用地用电政策。明确农民合作社从事设施农业，其生产设施用地、附属设施用地、生产性配套辅助设施用地，符合国家有关规定的，按农用地管理。通过城乡建设用地增减挂钩节余的用地指标积极支持农民合作社开展生产经营。落实农民合作社从事农产品初加工等用电执行农业生产电价政策。

四是强化人才支撑。分级建立农民合作社带头人人才库，分期分批开展农民合作社骨干培训。依托贫困村创业致富带头人培训，加大对农民合作社骨干的培育。鼓励有条件的农民合作社聘请职业经理人。鼓励支持普通高校设置农民合作社相关课程、农业职业院校设立相关农民合作社专业或设置专门课程。鼓励各地开展农民合作社国际交流合作。

（二）农民合作社整县推进试点

2018 年 10 月，农业农村部启动了农民专业合作社质量提升整县推进试点，选择了 8 个省的 30 个县作为第一批试点，周期为两年，到 2020 年年底结束。2019 年增加 128 个试点县，使试点县扩大到 158 个。2021 年继续进行。

重点任务聚焦三个方面：一是发展壮大单体合作社，着力推动合作社建立完备的成员账户、实行社务公开、依法分配盈余，保障成员权益，加大注销"空壳社"力度，培育壮大一批规模大、竞争力和带动力强的合作社；二是培育发展合作社联合社，着力推动农民合作社行业、区域、产业纵横联合，建设发展一批产品服务市场占有率高、品牌知名度大、竞争力强的合作社联合社；三是提升县域指导扶持服务能力，着力建立农民合作社市场准入前信息共享、事中协同监管、市场退出机制，深入实施示范社建设，防控以合作社名义开展非法集资风险，为合作社高质量发展提供有力支撑。

【授课教师】

于占海，学院农民合作社发展中心（家庭农场发展中心）主任，副研究员，长期从事农村合作组织教学与研究工作，主持多项农业农村部软科学课题，组织出版多部农民合作社教材，每年为全国各地农民合作社辅导员和带头人授课 60 学时以上。

家庭农场的培育与发展*

穆向丽

▶ 加快培育农民合作社、家庭农场等新型农业经营主体，是"十四五"时期深化农村改革、全面推进乡村振兴、加快农业农村现代化的重要任务。党中央、国务院高度重视新型农业经营主体培育，要求突出抓好农民合作社和家庭农场两类经营主体，推进现代农业经营体系建设。本文从家庭农场培育发展工作实际需求出发，以对典型家庭农场入户调研结果为依据，分析家庭农场的产生基础，明确家庭农场的概念界定与认定标准，对加快家庭农场发展提出政策建议。

发展多种形式适度规模经营，培育新型农业经营主体，是建设现代农业的前进方向和必由之路。一直以来，我国农业生产经营主体数量多、规模小。第三次全国农业普查主要数据显示，2016年年末，全国98％以上的农业经营主体仍是小农户。同时，当前农村劳动力大量转移就业，农业劳动力数量减少、素质结构性下降等问题日益突出。农业经营户中从事农业生产的农民以妇女和中老年人为主，其文化程度不高、素质相对较低、持续生产的稳定性较弱，而占农民工总量60％以上的新生代农民工返乡意愿弱，更不愿意返乡从事农业生产经营。这意味着，农业小规模农户经营将会因缺乏农业劳动力而难以为继。因此，在坚持家庭承包经营的基础上，构建新型农业经营体系，发展新型农业生产经营主体，成为稳步提高农业综合生产能力，确保国家粮食安全和重要农产品有效供给的突破口。

---

* 本文是在2019年新型农业经营主体及农业产业精准扶贫带头人培训班进行讲授时的课程文稿，课稿评估分值为5分。

在坚持家庭承包经营的基础上，积极培育新型经营主体，发展农业适度规模经营，成为稳步提高农业综合生产能力和农民收入水平，确保国家粮食安全和重要农产品有效供给的突破口。1987年，中共中央五号文件《把农村改革引向深入》中，第一次明确提出"有计划地兴办具有适度规模的家庭农场或合作农场，也可以组织其他形式的专业承包，以便探索土地集约经营的经验"。此后，中央历年的一号文件和若干决定中多次提到要发展适度规模经营及家庭农场发展工作。党的十八大报告提出，要在坚持和完善农村基本经营制度的基础上，培育新型经营主体，构建集约化、专业化、组织化、社会化相结合的新型农业经营体系。家庭农场成为社会关注的焦点。

一、家庭农场的概念界定与认定标准

2013年中央一号文件中，把家庭农场同专业大户、农民合作社一起界定为新型生产经营主体，并先后从农业补贴倾斜、土地流转优先、职业培训保障等方面4次提及扶持家庭农场发展。

（一）概念界定

家庭农场以家庭成员为主要劳动力，以家庭为基本经营单元，从事农业规模化、标准化、集约化生产经营，是现代农业的主要经营方式。

从世界各国农业发展实践看，家庭经营是最普遍的农业经营形式。农业生产的监督成本较高，农户家庭成员之间的经济利益高度一致，不需要精确的劳动计量和监督。较之其他经营方式，家庭经营具有更好的适应性。全球约5.7亿的农场中，90％以上、5亿多是以家庭经营为主的家庭农场。

（二）认定标准

根据家庭农场的定义，家庭农场的认定标准可以从5个方面展开，即组织主体、组织方式、经营领域、经营规模和市场参与。具体认定标准建议如下。

第一，组织主体。家庭农场的组织主体是家庭。在农业生产决策单元中，农民家庭被认为是具有独立市场决策行为能力的最微观主体。但是，受农村劳动力流动的影响，家庭农业生产决策越来越复杂，非户主决策现象突出。因

189

此，在家庭农场组织主体认定上，必须是以家庭户主为主，家庭主要成员参与的组织主体。

第二，组织方式。家庭农场的组织方式非常重要，直接决定家庭农场能否做大做强，发展成为新型的、重要的农业经营主体。家庭农场组织方式应为企业化组织，其原因一是家庭农场需要流转土地、市场融资，即参与市场资源配置，企业化组织更方便组织资源；二是从管理上，我国在对企业的市场经营管理上已经具有成熟的做法和经验，方便对家庭农场的市场行为进行规范化管理。

第三，经营领域。家庭农场显然必须以农业为基本经营对象，但是，家庭农场有别于种养大户和小农户，其经营领域应充分体现农业的市场价值，需要通过盈利支撑农场的持续性发展。因此，家庭农场必须拓展农业除生产功能以外的其他功能，如服务功能、生态功能等，走以规模化农业生产为基础的综合化经营的新路子。这意味着家庭农场必须是具备"三生一服（生产、生活、生态和服务）"的综合经营功能。

第四，经营规模。家庭农场经营规模指标建议为参考性指标，因为各地区的土地资源禀赋存在较大差异，如东北地区家庭拥有 50 亩土地是常态，而江浙地区家庭承包耕地面积往往只有几亩。因此，建议家庭农场经营规模应在当地人均耕地面积的 50 倍左右即可。

第五，市场参与。家庭农场界定为企业化组织，意味着家庭农场的经营目的是追求利润最大化，追求市场利润最大化的基本要求是较高的市场参与度，因此，家庭农场的产品和服务的商品化率应达到 80％以上。

中央高度重视新型农业经营主体发展，持续加大政策扶持力度，引导创新经营模式，促进农业高质量发展。一是加快家庭农场和农民合作社发展。近年来，农业农村部先后制订了《农民专业合作社示范章程》《农民专业合作社联合社示范章程》，印发《关于实施家庭农场培育计划的指导意见》《新型农业经营主体和服务主体高质量发展规划（2020—2022 年）》，召开工作推进会、工作座谈会，加强顶层设计和工作部署。通过农业生产发展资金支持农民合作社高质量发展，加快县级以上农民合作社示范社（联合社）建设。截至 2021 年 2 月，全国依法登记的农民合作社达 225.1 万家，联合社 1.4 万家。其中，县级以上示范社达 15.7 万家，国家示范社近 7 300 家。连续启动两批全国农民合作社质量提升整县推进试点，范围覆盖 158 个县（区、市）。着力探索构建家庭农场示范创建体系，2019 年全国县级及以上示范家庭农场数量达 11.7 万个。

二、家庭农场的主要扶持政策

（一）指导思想

以习近平新时代中国特色社会主义思想为指导，全面贯彻党的十九大和十九届二中、三中全会精神，紧紧围绕统筹推进"五位一体"总体布局和协调推进"四个全面"战略布局，落实新发展理念，坚持高质量发展，以开展家庭农场示范创建为抓手，以建立健全指导服务机制为支撑，以完善政策支持体系为保障，实施家庭农场培育计划，按照"发展一批、规范一批、提升一批、推介一批"的思路，加快培育出一大批规模适度、生产集约、管理先进、效益明显的家庭农场，为促进乡村全面振兴、实现农业农村现代化夯实基础。

（二）基本原则

坚持农户主体。坚持家庭经营在农村基本经营制度中的基础性地位。

鼓励有长期稳定务农意愿的农户适度扩大经营规模，发展多种类型的家庭农场，开展多种形式合作与联合。

坚持规模适度。引导家庭农场根据产业特点和自身经营管理能力，实现最佳规模效益，防止片面追求土地等生产资料过度集中，防止"垒大户"。

坚持市场导向。遵循家庭农场发展规律，充分发挥市场在推动家庭农场发展中的决定性作用，加强政府对家庭农场的引导和支持。

坚持因地制宜。鼓励各地立足实际，确定发展重点，创新家庭农场发展思路，务求实效，不搞一刀切，不搞强迫命令。

坚持示范引领。发挥典型示范作用，以点带面，以示范促发展，总结推广不同类型家庭农场的示范典型，提升家庭农场发展质量。

（三）发展目标

到 2020 年，支持家庭农场发展的政策体系基本建立，管理制度更加健全，指导服务机制逐步完善，家庭农场数量稳步提升，经营管理更加规范，经营产业更加多元，发展模式更加多样。到 2022 年，支持家庭农场发展的政策体系和管理制度进一步完善，家庭农场生产经营能力和带动能力得到巩固提升。

（四）主要政策

2017 年中共中央办公厅、国务院办公厅印发《关于加快构建政策体系培育新型农业经营主体的意见》，要求综合运用多种政策工具，与农业产业政策相结合、与脱贫攻坚政策相结合，形成比较完备的政策扶持体系，引导新型农业经营主体提升规模经营水平、完善利益分享机制，更好发挥带动农民进入市场、增加收入、建设现代农业的引领作用。2020 年国务院办公厅印发《关于防止耕地"非粮化"稳定粮食生产的意见》，要求完善粮食生产支持政策，加强对种粮主体的政策激励，支持家庭农场、农民合作社发展粮食适度规模经营，提高种粮规模效益。截至 2020 年年底，全国依法登记的农民合作社达到 225.1 万家，县级以上农业产业化龙头企业超过 9 万家，其中国家重点龙头企业 1 547 家，全国家庭农场名录系统填报数量超过 300 万家。

按照党中央、国务院决策部署，农业农村部、国家发展改革委、财政部等部门加强顶层设计，创新工作思路，加大资金支持，全力推进农产品仓储保鲜冷链物流发展。2020 年，启动农产品仓储保鲜冷链物流设施建设工程，支持 16 个省（自治区、直辖市）的 1.1 万个家庭农场和农民合作社建设了近 500 万吨产地冷藏保鲜设施。2021 年，进一步加大力度，在全国范围开展建设，并择优选择 100 个蔬菜、水果等产业重点县支持开展农产品产地冷藏保鲜整县推进试点，鼓励引导农业龙头企业、农业产业化联合体等开展农产品产地低温直销配送中心建设。同时，依托农业产业强镇、优势特色产业集群等项目建设，鼓励企业、园区建设农产品加工物流中心。

2021 年，印发《社会资本投资农业农村指引（2021）》，明确提出鼓励社会资本联合家庭农场、农民合作社共同开展农产品仓储保鲜冷链物流体系建设，提高冷链物流服务效率和质量。商务部会同财政部在 15 个省（自治区、直辖市）开展农商互联项目，支持农产品流通加工企业或新型农业经营主体建设具有集中采购和跨区域配送能力的农产品冷链物流集散中心，已累计支持建设冷库库容 600 余万吨。

近年来，通过实施家庭农场培育计划，家庭农场的地位作用不断凸显，发展质量不断提升。截至 2019 年年底，全国纳入统计的家庭农场经营土地面积 1.85 亿亩，平均每个家庭农场销售农产品总值 26.3 万元，许多家庭农场从单一农产品生产走向粮经结合、种养结合、种养加一体化、一二三产业融合，拥有注册商标和通过农产品质量认证的家庭农场分别比 2015 年增长 1.9 倍和 3 倍。家庭农场的产品质量、管理能力、服务水平、经营效益稳步提高。

三、家庭农场的发展对策

党的十八大以来，各地区各部门按照党中央、国务院决策部署，积极引导扶持农林牧渔等各类家庭农场发展，取得了初步成效，但家庭农场仍处于起步发展阶段，发展质量不高、带动能力不强，还面临政策体系不健全、管理制度不规范、服务体系不完善等问题。家庭农场作为新型农业生产经营组织，在我国发展还处于起步阶段，需要在政策上给予倾斜和支持。在经济发展新常态下，建立健全家庭农场政策扶持体系，并不断提升家庭农场发展的内外部环境，促进家庭农场实现稳定经营规模、提升市场竞争力，需要不断调整优化财政支持方式，加大政策和项目资金统筹，加强培训和相关服务，引导社会资本积极投入，促进家庭农场高质量发展。

一是确立家庭农场企业化性质，与工商企业具有同等市场地位。有关部门应尽快明确家庭农场的认定标准，确立企业化性质，通过与工商部门协调，把家庭农场纳入到企业注册程序中去，方便家庭农场的工商注册。同时，家庭农场在享受一般小企业在财政、税收、保险等方面的优惠政策外，还应享受由农口配套的相关优惠政策。

二是鼓励基层政府探索"银证合作模式"，搭建家庭农场融资通道。加快落实发放土地承包经营权证书，鼓励地方政府与银行进行谈判和合作，由地方政府进行信誉担保，以土地承包经营权证作为抵押，农场主可以在银行贷款，破解土地两权分离背景下的抵押贷款难题，搭建好家庭农场融资通道。依托家庭农场名录系统，开展点对点精准化支持。对全国所有家庭农场进行精准定位，逐一甄别，全部入库管理。同时，建立动态的准入、退出和激励机制，及时准确掌握家庭农场生产经营动态，以及对接流转登记、农业补贴、人员培训、产品营销、信贷保险等服务。

三是促进农地优先向家庭农场流转，按照流转面积给予流转费用的年度补贴。在制定农地流转政策时，鼓励农地优先向家庭农场流转。加快土地流转制度建设，规范土地流转手续，重点做好土地流转合同管理；建设土地流转信用登记系统，稳定土地流转的年限、费用，提高土地转出方和转入方的合约精神。整合项目资金，加大建设力度，提升家庭农场规模化生产能力。加大对高标准农田建设和田间节水设施建设投入力度，加大对土地平整、土壤改良、灌溉排水、田间道路、农田防护与生态环境保持、农田输配电、科技服务、建后管护等方面的建设力度以外，还应建立完善和规范相关管理制度，统筹项目规划，完善新型农业经营主体等社会资金投入高标准农田建设项目资金筹集使用机制，调动新型农业经营主体申报项目建设的积极性，使其有稳定预期，增强投资信心，稳定粮食产能。

四是统筹优化相关用地政策，多管齐下解决家庭农场用地问题。一方面，要强化土地流转服务市场建设，加强基层土地流转专业机构与人员队伍建设，搭建便捷规范的土地流转沟通和交易平台，为土地流转提供相关的法律法规咨询、供求信息登记发布、交易指导价格发布、流转价格评估、居间代理、规范合同签订、纠纷调解等服务。另一方面，在国土空间规划和村庄规划编制过程中，应预留一定量的合理建设用地指标，同时，优先将村庄整治、土地整理等方式节余的农村集体建设用地用于发展新型经营主体产业融合项目，实现国土空间规划与村庄规划对农业规模经营产业布局的优化引领；此外，还应在完成农村"房地一体"确权登记工作的基础上，在充分保障农民宅基地合法权益的前提下，研究出台政策，简化审批审核手续，支持新型农业经营主体利用自有和闲置住宅发展符合乡村特点的休闲农业、乡村旅游、餐饮民宿、文化体验、创意办公、电子商务和农产品冷链、初加工、仓储等一二三产业融合发展项目，有效解决产业用地难的问题。

五是强化农业社会化服务组织建设，满足农场主的个性化服务需求。针对农业社会化服务组织机构不健全，队伍不精干，且各个服务组织之间常常各自为政，形不成合力等现实，鼓励有基础的企业成立农业综合服务公司，对农业投入品供给使用、生产环节配套服务、新产品投资市场分析等业务进行打包，为农场主提供个性化的一条龙服务。同时，全面实施轮训，持续提升家庭农场经营者的素质和能力。应建立起分类表、分层次、陪伴式的家庭农场经营者培训服务体系，按照现代农业发展和市场需求，有效提升家庭农场经营者的生产技术、专业技能、质量标准、经营管理和产品销售技能和水平，不断提升农产品竞争力和农业效益。

【教师简介】

穆向丽，学院农村土地经营管理服务中心副主任，研究员。长期从事农村土地制度与经营制度改革、宅基地改革利用与管理、设施用地与农田建设管理等土地资源管理与利用、资源环境经济与可持续发展相关领域的教学与理论政策研究工作，积累了较丰富的教学研究经验和学术成果。

主讲课程：中国农村土地改革的几个问题（中英文），中国农业基本经营制度与农村土地改革（中英文），中国农业土地制度的改革：家庭联产承包责任制改革（中英文），农村宅基地和设施用地的利用与管理，中国农业基本经营制度与农村土地改革，家庭农场的培育、扶持与发展，农村宅基地管理与改革的几个问题，家庭农场生产经营设施农业用地使用与管理，农田建设与管理实践与经验。

大力发展农业生产性服务业[*]

陈 瑜

▶ 农业社会化服务是一个新的战略性产业，推动农业社会化服务业高质量发展，是实现农业提质节本增效的有效手段，是推动农业农村现代化的重要举措，也是实现小农户与现代农业发展有机衔接的重要抓手。本文首先系统介绍了整个产业发展的背景、意义、历程、现状以及未来发展趋势；着重介绍了农业生产性服务业的各种模式的特点和适应性，并对我国实施农业生产托管项目取得的成绩、存在的问题及未来发展思路、主要措施作了全景式介绍；分别讨论了发展农业生产性服务与农技推广体系改革、新型经营主体培育以及集体经济发展壮大之间的关系，并通过"农业生产托管＋期货＋保险"的案例分析，探讨了农业生产性服务与数字农业及现代金融工具融合创新发展等前沿问题。

一、农业社会化服务是农业发展新动能

（一）农业社会化服务的概念

其他社会组织为农业生产经营主体提供包括生产资料、劳务、技术、信息、金融等服务，就是农业社会化服务（图1）。

---

* 本文是在 2021 年农技推广体系改革与推广方法创新培训班进行讲授时的课程文稿，课程评估分值为 4.99 分。

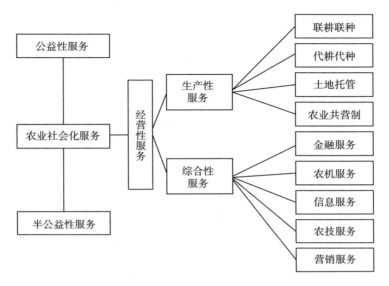

图1 农业社会化服务内容示意图

社会化服务可以分为三类：公益性、经营性和半公益性。

提供农业社会化服务的主体包括：农技推广体系、集体经济组织、合作组织、企业（农资企业、供销社以及专业从事农业社会化服务的企业）和家庭农场。

服务对象主要是小农户和新型经营主体。家庭农场可能既是社会化服务的服务对象又是某些社会化服务的提供者。

服务内容涵盖了农业全产业链产前产中产后各种要素提供。其中与生产环节直接相关的部分我们称之为"农业生产性服务"。

（二）农业社会化服务发展的背景

第一，中央有要求。

大国小农是我国的基本国情，农村土地农户家庭承包经营是我国长久不变的基本经营制度。未来很长一段时间，小农户仍将是我国农业生产的基本力量。

随着现代农业加快发展和农业劳动力减少，普通农户在生产过程中面临许多新问题，一家一户办不了、办不好、办起来不划算的事越来越多。针对小农经济成本高、生产效率低下等问题，发展农业服务业，帮助小农户节本增效，解决分散生产经营过程中的一些共性服务问题，实现小农户与现代农业发展的有机衔接，是推进现代农业建设的历史任务，也是一个可以着力培育的大产业。

早在 2013 年，习近平总书记在中央农村工作会议上指出，"要加快构建以农户家庭经营为基础、合作与联合为纽带、社会化服务为支撑的立体式复合型现代农业经营体系。"

第二，农业生产发展实践有需求。

农业生产特点决定了家庭经营是历史的选择，世界农业经营的共同选择，但小农经营今天面临难以对接大市场、技术装备应用不足、投入水平不高、分散经营土地碎片化以及农业生产积极性不高等五大困境。谁来种地、如何种好地成为发展现代农业的痛点问题。

农业产业化龙头企业、专业合作社、家庭农场等新型农业经营主体发展也面临带动力不强、土地流转成本高、流转期限不稳定等难题，不足以从根本上解决小农户与现代农业衔接的问题。

（三）农业社会化服务发展历程

改革开放以来，我国农业社会化服务发展大致可以划分为四个阶段。

第一，起步阶段。

1979 年至 20 世纪 80 年代末。特点是主要依靠公益性农业社会化服务推动。大包干之后，专业种养大户开始涌现，迫切需要有人给他们提供产前的种子、化肥、农药等农资供应，产中的技术指导，产后的加工、储藏和运输等服务，以提高农业生产和商品化水平。

这个时期，我国农业社会化服务主要依靠的是公益性社会化服务组织，就是乡镇的七站八所加供销社。这类服务主要是在国家相关部门所属的服务组织，在不断改革增强其服务功能，完善其服务方式基础上发展起来，最终形成比较完善、高效的公益性农业社会化服务体系，并成为农业社会化服务事业的主力军和国家队。

第二，探索阶段。

20 世纪 90 年代的 10 年间，探索建立符合市场机制的服务模式。进入 90

年代，中央将发展农业社会化服务体系提升到实现小康目标、促进农业现代化的重要位置。1991 年，国务院下发了《关于加强农业社会化服务体系的通知》(国发〔1991〕59 号)，这是我国农业社会化服务工作的第一个国发文件。在1993 年颁布实施的《中华人民共和国农业法》以及《中华人民共和国农业技术推广法》，对农业社会化服务作出了专门规定，这是开展农业社会化服务十分重要的两部法律。

这 10 年中，随着国家机构改革的变化，一些地方出现了公益性服务组织"网破线断人散"的现象，经营性服务组织则趁势而起，在一定程度上弥补了公益性服务组织不足的局面。

第三，发展阶段。

21 世纪之初的十一二年间，在国际竞争压力的倒逼下，农业的社会化服务需求日益迫切，公益性服务组织得以恢复重建，经营性服务组织则逐步发展壮大起来。这个时期，党和国家对建立健全农业社会化服务体系提出了新的要求。党的十七届三中全会决定进一步指出，建设覆盖全程、综合配套、便捷高效的社会化服务体系，是发展现代农业的必然要求。提出要建立新型农业社会化服务体系，加快构建以公共服务机构为依托、合作经济组织为基础、龙头企业为骨干、其他社会力量为补充，公益性服务和经营性服务相结合、专项服务和综合服务相协调的新型农业社会化服务体系。

在经历"网破线断人散"的阵痛之后，按照《国务院关于深化改革加强基层农业技术推广体系建设的意见》文件、十七届三中全会决定以及后续几个中央一号文件要求，一些地方的公益性服务机构得以恢复重建，功能不断强化，体系日益健全。

与此同时，一大批从事经营性的农业社会化服务组织也迅速发展壮大起来，有效填补了公益性社会化服务所覆盖不了的市场空间，成为农业社会化服务体系的新生力量，推动经营性服务组织发展进入了一个新阶段。

第四，创新发展阶段。

党的十八大以来，中央出台了一系列支持农业社会化服务政策措施，我国农业社会化服务事业取得长足进步，支持政策涉及的领域越来越广，覆盖的范围越来越宽，针对性越来越强、操作性越来越实，扎扎实实地推动着我国农业社会化服务事业向可开发、可打造的战略性大产业的目标稳步迈进。逐步明确了发展的方向是健全农业社会化服务体系，大力培育新型服务主体，加快发展"一站式"农业生产性服务业。

一方面稳定和加强基层农技推广等公益性服务机构，健全经费保障和激励机制，改善基层农技推广人员工作和生活条件。同时采取政府购买服务等方式，开展鼓励和引导社会力量参与公益性服务的试点。培育各类专业化市场化服务组织，推进农业生产全程社会化服务，服务方式上把开展代耕代种、联耕联种、土地托管等专业化规模化服务作为重要抓手，帮助小农户节本增效。

为推动小农户通过生产托管接受农业生产性服务，2017 年、2018 年、2019 年中央财政总计安排资金 70 亿元，大力推进农业生产托管，推动服务型规模经营发展，取得了明显成效。

（四）农业社会化的服务领域

农业社会化服务领域涵盖如下八个方面：农业市场信息服务，农资供应服务，农业绿色生产技术服务，农业废弃物资源化利用服务，农机作业及维修服务，农产品初加工服务，农产品营销服务，农村金融服务。

（五）发展农业社会化服务的作用与意义

发展农业社会化服务不仅是必要的，也是迫切的，具有重要的现实意义和深远的历史意义。

第一，节本增效，助农增收。

实践表明，通过服务组织集中采购农业生产资料，集成先进农作技术，推广标准化生产，采用机械化规模化作业，订单溢价回收优质农产品等，能充分发挥农业机械装备的作业能力和分工分业专业化服务的效率，有效降低农业物化成本和生产作业成本，提高品质和产量，实现农业节本、提质、增效。

第二，促进新技术应用，提高质量安全水平，推动绿色发展。

推动农业高质量发展，关键是要用现代物资条件装备农业，用现代科学技术改造农业，用现代产业体系提升农业，用现代经营形式推进农业，提高农业现代化水平。从实践看，社会化服务推进的过程，是推广应用先进农业技术装备的过程，是改善资源要素投入结构和质量的过程，是推进农业标准化生产、规模化经营的过程，也是提高农民组织化程度的过程。

社会化服务是专业的人做专业的事，服务组织依靠专业的力量和装备进行测土配方和化肥深施，开展病虫害专业防治，能够实现科学施肥、合理用药，大幅度提高利用率。据典型调查，在南方地区，服务组织每亩水稻施用 80 斤左右尿素，而分散种植的农户，尿素用量有的甚至超过 1 倍，导致 70% 左右的氮肥没能有效利用，而且普通农户每亩水稻用药量比专业防治高出 1 倍以上。

第三，推动规模化经营，有机衔接小农户与现代农业。

在土地不流转的情况下，通过代耕代种、联耕联种、农业共营制、生产托管等方式实现规模经营。通过培育各类农业服务组织，在为土地流转大户更好服务的同时，为普通农户开展专业化市场化的服务，将先进适用的品种、技术、装备、组织形式和人才资金等现代生产要素有效导入农业，通过一家一户农业生产过程的专业化、标准化、规模化和集约化，实现小农户生产与现代生产要素的有机结合。提升资源要素配置效率，让广大家庭经营农户充分参与和分享规模经营收益，是实现小农户和现代农业有机衔接的重要途径，也是中国特色农业现代化道路的必然选择。

总之，农业社会化服务业是新时代农业发展的新动能，大力发展农业社会化服务业是乡村振兴的客观要求，是走中国特色农业现代化道路的必然选择；是推进农业高质量发展的有效途径。

二、加快发展农业生产性服务业

发展农业生产性服务业是现代农业发展的基本规律。从世界范围看，农业分工分业的不断深化是现代农业发展的必然趋势，美国农业劳动力只占总劳动力的 2% 左右，但为农业提供服务，如农机作业、产品加工、运输，以及供销、仓储、资金借贷、保险、市场信息等服务的人数却占整个劳动人口的 10% 以上，大大超过直接从事农业的人口。随着一个国家农村社会结构和经济结构的发展变化，农业生产性服务的市场需求将快速增长，农业内部的分工分业将是现代农业发展的基本规律。

随着我国现代农业的加快推进，对农业社会化服务尤其是农业生产性服务的需求越来越旺盛、要求越来越高，生产性农业社会化服务面临良好的发展机遇。

（一）农业生产性服务业面临重大发展机遇

第一，市场需求日益显现。

农村劳动力短缺、老龄化现象日益凸显，兼业化越来越普遍。这种从业人员结构，要"种好地""养好畜"，保证 10 多亿人口大国的农产品供给，就迫切需要发展农业社会化服务，这为农业社会化服务发展提供了旺盛的需求。

第二，发展条件基本具备。

经过多年的扶持引导，发展农业社会化服务的技术力量、设施装备、服务主体等方面都已具备了一定的规模。加快推进农业社会化服务的基础条件已经具备。

第三，支持政策不断完善。

近年，国家连续印发了多个文件，对发展农业社会化服务提出了明确要求。2017 年开始，中央财政设立专项转移支付资金用于支持农业生产托管。资金规模从 2017 年的 30 亿元，增加到 2021 年 55 亿。这项资金主要用于生产托管，促进社会化服务组织为农户提供耕种管收系列服务。各级政府农业扶持政策也正逐步从补主体、补装备、补技术，向补服务转变。2021 年在《农业农村部关于加快发展农业社会化服务的指导意见》里还明确提出了要免除税收。

第四，模式探索富有成效。

近年，各类主体依据自身的优势，因地制宜地探索农业社会化服务的模式，通过整合农资、农技、农机、营销、金融等资源，实现服务链条纵向延伸、横向拓展，促进各类服务主体多元互动、优势互补，探索服务农户的不同模式方式，推动了农业生产的高效化集约化。为建立多元化、多层次、多类型的农业社会化服务体系积累形成了一批可复制、可推广的发展模式。

（二）农业生产性服务业的几种主要形式

第一，生产托管。

生产托管，是农户将种植土地托管给土地合作社或者种粮大户，由土地合作社或者种粮大户代为种植，通过收益分成的模式进行分红，解决不愿种地和投入成本较高的问题，增加农民收入。

通过规模化的生产托管，在不改变农民的土地承包权、收益权和国家惠农政策享有权的前提下，实现了农业规模化、集约化、机械化生产，较好解决了"谁来种地、怎么种地"的问题，是一种服务方和农民双赢的合作方式，根据托管的内容可以分为单环节托管、多环节托管、关键环节综合托管和全程托管等多种托管模式。

第二，代耕代种。

代耕代种与土地托管在概念上大同小异，只是土地交管对象上有所不同，托管一般都是交给合作社等组织，代耕代种一般交给个人。另外，托管之后每年的种植作物由合作社决定，代耕代种一般是由土地的主人决定。

土地托管和代耕代种的相同之处在于都必须付给土地实际耕种者一定的佣金，土地的收益按照合同规定归土地原来的主人。有的服务延伸至代收，简称"三代"，即代耕代种代收。生产托管被农民夸赞为"离乡不荒地，不种有收益！"

第三，联耕联种。

联耕联种一般是在村两委引领和农业部门的服务下，采取"农户＋农户＋合作社"的新型农民合作经营模式，在持续稳定家庭联产承包经营的基础上，按照农户自愿的原则，由村组统一组织，以打桩等形式确定界址，破除田埂，将碎片化的农地集中起来，实现有组织的连片种植，再由服务组织提供专业化服务，推进农业生产上联耕联种、联管联营，实现"增面积、降农本，促还田、添地力，提单产、升效益"的新型生产方式。联耕联种使土地实际使用面积由于去除田埂而多出 5％～10％，解决了土地碎片化、无组织生产和分散经营的难题，也为解决粮食主产区 1 亿多亩的稻麦轮作耕地，总是"迟茬接迟茬"，不能适期播种影响产量，探索出了新路径。

联耕联种为"小岗模式"很好地打了"补丁"，解决了"统、降、增"三个问题，统一品种、统一布局、统一经营，实现了农业集成技术的普遍运用；降低了家庭经营的分散程度，降低了生产成本，降低了环境污染，实现了秸秆无一焚烧全量还田；土地增地力、粮食增产量、农民增收入，实现了变"大户赚"为"户户赚"的好模式。

第四，农业共营制。

农业共营制，是以家庭承包为基础，以农户为核心主体，构建"土地股份合作社＋农业职业经理人＋现代农业服务体系"的一种模式，也是一种"土地集体所有、农户家庭承包、农业合作共营、管住农地用途"的制度安排。解决了无人种地、无人经营和无人服务、小农户与现代农业融合发展、农业规模化经营成本高、农业产业链发展不平衡和乡村振兴人才支撑不足等难题。

（三）农业生产性服务业项目取得成效

2020 年，全国农业社会化服务组织达到 95.5 万个，服务面积 16.7 亿亩次，服务小农户 7 800 多万户。这些农户实现了集中连片种植和集约化经营，节约了生产成本，增加了经营效益，总结出了一些好的做法和经验。

第一，强化组织领导，压实部门责任。农业生产社会化服务项目涉及范围广、环节众多、程序复杂，单靠农业部门实施难度较大，必须依靠多部门的支持与配合，构建良好的工作推进机制。

第二，明确扶持重点，瞄准薄弱环节。各省根据当地农业生产和农户需求，确定本地区重点支持的服务品种、服务环节和服务内容，并形成支持的优先顺序。一是抓大宗农产品托管，兼顾特色农产品托管。二是抓薄弱环节托管。各省把市场化作业成本高，群众积极性不高的薄弱短板环节作为试点重点。

第三，创新服务模式，提高服务水平。一是创新项目补助方式。各省按照服务带动小农户试点要求，结合地方实际，科学确定补贴方式、补贴比例和补贴对象。二是探索制定服务标准。三是创新服务模式。

第四，强化项目监管，保障试点效果。各省从制度建设、项目执行、资金管理、农民满意度等方面严格进行考核评价，确保试点效果。一是强化项目监管。二是严格项目验收。三是建立试点县退出机制。

（四）存在的问题与挑战

我国农业社会化服务尤其是生产性服务业发展尚在起步阶段，发展不平衡不充分的问题比较突出。

第一，服务主体整体实力较弱。总体看，我国各类经营性服务组织发展较快，但依然存在发展不平衡、不充分、实力不强的问题，不同程度存在经营规模偏小、集约化水平不高、产业链条不完整、经营理念不够先进，带动能力不强、抵御市场风险能力较弱等问题。

第二，服务对象"重大轻小"。家庭农场、专业大户等规模经营主体土地集中连片，种植品种相对集中，开展机械化作业的效率更高，服务成本更低，成为各类农业服务主体争相服务的重点。而小农户土地分散，种植品种不统一，组织成本较高，导致直接面向小农户的服务供给严重不足。

第三，服务领域拓展不够。农业社会化服务主要集中在粮食等大田作物耕种防收等环节，且仍以部分环节服务为主，从种到收的全程服务比例还不高。

第四，行业规范化管理滞后。服务标准制定与实施、服务合同与服务价格监管等行业管理是维护小农户利益的重要手段。从全国看，大部分地区行业管理的工作还处在起步阶段，标准缺失、监管缺位、服务不规范等问题还比较突出。

第五，外部发展环境有待优化。服务主体融资难、融资贵、风险高等问题仍然突出，财税、金融、用地等扶持政策不够具体，倾斜力度不够，各地农业农村部门指导服务能力亟待提升。

第六，生产托管项目实施中暴露出的问题。项目实施在积累了许多典型经验的同时也暴露出一些困难和问题，需要认真研究解决。

2021 年 7 月 7 日发布的《农业农村部关于加快发展农业社会化服务的指导意见》指出：农业服务业还面临产业规模不大、能力不强、领域不宽、质量不高、引导支持力度不够的问题。

一是政策理解不到位问题。重视不够，放弃项目管理权限。有的认为部门协调难度大，有的是认为项目设计不合理，还有的认为是合作经济部门管不好项目、多一事不如少一事等，最根本的原因是对社会化服务工作的重要性认识不够，没有摆上各省农业农村厅的重要工作日程。理解有偏差，直接补主体或补装备。考虑到中央已经设立补助新型经营主体的财政专项，为避免重复，农业生产社会化服务项目重点支持服务方式的补贴，而不是主体补贴专项。在省级层面将农业社会化服务项目分解成某几个具体服务项目。这些具体的社会化服务项目原本就有财政专项支持，社会化服务项目再分解成这些具体项目，违背了财政涉农资金整合使用的大方向，放弃了合作经济部门的项目管理权，项目也没有设立的意义了。

二是项目实施错过农时问题。农业生产季节性强，根据农业农村部、财政部两部下发的文件要求，经过省级确定实施方案后再将资金下达到各项目县，一般都要到 10 月或 11 月份左右，农业生产基本结束，项目难以在当年实施。

三是项目实施工作任务重的问题。农业生产社会化服务项目主要服务千家万户，范围广、环节多、要求高，需要深入调研筛选服务环节、面积统计造册、服务组织招标和服务面积公示、政策宣传等一系列工作，在作业中又有农时限制，项目实施任务琐碎而繁重，绝大部分工作由县乡两级政府部门承担，但项目资金中没有配套的工作经费，影响了项目有效推进。

四是补贴范围和标准问题。补贴品种范围受限制问题。由于各地地理条件和资源禀赋状况差异较大且发展极不平衡，农业生产的优势品种和成本差异性较大。非粮食主产区的部分省反映一些地区的经济作物是当地农业主导产业，希望明确将蔬菜、水果、食用菌、茶叶等特色经济作物列入项目补贴产业范围。丘陵地区托管服务补贴标准较低问题。

三、加快推进农业社会化服务高质量发展

（一）发展总体思路和愿景

第一，明确指导思想。以习近平新时代中国特色社会主义思想为指导，全面贯彻党的十九大和十九届二中、三中、四中全会精神，认真落实党中央、国务院决策部署，紧紧围绕统筹推进"五位一体"总体布局和协调推进"四个全面"战略布局，落实高质量发展要求，坚持农业农村优先发展，以实施乡村振兴战略为总抓手，充分发挥家庭农场、农民合作社、社会化服务组织在农业产前、产中、产后等领域的不同优势，以加快构建以农户家庭经营为基础、合作与联合为纽带、社会化服务为支撑的立体式复合型现代农业经营体系为目标，坚持不断提升经营服务能力和加强条件建设，促进各类经营主体和服务主体融合，切实保障和维护农民权益，加快培育高质量新型农业经营主体和服务主体，发挥其建设现代农业的引领推动作用，为实现乡村全面振兴和农业农村现代化提供有力支撑。

第二，必须坚持的原则。坚持市场导向；服务农业农民；创新发展方式；

注重服务质量。

第三，发展目标。力争经过 5～10 年努力，农业社会化服务专业化、信息化、市场化水平显著提升，对现代农业的支撑功能和联农带农作用明显增强，基本形成组织结构合理、专业水平较高、服务能力较强、服务行为规范、全产业链覆盖的农业社会化服务体系，使农业服务业发展成为要素集聚、主体多元、机制高效、体系完整、具有一定规模和竞争力的现代农业大产业，更好地引领小农户和农业现代化发展。

（二）推动农业社会化服务高质量发展的举措

第一，加快培育多元服务主体。目前，农业社会化服务各类主体呈现蓬勃发展的势头。一是农业专业性或综合性服务公司，是近几年新成立或者产业转型发展起来的，有民营的，也有公有制企业全资、参股或控股兴办的，也是当前社会化服务最活跃的一个群体。二是农民合作社，有一批以开展农业服务为主的专业合作社、联合社。三是村级组织、村党支部牵头开展的农业服务。《农业农村部关于加快发展农业社会化服务的意见》特别强调农村集体经济组织是社会化服务的重要力量，在组织小农户方面具有独特优势，应在农户和各类服务主体间发挥居间服务的作用。四是供销合作社和农垦体系，在为农民服务方面起到非常重要的作用。五是农业产业化龙头企业通过基地建设和订单方式为农户提供全程服务，发挥其服务带动作用。六是专业服务户是社会化服务的重要补充力量，更贴近小农户，可以更好满足小农户个性化服务需求。

第二，突出服务小农户。当前，我国小农户生产中面临的服务需求最突出，而现实中服务小农户组织难度大、成本高，大部分服务组织往往不愿意服务小农户。因此，财政政策应重点支持面向小农户的社会化服务，加快培育小农户服务市场。

第三，推动服务组织联合融合发展。我国农业服务资源共享利用水平低，技术装备的潜力没有得到充分发挥。要坚持共享共用理念，通过线上线下多种方式、多种渠道，不断创新服务模式，推动服务组织联合融合发展，整合各项服务资源，提高资源利用效率。

第四，积极拓展服务领域。要把握农业社会化服务发展的基本规律，坚持需求导向、问题导向，加强引导，培育市场，探索模式，推动农业社会化服务逐步从粮、棉、油、糖等大宗作物向果、蔬、茶等经济作物拓展，从种植业向畜牧兽医等领域推进，从产中作业环节向产前、产后等环节，以及金融保险等配套服务延伸，逐步提高农业社会化服务业在产前、产中、产后全产业链，以及农林牧渔各产业的覆盖面，加快补齐农业社会化服务短板。

加强农业产后的服务，农产品既要产得出、产得优，也要卖得出、卖得好。要加强农产品的产后分级包装、仓储物流、营销等服务，特别是要加快补上冷链物流等短板，推进农产品流通现代化。

第五，搭建服务平台。一是通过推动线下社会化服务主体的联合与合作，整合区域内服务资源，实现优势互补，融合发展，建立示范性区域服务平台。二是建设农业生产托管服务站。以规模适度、服务半径适宜、方便农户和农业生产为原则，围绕区域性农业生产性服务中心，建设农业生产托管服务站，为小农户和新型农业经营主体提供耕、种、防、收等各种服务。

第六，加强行业规范化管理。各级农业农村主管部门要紧紧围绕服务规范化建设这个中心，全面推进服务质量、服务价格、服务主体信用等行业管理制度建设，加强规范引导，切实保护小农户利益，推动农业社会化服务行业健康发展。一是加快推进服务标准化建设；二是加强服务组织动态监测；三是加强服务价格指导；四是加强服务合同监管。

第七，大力应用信息技术，数字化驱动高质量发展。按照实施数字乡村战略和数字农业农村发展规划的总体部署，以数字技术与农业农村经济深度融合为主攻方向，加快农业农村生产经营、管理服务数字化改造，全面提升农业农村生产智能化、经营网络化、管理高效化、服务便捷化水平，用数字化驱动服务主体高质量发展。

第八，强化示范引领。为引领社会化服务组织的健康发展，农业农村部要陆续推出典型案例，供大家参考借鉴。各地也要及时发现和总结推广好典型、好模式、好做法，打造不同行业、不同类型的服务典型，要开展农业社会化服务组织示范创建和农业社会化服务示范县创建，充分发挥成功典型的示范引领作用。

第九，加大政策扶持力度。用地政策方面，积极推动落实设施农业用地政策，保障新型农业经营主体和服务主体合理用地需求。在财政方面，各地要探索相应的政策，也可以按照国家涉农资金整合的规定，整合一些农民积极性不高，投入效果不明显的项目资金，用于政府购买农业社会化服务。在金融方面，开发针对服务主体的担保产品，加大担保服务力度，着力解决融资难、融资贵问题。探索利用财政资金撬动金融资金投资农业服务设施、平台等方面的建设，也可以探索利用融资租赁的方式，解决大型农业服务设施装备的需求问题。在保险方面，要探索政策性保险、互助保险乃至商业保险在农业服务业中的实现途径。在税收方面，要督促有关部门落实好政策。各地要创新思路，多想办法，为农业社会化服务创造良好的政策环境。

第十，进一步实施好农业生产托管项目。

【教师简介】

陈瑜，学院农村土地经营管理服务中心研究员。潜心学习农业产业化、农村金融、农产品营销、参与式农技推广等学科前沿理论的同时，注重对基层实践调研，尽量按照成人培训的理念和规律来设计培训方案和授课内容。努力把握好培训项目策划、学员组织、课程设置、研讨设计与主持、班级管理与评估各个环节，力争成为一名"成就他人，实现自我"的称职培训师。

主要课程：参与式农技推广、农产品营销、农产品电子商务、农业保险创新发展、农业社会化服务高质量发展、结构化研讨方法与实操等。

研究领域：参与式培训、农产品营销、农技推广、农业社会化服务、奶业经济、乡村建设。

PART

04

第四部分

农业农村法治

农业法律法规概述[*]

杨东霞

▶ 法律，治国之重器。党的十八届四中全会通过的《中共中央关于全面推进依法治国若干重大问题的决定》，把形成完备的法律规范体系，作为建设中国特色社会主义法治体系的重要任务。习近平总书记强调，法律体系必须随着时代和实践发展而不断发展。农业农村法律规范体系是中国特色社会主义法律规范体系的重要内容。本文系统介绍了农业农村法律规范体系发展的历程和主要内容，并对新形势下完善农业农村法律规范体系路径进行了探究。

据农业农村部统计，截至 2021 年 10 月，农业农村领域共有法律 22 部、行政法规 28 部、部门规章 144 部，涵盖乡村振兴、农业基本法、农村基本经营制度、农业生产资料管理、农业资源环境保护、农业产业发展、农业支持保护、农业产业和生产安全、农产品质量安全等各个方面，农业农村治理实现了有法可依。这些法律法规将中央强农惠农富农政策举措和改革成果法定化，稳定和完善了农村基本经营制度，巩固了农业基础地位，为规范、引领和推动"三农"工作提供了根本性、全局性、战略性制度保障，在促进现代农业发展、维护农村和谐稳定、维护农民合法权益等方面发挥了重要作用。

---

* 本文是在 2019 年农业执法能力提升培训班进行讲授时的课程文稿（部分数据有更新），课程评估分值为 4.94 分。

一、新中国成立以来我国农业农村法律体系建设历程

新中国成立初期，党和国家适应社会主义改造和建设的需要，重视运用法律促进农业生产与农村发展。1950年6月《中华人民共和国土地改革法》废除了封建土地所有制，实现了"耕者有其田"的历史性变革。土地改革带来了农村生产力的解放，为国家工业化奠定了基础，为社会主义改造和社会主义建设创造了有利条件。中央人民政府政务院、农业部先后发布《兴办农田水利事业暂行规则草案》《农业技术推广工作站条例》等法规规章，为恢复和促进农业生产发挥了重要作用。为加强农村基层政权组织建设，政务院于1950年和1951年先后发布《乡（行政村）人民代表会议组织通则》《乡（行政村）人民政府组织通则》和《关于人民民主政权建设工作的指示》。这对夯实农村基层组织和巩固乡村民主政权具有重要意义。

习近平总书记指出："新中国成立初期，我们党在废除旧法统的同时，积极运用新民主主义革命时期根据地法治建设的成功经验，抓紧建设社会主义法治，初步奠定了社会主义法治的基础。"

党的十一届三中全会鲜明提出发展社会主义民主、健全社会主义法制，决定全面恢复并加强立法工作。1997年党的十五大确立了"依法治国，建设社会主义法治国家"的治国方略，党的十五届三中全会作出了"加强农业立法和执法，支持和保护农业"的战略部署。2002年，党的十六大提出了依法执政的重大命题，指出："必须增强法制观念，善于把坚持党的领导、人民当家作主和依法治国统一起来，不断提高依法执政的能力。"2004年，国务院印发《全面推进依法行政实施纲要》，提出坚持执政为民，全面推进依法行政，建设法治政府。依法执政这个全新的执政理念的提出，充分反映了新的社会历史条件对党的执政能力的新要求，是加强和巩固中国共产党的执政地位、推进依法治国进程的一个重大举措，丰富和发展了中国特色社会主义法治道路的基本内容。伴随着改革步伐的加快，农业农村领域掀起了大规模的立法高潮。1985年6月《中华人民共和国草原法》颁布。1993年7月通过的《中华人民共和国农业法》，是新中国成立以来出台的第一部农业基本法，当时还通过了《中华人民共和国农业技术推广法》。为适应农村土地管理和改革的深化，先后出

214

台了《中华人民共和国土地管理法》(1986 年 6 月)、《中华人民共和国农村土地承包法》(2002 年 8 月)、《中华人民共和国农村土地承包经营纠纷仲裁法》(2009 年 6 月)，而且多次进行修订，并出台实施条例和办法，原《中华人民共和国民法通则》(1986 年 4 月) 和《中华人民共和国物权法》(2007 年 3 月) 及时明确了农村土地承包经营权的法律性质，为深化农村土地改革和维护农民土地权益提供法治保障。村民自治是中国特色的乡村治理制度，乡镇企业异军突起，1987 年 11 月、1996 年 10 月先后颁布了《中华人民共和国村民委员会组织法（试行）》和《中华人民共和国乡镇企业法》，把农民的这两项伟大创造上升为法律。为确立合作社的法律地位，2006 年 10 月颁布了《中华人民共和国农民专业合作社法》。2011 年 3 月 10 日，吴邦国郑重宣布：中国特色社会主义法律体系已经形成。这一时期以农业法为核心的农业农村法律规范体系形成，涵盖了农业基本经营制度、农业主体地位、农资质量监管、农业资源保护、农产品质量安全、农业安全生产等农业农村主要领域。

党的十八大以来，以习近平同志为核心的党中央提出"法治是治国理政的基本方式"的重要论断，把全面依法治国纳入"四个全面"战略布局。党的十八届三中全会把"完善和发展中国特色社会主义制度，推进国家治理体系和治理能力现代化"作为全面深化改革的总目标，强调既要坚持人民当家作主的政治基础，又要通过持续的制度创新和法治进步提升社会主义制度优越性。中共十八届四中全会确立了"建设中国特色社会主义法治体系，建设社会主义法治国家"的战略目标，科学系统地提出全面推进依法治国的基本原则、工作布局和重点任务。中共十九届四中全会对"坚持和完善中国特色社会主义法治体系，提高党依法治国、依法执政能力"作出专门部署，中国特色社会主义制度建设的理论和实践进一步系统化、成熟化和定型化。随着法治实践的发展，中国特色社会主义法治理论不断丰富，2020 年 11 月，中央全面依法治国工作会议首次提出习近平法治思想，明确习近平法治思想在全面依法治国工作中的指导地位，这在党和国家法治建设史上具有划时代的里程碑意义，标志着中国进入法治新时代。这一过程中，党中央坚持把解决好"三农"问题作为全党工作重中之重，全面深化农业农村改革。党的十九大提出实施乡村振兴战略的重大决策，2021 年制定颁布《中华人民共和国乡村振兴促进法》。农业农村法治建设顶层设计不断强化，迈入"与改革同频、与实践同步"、立法、执法、普法全面推进的新的历史时期。

二、我国农业农村法律体系的主要内容

（一）乡村振兴促进法

《中华人民共和国乡村振兴促进法》于 2021 年 4 月 29 日第十三届全国人民代表大会常务委员会第二十八次会议通过，是第一部以乡村振兴命名的基础性、综合性法律。这部法律共 10 章，分别是总则、产业发展、人才支撑、文化繁荣、生态保护、组织建设、城乡融合、扶持措施、监督检查、附则，共七十四条。内容可分为 5 个部分。

第一部分：总则，从第 1 条到第 11 条，主要规定立法宗旨、适用范围、乡村振兴总要求、基本原则、农村基本经营制度、城乡融合体制机制、社会主义核心价值观、粮食安全战略、乡村振兴工作机制、政府主管部门和有关部门职责、表彰奖励等。明确了乡村定义，规定了促进乡村振兴的总要求、应当遵循的主要原则、应当坚持的重要制度，确定每年农历秋分日为中国农民丰收节。要求建立健全中央统筹、省负总责、市县乡抓落实的乡村振兴工作机制，各级人民政府将乡村振兴促进工作纳入国民经济和社会发展规划，并建立乡村振兴考核评价制度、工作年度报告制度和监督检查制度。规定国务院农业农村主管部门负责全国乡村振兴促进工作的统筹协调、宏观指导和监督检查；国务院其他有关部门在各自职责范围内负责有关的乡村振兴促进工作。各级人民政府及其有关部门应当采取多种形式，广泛宣传乡村振兴促进相关法律法规和政策，鼓励、支持人民团体、社会组织、企事业单位等社会各方面参与乡村振兴促进相关活动。对在乡村振兴促进工作中作出显著成绩的单位和个人，按照国家有关规定给予表彰和奖励。

第二部分：五大振兴，从第 12 条到第 49 条，第二章到第六章分别对产业发展、人才支撑、文化繁荣、生态保护、组织建设等作出规定。将党中央有关方针政策和地方实践中的成功经验，通过立法形式确定下来，明确相关政策措施，完善相关制度，保障乡村全面振兴。

第三部分：城乡融合，从第 50 条到第 57 条，规定各级政府应当协同推进乡村振兴战略和新型城镇化战略的实施，整体筹划城镇和乡村发展，优化城乡

产业发展、基础设施、公共服务设施等布局，加快县域城乡融合发展；因地制宜安排村庄布局，依法编制村庄规划，分类有序推进村庄建设，严格规范村庄撤并，严禁违背农民意愿、违反法定程序撤并村庄。

第四部分：扶持措施，从第 58 条到第 67 条，设专章对扶持政策，包括财政投入、乡村振兴基金、金融、保险、土地使用等方面作出规定；明确国家建立健全农业支持保护体系和实施乡村振兴战略财政投入保障制度，县级以上人民政府应当优先保障用于乡村振兴的财政投入，确保投入力度不断增强、总量持续增加；按照增加总量、优化存量、提高效能的原则，构建以高质量绿色发展为导向的新型农业补贴政策体系；坚持取之于农、主要用之于农，按照国家有关规定调整完善土地使用权出让收入使用范围，提高农业农村投入比例；支持以市场化方式设立乡村振兴基金，重点支持乡村产业发展和公共基础设施建设；依法采取措施盘活农村存量建设用地，完善农村新增建设用地保障机制，满足乡村产业、公共服务设施和农民住宅用地合理需求等。

第五部分：监督检查和法律责任，从第 68 条到第 73 条，主要对实施乡村振兴的目标责任制和考核评价制度、统计体系、乡村振兴工作报告制度和法律责任追究等作出规定。明确实行乡村振兴战略实施目标责任制和考核评价制度，上级人民政府应当对下级人民政府实施乡村振兴战略的目标完成情况等进行考核，考核结果作为地方人民政府及其负责人综合考核评价的重要内容。县级以上各级人民政府应当向本级人民代表大会或者其常务委员会报告乡村振兴促进工作情况。地方各级人民政府应当每年向上一级人民政府报告乡村振兴促进工作情况。县级以上人民政府定期对下一级人民政府乡村振兴促进工作情况开展监督检查等。

该法对乡村振兴的总目标、总方针、总要求作出了明确规定，把实施乡村振兴战略必须遵循的重要原则、重要制度、重要机制固定下来，对推动资本、人才、技术、土地资源等生产要素城乡合理配置、自由流动、平等交换方面在法律层面做出制度性安排，阐明了乡村振兴往哪走、怎么走、跟谁走等重大问题。这部法律与2018年中央一号文件、乡村振兴战略规划、中国共产党农村工作条例，共同构成实施乡村振兴战略的"四梁八柱"，并且是"顶梁柱"！《中华人民共和国乡村振兴促进法》强化了走中国特色社会主义乡村振兴道路的顶层设计，夯实了良法善治的制度基石，标志着乡村振兴工作进入了全面依法推进的新阶段。

（二）农业法

《中华人民共和国农业法》于 1993 年 7 月 2 日经第八届全国人民代表大会常务委员会第二次会议通过。2012 年第二次修正。该法对农业生产经营体制、农业生产、农产品流通、农业投入、农业科技与农业教育、农业资源与农业环境保护、法律责任等作了规定。2002 年修订，增加粮食安全、农民权益保护、农村经济发展、执法监督四章，修改增加了农业和农村经济结构调整、农业产业化经营、农产品质量安全等内容。2009 年第一次修正，将第七十一条中的"征收"改为"征用"；2012 年第二次修正，增加了农业技术推广方面的内容。

《中华人民共和国农业法》在总则中明确农业在国民经济中的地位，明确我国农业和农村经济发展的基本目标（第三条），同时，对政府从宏观上调控农业的措施作了一些重要的原则规定。如国家逐步提高农业投入的总体水平（第四十二条），国家运用税收、价格、信贷等手段，鼓励和引导农业生产经营者增加农业投入（第四条）；国家采取措施，从资金、农业生产资料、技术、市场信息等方面扶持农业生产（第二十一条）；国家引导农业生产经营者按照市场的需求，发展高产、优质、高效农业（第二条）；国家对关系国计民生的重要农产品的购销活动实行必要的宏观调控（第三十五条）；国家对粮食等重要农产品实行保护价收购制度，设立风险基金和储备基金（第三十六条）；要求各级政府逐步增加农业科技经费和农业教育经费，促进科技、教育兴农（第四十八条）等。这些规定是实现政府对农业的宏观调控的原则性指导，同时也是制定各具体农业领域立法的重要依据。

乡村振兴促进法与农业法的关系。乡村振兴促进法作为促进法，着重点在促进，通过建立健全法律制度和政策措施，促进乡村全面振兴和城乡融合发展，不取代农业法等其他涉农法律。因此，乡村振兴促进法的条文与农业法等涉农法律的规定尽量不重复，确有必要的，作出衔接性规定；其他法律规定不完善的，作出补充性规定。同时，条文的表述也注意与其他涉农法律协调一致。

（三）土地管理法

《中华人民共和国土地管理法》于 1986 年 6 月 25 日第六届全国人民代表大会常务委员会第十六次会议通过。1988 年 12 月 29 日第一次修正时新增"国有土地和集体所有的土地的使用权可以依法转让"，"国家依法实行国有土地有偿使用制度"等内容。1998 年 8 月 29 日全面修订，明确规定国家依法实行国有土地有偿使用制度。建设单位使用国有土地，应当以有偿使用方式取得。2004 年 8 月 28 日第二次修正时明确国家为了公共利益的需要，可以依法对土地实行征收或者征用并给予补偿。

2019 年第三次修正时涉及七大领域的完善发展。

第一，增加集体经营性建设用地入市规定。结束了多年来集体建设用地不能与国有建设用地同权同价同等入市的二元体制，为推进城乡一体化发展扫清了制度障碍。

第二，"多规合一"改革，建立国土空间规划体系。将主体功能区规划、土地利用规划、城乡规划等空间规划融合为统一的国土空间规划，实现"多规合一"，强化国土空间规划对各专项规划的指导约束作用。

第三，实行最严格的耕地保护制度。确保国家粮食安全是《中华人民共和国土地管理法》的核心和宗旨。为了提升全社会对基本农田永久保护的意识，2019 年修改后，将基本农田提升为永久基本农田。加上"永久"两字，体现了党中央、国务院对耕地特别是基本农田的高度重视，体现的是严格保护的态度。

第四，合理划分中央和地方土地审批权限。原来的《中华人民共和国土地管理法》对新增建设用地规定了从严从紧的审批制度，旨在通过复杂的审批制度引导地方政府利用存量建设用地。2019 年修改后的《中华人民共和国土地管理法》适应"放管服"改革的要求，对中央和地方的土地审批权限进行了调整，按照是否占用永久基本农田来划分国务院和省级政府的审批权限。

第五，征地制度改革。一是首次明确界定征收集体土地的公共利益需要范围，采取列举方式明确六种情形，确需征收的，可以依法实施征收。二是改革征地程序，将原来的征地批后公告改为征地批前公告，多数被征地的农村集体经济组织成员对征地补偿安置方案有异议的，应当召开听证会修改，进一步落实被征地的农村集体经济组织和农民在整个征地过程的知情权、参与权和监督权。三是首次确立土地征收补偿原则，以区片综合地价取代原来的年产值倍数法，在原来的土地补偿费、安置补助费、地上附着物和青苗补偿费的基础上，增加农村村民住宅补偿费用和将被征地农民社会保障费用的规定，从法律上为被征地农民构建更加完善的保障机制。

第六，宅基地制度改革。一是在原来一户一宅的基础上，增加宅基地户有所居的规定；二是下放了宅基地的审批权；三是国家允许进城落户的农村村民依法自愿有偿退出宅基地，鼓励农村集体经济组织及其成员盘活利用闲置宅基地和闲置住宅；四是将农村宅基地改革和管理职责赋予农业农村部门。

第七，土地督察制度正式入法。在充分总结 2006 年以来国家土地督察制度实施成效的基础上，国家土地督察制度正式成为土地管理的法律制度。

（四）农村土地承包法

《中华人民共和国农村土地承包法》于 2002 年 8 月 29 日第九届全国人民代表大会常务委员会第二十九次会议通过。该法对承包经营方式、承包的原则和程序、承包期限和承包合同、土地承包经营权的流转及争议的解决等内容进行了全面规定。2009 年第一次修正，在承包方有权依法获得相应的补偿的情形中，增加了征收的情形。2018 年第二次修正，此次修正幅度比较大，重点是将"三权"分置的改革实践上升为立法，明确土地承包关系长久不变，强调退出承包经营权不是进城落户的前提，承包方有再流转土地经营权的权利。同时，赋予了土地经营权的融资担保功能，建立了工商企业流转土地经营权监督法律制度，对妇女土地承包权益的保护进一步完善。

《中华人民共和国农村土地承包经营纠纷调解仲裁法》于 2009 年 6 月 27 日第十一届全国人民代表大会常务委员会第九次会议通过。该法明确了运用调解、仲裁双渠道化解农村土地承包经营纠纷的原则、"纠纷"的范围，对仲裁委员会的组成、仲裁员的条件、仲裁申请和受理的程序、仲裁庭的组成、开庭和裁决等做了规定。该法立足我国国情，为减少农民的仲裁成本，把纠纷化解在基层，规定了灵活的仲裁程序，没有实行通常的"一裁终局"制，对当事人不服仲裁裁决的允许向人民法院起诉，体现了农村土地制度设计的中国智慧。

（五）种子法

《中华人民共和国种子法》于 2000 年 7 月 8 日第九届全国人民代表大会常务委员会第十六次会议通过。该法规定了种质资源保护、品种选育与审定、植物新品种保护、种子生产经营、种子使用、种子质量、种子进出口和对外合作等内容。该法为打破国有种子公司垄断经营，推动多元市场主体发育提供了法治保障，种业进入从计划体制向市场经济体制转型发展阶段。该法于 2004 年第一修正、2013 年第二次修正。2015 年修订，对种质资源保护、育种科研体制机制、品种管理、植物新品种保护、种子生产经营、监督管理、扶持措施、法律责任等 8 个方面作出了修改与完善。2021 年第三次修正，紧扣种业振兴发展的迫切需要，以强化种业知识产权保护为重点，建立实质性派生品种制度，扩大植物新品种权的保护范围和保护环节，完善侵权赔偿制度，推动建立鼓励和支持育种原始创新的制度体系，加大植物新品种权保护力度，完善种业知识产权保护制度。具体体现在：一是建立实质性派生品种制度。明确修饰改良他人的育种成果形成的派生品种在商业化利用时，需要征得原始品种权所有人的同意，并支付使用费。二是扩大植物新品种权的保护范围和保护环节。将保护范围从授权品种的繁殖材料延伸到收获材料，在保护环节上增加了为繁殖而进行处理、许诺销售、进口、出口和储存。这些规定扩大了植物新品种权的权利内容，并为权利人提供了更多行使权利的机会。三是完善侵权赔偿制度。将故意侵犯植物新品种权行为的惩罚性赔偿的倍数上限由 3 倍提高到 5 倍，将难以确定数额的赔偿限额由 300 万元提高到 500 万元，进一步维护植物新品种权所有人的合法权益。此外，此次修法还进一步强化种业科学技术研究和种质资源保护，推进简政放权，加大处罚力度，从多个方面为推动现代种业发展提供有力法治保障。

（六）渔业法

《中华人民共和国渔业法》于 1986 年 1 月 20 日第六届全国人民代表大会常务委员会第十四次会议通过，该法主要围绕养殖业、捕捞业、渔业资源的增殖和保护、破坏渔业资源的行为的法律责任等进行规定，该法历经 2000 年、2004 年、2009 年、2013 年 4 次修正。2000 年第一次修正时确定关于全面所有的水面、滩涂给个人使用，加强对商品鱼生产基地和城市郊区重要养殖水民的保护，确立捕捞限额制度，完善捕捞许可证制度、水产种质资源保护制度，进一步规范水产苗种的生产、进口和出口的工作，水产苗种的生产由县级以上地方人民政府渔业行政主管部门审批，进口与出口由国务院渔业行政主管部门审批，同时，进一步加强渔业法与刑法的法律责任衔接工作，完善了有关渔业污染事故行为等条款中的罚款的数额，增加了没收渔船的规定；2004 年第二次修正中涉及水产新品种审定制度；2009 年第三次修正中涉及集体所有的水域、滩涂征用制度；2013 年第四次修正涉及水产种质资源保护制度、水产养殖制度，强化养殖水域滩涂规划的编制，明确严禁侵占养殖水域滩涂，收回养殖水域滩涂应予补偿，加强养殖生产过程，建立养殖生产档案制度，并进一步控制捕捞强度，加强规范远洋渔业工作，确立远洋渔业违法人员"黑名单"制度。进一步加强渔船安全生产监管，赋予渔政人员必要的执法权限，加大违法渔业行为的处罚力度，强化捕捞作业和捕捞辅助活动全过程监管，确立涉渔"三无"船舶查获没收制度，增补遣返、驱逐等行政处罚种类。该法对加强渔业资源的保护、增殖、开发和合理利用，发展人工养殖，保障渔业生产者的合法权益，促进渔业生产的发展发挥了重要作用。

（七）农民专业合作社法

《中华人民共和国农民专业合作社法》于 2006 年 10 月 31 日第十届全国人民代表大会常务委员会第二十四次会议通过。该法明确了农民专业合作社的法律地位、设立条件、组织机构、合作社成员的权利与义务、财务会计、盈余分配制度及国家对农民专业合作社的扶持政策等。2017 年修订，对法律调整范围、成员资格和构成、土地经营权作价出资、联合社、成员内部信用合作、农民专业合作社的营业执照吊销、成员新入社和除名、盈余分配以及法律责任等内容作了完善。

（八）动物防疫法

《中华人民共和国动物防疫法》于 1997 年 7 月 3 日第八届全国人民代表大会常务委员会第二十六次会议通过。该法根据我国对动物防疫工作管理的实际情况，设置了动物疫病的防疫、控制和扑灭的管理规定，动物和动物产品的检疫管理规定，动物防疫监督制度以及违反动物防疫法的法律责任。2007年进行第一次修订，重点对免疫、检疫、疫情报告和处理等制度做了修改、补充和完善，增加了疫情预警、疫情认定、无规定动物疫病区建设、执业兽医管理、动物防疫保障机制等方面的内容。加重了违反动物防疫法的法律责任。2013年进行第一次修正，按照审批制度改革的要求，下放审批权，将执业兽医资格证书的颁发主体，由"国务院兽医主管部门"下放到"省、自治区、直辖市人民政府兽医主管部门"。2015年第二次修正中，按照审批制度改革的要求，实行"证照分离"，取消了凭动物防疫条件合格证、动物诊疗许可证办理中向工商行政管理部门申请办理登记注册手续的规定。2021年进行第二次修订，其中涉及内容主要是增设"病死动物和病害动物产品的无害化处理"和"兽医管理"两章，按照全面提升动物卫生水平的目标，着力解决动物防疫面临的突出问题，对动物防疫方针、防疫责任体系、制度体系、监管体系等进行了调整完善，并且加重了违反动物防疫法的法律责任。该法对动物防疫活动的管理，预防、控制、净化、消灭动物疫病，促进养殖业发展，防控人畜共患传染病，保障公共卫生安全和人体健康发挥重要作用。

（九）农产品质量安全法

《中华人民共和国农产品质量安全法》于2006年4月29日第十届全国人民代表大会常务委员会第二十一次会议通过。该法以保障农产品质量安全，维护公众健康，促进农业和农村经济发展为立法目标。从中国农业的实际出发，遵循农产品质量安全管理的客观规律，借鉴国际通行的"从农田到餐桌"全程控制管理经验，确立了县级以上人民政府统一领导，农业行政主管部门依法监管，其他有关部门分工负责的农产品质量安全管理体制，并确立了农产品质量安全标准的强制实施、农产品产地管理、农产品包装和标识管理、农产品质量安全监测、监督检查和信息发布、农产品质量安全风险评估、农产品质量安全事故报告以及对农产品质量安全违法行为责任追究制度。

该法于2018年修正，主要是针对国务院机构改革和职能调整需要，将第十五条中的"环境保护行政主管部门"修改为"生态环境主管部门"，将第四十条中的"食品药品监督管理部门"和第五十二条中的"工商行政管理部门"修改为"市场监督管理部门"。修改后的《中华人民共和国农产品质量安全法》

章节、条款保持不变。

（十）村民委员会组织法

《中华人民共和国村民委员会组织法（试行）》于 1987 年 11 月 24 日第六届全国人民代表大会常务委员会第二十三次会议通过。该法确立了村民委员会成员的选举程序、村民民主议事制度、农村的民主管理和民主监督制度。《中华人民共和国村民委员会组织法》于 1998 年 11 月 4 日第九届全国人民代表大会常务委员会第五次会议通过，增加了对差额选举、村民委员会信息公开、破坏选举行为和罢免程序等方面的规定，强化了村委会直接选举和民主管理。2010 年修订《中华人民共和国村民委员会组织法》设为 6 章，完善了有关村民委员会的组成和职责，村民会议和村民代表会议，民主管理和民主监督等相关内容。2018 年修正内容仅涉及村委会任期，第十一条第二款将村民委员会每届任期由"三年"改为"五年"。该法在保障农村村民实行自治、由村民依法办理自己的事情、发展农村基层民主、维护村民的合法权益、促进社会主义新农村建设中发挥了重要作用。

三、加快完善农业农村法律规范体系

当前，"三农"工作重心历史性转向全面推进乡村振兴，加快中国特色农业农村现代化进程。完备的农业农村法律规范体系是全面推进乡村振兴，加快中国特色农业农村现代化进程的制度基础。当前，农业农村法律规范体系已经形成，但这并不意味着法律体系已经完备。习近平总书记指出："实践发展永无止境，立法工作也永无止境，完善中国特色社会主义法律体系任务依然很重。"①

新发展阶段，农业农村立法要把提高质量放在首位，在填补有关立法空白的基础上，着重立一批打基础、管长远的法律，要通过立法回应农村经济社会发展的需求，以法治贯彻新发展理念。与此同时，需要进一步推进农业农村法

---

① 习近平. 关于《中共中央关于全面推进依法治国若干重大问题的决定》的说明［EB/OL］.（2014－10－28）. https：//news. 12371. cn/2014/10/28/ARTI1414494606182591. shtml.

律规范体系化。一是要以《中华人民共和国乡村振兴促进法》的全面贯彻实施为契机，处理好《中华人民共和国乡村振兴促进法》与其他部门法之间的关系，进一步形成系统性的整合力量，将《中华人民共和国乡村振兴促进法》确立的各项制度和扶持措施落到实处。二是完善《中华人民共和国乡村振兴促进法》的配套法律法规，要聚焦农业农村经济社会发展重点领域和重大问题。做好粮食安全保障法、耕地保护法、农产品质量安全法、渔业法、进出境动植物检疫法、畜牧法、长江保护法、植物新品种保护条例等法律、行政法规制定修订工作。落实法律、行政法规要求，统筹做好部门规章制定修订工作。更好发挥法治对改革发展稳定的引领、规范、保障作用，着力固根基、扬优势、补短板、强弱项，更好发挥法治对改革发展稳定的引领、规范和保障作用，逐步实现农业农村治理制度化、程序化、规范化、法治化。三是适时考虑农业农村领域的法典编纂工作。《法治中国建设规划（2020—2025 年）》明确提出："对某一领域有多部法律的，条件成熟时进行法典编纂。"这一规划要求应当成为"十四五"时期立法工作的重要指导。法典通常被认为是最高阶段的立法形式。编纂法典意味着相应领域的法律规范在更高层面实现了系统化，也意味着该领域的法治条件经过长时间的发展已经趋近成熟，同时还承载着一部分政治功能，彰显国家在法治文明方面的成就。当前，我国现行有效的法律有 284 部，其中直接涉及农业农村的法律有 50 部，占近 18％。在总结《中华人民共和国民法典》编纂成功经验的基础上，开展农业农村法律法典编纂研究，加快完善农业农村法律规范体系。

【教师简介】

杨东霞，学院农业农村法治研究中心（农业农村部法律服务中心）主任，研究员。中国农业农村法治研究会副会长兼秘书长，农业农村部法律顾问，农业对外合作法律顾问专家组成员，2019 年获国务院特殊津贴，中国政法大学兼职教授，中国人民大学法律实务硕士导师，澳大利亚新英格兰大学客座教授。2017 年 5 月至 2018 年 5 月赴悉尼大学访学，在悉尼大学、澳大利亚新英格兰大学、新西兰坎特伯雷大学、林肯大学及国际会议上介绍中国农业法律制度、中国种子法律制度及中国农产品质量安全法律制度。

获得全国农业先进个人、原农业部优秀共产党员、原农业部巾帼建功标兵等荣誉称号。

授课情况：乡村振兴促进法、农业农村法律制度概要、农业依法行政、农业行政执法问题的法理分析、农业行政执法程序及文书制作、澳大利亚农业投资政策与法律、中国农业法律制度（英文）、中国种业法律制度（英文）、中国农产品质量安全法律制度等。

科研情况：长期从事农业农村法律问题研究。主持近 20 项国家级、省部级课题。参与乡村振兴促进法、种子法、渔业法、农产品质量安全法、集体经济组织法及植物新品种保护条例等重大涉农法律法规的制定修订，参与农业农村部规章规范性文件的起草和修订，参与农业农村领域有关外资准入与并购审查、政府信息公开、植物新品种复审、行政处罚等一些重大疑难案件处理。在《人民日报》《农民日报》《法制日报》《中国党政干部论坛》《世界农业》《农村工作通讯》《决策参考》等报纸期刊发表论文 40 余篇，出版专著 1 部，合著 1 部，勘校作品 1 部、参编著作多部。组织编写《农业法律研究论丛》系列及《农业领导干部学法用法读本》《农资监管案例分析》等教材 15 种。研究成果获得多项奖励及农业农村部领导肯定性批示，主持编写的教材获得学院教材编写一等奖。

农业行政执法程序解读及文书制作[*]

汪　明

▶ 在农业执法领域全面深入贯彻党的十九大和十九届历次全会精神，贯彻落实习近平总书记全面依法治国新理念新思想新战略，农业综合行政执法改革取得明显成效的背景下，规范执法程序文书、提升办案质量，对确保农业农村领域法律法规严格实施、农业农村部门法定职责全面履行具有重要意义。本文从农业行政执法办案全过程的角度，梳理执法普通程序和执法文书，阐释行政执法基本原则、"行政执法三项制度"理论内涵及其在执法程序中的具体体现，明确程序的规定内容和实践要求，并对执法文书类型、制作规范及重点注意事项作了详细介绍和重点示范。

一、农业行政处罚程序规定与文书规范概述

（一）农业行政处罚程序规定概述

《农业行政处罚程序规定》（简称《规定》）是由农业农村部制定的部门规章，先后经历过 3 次修订：1997 年 10 月 25 日第一次修订；2006 年 4 月 13 日第二次修订；2020 年 1 月 14 日第三次修订，2020 年 3 月 1 日起施行。《规定》共分为总则、农业行政处罚的管辖、农业行政处罚的决定、执法文书的送达和处罚决定的执行、结案和立卷归档、附则等 6 章，92 条。

（二）农业行政执法文书制作规范概述

2002 年 9 月 8 日，农业农村部为深入贯彻《农业行政处罚程序规定》（农

---

* 本文是在 2020 年农业综合执法能力提升培训班（第二期）进行讲授时的课程文稿，该课程评估分值为 4.95 分。

业农村部令 2020 年第 1 号），进一步规范农业行政执法行为，提高农业行政执法文书制作水平，结合农业行政执法实际，对 2012 年印发的《农业行政执法文书制作规范》（简称《规范》）和农业行政执法基本文书格式进行了修订，自 2020 年 11 月 1 日起施行。

文书共分为内部文书与外部文书。内部文书是指农业行政执法机关内部使用，记录内部工作流程，规范执法工作运转程序的文书。例如立案审批表、案件处理意见书等。外部文书是指农业行政执法机关对外使用，对农业行政执法机关和行政相对人均具有法律效力的文书。例如行政处罚决定书、抽样取证凭证等。

《规范》将基本文书种类由 26 种增加至 38 种。增加指定管辖通知书、案件交办通知书、协助调查函、协助调查结果告知函、涉嫌犯罪案件移送书、行政处罚不予立案审批表、撤销立案审批表、抽样检测结果告知书、案件中止调查决定书、恢复案件调查决定书、不予行政处罚决定书、延期（分期）缴纳罚款通知书等 12 种文书种类。并修改证据先行登记保存通知书、登记保存物品处理通知书、先行登记保存物品处理通知书、查封（扣押）/解除查封（扣押）财物清单等文书种类。

修改后的文书具有以下特点：一是丰富，基本程序环节有对应文书，文书数量大大扩充；二是规范，对序号结构、标点符号、计量单位进行明确；三是准确，要求对主体、数量、时间、地点等信息唯一、无歧义；四是完整，要求文书制作过程头尾呼应，从立案到结卷保证过程文书完整；五是指引性强，农业行政处罚底层逻辑发生改变，体现处罚法的要求。

二、农业行政处罚程序及相关文书主要内容

（一）农业行政处罚程序主要内容

本部分主要针对《规定》的体例，依照章节对农业行政处罚程序主要内容进行解读。

1. 总则

主要针对总则部分章节进行解读梳理。

（1）第一条　为规范农业行政处罚程序，保障和监督农业农村主管部门依

法实施行政管理，保护公民、法人或者其他组织的合法权益，根据《中华人民共和国行政处罚法》《中华人民共和国行政强制法》等有关法律、行政法规的规定，结合农业农村部门实际，制定本规定。

解读：在实施过程中，《规定》的部分内容可能存在与部分地方性法规、政府规章或者其他部门规章的内容冲突的情况，应如何处理？《中华人民共和国立法法》规定：地方性法规与部门规章之间对同一事项的规定不一致，不能确定如何适用时，由国务院提出意见，国务院认为应当适用地方性法规的，应当决定在该地方适用地方性法规的规定；认为应当适用部门规章的，应当提请全国人民代表大会常务委员会裁决；部门规章之间、部门规章与地方政府规章之间对同一事项的规定不一致时，由国务院裁决。

（2）第二条　农业行政处罚机关实施行政处罚及其相关的行政执法活动，适用本规定。

本规定所称农业行政处罚机关，是指依法行使行政处罚权的县级以上人民政府农业农村主管部门。

解读：规章的名称虽然叫《农业行政处罚程序规定》，但是其内容除了涵盖农业行政处罚程序外，还对与行政处罚相关的行政强制、文书制作、档案管理等内容进行了相应的规范。

（3）第五条　具有下列情形之一的，农业行政执法人员应当主动申请回避，当事人也有权申请其回避：

（一）是本案当事人或者当事人的近亲属。

（二）本人或者其近亲属与本案有直接利害关系。

（三）与本案当事人有其他利害关系，可能影响案件的公正处理。

农业行政处罚机关主要负责人的回避，由该机关负责人集体讨论决定；其他人员的回避，由该机关主要负责人决定。

回避决定作出前，主动申请回避或者被申请回避的人员不停止对案件的调查处理。

解读：根据《中华人民共和国行政处罚法》第三十七条第三款的规定，第一次明确了应当回避的情形、回避方式包括主动回避和申请回避、回避的决定（主要负责人和其他人员的区别）、回避前不停止调查的原则。

（4）第七条　各级农业行政处罚机关应当全面推行行政执法公示制度、执法全过程记录制度、重大执法决定法制审核制度，加强行政执法信息化建设，推进信息共享，提高行政处罚效率。

解读：参照《国务院办公厅关于全面推行行政执法公示制度执法全过程记录制度重大执法决定法制审核制度的指导意见》，将行政执法公示制度、执法全过程记录制度、重大执法决定法制审核制度等3项制度写入规定是此次修订的亮点，各地要严格落实3项制度。

（5）第八条　县级以上人民政府农业农村主管部门在法定职权范围内实施行政处罚。

县级以上人民政府农业农村主管部门依法设立的农业综合行政执法机构承担并集中行使行政处罚以及与行政处罚有关的行政强制、行政检查职能，以农业农村主管部门名义统一执法。

县级以上人民政府农业农村主管部门依照国家有关规定在沿海、大江大湖、边境交界等水域设立的渔政执法机构，承担渔业行政处罚以及与行政处罚有关的行政强制、行政检查职能，以其所在的农业农村主管部门名义执法。

解读：明确农业农村主管部门是执法主体；农业综合行政执法机构、渔政执法机构都应当以农业农村主管部门名义执法。

（6）第九条　县级以上人民政府农业农村主管部门依法设立的派出执法机构，应当在派出部门确定的权限范围内以派出部门的名义实施行政处罚。

解读：明确了派出执法机构的法定地位；派出执法机构应当在派出部门确定的权限范围内以派出部门的名义实施行政处罚。

（7）第十条　上级农业农村主管部门依法监督下级农业农村主管部门实施的行政处罚。

县级以上人民政府农业农村主管部门负责监督本部门农业综合行政执法机构、渔政执法机构或者派出执法机构实施的行政处罚。

解读：明确上级主管部门对下级主管部门行政处罚的监督职责；明确主管部门对本级农业综合行政执法机构、渔政执法机构或者派出执法机构实施行政处罚的监督职责。

2. 农业行政处罚的管辖

（1）管辖的基本原则。违法行为发生地的农业行政处罚机关管辖。此处重难点在于如何认定违法行为发生地？

违法行为地有广义和狭义两种理解，广义理解包括违法行为着手地、实施地、经过地、结果地，包括了实施违法行为的各个阶段所经过的空间。狭义理解仅指实施地。按照全国人大法工委对《中华人民共和国行政处罚法》的释义，采取广义的理解。《公安机关办理行政案件程序规定》也做了类似规定。法院的判决基本也持有同样观点。

（2）渔业特殊管辖。渔业行政违法行为有下列情况之一的，适用"谁查获、谁处理"的原则：

（一）违法行为发生在共管区、叠区。

（二）违法行为发生在管辖权不明确或者有争议的区域。

（三）违法行为发生地与查获地不一致。

注意：上述3种情形之外的一般渔业违法案件，依然适用农业行政处罚管辖的基本原则。

（3）电子商务的特殊管辖。首先，此处首先应当明确相关概念。电子商务是指通过互联网等信息网络销售商品或者提供服务的经营活动。电子商务经营者是指通过互联网等信息网络从事销售商品或者提供服务的经营活动的自然人、法人和非法人组织，包括电子商务平台经营者、平台内经营者以及通过自建网站、其他网络服务销售商品或者提供服务的电子商务经营者。电子商务平台经营者是指在电子商务中为交易双方或者多方提供网络经营场所、交易撮合、信息发布等服务，供交易双方或者多方独立开展交易活动的法人或者非法人组织。平台内经营者是指通过电子商务平台销售商品或者提供服务的电子商务经营者。

其次，应明确管辖原则。①电子商务平台经营者和通过自建网站、其他网络服务销售商品或者提供服务的电子商务经营者的农业违法行为由其住所地县级以上农业行政处罚机关管辖。但此处值得注意的是范围包括：电子商务平台经营者；通过自建网站经营的电子商务经营者；通过其他网络服务经营的电子商务经营者。关于住所地的认定则是以相关证照显示的住所地为准。②平台内经营者的农业违法行为由其实际经营地县级以上农业行政处罚机关管辖。电子商务平台经营者住所地或者违法物品的生产、加工、存储、配送地的县级以上农业行政处罚机关先行发现违法线索或者收到投诉、举报的，也可以管辖。但此处值得注意的是"也可以进行管辖"是不是意味着也可以不进行管辖？不应当这样理解。"也可以"的意义在于，在前一句所确定的平台内经营者的违法行为由其实际经营地县级以上农业行政处罚机关管辖这一基础上，同时确立了电子商务平台经营者住所地或者违法物品的生产、加工、存储、配送地县级以上农业行政处罚机关在特定情形下的特定管辖权。平台内经营者所实施的违法行为，在电子商务平台经营者住所地或者违法物品的生产、加工、存储、配送地县级以上农业行政处罚机关先行发现违法线索或者收到投诉、举报的情形下，该部门不但可以，而且应当进行管辖。

（4）管辖权发生争议的解决。对当事人的同一违法行为，两个以上农业行政处罚机关都有管辖权的，应当由先立案的农业行政处罚机关管辖。

两个以上农业行政处罚机关因管辖权发生争议的，应当自发生争议之日起7个工作日内协商解决；协商解决不了的，报请共同的上一级农业行政处罚机关指定管辖。

但此处值得注意以下3点：先立案不是先发现案件线索；共同的上一级不等于共同上级；行政机关一般不得越级请示，如报请共同的上一级部门需逐级请示，涉及过多层级时，一般应当尽量协商解决，避免耗费过多行政资源。

（5）移送管辖。农业行政处罚机关发现立案查处的案件不属于本部门管辖的，应当将案件移送有管辖权的农业行政处罚机关。受移送的农业行政处罚机关对管辖权有异议的，应当报请共同的上一级农业行政处罚机关指定管辖，不得再自行移送。

但此处值得注意的是：其一，这是内部移送的规定。其二，移送的既包括案件，也包括案件线索，一般可理解为立案后移送的，是移送案件；立案前移送的，可视为移送案件线索。立案后移送的，也建议受移送的农业行政处罚机关重新立案。其三，以只移送一次为原则。

（6）管辖权转移。上级农业行政处罚机关认为有必要时，可以直接管辖下级农业行政处罚机关管辖的案件，也可以将本机关管辖的案件交由下级农业行政处罚机关管辖；必要时可以将下级农业行政处罚机关管辖的案件指定其他下级农业行政处罚机关管辖。

下级农业行政处罚机关认为依法应由其管辖的农业行政处罚案件重大、复杂或者本地不适宜管辖的，可以报请上一级农业行政处罚机关直接管辖或者指定管辖。上一级农业行政处罚机关应当自收到报送材料之日起7个工作日内作出书面决定。

但此处值得注意的是：县级管辖是原则，但是不影响行政处罚机关内部对管辖权进行相应的规范；法律法规规章明确是上级管辖的，能否指定下级管辖？

（7）协助调查和许可告知。农业行政处罚机关在办理跨行政区域案件时，需要其他地区农业行政处罚机关协查的，可以发送协助调查函。收到协助调查函的农业行政处罚机关应当予以协助并及时书面告知协查结果。

农业行政处罚机关查处案件，对依法应当由原许可、批准的部门作出吊销许可证件等行政处罚决定的，应当将查处结果告知原许可、批准的部门，并提出处理建议。

但此处值得注意的是：两项法定义务，必须严格执行。收到协助调查函的农业行政处罚机关必须予以协助并及时书面告知协查结果；将查处结果告知原许可、批准的部门，并提出处理建议。

（8）外部移送。农业行政处罚机关发现所查处的案件不属于农业农村主管部门管辖的，应当按照有关要求和时限移送有管辖权的部门处理。

违法行为涉嫌犯罪的案件，农业行政处罚机关应当依法移送司法机关，不得以行政处罚代替刑事处罚。

农业行政处罚机关应当将移送案件的相关材料妥善保管、存档备查。

但此处值得注意的是：这是外部移送的规定，包括移送其他部门和移送司法机关；移送案件要注意原始档案的备份。

3. 农业行政处罚的决定

农业行政处罚的决定是经过农业行政处罚程序作出的，行政处罚程序一般分为简易程序、一般程序和听证程序（特殊程序）。

（1）简易程序。简易程序是指执法人员可以未经行政处罚机关负责人批准即可当场作出处罚决定的程序。

必须同时具备以下两个条件才能适用简易程序：一是违法事实确凿并有法

定依据；二是对公民处以 50 元以下、对法人或者其他组织处以 1 000 元以下罚款或者警告的行政处罚。

简易程序不代表没有程序，在简易程序中应注意以下步骤：第一，向当事人表明身份，出示农业行政执法证件；第二，当场查清当事人的违法事实，收集和保存相关证据；第三，在行政处罚决定作出前，应当告知当事人拟作出决定的内容、事实、理由和依据，并告知当事人有权进行陈述和申辩；第四，听取当事人陈述、申辩，并记入笔录；第五，填写预定格式、编有号码、盖有农业行政处罚机关印章的当场处罚决定书，由执法人员签名或者盖章，当场交付当事人，并应当告知当事人如不服行政处罚决定可以依法申请行政复议或者提起行政诉讼。农业行政执法人员应当在作出当场处罚决定之日起、在水上办理渔业行政违法案件的农业行政执法人员应当自抵岸之日起二日内，将案件的有关材料交至所属农业行政处罚机关归档保存。

（2）一般程序。

①立案程序，是农业行政处罚的启动程序。立案时间具体为农业行政处罚机关对涉嫌违反农业法律、法规和规章的行为，应当自发现线索或者收到相关材料之日起 15 个工作日内予以核查，由农业行政处罚机关负责人决定是否立案；因特殊情况不能在规定期限内立案的，经农业行政处罚机关负责人批准，可以延长 15 个工作日。法律、法规、规章另有规定的除外。（15 日＋15 日）

必须具备以下条件才可立案：一是有涉嫌违反农业法律、法规和规章的行为；二是依法应当或者可以给予行政处罚；三是属于本机关管辖；四是违法行为发生之日起至被发现之日止未超过二年，或者违法行为有连续、继续状态，从违法行为终了之日起至被发现之日止未超过二年；法律、法规另有规定的除外。

新文书增加了不予立案的审批，以及《规定》第三十一条增加了撤销立案的新规定。

②调查取证。调查取证要求两人以上，出示证件表明身份。具体措施包括33 条，7 大项。证据种类：书证、物证、视听资料、电子数据、证人证言、当事人的陈述、鉴定意见、现场检查笔录和勘验笔录等。

同时应注意以下几点：第一，证据提取要求。针对书证物证，依照《规定》第三十五条，原则上要原件，有困难的可以提供核对无误的复印件（如何认定核对无误：注明与原件原物一致、出证日期、证据出处、签名或者盖章）；针对视听资料，依照《规定》第三十六条，原则上要原始载体，确有困难的可以提供复制件（注明制作方法、制作时间、制作人和证明对象等。声音资料应当附有该声音内容的文字记录）；针对电子证据，依照《规定》第三十七条，原则上要原始载体，确有困难的，可以采用拷贝复制、委托分析、书式固定、拍照录像等方式取证，并注明制作方法、制作时间、制作人等。同时，网站信息可作为证据，也可聘请具有专门知识的人员或者专业机构，对电子数据进行调查取证。

第二，询问相关人员。应当两名以上执法人员询问、一个被询问人一份笔录、一问一答。记录时应将所有情况了解清楚后再在询问笔录上记载，避免在笔录上涂改处太多。在询问顺序上，先表明执法人员的身份，告知被询问人依法享有的权利和承担的义务。内容上，在记录违法事实时，要全面、准确地记录违法的经过和事实，着重记录违法的时间、地点、违法行为、情节、违法工具、手段、后果、违法动机和目的、有无违法历史等。针对询问人提出的问题，如果被询问人不回答或者拒绝回答的，应当写明被询问人的态度，如"不回答"或者"沉默"等，并用括号标记。应询问被询问人是否需要补充说明的情况。如果有补充说明，应如实记录。

同时询问笔录应当注意：询问笔录中涂改处应由当事人摁指印或签名。记录完毕后，交被询问人核对，经核对无误后，由被询问人逐页写明"以上笔录已看过，记录属实"字样，并签名，最后一页应紧贴最后一行。执法人员签名应当是手写签字，不能打印显示。文书空白处要有以下空白的处理。当事人拒绝签名、盖章或者以按指纹等方式确认的，办案人员应当在笔录上注明情况，并采取录音、录像等方式记录，必要时可邀请基层组织或者所在单位的代表等有关人员作为见证人。邀请见证人到场的，应当填写见证人身份信息，并由见证人逐页签名。

第三，现场检查（勘验）。现场检查（勘验）应当制作笔录。现场检查笔录是指除对现场与案件有关的物的反映外，还包括对执法程序的记录，侧重动态性。现场勘验笔录是指，对现场与案件有关的场所、物品及其存在状况作的客观记录，侧重静态性。制作主体应为农业行政处罚机关（注意不是农业综合执法机构）。制作地点为需要取证的现场。

同时应注意，现场检查（勘验）笔录应当当场制作，不能事后追忆制作；现场笔录一经有关人员特别是到场的见证人签字就不能改动；应当有表明身份，出示执法证件的记载；要准确地反映现场检查的时间、地点、位置，起止时间应当精确到分钟，检查的地点要准确到具体的门牌号。如果当时对有关物品进行了证据登记保存或者查封扣押，现场检查物品的数量、品名、规格必须与证据登记保存清单和查封（扣押）决定书清单上登记的一致。对所检查的物品名称、数量、包装形式、规格或所勘验现场的具体地点、范围、状况等作全面、客观、准确的记录，对检查中出现的各种数量、重量、距离等要精确，不能使用"大约""大概""估计""差不多"或"多""左右"等不定词语。一个案件有多处现场的，应当分别制作笔录。不能将几次检查（勘验）情况记录在一份笔录中，应逐次制作现场检查（勘验）笔录。必须要有通知当事人到场的记录；当事人拒不到场、无法找到当事人或者当事人拒绝签名或者盖章的，农业行政执法人员应当在笔录中注明，并可以请在场的其他人员见证。

第四，检测鉴定。对需要检测、检验、鉴定、评估、认定的专门性问题，应当委托具有法定资质的机构进行；没有具有法定资质的机构的，可以委托其他具备条件的机构进行。其意见应当由相关人员签名或者盖章，并加盖所在机构公章，并送达当事人。

第五，抽样取证。执法人员应当制作抽样取证凭证，对样品加贴封条，并由办案人员和当事人在抽样取证凭证上签名或者盖章。当事人拒绝签名或者盖章的，应当采取拍照、录像或者其他方式记录抽样取证情况（在抽样取证凭证上说明）。

抽样送检的，应当将抽样检测结果及时告知当事人；当事人依法有复检权利的，还应当告知当事人有依法申请复检的权利。非从生产单位直接抽样取证的，农业行政处罚机关可以向产品标注生产单位发送产品确认通知书。

第六，先行登记保存。先行登记保存不是行政强制措施，必须是在证据可能灭失或者以后难以取得的情况下实施，不可滥用，也不是必经程序；必须经农业行政处罚机关负责人批准，情况紧急需要当场采取措施的，可以采用即时通信方式报请负责人同意，并在 24 小时内补办批准手续；必须是针对与涉嫌违法行为有关的证据，不可无限扩大范围；先行登记保存有关证据，应当当场清点，开具清单，填写先行登记保存执法文书，由当事人和农业行政执法人员签名、盖章或者按指纹，并向当事人交付先行登记保存证据通知书和物品清单（当事人拒绝签字或者盖章的，应当采取拍照、录像或者其他方式记录先行登记保存情况，并在执法文书上进行说明）；先行登记保存物品时，就地由当事人保存的，当事人或者有关人员不得使用、销售、转移、损毁或者隐匿；就地保存可能妨害公共秩序、公共安全，或者存在其他不适宜就地保存情况的，可以异地保存。对异地保存的物品，农业行政处罚机关应当妥善保管（要承担损坏、丢失、污染等情况的赔偿责任）。对先行登记保存的证据，应当在7日内作出下列处理决定并送达当事人（两个条件要同时满足）：根据情况及时采取记录、复制、拍照、录像等证据保全措施；需要进行技术检测、检验、鉴定、评估、认定的，送交有关部门检测、检验、鉴定、评估、认定；对依法应予没收的物品，依照法定程序处理；对依法应当由有关部门处理的，移交有关部门；为防止损害公共利益，需要销毁或者无害化处理的，依法进行处理；不需要继续登记保存的，解除先行登记保存。

第七，查封扣押。应当在实施前向农业行政处罚机关负责人报告并经批准，由具备资格的行政执法人员实施；情况紧急，需要当场采取行政强制措施的，农业行政执法人员应当在24小时内向农业行政处罚机关负责人报告，并补办批准手续。农业行政处罚机关负责人认为不应当采取行政强制措施的，应当立即解除。实施查封扣押的前提条件是具备法律、法规的明确规定，并严格履行《中华人民共和国行政强制法》规定的程序和要求（时限、对象、程序等）。

要注意查封扣押和先行登记保存的区别。一是性质不同。先行登记保存是取证的一种手段，主要在证据可能灭失或以后难以取得的情况下而做出的，目的是便于及时保全和固定证据；而查封扣押属于强制措施，主要目的是通过对物品的控制，防止危害产生或进一步扩大。二是法律依据不同。先行登记保存依据《中华人民共和国行政处罚法》；查封扣押依据具体的法律法规。三是适用的程序不同。先行登记保存在行政处罚程序开始后使用，查封扣押除行政处罚程序中使用外，也可在日常监督检查中直接使用。四是适用对象不同。先行登记保存须在证据可能灭失或以后难以取得的情况下适用，适用对象为证据，可以是一般的书证或者物证等，而查封扣押的对象是法定的。五是期限和效力不同。登记保存的物品7日内必须处理。查封扣押一般是30日，经行政机关负责人批准，可以延长，但是延长期限不得超过 30 日。六是当事人权利不同。对查封扣押，当事人不服的可提起行政复议或诉讼；当事人对登记保存证据不服则不能单独提起行政复议或诉讼。必须等《行政处罚决定书》下达后才能提起诉讼或复议，将证据登记保存使用不当的问题指出。

第八，中止调查。必须经农业行政处罚机关负责人批准，并制作案件中止调查决定书。必须符合法定要件，包括：行政处罚决定必须以相关案件的裁判结果或者其他行政决定为依据，而相关案件尚未审结或者其他行政决定尚未作出；涉及法律适用等问题，需要送请有权机关作出解释或者确认；因不可抗力致使案件暂时无法调查；因当事人下落不明致使案件暂时无法调查（严格限制"下落不明"的范畴）；其他应当中止调查的情形。中止调查的原因消除后，应当立即恢复案件调查。

第九，告知。是法定程序，不可或缺。要有相应的文书——《行政处罚事先告知书》。期限为收到告知书之日起 3 日内进行陈述、申辩；符合听证的，还应当告知听证权利；无正当理由逾期提出陈述、申辩或者要求听证的，视为放弃上述权利。对当事人的陈述、申辩或者听证情况进行复核。当事人提出的事实、理由成立的，应当予以采纳；不得因当事人申辩加重处罚。

第十，特殊程序（听证程序）。在作出责令停产停业、吊销许可证件、较大数额罚款、没收较大数额财物等重大行政处罚决定前，应当告知当事人有要求举行听证的权利。当事人要求听证的，农业行政处罚机关应当组织听证。较大数额罚款和没收较大数额财物，县级以上地方人民政府农业农村主管部门按所在省级人民代表大会及其常委会或者人民政府规定的标准执行；农业农村部对公民罚款超过 3 000 元、对法人或者其他组织罚款超过 3 万元属较大数额罚款。程序参照《规定》第三章第三节。此处应注意：听证告知与一般事先告知的异同。相同点：都有 3 日的期限要求；都要有正式的文书告知；都要告知陈述申辩。不同点：启动的条件不同；文书的内容不同。

③审查。

第一，报审。

时间：调查取证结束后。

对象：行政处罚机关负责人。

内容：违法事实成立，应给予行政处罚的，建议予以行政处罚；违法事实不成立的，建议予以撤销案件；违法行为轻微并及时纠正，没有造成危害后果的，建议不予行政处罚；违法行为超过追诉时效的，建议不再给予行政处罚；案件应当移交其他行政机关管辖或者因涉嫌犯罪应当移送司法机关的，建议移送相关机关；依法作出处理的其他情形。

第二，法制审核。

依据：3项制度和处罚法（同时考虑与新处罚法的衔接，所以用"依法严格进行法制审核"的表述）。

主体：由农业行政处罚机关法制机构负责；未设置法制机构的，由农业行政处罚机关确定的承担法制审核工作的其他机构或者专门人员负责。案件查办人员不得同时作为该案件的法制审核人员。农业行政处罚机关中初次从事法制审核的人员，应当通过国家统一法律职业资格考试取得法律职业资格。

内容：本机关是否具有管辖权；程序是否合法；案件事实是否清楚，证据是否确实、充分；定性是否准确；适用法律依据是否正确；当事人基本情况是否清楚；处理意见是否适当；其他应当审核的内容。

审核的建议：《规定》第52条。

时限要求：法制审核机构或者法制审核人员应当自接到审核材料之日起5个工作日内完成审核。特殊情况下，经农业行政处罚机关负责人批准，可以延长15个工作日。法律、法规、规章另有规定的除外。

第三，负责人审批。

审批人员：行政处罚机关负责人（区别于主要负责人）。

审批依据：应当对调查结果、当事人陈述申辩或者听证情况、案件处理意见和法制审核意见等进行全面审查。

处理决定：违法事实成立，依法应当给予行政处罚的，根据其情节轻重及具体情况，作出行政处罚决定；违法行为轻微，依法可以不予行政处罚的，不予行政处罚；违法事实不能成立的，不得给予行政处罚；不属于农业行政处罚机关管辖的，移送其他行政机关处理；违法行为涉嫌犯罪的，将案件移送司法机关。

第四，行政机关负责人集体讨论。

参加人员：行政处罚机关负责人（包括行政机关的正职、副职负责人以及其他参与分管的负责人，不可扩大）。

参加人数：建议 3 人以上。

启动条件：达到听证条件，并且申请人申请听证的案件；案情复杂或者有重大社会影响的案件；有重大违法行为需要给予较重行政处罚的案件；农业行政处罚机关负责人认为应当提交集体讨论的其他案件。

处理决定：同上。

第五，即时审批的特殊情况。

在边远、水上和交通不便的地区按一般程序实施处罚时，农业行政执法人员可以采用即时通信方式，报请农业行政处罚机关负责人批准立案和对调查结果及处理意见进行审查。报批记录必须存档备案。当事人可当场向农业行政执法人员进行陈述和申辩。当事人当场书面放弃陈述和申辩的，视为放弃权利。前款规定不适用于应当由农业行政处罚机关负责人集体讨论决定的案件。

④决定。

第一，制作处罚决定书。

第二，案件办理期限。

农业行政处罚案件应当自立案之日起 6 个月内作出处理决定；因案情复杂、调查取证困难等特殊情况 6 个月内不能作出处理决定的，报经上一级农业行政处罚机关批准可以延长至 1 年。案件办理过程中，中止、听证、公告、检验、检测、鉴定等时间不计入前款所指的案件办理期限。

4. 执法文书的送达和处罚决定的执行

（1）送达。只要是外部文书，没有送达的即为尚未发生法律效力。行政处罚决定书经送达当事人生效，不是从领导签字或文书印出就自然生效。依法应当送达而未送达的，即便当事人自行获知决定书内容，也视为没有送达。送达要有送达回证或相关证明。

①直接送达。直接送达是最基本的送达方式，也是最优先适用的送达方式。行政执法的送达应以直接送达为原则，凡是能够直接送达的，都应采用直接送达的方式。

以下几种情况下的送达都属于直接送达：将文书直接送交受送达人本人；受送达人是公民的，本人不在时，将文书交其同住成年家属签收；受送达人是法人或者其他组织的，将诉讼文书交由法人的法定代表人，其他组织的主要负责人或办公室、收发室、值班室等负责收件的人签收（需要验明收件人的身份）；受送达人有委托代理人的，可以将文书送交其代理人签收。

②留置送达。受送达人或者他的同住成年家属拒绝接收文书的（这是前提），送达人应当邀请有关基层组织或者所在单位的代表到场，说明情况，在送达回证上记明拒收事由和日期，由送达人、见证人签名或者盖章，把文书留在受送达人的住所，即视为送达。可以把送达文书留在受送达人住所，并采用拍照、录像等方式记录送达过程，即视为送达。

③委托送达。行政机关直接送达文书有困难时，可以出具委托函，附送达回证委托外地有关行政机关代为送达。

④转交送达。根据《中华人民共和国民事诉讼法》有关规定，适用转交送达的情况有两种：一是受送达人是军人的，通过其所在部队团以上单位的政治机关转交；二是受送达人是被监禁、被采取强制性教育措施的，通过其所在监所或强制性教育机构转交。

⑤邮寄送达。邮寄送达应当附有送达回证，挂号信回执注明的收件日期与送达回证上注明的收件日期不一致的，或者送达回证没有寄回的，以挂号信回执上的注明的收件日期为送达日期。

邮寄送达只能通过中国邮政寄递。根据《中华人民共和国邮政法》第55条和《中华人民共和国邮政法实施细则》第4条，快递企业不得寄递国家机关公文，邮政是行政机关公文的专营企业。

⑥电子送达。经受送达人同意，人民法院可以采用传真、电子邮件等能够确认其收悉的方式送达诉讼文书，但判决书、裁定书、调解书除外。以传真、电子邮件等到达受送达人特定系统的日期为送达日期（不推荐此种送达方式）。

⑦公告送达。在受送达人下落不明并且用其他方式无法送达的情况下，行政机关通过公告将诉讼文书有关内容告知受送达人的一种特殊的送达方式。是最后适用的送达方式，必须穷尽其他一切送达方式所不能后才可使用；采取公告送达，既可以在公告栏、受送达人原住所地张贴公告，也可以在报纸上刊登公告。法律对公告方式有特殊要求的，应按要求的方式进行公告。根据北京的法院判例，在网站公布送达也属于公告送达（各地应与法院沟通后根据实际情况慎用）。自公告发出之日起，经过60日，即视为送达。行政机关应当在案卷中说明公告送达的原因和经过。

（2）执行。

一般履行：复议诉讼不停止执行；罚缴分离。

当场收缴罚款的情形。简易程序下的当场收缴：依法给予 20 元以下罚款的；不当场收缴事后难以执行的（注意：当场处罚不等于当场收缴罚款）；所有程序（包括简易和一般）的当场收缴：一是在边远、水上、交通不便地区，二是当事人向指定的银行缴纳罚款确有困难，三是经当事人提出。当场收缴罚款也应当出具罚款收据。当场收缴的罚款，应当自返回机关所在地或者抵岸之日起二日内，交至机关；机关应当在二日内将罚款交至指定的银行。

强制执行——对生效的农业行政处罚决定，当事人拒不履行的，作出农业行政处罚决定的农业行政处罚机关依法可以采取下列措施：到期不缴纳罚款的，每日按罚款数额的 3‰加处罚款；根据法律规定，将查封、扣押的财物拍卖抵缴罚款；申请人民法院强制执行。

延期分期缴纳：一是当事人确有经济困难；二是提出书面申请；三是经农业行政处罚机关负责人批准；四是制作同意延期（分期）缴纳罚款通知书；五是延期或者分期缴纳的最后一期缴纳时间不得晚于申请人民法院强制执行的最后期限（3 个月）。

5. 结案和立卷归档

（1）结案。结案情形：行政处罚决定由当事人履行完毕的；农业行政处罚机关依法申请人民法院强制执行行政处罚决定，人民法院依法受理的；不予行政处罚等无须执行的；行政处罚决定被依法撤销的；农业行政处罚机关认为可以结案的其他情形。

要求：应当填写行政处罚结案报告；经农业行政处罚机关负责人批准后结案。

（2）归档。归档要求：一案一卷；文书齐全，手续完备；案卷应当按顺序装订；案件立卷归档后，任何单位和个人不得修改、增加或者抽取案卷材料，不得修改案卷内容。

6. 附则

有关术语和期限要求：

本规定中的"以上""以下""内"均包括本数。

期间以时、日、月、年计算。期间开始的时或者日，不计算在内。

期间届满的最后一日是节假日的，以节假日后的第一日为期间届满的日期。

行政处罚文书的送达期间不包括在路途上的时间，行政处罚文书在期满前交邮的，视为在有效期内。

（二）农业行政处罚决定书主要内容

1. 结构

首部，包括标题、文书编号、被处罚主体基本情况等。

正文，包括案由，案件来源，立案情况，调查过程，违法事实，证据列举及说明，事先告知情况，当事人陈述申辩或听证情况，法律适用和定性，自由裁量说明，处罚理由与依据，处罚内容。

尾部，行政处罚的履行方式和期限、当事人的救济权利、行政机关名称印章和作出决定的日期。

2. 正文（分为3部分）

第一部分包括案由，案件来源，立案情况，调查过程，违法事实，证据列举及说明。如：

（案由）当事人××一案，经本机关依法调查，现查明：

（案件来源）×年×月×日，接到群众举报，本机关对××进行了执法检查，发现……

（立案情况及调查过程）×年×月×日，本机关依法对其立案调查。×月×日，执法人员……（围绕案件事实，按照时间顺序对执法程序进行完整表述，包括现场检查勘验、询问当事人、证据先行登记保存、查封扣押、检验鉴定等。）

（违法事实）经查明，……

表述应完整准确，包括何时、何地、从事何类违法活动，行为的具体表现，涉案标的物数量、金额、违法所得等；同时，对于当事人的主观意图、所采取的手段、造成的社会后果作出客观表述。

叙述应当按照事件发生的时间顺序，客观、全面、真实地反映案情，突出重点，详述主要情节和因果关系，与案件定性处理相关的事实不得遗漏。

所叙述的违法事实，应当经过调查核实，有充分证据证明违反法律、法规和规章规定的行为，不得增加任何主观的评论性语言。

（证据列举及说明）上述事实，有以下证据予以证明：

证据一：×××××××××××，证明××××××××××××。

证据二：×××××××××××，证明××××××××××××。

证据列举，应适当予以归类，可按时间顺序、证据主次顺序排列，也可按证据的证明力从高到低排列，以体现证据的真实性、关联性。

第二部分包括事先告知情况，当事人陈述申辩或听证情况，案件的定性，自由裁量说明，如：

（事先告知）×年×月×日，本机关向当事人送达了×号的《行政处罚事先告知书》（符合听证条件的要送达有听证告知内容的《行政处罚事先告知书》）。

（陈述申辩或听证情况）当事人提出听证要求的，本机关于×年×月×日依法举行了听证会

在听证会上，当事人辩称：

一、××××××××××。

二、××××××××××。

当事人没有提出陈述、申辩的，应注明"当事人在法定期限内未提出陈述、申辩要求"；当事人在案件调查过程中提出陈述、申辩要求的，应注明"案件调查过程中，当事人辩称：××××"。

本机关认为，根据×××××××××××（采纳或不采纳当事人陈述、申辩的理由依据），当事人的上述××意见本机关予以（未予）采纳。

（法律适用和定性）本机关认为：当事人××××××××××××（具体违法行为）的行为，违反了××××××××××××（法律条文的全文内容），已构成××××行为。

（自由裁量说明）鉴于当事人×××××××××（自由裁量的法定或酌定情节、事实、理由等），可以（应当）从轻、减轻或者从重处罚××××××××××。

（处罚理由、依据和内容）综上所述，根据×××××××××××××（具体处罚条款的全文内容），（重大、复杂案件或者违法行为，经处罚机关负责人集体讨论审批的，应在处罚决定文书中作"经本机关负责人集体研究决定"等字样表述）决定对当事人做出如下行政处罚：

一、××××××××××。

二、××××××××××××。

（以上罚没款共计××）

3. 尾部（含 3 项内容）。

行政处罚的履行方式、期限及不按期履行的后果。

不服行政处罚决定申请行政复议或者提起行政诉讼的途径和期限。

落款。行政机关名称印章和作出决定的日期。

常见问题：复议机关的选择。

注意：新的行政诉讼法规定的 6 个月的期限。

三、农业行政处罚程序文书常见问题

（一）主体资格问题

第一，主要对外文书（证据登记保存通知书、登记保存物品处理通知书、查封扣押决定书、事先告知书、行政处罚决定书等）没有加盖处罚机关印章。

第二，主要对外文书（同上）加盖非法定主体（行政机关内设机构、非法定授权组织、应当由其他行政机关行使职权等）印章的。

第三，被处罚主体认定错误的。

第四，案卷中没有被处罚主体的身份证明，不能确认其身份（有其他证据证明其合法有效身份的除外）。

第五，有其他严重的主体资格错误问题的。

（二）事实和证据问题

第一，没有准确认定相关主要事实，导致违法事实不清的。

第二，法律责任要求没收违法所得，或者以违法所得或货值金额作为处罚的幅度基础，而没有对违法所得或货值金额进行认定的。

第三，缺乏相关证据，不能准确判定违法事实和情节的。

第四，有其他严重的事实和证据问题的。

（三）适用法律问题

第一，没有准确适用现行有效的法律、法规、规章及具体条文作为认定违法事实或者处罚依据。

第二，认定违法事实或者作出行政处罚引用法律、法规、规章错误或者条、款、项、目错误（直接适用错误的）。

第三，作出行政处罚决定超出法定处罚种类或者幅度范围的。

第四，有其他严重的适用法律问题错误的。

（四）履行程序问题

第一，立案、调查取证、审批、告知、送达、结案等主要程序没有相应文书记载的。

第二，存在明显的程序倒置情况的。

第三，依法应当告知听证而没有告知听证的。

第四，依法应当责令改正前置，没有实施责令改正直接进行行政处罚的。

第五，当事人收到行政处罚事先告知书未满3日即作出处罚决定的（当事人3日内明确放弃陈述或申辩权利的除外，但符合听证条件的案件不适用此例外情形）。

第六，依法应当进行集体讨论，卷中无集体讨论记载的。

第七，有其他严重的履行程序问题的。

【教师简介】

汪明，学院农业农村法治研究中心（农业农村部法律服务中心）副研究员。专业领域为农业法律，接受农业农村部、地方农业农村系统、知名企业和研究机构委托开展种子、种畜禽、转基因、农业执法等领域立法研究、草案起草、法律咨询、法律风险管理等服务。擅长讲题为农业行政执法程序和文书制作、农业行政处罚案卷评查常见问题、农业行政执法法律适用、农业执法典型案例解析、种子执法案例教学、转基因执法典型案例解析、植物新品种复审与新品种权保护、农业转基因生物安全执法监管常见问题、行政处罚法解读与适用、行政强制法解读与适用课程等。

农产品质量安全执法实践[*]

田　凤

▶《中华人民共和国农产品质量安全法》自 2006 年出台以来，为保障农产品质量安全起了至关重要的作用，但在实施过程中也逐步暴露了一些不足之处，不能完全满足农产品质量安全监管和执法的现实需要。2014 年年底启动该法的修订工作，2021 年经国务院报全国人大常委会审议。本文主要介绍了法律修订的背景和主要内容，并结合当前执法中遇到的难点问题，简要分析相关法律适用原则。

一、农产品质量安全法立法历程

（一）食品安全立法历程

食品安全立法从 1965 年《食品卫生管理试行条例》开始，到 1982 年出台《中华人民共和国食品卫生法》，2006 年出台《中华人民共和国农产品质量安全法》，2009 年出台《中华人民共和国食品安全法》（简称《食品安全法》），经历了半个多世纪的探索和完善。在这个过程中，我们可以看出国家对食品和农产品质量安全的认识和重视是一个不断深化的过程。从注重数量安全到数量与质量并重，再到在安全底线基础上的高质量发展目标，立法目的始终随着社会经济发展而发展，并充分考虑人民群众的基本诉求。食品安全法律体系中，有几个法律值得关注，一个是在《食品卫生管理试行条例》中，对食品范围采取了列举的方式，界定食品包括农产品，其中瓜果、茶叶被列为食品范畴，而

＊ 本文是在 2020 年农业执法能力提升培训班（第一期）进行讲授时的课程文稿（部分数据有更新），课程评估分值为 4.88 分。

肉、蛋、蔬菜、薯类、水产品等被列为食品原料范畴。这种立法方式正是当下我们修订《中华人民共和国农产品质量安全法》过程中被社会各界所倡导或建议的方式，即对食用农产品的定义可采取列举或目录形式体现，以便对农产品的范围界定更加直观和明确。二是在 1982 年食品卫生法试行里，我们看到其将农产品种养殖环节排除在食品卫生法的规制之外。因此从这一阶段开始，我国对食品和农产品已经作出了一定的区别划分，奠定了此后我国对食品和农产品分别立法、区分管理的基调。

（二）农产品质量安全立法历程

农产品质量安全立法大概经历了 3 个阶段。

一是探索阶段。20 世纪 90 年代，我国经历了市场经济繁荣发展，人们在对经济利益的过度追求中，也引发了各类农产品质量安全事件。尤其是 2001 年中国加入世界贸易组织之后，出口的农产品频繁发生因质量问题被退货或被就地销毁的事件，极大地影响我国的农产品质量声誉，也侵害了消费者的合法权益。因此，2001 年经国务院批准，农业部启动了"无公害食品行动计划"，率先在北京、天津、上海和深圳试点，次年在全国范围全面推进实施，旨在通过对"菜篮子"产品实施"从农田到餐桌"的全程监管，计划用 5 年左右时间，基本实现食用农产品无公害生产，从根本上解决食用农产品急性中毒问题，出口农产品质量安全水平大幅提高。无公害食品计划实施过程中，对农产品质量安全管理方式进行了深入的探索，逐步形成产地环境、投入品、生产过程、包装标识和市场准入等管理机制，为制定相关法律奠定了坚实的基础。

二是发展阶段。从 2006 年《中华人民共和国农产品质量安全法》（简称《农产品质量安全法》）出台实施开始，这部法根据国际通行做法和我国农产品质量安全工作实际情况，规范了农产品产销秩序，提高了农产品质量安全水平，也标志着农产品质量安全真正走上有法可依的法治之路。在该法颁布之前，我国农产品质量安全的监管多是依托农业法、畜牧法、动物防疫法、农药管理条例、兽药管理条例等相关法律法规分散管理。《农产品质量安全法》颁布之后，建立了源头治理、风险评估、监测管理等制度，配套制定了一系列法规规章，进一步完善了农产品质量安全法律体系。这一阶段值得一提的还有

2007 年颁布实施的《国务院关于加强食品等产品安全监督管理的特别规定》，主要对当时法律法规没有规定的食品和农产品质量安全违法行为进行了规制，并设置了较《食品安全法》更为严格的法律责任，是一部兜底性法规，目前仍然有效。

三是完善阶段。2013 年国务院机构改革之后，食品安全监管体制机制发生了重大变化，此前农业、质检、工商等多部门齐抓共管的局面得到明显改观，农产品的种养殖环节由农业部门（后改为农业农村部门）依据《农产品质量安全法》管理；食用农产品进入批发、零售市场和生产加工企业之后由食药部门（后改为市场监管部门）依据《食品安全法》管理。自此，农产品质量安全的监管开始了两段式管理的局面，较以往多部门多阶段的多头治理方式，两段式管理模式减少了因多部门职责交叉引发的权责不清、衔接不畅等弊端。同时，随着大流通和信息化的发展，这一阶段我国农产品质量安全更加注重制度的创新，探索开展食用农产品合格证、追溯管理等制度，为下一步法律的修订奠定了实践基础。

（三）相关司法解释

在立法及完善的过程中，我国还有一类较为特殊的法律，就是最高人民检察院、最高人民法院发布的司法解释。司法解释的出台往往也是伴随着一些重大特殊事件的发生。比如"瘦肉精"事件促进了 2002 年《最高人民法院、最高人民检察院关于办理非法生产、销售、使用禁止在饲料和动物饮用水中使用的药品等刑事案件具体应用法律若干问题的解释》的出台；"毒鼠强"事件促进了 2003 年《最高人民法院、最高人民检察院关于办理非法制造、买卖、运输、储存毒鼠强等禁用剧毒化学品刑事案件具体应用法律若干问题的解释》的出台；"地沟油""三聚氰胺"等事件催生 2013 年《最高人民法院、最高人民检察院关于办理危害食品安全刑事案件适用法律若干问题的解释》的快速出台。此外，金龙鱼、福临门、光明、雀巢，再到给社会带来了强烈反响的"三鹿婴幼儿奶粉事件"，这些获得国家"免检"资格的产品一个接一个频频出事，促使人们对食品免检制度进行反思，并于 2008 年废止了 1999 年发布的《国务院关于进一步加强产品质量工作若干问题的决定》中有关食品质量免检制度的内容。

二、农产品质量安全法修订的主要内容

（一）修订的基本原则

《农产品质量安全法》修订的基本原则是贯彻落实习近平总书记的"四个最严"要求。这其实也是法律修订的根本目的。

一是坚持最严谨的标准。强化农产品质量安全风险管理和标准制定，明确农产品质量安全标准内容，与《食品安全法》有关标准规定相衔接。完善农产品质量安全风险监测制度和风险评估制度。

二是坚持最严格的监管。贯彻落实"处罚到人"要求，参照《食品安全法》和"两高"司法解释等，将小农户纳入法律责任范围。强化农产品生产经营全过程管控，建立产地监测制度，鼓励发展绿色、优质农产品，加大监管力度，建立食用农产品质量安全追溯制度，完善农产品质量安全监督抽查、日常检查等监管措施。特别是结合近年监管工作创新，将食用农产品达标承诺合格证制度以法律的形式固定下来。

三是坚持最严厉的处罚。参照《食品安全法》，整体提高了对各类违法行为的处罚额度。特别是对使用国家明确禁用的农药、兽药等情节严重的违法行为但尚不构成犯罪的，采取行政拘留的处罚措施，同时处以罚款等处罚措施；对一般违法行为，采取罚款等常规处罚措施。考虑到小农户和规模主体的差异性，在法律责任部分对小农户的处罚力度作了区分。

四是坚持最严肃的问责。健全农产品质量安全责任机制，明确农产品生产经营者的主体责任，落实地方人民政府的属地管理责任和农业农村、市场监管部门的监督管理职责。对责任落实不力、问题突出的地方人民政府，上级人民政府可以对其主要负责人进行责任约谈。对监管人员不依法履职，或滥用职权、玩忽职守等行为，在法律责任中根据违法行为和后果的不同分别制定了处罚规则。

（二）修订的主要思路

问题为导向是贯穿本法修订的主要思路。《农产品质量安全法》实践中到底存在哪些问题，根源是什么，是我们修订这部法律的缘由，如何解决这些问

题则是修订的最终目的。《农产品质量安全法》及实施过程中存在的主要问题有以下几方面。

第一，农产品生产流通环节的问题。我们可以从3个维度来分析：从生产主体看，我国农产品生产主体以一家一户分散经营为主。目前我国仍有2亿多农户，户均耕地7亩，一些地方甚至户均只有几分地，生产规模可想而知。养殖领域，生猪养殖户6 000万，生猪规模（年出栏量500头）以下的占大多数。从流通环节看，由于大多数中国人的消费习惯以生鲜为主，因此，我国农产品加工率不足20％，远远低于发达国家，储运过程中非法添加、疫病传播也就更容易发生。此外，农贸市场仍为农产品的主要销售场所，对其管理十分欠缺。从公众认知看，消费者的理性认知程度低，加上当前处于自媒体时代，网络传播力很快，对消费者的影响较大。

第二，农产品产地环境污染形势仍然很严峻。《农产品质量安全法》第十八条明确禁止违反法律、法规的规定向农产品产地排放或者倾倒废水、废气、固体废物和其他有毒有害物质。但仍然发现各地对农产品生产环境安全把关不严。一方面，一些地区特别是重金属矿区周边耕地内源性重金属污染问题突出，社会反映强烈。另一方面，工业"三废"和城市生活垃圾等外源污染不断向农业农村扩散，加剧了土壤污染。

第三，农业投入品使用管理不规范。《农产品质量安全法》第十九条规定农产品生产者应当合理使用化肥、农药、兽药、农用薄膜等化工产品，防止对农产品产地造成污染；第二十五条明确农业生产者应严格执行农业投入品使用安全间隔期或者休药期的规定，防止危害农产品质量安全；第三十三条规定含有违禁药物成分或农兽药残留超标的农产品禁止销售。在检查中，各地普遍反映，投入品的质量安全及科学使用是当前农产品质量安全监管的难点问题，法律规定很难落实到位，存在诸多安全隐患。假冒伪劣产品坑农害农事件仍时有发生，虚假宣传等新型诈骗手段层出不穷。非法添加隐性成分问题较重。近年农药市场抽查结果表明，质量不合格产品的占比10％左右，甚至存在生产经营禁限用农药的现象。肥料、农药、农膜、兽药等投入品使用不科学不规范仍较为普遍，超剂量、超范围使用农、兽药等现象时有发生。

第四，监管体制机制还有待进一步完善。农产品质量安全涉及从农田到餐桌等诸多环节，监管权限分散在农业、商务、环保、卫生、市场监管、公安等诸多部门，部门之间配合难以做到无缝衔接，还存在监管漏洞。食用农产品从田间到进入批发零售市场或者生产加工企业的运输、储存等环节和场地的部门监管职责尚未明确，监管难的问题还不同程度存在。农业农村部门和市场监管部门分别对产地准出和市场准入作出了具体规定，但在实践中产地准出与市场准入衔接仍然不畅，发现问题难以追溯至生产源头。农业农村、市场监管、公安部门之间的信息共享机制有待进一步强化，行政执法和刑事司法衔接机制不畅。

第五，监管执法工作仍然存在薄弱环节。检验检测制度执行还不完全到位。《农产品质量安全法》第三十五条要求充分利用现有的符合条件的检测机构。但目前检验检测机构数量众多，分属农业农村、市场监管、卫生、商务等部门，缺乏统一的发展规划，低水平重复建设情况比较普遍。特别是对一些大中城市的鲜活农产品批发市场监管不到位，同时一些市县级检验检测机构的检验检测能力还相对落后，甚至还有一些县级检测机构因经费不足而无法运行。《农产品质量安全法》第三十四条要求不得重复抽查，但一些地方反映，在实际工作中多头检测、重复检测问题仍然突出。基层监管体系还需要进一步健全。在检查中发现，基层监管人员不足、工作经费不够、监管能力不强、基础设施条件差、检测设备配备数量少、检测人员专业素质低等问题普遍存在，而且越到基层越突出，约1/4的县尚未建立监管机构，农产品生产大县大多缺乏农产品质量安全执法经费。一些县级监管机构同时承担着检测、执法任务，在编人员少，流动性大，监管执法工作难以有效开展。乡镇一级监管人员匮乏，大部分乡镇监管机构不具备实验室检测能力，监测手段主要是快速检测，存在着"检不了、检不出、检不准"等问题。一些省份村级没有设立农产品质量安全协管员，监管"最后一公里"的问题没有解决。认证体系作用发挥还很不够。《农产品质量安全法》第三十二条明确生产者可以申请使用农产品质量安全标志，但当前认证体系多头管理、多重标准、重复认证、重复收费的问题没有解决，目前有机食品的认证机构有70多家，部分认证机构存在违规行为，认证监管还需加强。追溯体系还有待加快完善。当前，农产品质量安全追溯体系总体上仍然处于起步阶段，整体水平不高，在推进过程中仍存在着监管部门缺乏协调配合、追溯信息平台衔接不够、信息不能共享、生产经营主体参与意愿不高、消费者追溯习惯尚未形成等问题。

第六，农产品质量安全的法治建设亟须加强，标准体系仍须完善。《农产品质量安全法》第十一条要求国家建立健全农产品质量安全标准体系，并明确农产品质量安全标准是强制性的技术规范。但当前我国农业标准体系与建立最严谨的标准，与农业高质量发展和绿色发展的要求相比，还有较大差距。目前仍有部分农、兽药未制定残留限量标准，部分水产品、小宗作物和动物的农、兽药残留限量标准缺乏，还有一部分农、兽药虽然规定了限量值，但相应的检测方法还不完全配套。政府属地管理责任和监管部门监管责任落实还不到位。《农产品质量安全法》第三条、第四条、第五条对各级政府及其有关部门的监管职责作出了规定，在检查中发现，一些政府及其相关部门对农产品质量安全重视不够，存在重视产业忽视产品，重视数量忽视质量，重视保供给忽视保安全的倾向。有的部门监管不到位，流于形式，一些质量安全问题不是由政府部门在监管中发现，而是由媒体首先曝光，或者发生安全事件后才进行查处。此外，《农产品质量安全法》第十条关于加强农产品质量安全知识宣传的规定落实不到位，法律宣传的力度和效果有待加强。生产经营者的主体责任落实也不到位。《农产品质量安全法》的第二十四条、第二十五条、第二十六条、第二十八条、第三十七条对生产经营者的主体责任作出了明确规定，在检查中发现，目前仍有部分生产经营者对法律法规存在了解不深、认识模糊的情况，生产经营者的诚信意识、道德意识、法治意识特别是主体责任意识不强。少数生产经营者受经济利益驱动，制假售假、掺杂使假、违规添加使用有毒有害物质等行为屡禁不止。一些生产经营者还没有建立健全内部质量安全管理制度，生产、用药、销售、投入品出入库等记录缺乏或不完整不规范，出现问题后溯源困难。一些生产经营者缺乏应有的知识和技术，传统的生产经营意识还很浓厚，存在滥用农药兽药、不执行休药期规定等现象。《农产品质量安全法》也需要进行修订。各地普遍反映，《农产品质量安全法》制定实施12年以来，有些条款已明显不适应当前农产品质量安全监管形势，一些新问题甚至处于无法可依状态。一些法律条文的操作性不强，实施难度大。法律责任部分有些条款存在处罚过轻、违法成本太低等问题。食用农产品质量安全的分段监管和两法并行的实际情况造成食用农产品在产地准出和市场准入过程中的产品属性发生转变，容易产生执法过程中的监管缝隙。《农产品质量安全法》和《食品安全法》对食用农产品监管要求存在不一致情况，实践中部分地方出现两法混用、择法而用的现象。配套法规需要健全。目前仍有 13 个省（自治区、直辖市）尚未出台配套的农产品质量安全地方性法规。化肥使用、进口食品、质量追溯、准出准入衔接、部分农业废弃物处置等法律法规都还不完善。

（三）修订的主要内容

《农产品质量安全法》共 8 章 56 条，修订共 8 章 81 条，章节未增加，条文增加了 26 条。修订内容主要体现在这五个方面，一是健全农产品质量安全责任机制，二是强化农产品质量安全风险管理和标准制定，三是完善农产品生产经营全过程管控措施，四是完善农产品质量安全监督管理措施，五是严格农产品生产经营主体法律责任。这五部分内容简单介绍如下。

第一，健全农产品质量安全责任机制。一是明确农产品质量安全工作坚持预防为主、风险管理、源头治理、全程控制的原则。二是明确农产品生产经营者对其生产经营的农产品质量安全负责，要求生产经营者诚信自律，接受社会监督，承担社会责任。现行法里没有明确的生产经营主体第一责任制度条款，因此农产品的生产经营主体责任被弱化，政府责任相对更重，所以草案增加了相关要求及具体规定。三是落实地方人民政府的属地管理责任和部门的监督管理职责，规定县级以上地方人民政府对本行政区域的农产品质量安全工作负责；各级农业农村、市场监督管理等有关部门依法依职责承担农产品质量安全监管工作。现行法中无国务院部门职责的表述，仅规定地方农业部门职责范围，修订草案分别增加了国务院农业农村和市场监管部门职责，对地方政府和相关部门的职责，同时还明确乡镇人民政府职责。四是构建协同、高效的社会共治体系，要求注重发挥基层群众性自治组织在农产品质量安全管理中的优势和作用，鼓励其建立农产品质量安全信息员制度，协助开展有关工作。现行法主要是从宣传引导的角度进行规定，草案第十一条明确要求发挥基层群众性自治组织的优势和作用，第五十条明确国家鼓励基层群众性自治组织建立农产品质量安全信息员制度，协助开展有关工作。

第二，强化农产品质量安全风险管理和标准制度。一是完善农产品质量安全风险监测制度，明确国务院农业农村主管部门负责制定风险监测计划，对重点区域、重点农产品品种进行质量安全风险监测；省级农业农村主管部门负责制定本行政区域风险监测实施方案；县级以上地方农业农村主管部门负责组织实施。二是完善农产品质量安全风险评估制度，规定国务院农业农村主管部门设立专家委员会负责风险分析和评估，明确专家委员会的成员组成。三是明确农产品质量安全标准的内容，包括与农产品质量安全有关的农业投入品质量和使用要求、农产品产地环境和生产过程管控要求、农产品关键成分指标要求、屠宰畜禽检验规程等。同时规定涉及食用农产品的质量安全标准，依照《食品安全法》执行。草案中关于农产品质量安全标准范围的规定，需要与《食品安全法》衔接。因为《食品安全法》第二十五条强调，食品安全标准是强制执行的标准。除食品安全标准外，不得制定其他食品强制性标准。《食品安全法》中明确，食品安全标准包括食品、食品添加剂、食品相关产品中的致病性微生物，农药残留、兽药残留、生物毒素、重金属等污染物质以及其他危害人体健康物质的限量规定。且法律还规定，有关质量标准的制定要按照《食品安全法》实施。因此，为与《食品安全法》衔接，我们将产品限量标准这一条摘出来，规定涉及食用农产品的质量安全标准的制定，适用《食品安全法》，与之相关的其他标准比如投入品相关标准纳入农产品质量安全标准中。

第三，完善农产品生产经营全过程管控措施。一是建立农产品产地监测制度，要求县级以上地方农业农村主管部门会同生态环境、自然资源等有关部门制定监测计划，加强农产品产地安全调查、监测和评价工作；与土壤污染防治法衔接，将现行法规定的"农产品禁止生产区域"修改为"特定农产品严格管控区域"。二是加强地理标志农产品保护和管理，鼓励采用绿色生产技术和全程质量控制技术，提高农产品品质，打造农产品品牌。现行法律中，关于"三品一标"产品唯一写入法律的是无公害农产品，随着该制度改革，法律进行了相应的修订，即删除无公害农产品相关条款。三是建立内控管理制度，规定农产品生产企业应当建立农产品质量安全管理制度，鼓励、支持农产品生产企业、农民专业合作社、农业社会化服务组织建立和实施危害分析和关键控制点体系。现行法没有相关规定，草案专门增加一条，规定农产品生产企业应当建立农产品质量安全管理制度，配备相应的技术人员。不具备配备条件的，应当委托具有专业技术知识的人员进行农产品质量安全指导。国家鼓励、支持农产品生产企业、农民专业合作社、农业社会化服务组织建立和实施危害分析和关键控制点体系，实施良好生产规范。四是建立食用农产品质量安全追溯制度，对列入食用农产品质量安全追溯目录的食用农产品实施追溯管理；建立食用农产品质量安全承诺达标制度，规定农产品生产企业、农民专业合作社应当依法开具合格证，并对其销售的农产品质量安全负责，同时承担相应法律责任。现行法没有追溯的条款，草案规定了追溯管理总体要求，并且提出建立追溯目录。

第四，完善农产品质量安全监督管理措施。一是规范监督抽查工作，规定县级以上农业农村主管部门应当制定农产品质量安全监督抽查计划，确定抽查的重点、方式和频次，组织开展监督抽查；要求检测人员具备相应专业知识和技能、恪守职业道德，严禁检测机构出具虚假检测报告。二是加强农产品生产日常检查，重点检查产地环境、农业投入品等内容；建立农产品生产经营者信用记录制度。三是完善监督检查措施，规定开展农产品质量安全监督检查，有权采取进入生产经营场所进行现场检查，查阅复制农产品生产记录等资料，抽样检测，查封扣押不符合农产品质量安全标准的农产品、农业投入品和用于违法生产经营的设施设备等措施。四是强化考核问责，规定上级人民政府应当督促下级人民政府履行农产品质量安全监管职责，对落实不力、问题突出的地方人民政府，可以对其主要负责人进行责任约谈。五是完善应急措施，规定国务院农业农村主管部门会同有关部门制定国家农产品质量安全突发事件应急预案，县级以上地方人民政府制定本行政区域的农产品质量安全突发事件应急预案。六是强化行刑衔接，规定县级以上农业农村、市场监督管理、公安等有关部门应当做好执法衔接和配合。

第五，严格农产品生产经营主体法律责任。一是行政处罚种类增加了拘留这种行政处罚措施。《食品安全法》和《中华人民共和国环境保护法》均有拘留这种行政处罚类型，因此，为体现最严，修订草案也将拘留增加进来。修订草案中规定可以拘留的情形有 3 种，使用禁用药物、销售含有禁用药物的农产品；销售含有国家禁止使用的农药、兽药或者其他化学物质的农产品；销售病死毒死或死因不明的动物产品及其制品。二是行政处罚对象范围扩大。现行法对生产经营主体的处罚范围限定为企业与农民专业合作社，修订草案增加了农户、社会化服务组织、农产品生产经营者这样的表述。这里，特别值得一提的就是将农户纳入监管并承担法律责任。主要考虑是，当前阶段的小农户与法律制定伊始的小农户出现了较大的不同：从小农户的教育背景看，根据不完全统计，初高中教育程度的占近 80％，而 2006 年全国农业普查数据显示，初高中教育程度的农业从业人员仅占 49.2%，其所受的教育及其接受能力已经具备并可以了解相关农产品质量安全知识。从小农户的违法行为看，不完全统计，各类生产经营主体违法行为数量中，小农户的数量占据多半。因此，将小农户的违法行为纳入法律责任体系，在当前形势下十分必要。修订草案中农户需承担罚款的法律责任分为两档，主要以其违法行为的性质决定，分别可处罚款 1 000～10 000 元或 500～5 000 元。三是财产性处罚力度增强。整体提高了各类违法行为的处罚额度，并与违法金额挂钩，增加违法成本，处罚金额最高可达违法金额的 30 倍或 15 万元；考虑主体差异性，对规模以上和个体的处罚进行区分。此外，增加了合格证、追溯、废弃物回收、阻挠执法等行为的法律责任。

三、执法实践

主要对种植业产品、畜禽产品和水产品三大类产品执法中的问题做简要的分析。

（一）农产品质量安全执法案件的主要来源

从案件具体情况和调研了解情况看，农产品质量安全执法案件来源主要有 5 个渠道，包括投诉举报、监督抽查、执法检查、其他部门的移送以及各级督办案件。无论是现行法，还是修订草案，监督抽查都是重要的制度安排。但是从该项制度实施至今的情况看，较多地方对其核心内容及实施要求并不十分清楚。首先，监督抽查的实施主体是县级以上人民政府农业行政主管部门。其次，监督抽查的实施原则是抽检分离，即抽样工作由当地农业行政主管部门或其执法机构负责，检测工作由农产品质量安全检测机构负责。再次，一些地方执法人员一直对例行监测结果是否可以作为证据使用存在疑问。根据《农产品监测管理办法》规定，如例行监测按照监督抽查程序实施，可以作为执法证据使用，一般情况下开展的风险监测均不可以用作执法，如风险监测发现问题，可以移交执法部门处理。

之所以有上述要求，主要源于两种制度存在一定的不同之处：实施目的上，例行监测是有计划地监测有害因素并分析评价，目的是动态掌握农产品质量安全状况并开展风险评估；监督抽查是以执法为目的，通常针对例行监测发现的突出问题和地区，不定期随机开展。抽样场所上，风险监测可以突破两段制监管职责划分的要求，农业农村部门可进入市场开展风险监测，但是监督抽查必须是针对销售或待售产品，而且由于执法的原因，必须在农业农村部门的职权范围之内，也就是两段制的生产环节。实施程序上，监督抽查的程序更为严密，有比较详细的要求；例行监测的程序尤其是抽样程序不做特别要求。检测标准和参数上，风险监测中，比如一些小品种作物，没有标准，可以参照其他标准实施；而监督抽查必须严格以国家标准为准。

（二）种植业农产品执法实践

从案源上看，2021 年地方农业农村部门报送的 47 个种植业产品违法案件中，监督抽查发现的案件数是 25 个，占 53%。外部门主要是市场监管部门移送的 18 个，执法检查的 4 个。

从类型看，种植业农产品常见违法行为主要有以下几类：第一类是《农产品质量安全法》所规定的，企业、合作社销售的农产品不符合《农产品质量安全法》第 33 条有关规定即含有国家禁止使用的农药、兽药或者其他化学物质的；农药、兽药等化学物质残留或者含有的重金属等有毒有害物质不符合农产品质量安全标准的；含有的致病性寄生虫、微生物或者生物毒素不符合农产品质量安全标准的；使用的保鲜剂、防腐剂、添加剂等材料不符合国家有关强制性的技术规范的；销售的农产品未按照规定进行包装、标识的，责令限期改正；逾期不改正的。其中前两种更为常见，至于包装标识，目前为止案件几乎是没有。第二类是冒用标志类，严格意义上，标志管理不是产品质量安全管理，不受职责调整影响，不受两段制管理的限制，但是需要注意的是，冒用加工食品的标志，一般由市场监管部门处罚；第三类是未建立或未按规定保存伪造农产品生产记录案件。法律对生产记录类案件设置了前置处置条件，即责令改正，给了违法行为主体改正错误的机会，因此近年来，生产记录类案件较少。《农药管理条例》中对农药使用者也规定了几种违法行为，适用主体比《农产品质量安全法》要广，包括农产品生产企业、食品和食用农产品仓储企业、专业化病虫害防治服务组织和从事农产品生产的农民专业合作社，主要违法行为包括：不按照农药的标签标注的使用范围、使用方法和剂量、使用技术要求和注意事项、安全间隔期使用农药；使用禁用的农药；将剧毒、高毒农药用于防治卫生害虫，用于蔬菜、瓜果、茶叶、菌类、中草药材生产或者用于水生植物的病虫害防治；在饮用水水源保护区内使用农药；使用农药毒鱼、虾、鸟、兽等；在饮用水水源保护区、河道内丢弃农药、农药包装物或者清洗施药器械。这其中，前3种问题相对较多。

从案由看，主要是《农产品质量安全法》和《农药管理条例》里规定的5个情形：销售含有国家禁限用农药的农产品案（《农产品质量安全法》）；销售农药等化学物质残留不符合农产品质量安全标准的农产品案（《农产品质量安全法》）；使用禁止使用的农药（《农药管理条例》）；不按照农药的标签标注的使用范围、使用方法和剂量、使用技术要求和注意事项、安全间隔期使用农药案（《农药管理条例》）；将剧毒、高毒农药用于防治卫生害虫，用于蔬菜、瓜果、茶叶、菌类、中草药材生产或者用于水生植物的病虫害防治（《农药管理条例》）。对于使用限制使用农药，也就是部分禁用农药案件，尽管处罚幅度没有区别，但是究竟按照《农产品质量安全法》第三十三条第一项还是第二项，或者《农药管理条例》第60条第一项还是第二项来写，目前各地标准不一。我个人认为，从农业农村部公告看，其将国家明令禁止使用的农药与在果、菜、茶、药上不得使用或限制使用农药是分开进行规定的，因此，二者必然是存在区别的。应严格按照公告的要求，即禁用农药、限用农药应以公告为准，继而决定案由的写法。

如何对种植业产品进行处罚，首先要看主体类型，是个人的，只能得依据《农药管理条例》，当然还有人认为可以适用2007年《国务院关于加强食品等产品安全监督管理的特别规定》。但是，使用该规定的前提是，在现行其他法律法规中找不到案件处理依据的情况下方可适用。如果是企业、农民专业合作社，一般按照《农产品质量安全法》处理。前面提及的地方查处的47个案件中，企业、农民专业合作社的违法案件全部适用。

（三）畜禽产品执法实践

畜禽产品的违法行为主要有如下3类：畜禽养殖过程中使用禁用药、停用药；产蛋期使用药物；屠宰病死猪等问题。

禽蛋案件在近两年地方查办的案件中占比较高，且绝大多数源于监督抽查。处理结果以行政处罚为主，移送司法机关较少。案件中，涉及的违法药物主要为金刚烷胺、氟苯尼考和恩诺沙星。作为执法人员，需要对这些药物具备一定的认识和了解。根据我国兽药管理有关规定，兽药主要分禁用药、停用药、不得用药和允许使用药等。其中关于禁用药物，以农业农村部 2019 年 12 月发布的第 250 号公告形式予以明确；还有一类是停用药，散见于其他公告中，常见的有金刚烷胺、诺氟沙星、氧氟沙星等，但是很多地方执法部门表示难以把握。我国对这 3 类药物的管理要求如下。

第一，金刚烷胺。先看一个案例，基本案情是养殖户将金刚烷胺等用于鸭苗防疫，并将食用禁用兽药的成品鸭回收后销售，销售金额共计人民币 26.5 万元。公诉机关以生产、销售有毒、有害食品罪起诉至法院，法院判决其构成生产、销售有毒、有害食品罪。那么，这样的判决是否合法合理？我们来看金刚烷胺的相关规定。2005 年，农业部第 560 号公告废除了首批《兽药地方标准废止目录》（因为金刚烷胺没有国家标准，但是有地方标准）。对于废除地方关于金刚烷胺标准的原因，公告明确指出是出于使用该药物将给动物疫病控制带来不良后果，而且影响国家动物疫病防控政策的实施，也就是说废除的原因不是出于食品安全方面的考虑。同年，农业部通知要求清查金刚烷胺，并且要求违者按生产、经营假兽药和使用禁用兽药处理，依照《兽药管理条例》予以处罚。但是对于养殖户使用假兽药的处罚，《兽药管理条例》里并没有相应的明确法条。如果按照"使用禁用兽药"处罚，似乎可以依据第六十二条"未按照国家有关兽药安全使用规定使用兽药的或者使用禁止使用的药品和其他化合物的"规定处理。但是，我们发现，金刚烷胺也没有被收录在兽药典中，也就是说，金刚烷胺不是兽药。2019 年农业农村部发布了第 250 号公告，公告废止了第 560 号公告，公布了食品动物中禁止使用的药品及其他化合物清单，该名单里面亦未将金刚烷胺收录。因此，上述公告的要求似乎将金刚烷胺类案件的执法引入了一条死胡同。

综上，我们对金刚烷胺的基本判断是，其不在中华人民共和国农业农村部第 250 号公告《食品动物中禁止使用的药品及其他化合物清单》（2019 年）中，目前没有残留限量国家标准或地方标准，只有检测方法标准。最高人民检察院曾对检察系统提出，类似金刚烷胺这种停用药，不建议以有毒有害食品罪起诉，主要原因也是考虑此种药物停用的真正原因并非食品安全问题。但如果一定要予以行政处罚，或许可以依据 2007 年的《国务院关于加强食品等产品安全监督管理的特别规定》第三条处罚，即以不按照法定条件、要求从事生产经营活动或者生产、销售不符合法定要求产品的处罚。

第二，氟苯尼考。氟苯尼考是近年在禽蛋中检出率较高的兽药。在《食品安全国家标准 食品中兽药最大残留限量》（ GB 31650—2019 ）中，规定了 3 类限量情形，一类是包括氟苯尼考在内的，属于已批准动物性食品中最大残留限量规定的，共 104 种兽药，但是标注产蛋期禁用；一类是允许用于食品动物，但不需要制定残留限量的兽药（154 种）；还有一类是允许做治疗用，但不得在动物性食品中检出的兽药（9 种）。2020 年最新版兽药典中，氟苯尼考的注意事项中标示：产蛋期不得使用，与食品安全国家标准中的产蛋期禁用不相符合，这是农业农村部对氟苯尼考的最新的指向性意见，即"不得使用"不等于"禁用"。那么问题来了，从农业农村部第 250 号公告的禁用物质看，氟苯尼考不是禁用药物，那么产蛋期使用氟苯尼考该如何处罚呢？

2021 年地方报送的氟苯尼考类鸡蛋案件中，有 7 件是行政处罚案件，6 件移送公安机关查处。行政处罚案件中，按照《兽药管理条例》第六十三条（销售含有违禁药物和兽药残留超标的动物产品用于食品消费的）处罚的有 5 件，按照《农产品质量安全法》第三十三条和第五十条（含有国家禁止使用的农药、兽药或者其他化学物质的；农药、兽药等化学物质残留或者含有的重金属等有毒有害物质不符合农产品质量安全标准的 ）处罚的有 2 件。然而，对于氟苯尼考类案件如何适用法律的还有市场监管部门，按照《食用农产品市场销售质量安全监督管理办法》第二十五条、第五十条规定，使用国家禁止的兽药和剧毒、高毒农药，或者添加食品添加剂以外的化学物质和其他可能危害人体健康的物质的，对应《食品安全法》第一百二十三条，罚款 10 万元起；致病性微生物、农药残留、兽药残留、生物毒素、重金属等污染物质以及其他危害人体健康的物质含量超过食品安全标准限量的，对应《食品安全法》第一百二十四条，罚款 5 万元起。因此市场监管部门对究竟适用哪一条同样存在疑问。根据农业农村部的解释，兽药氟苯尼考（产蛋期禁用），指的是蛋鸡的产蛋期禁止使用氟苯尼考，其他养殖阶段可以使用。基层执法部门如果能查明氟苯尼考是在产蛋期被使用的，那么应该适用《食用农产品市场销售质量安全监督管理办法》第二十五条第一项，反之，无证据证明是在产蛋期被使用的，应该适用《食用农产品市场销售质量安全监督管理办法》第二十五条第二项。

我认为，无论从禁用名录看，还是从国家对相关用词表述的修改看，按照《兽药管理条例》第六十二条"未按照国家有关兽药安全使用规定使用兽药"，或者《农产品质量安全法》第三十三条第二项、第五十条"销售的农产品农药、兽药等化学物质残留或者含有的重金属等有毒有害物质不符合农产品质量安全标准的"进行处罚比较稳妥。

（四）关于水产品

水产品中最为突出的仍然是孔雀石绿问题。以案例分析为例，某水产品养殖场养殖不同鱼体样本均检测出国家禁用药物孔雀石绿，含量从每公斤 8.5 微克到 14.4 微克不等。案件中，当事人自行提供了一份检测报告，显示其检测值孔雀石绿含量为每公斤 1.2 微克，低于国标限量值。农业农村部《2021 年国家产地水产品兽药残留监控计划》中要求，孔雀石绿的判定限量值为每公斤 1 微克，但是我们发现，这个标准并不是国家标准中的明确规定。根据《水产品中孔雀石绿和结晶紫残留的测定》（GB 19857—2005），给出的检出限定值为 2.0，而《水产品中孔雀石绿和结晶紫残留的测定高效液相色谱荧光检测法》（GB 20361—2006）检测的是孔雀石绿残留量总和，判定值是 0.5。农业农村部有关司局指出，当前之所以不能废止 GB 19857—2005 的高效液相色谱法，是因为该标准中可以检测隐性孔雀石绿，而其他检测方法不能检测。但是判定产品是否合格的时候，需根据农业农村部第 250 号公告要求，检测孔雀石绿的本体和代谢物总和。这个总和不是简单的相加，是根据摩尔质量，将代谢物全部转换为本体之后再进行判定。因此，在国家产地水产品兽药残留监控计划中给出了国家标准之外的另一个限量标准。

【教师简介】

田凤，学院农业农村法治研究中心（农业农村部法律服务中心）副主任，副研究员。主要研究方向为涉农法律及执法实践研究，曾主持编写《农资监管案例评析》《农产品质量安全执法案例及实务指导》以及农民普法相关教材等。农业农村部《农产品质量安全法》修订小组成员，常年跟踪研究农产品质量安全执法实践，2021年获评国务院食安委食品安全先进个人。主讲农产品质量安全执法实践、新《农产品质量安全法》解读等课程。

农村土地承包仲裁证据规则及应用[*]

朱信利

▶ 在多元纠纷解决机制下，农村土地承包仲裁是处理农村土地矛盾的一种重要解决机制。证据规则、举证、质证、认证和调查取证，其中蕴含着正确价值观和科学的规则方法。本文从证据规则制度规范角度，梳理证据的概念、特征、种类、规则等基本制度知识，讲解新时代农村土地承包仲裁证据制度的理论创新和实践指导，分析仲裁与司法衔接存在问题，增强贯彻实施法律的主动性和自觉性，增强依法维护农民土地承包权益的责任感和紧迫感，坚持依法行政、依法办事，切实履行法律赋予的职责。

一、证据的概念

"证据"是一个广泛使用的概念，在法律、经济、社会、自然等方面普遍使用，得出一个结论、作出一个判断都离不开证据。如，当今社会气候变化前所未有，大气圈、海洋、冰冻圈和生物圈发生了广泛而迅速的变化，科学家得出结论，当前气候系统各圈层的状态是过去几个世纪甚至几千年前所未有的。毋庸置疑人类社会活动影响已造成大气、海洋和陆地变暖；还有，当前新冠疫情传播链、源头以及为查明传播路径开展流调工作，也是围绕证据查明展开，需要证据加以佐证。

不过，法律意义上的证据与法律外的其他领域所讲的证据，是有区别的。在法律程序中，法官或仲裁员、调解员要作出最终判断、得出确定的结论，往

---

* 本文是在 2019 年上海市农村土地承包仲裁骨干人员培训班进行讲授时的课程文稿，课程评估分值为 4.92 分。

往受到法律规定的限制，包括时间限制、空间限制、程序限制、形式限制等，因此对当事人提出的证据有特殊的要求。农村土地承包纠纷案件受理后，仲裁员也需要尽快处理好纠纷，不能拖延不决，导致贻误农时，因此，仲裁时也要求当事人及时提供证据，仲裁庭及时调查核实。比较而言，法律外的其他领域使用证据就不存在这么高的要求。如前所述，气候变化与人类社会活动，必须不断地进行验证。

一般认为，法律上的证据是指能够证明案件真实情况的各种事实材料，即当事人所提供的、仲裁庭主动收集的或者在人民法院协助下所获得的一切可以由仲裁庭自行裁量并据之查明案件真实情况的事实材料。

（一）合法性

最突出的特点。合法性是指证据必须按照法定程序收集和提供，必须符合法律规定的条件。具体包括两层含义。

第一，证据的调查、收集、审查、认定必须符合法定程序。例如，当事人不得采取法律禁止性规定的方法收集证据；仲裁庭收集调查证据，应由两人以上共同进行，不得由一名审判员或仲裁员前去开展调查。此外，仲裁庭对证据的审查、认定，也必须符合法律的要求。例如，证据材料要被最终认定为证据，必须经过法律规定的质证程序，未经质证，无论是当事人提供的证据材料，还是仲裁庭调查收集的证据材料，都不得作为仲裁庭认定事实的依据。

第二，证据的形式应当合法。例如土地经营权流转当事人所签订出租（入股）合同，当事人应当在合同上签字或盖章，如果缺少必要要件，合同从形式上也是欠缺的，除非当事人都认同该合同的效力。

（二）真实性

法律上的证据必须是客观存在的事实，而非猜测、虚构之物，又称为证据的客观真实性、真实性。

（三）关联性

证据必须与所要证明的案件事实（即待证事实）存在一定的客观联系，这一特点又称为证据的关联性或相关性。相关性有正相关和反相关之分，前者指证据能够证明事实的存在，后者指证据证明事实的不存在。在诉讼、仲裁案件中，同一证据的可能发挥不同的作用。

在立法、司法和仲裁实践中，人们往往从不同的角度使用"证据"一词，用证据事实、证据材料、证据方法等不同术语表述证据不同侧面的含义。

例如，在谈论证明对象时，如果证据本身成为争议事实，则使用"证据事实"一词来表明待证事实的复杂性；在当事人举证活动中，一般以"证据材料"一词来指代当事人向仲裁庭所提供的证据；在当事人申请仲裁庭调查取证时，一般要求当事人在其书面申请中列明是以人为证据方法还是以物为证据方法。

二、证据的种类

《中华人民共和国农村土地承包经营纠纷调解仲裁法》并未规定证据的种类。《中华人民共和国民事诉讼法》（2017 年修正）第六十三条规定，证据包括当事人的陈述；书证；物证；视听资料；电子数据；证人证言；鉴定意见；勘验笔录等形式。

《最高人民法院关于民事诉讼证据的若干规定》（2001 年版）第六十四条规定：审判人员应当依照法定程序，全面、客观地审核证据，依据法律的规定，遵循法官职业道德，运用逻辑推理和日常生活经验，对证据有无证明力和证明力大小独立进行判断，并公开判断的理由和结果。

与农村土地承包仲裁相关常用的证据类型有以下几种。

（一）书证

书证是指用文字、符号、图案等所记载和表达的思想内容来证明案件事实的证据。农村土地承包仲裁案件中常见书证类型，如，农村土地承包合同书、经营权流转合同（网签合同等）、土地承包经营权证、登记簿、借据等。

书证的特点：其一，书证是以其所记载和表达的思想内容来对案件事实起到证明作用的。其二，书证具有较强的证明力。其三，书证在形式上相对固定，稳定性较强，一般不受时间的影响，易于长期保存。

在民事诉讼中，书证的种类繁多，形式多样。从不同的角度，依据不同标准，可对书证作如下分类。

根据制作的主体不同，可将书证分为公文书和私文书。《最高人民法院关于民事诉讼证据的若干规定》第九十一条规定，公文书证的制作者根据文书原件制作的载有部分或者全部内容的副本，与正本具有相同的证明力。第九十二条规定，私文书证的真实性，由主张以私文书证证明案件事实的当事人承担举证责任。

处分性书证和报道性书证。

普通书证与特别书证。

（二）物证

物证是指以自己存在的外形、重量、质量、规格、损坏程度等标志和特征来证明待证事实的物品和痕迹。

物证的特点：其一，物证是以实体物的属性、特征或存在状况证明案件事实。这是物证与证人证言、当事人陈述等言词证据的重要区别。其二，物证具有较强的稳定性和可靠性。物证只要得到及时收集，用科学的方法提取、固定并妥善保存，一般具有较强的稳定性和可靠性。其三，物证在诉讼中一般表现为间接证据。单独一个物证，往往不能直接证明案件的主要事实，而需要与其他证据结合起来，才能作出认定。

需注意的是，在某些情况下，有些实物证据既可以作为书证，也可以作为物证。这取决于其是以什么角度来证明案件事实：当以该物品上记载的内容证明案件事实时，它是书证；当以该物品的外部特征证明案件事实时，它是物证。

《最高人民法院关于民事诉讼证据的若干规定》第六十一条规定，对书证、物证、视听资料进行质证时，当事人应当出示证据的原件或者原物。

（三）当事人陈述

当事人陈述是指当事人就与本案有关的事实情况向仲裁庭所作的陈述。

从广义上说，当事人向仲裁庭所作的陈述，包含着多方面的内容，例如，关于仲裁请求的陈述、关于支持其仲裁请求或反驳仲裁请求所依据的事实的陈述、关于与案件有关的其他事实的陈述、关于书证或物证等证据及其来源的陈述、关于应如何适用法律等法律问题的陈述，等等。在上述内容中，只有当事人关于案件事实的陈述，才属于证据的范畴。

当事人陈述的事实可分为两种情况：一是陈述对自己有利的事实；二是陈述对自己不利的事实，包括承认对方主张的对自己不利的事实和主动陈述对自己不利的事实。

《最高人民法院关于民事诉讼证据的若干规定》第三条规定：在诉讼过程中，一方当事人陈述的于己不利的事实，或者对于己不利的事实明确表示承认的，另一方当事人无需举证证明。在证据交换、询问、调查过程中，或者在起诉状、答辩状、代理词等书面材料中，当事人明确承认于己不利的事实的，适用前款规定。

第四条：一方当事人对于另一方当事人主张的于己不利的事实既不承认也不否认，经审判人员说明并询问后，其仍然不明确表示肯定或者否定的，视为对该事实的承认。

对于第一种陈述（陈述对自己有利的事实），需要结合案件的其他证据，审查确定能否作为认定案件事实的证据。对于第二种陈述（即陈述对自己不利的事实），理论上往往称之为"自认"，具有免除对方的证明责任的效力，可以直接作为定案的依据。

当事人陈述的显著特点是，真实性与虚假性往往并存，特别是对自己有利的事实的陈述尤其如此，并且十分复杂。

（四）证人证言

证人证言是指证人就其所了解的案件情况，以口头或书面形式向仲裁庭所作的陈述。证人是指知晓案件事实并向仲裁庭作证的人。

证人证言的特点：其一，证人与案件事实所形成的联系是特定的，因此，证人及证人证言是他人不可代替的。其二，证人证言只能是证人就其所知晓的案件事实所作的陈述，而不包括对这些事实所作的评价，也不包括对案件所涉及的法律问题发表的看法。其三，证人证言的真实性、可靠性容易受到主客观因素的影响。

证人故意作虚假陈述，诉讼参与人或者其他人以暴力、威胁、贿买等方法妨碍证人作证，或者在证人作证后以侮辱、诽谤、诬陷、恐吓、殴打等方式对证人打击报复的，人民法院应当根据情节，依照民事诉讼法的规定，对行为人进行处罚。

我国民事诉讼法规定的证人的范围是十分广泛的，既可以是自然人，也可以是单位。

证人须具备如下条件：首先，证人必须是知道案件情况的人；其次，证人应当具有相应的作证能力，即正确感知、记忆和表达能力。那些因为生理上、精神上的缺陷或者因为年幼而不能正确表达意志的人，不能作为证人。但是，待证事实与其年龄、智力状况或者精神健康状况相适应的无民事行为能力人和限制民事行为能力人，可以作为证人。

证人作证时既享有一定的诉讼权利，也要承担一定的诉讼义务。证人享有的诉讼权利主要有：①使用本民族语言文字作证的权利。②审阅证言和要求补充、更正的权利。③费用补偿权。④获得保护权。证人的义务主要有：①出庭作证的义务。②如实作证的义务。③遵守仲裁庭纪律和诉讼、仲裁庭秩序的义务。

与证人的出庭义务相联系的一个问题是，在证人不愿意出庭或拒绝出庭的情况下，能否强制其出庭作证？能否对其予以一定的制裁？对于这一点，现行法律没有规定。

（五）视听资料

视听资料是指采用先进科学技术，利用图像、音响以及电脑储存的资料等来证明案件待证事实的证据。当事人以电子数据作为证据的，应当提供原件。

三、农村土地承包仲裁证据规则

民事证据规则适用仲裁吗？仲裁证据应包括哪些法定类型？《中华人民共和国农村土地承包经营纠纷调解仲裁法》（简称《农村土地承包经营纠纷调解仲裁法》）相对简单，未对仲裁证据种类、案件审理的证据规则作明确的规定。

承包地纠纷仲裁，调处的是民事纠纷，仲裁裁决不服也要经过人民法院处理，可按照《最高人民法院关于审理涉及农村土地承包经营纠纷调解仲裁案件适用法律若干问题的解释》；参照《最高人民法院关于民事诉讼证据的若干规定》《中华人民共和国民事诉讼法》证据规则及制度。

"仲裁法律关系"则是仲裁庭和一切仲裁参与人之间在仲裁过程中发生的，由《中华人民共和国农村土地承包法》所调整的仲裁上的权利义务关系。因此，在仲裁活动过程当中，对于权利义务的裁定，都建立于证据，而对证据的认定，则仍需依靠《中华人民共和国民事诉讼法》相关证据规定。

四、证据的收集、提供、认定

（一）证据的收集

一是当事人收集证据。《农村土地承包经营纠纷调解仲裁法》第三十六条规定，收集证据是当事人享有的一项重要的诉讼权利。当事人可以自己收集证据，也可以请诉讼代理人帮助收集证据。在必要时，还可以通过仲裁庭收集证据或由法院协助获取证据。

收集证据的方法包括直接向证据持有者收集和通过仲裁机构向证据持有者收集两种情形。《农村土地承包经营纠纷调解仲裁法》第三十七条明确规定了"当事人应当对自己的主张提供证据"，这也会促使当事人为了证明自己有理，而查找、收集于己有利的证据。

收集证据的范围一般包括书证、物证、视听资料。

二是仲裁庭自行收集证据。当证据掌握在对方当事人或第三人手中，当事人收集证据有困难的，可以申请仲裁庭进行收集。这一点，无论是民商事仲裁还是农村土地承包仲裁，都得到了我国法律的承认。《中华人民共和国仲裁法》第四十三条第二款以及《农村土地承包经营纠纷调解仲裁法》第三十八条明确规定："仲裁庭认为有必要收集的证据，可以自行收集。"但是，现有法律对于仲裁庭收集证据的规定一般都比较简单，更没有详尽的证据规则以资运用。仲裁庭可以自行收集证据，实际上赋予了仲裁庭收集证据的权力。但是，农村土地承包仲裁庭取证权的范围究竟如何界定，立法中没有讨论。

另一个问题是，除了仲裁庭外，仲裁机构能否收集证据？《农村土地承包经营纠纷调解仲裁法》第三十八条虽然仅规定了仲裁庭的取证权，没有规定农村土地承包仲裁委员会的取证权，但是这并不表明立法者对于仲裁机构的取证权持否定态度。

三是法院协助查取证据。仲裁庭在自行收集证据方面的职权是根本无法与法院相比拟的。通常情况下，依据绝大多数国家的仲裁立法，仲裁庭往往只能传唤自愿作证的证人，只能提取有关单位或个人自愿提交的证据，仲裁庭并无强制证人出庭作证或出示有关证据的权力。如果出现有关的证人拒绝作证或拒绝提交对于认定案件事实具有实质意义的证据，仲裁庭对此常常是感到无能为力的。而且，法律仅仅规定仲裁庭可以自行收集证据，并没有为当事人以外的其他单位和个人设定协助仲裁庭调查取证的义务，更没有规定当仲裁庭收集证据时有关单位和个人拒绝提供证据或者拒绝作证的处罚方式，这就决定了仲裁庭在行使自行取证权时的局限性。仲裁庭的自行取证也困难重重。因此，为了解决上述难题，确保仲裁权的顺利行使，本着司法支持仲裁的原则，由法律直接规定在仲裁程序中法院协助当事人或仲裁庭获取证据，就显得相当重要。由法院协助获取证据，大致上通过三种方式实现：一是人民法院根据仲裁庭或当事人的请求，强制证人出庭作证或者以法院取证的方式协助仲裁庭收集证据；二是应一方当事人的申请，法院对涉案的证据采取保全措施；三是属于国家有关部门保存并须人民法院依职权调取的档案材料。

我国现行的《农村土地承包经营纠纷调解仲裁法》仅规定了当事人有权向法院申请证据保全，而没有涉及法院依仲裁庭或当事人的请求协助取证的问题，上述规定的精神，可以在我国仲裁实践中参照适用。

（二）证据的提供

一是当事人提供证据责任。《农村土地承包经营纠纷调解仲裁法》第三十七条规定："当事人应当对自己的主张提供证据。"该条审定了当事人提供证据责任。

当事人提供证据责任广义上属于当事人举证责任的范畴。法律上的举证责任，一般包含两层意思：行为意义上的举证责任和结果意义上的举证责任。《农村土地承包经营纠纷调解仲裁法》第三十七条主要强调的是提供证据责任，即当事人有责任向仲裁机构、仲裁庭提供证据证明双方争议的事实。如果当事人提供的证据不足以证明争议的事实，那么还可以根据仲裁机构、仲裁庭自行取证权以及法院的协助取证，来认定争议的事实是否存在。不宜简单地以当事人提供的证据不足为由，作出对该当事人不利的裁决。

二是仲裁庭的举证指导。就审理的案件，仲裁员应向当事人说明待证事实、应提供的证据，指导当事人开展举证活动。如果不履行该义务，则属于失职。各地仲裁机构可以制定各类案件举证须知，明确举证内容及其范围和要求；仲裁庭在送达受理通知书时，应当告知当事人围绕自己的主张提供证据。仲裁员在开庭前或者开庭时，可以用口头形式或者书面形式向当事人说明举证的要求和法律后果。口头说明很灵活，可以视案情而定。比如仲裁庭上，仲裁员通过发问或质问的方式，令当事人将不清楚的事项讲清楚或进行补充，消除其中矛盾之处。书面说明比较正规，可以"举证须知"方式进行。无论书面说明还是口头说明，都应记入笔录或存卷备查，作为仲裁庭履行举证指导义务的证明。

三是提供证据的方式。当事人向仲裁机构、仲裁庭提供证据，主要有以下两种方式：①实际提交证据，当证据为当事人占有或控制，而又能够将它们提交仲裁机构、仲裁庭时，应采用实际提交的方式；②提供证据来源或线索。

四是提交证据的期限。民事诉讼中存在着举证时限制度，即民事诉讼当事人必须在规定的时间期限内提供证据，逾期提出证据，将承担对其不利的法律后果。举证时限能否适用于仲裁程序中，尚有争议。肯定者认为，在仲裁活动中，举证时限具有防止当事人拖延仲裁正常进行的功能，因为仲裁庭发现当事人存在拒不及时提供证据、有意拖延仲裁进程的情形时，可决定不再接受当事人逾期提供的证据，从而使有关当事人因违背程序规则而招致实体上的不利裁判。这种做法实际上已经在商事仲裁中广泛运用，在维护仲裁庭的权威与仲裁程序的严肃性上发挥着不可替代的作用。但是，与商事纠纷及商事仲裁相比，农村土地承包经营纠纷及其仲裁具有特殊性，引入举证时限制度，应当慎行。

五是提交证据的要求。当事人提交的书证应为原件。提交的物证应为原物，提交原物确有困难的，可以提交复制品或照片。当事人提交物证，并不妨碍当事人或仲裁庭就该物采取鉴定或勘验手段。在仲裁程序中，当事人一方向仲裁庭所提供的证据，必须同时提供给对方当事人。

（三）证据的认定

一是证据的认定规则。证据的认定是指仲裁庭对经过质证的各种证据材料作出判断和决定，确认其能否作为认定案件事实的根据。证据的认定不同于对案件事实的认定。证据认定是对单个证据的认定，以证据材料是否具备客观性、关联性和合法性作为认定标准。而对案件事实的认定，必须对全部证据的证明力进行综合审查，判断当事人争议的事实存在与否，包括认定争议事实的真实或对争议事实不予认定两种情形。当仲裁员认为一方当事人提供证据的证明力已符合证明标准，心中已产生了争议事实为真的确信后，就可以认定这一事实存在。

仲裁机构、仲裁庭在对证据的接受和认可上比法院灵活、自由。仲裁可以无须如同诉讼一样，遵守严格的证据规则。仲裁庭有权确定证据的真实性、相关性、合法性。

证据的认定方法，主要包括对单个证据进行审查认定和综合若干证据进行审查认定。对单个证据，可以从以下几个方面进行审查：①证据是否原件、原物、复印件，复制品与原件、原物是否相符；②证据与本案事实是否相关；③证据的形式、来源是否符合法律规定；④证据的内容是否真实；⑤证人或者提供证据的人与当事人有无利害关系。

有时候，仅对单个证据进行审查无法或难以作出结论，因此需要将若干证据综合在一起，通过比较、对照，确定它们能否作为认定案件事实的根据。

二是举证妨碍的推定。《农村土地承包经营纠纷调解仲裁法》第三十七条规定："与纠纷有关的证据由作为当事人一方的发包方等掌握管理的，该当事人应当在仲裁庭指定的期限内提供，逾期不提供的，应当承担不利后果。"这就是举证妨碍的规定。

构成举证妨碍需要具备以下条件：①举证妨害的主体是持有证据的一方当事人；②有妨害行为。妨害行为通常是人的积极举动，但也可以是不作为的妨害；③该证据所证明的事实真伪不明，仲裁庭无从判断；④行为人主观上有过错；⑤事实真伪不明与妨害行为具有因果关系。

妨害行为可以是多种多样的表现形式：拒不提交证据、毁灭证据、不配合对方的举证活动、毁损证据、遗失证据等。

民事诉讼中经常会遇到这种情形，证据在对方手里，但对方把它销毁了。最高法院为此专门规定了民事诉讼中的举证妨碍制度。土地承包仲裁中同样存在相似的问题。有些证据，如签订农村土地承包合同的基础性材料往往掌握在发包人手中，对于证明案件事实可能发挥重要作用，但这些证据材料由发包人占有或控制，举证一方当事人无法获得，因而只能提供证据线索后申请仲裁庭、仲裁机构调取，或请求法院协助自己去获得证据（如请求法院发出调查令）。申请调取证据时，应向仲裁庭、仲裁机构说明证据的种类、通过该证据可证明的案件事实、该证据由谁占有或控制以及自己无法收集的原因。发包人一般不愿意交出对自己不利的证据，此时就构成了举证妨碍。当有证据证明对方当事人无正当理由拒不提供，而收集证据的一方当事人又主张该证据内容不利于持有证据的一方当事人时，仲裁庭可以要求该当事人在指定的期限内提供，逾期不提供的，仲裁庭可以推定收集证据的当事人的主张成立。这就是《农村土地承包经营纠纷调解仲裁法》第三十七条所谓的持有证据的一方当事人所应当承担的"不利后果"。

三是证据的认定程序：质证。质证是指仲裁当事人、委托代理人在仲裁庭的主持下，对所提供的证据进行宣读、展示、辨认、质疑、说明、辩驳等活动。《农村土地承包经营纠纷调解仲裁法》第四十条规定："仲裁庭应当依照仲裁规则的规定开庭，给予双方当事人平等陈述、辩论的机会，并组织当事人进行质证。经仲裁庭查证属实的证据，应当作为认定事实的根据。"仲裁庭的中立性、仲裁程序的透明度、仲裁裁决的公正性也集中地体现在为双方当事人举证平等地提供机会，对当事人的质证以及在质证活动中就证据材料提出的质疑，公正、公平地予以审查、判断，从而决定其取舍以及断定证据力的大小与强弱。《农村土地承包经营纠纷调解仲裁法》第四十条的反面推论是：未经庭审质证的证据，不能作为定案的根据。这一规定表明质证是仲裁庭审查核实证据的基础性程序。

质证的一般程序、步骤如下：

首先，出示证据。质证开始于一方当事人向仲裁庭和对方当事人出示证据。《农村土地承包经营纠纷调解仲裁法》第四十条规定："证据应当在开庭时出示，但涉及国家秘密、商业秘密和个人隐私的证据不得在公开开庭时出示。"出示的方式包括宣读、展示、播放等。出示证据的顺序为首先由申请人出示，被申请人进行质证，然后由被申请人出示，申请人进行质证。第三人参加诉讼时，可以对申请人或被申请人出示的证据进行质证。对第三人出示的证据，申请人和被申请人可进行质证。仲裁庭调查收集的证据，在当事人出示证据后出示，由申请人、被申请人和第三人进行质证。

对于书证、物证、视听资料的质证，举证的一方当事人一般应当出示证据的原件或原物，对方当事人也有权要求出示原件或原物。只有在以下两种情况下，作为例外，当事人才可以出示复制品、复制件：①出示原件或原物确有困难并经仲裁庭准许出示复制件或复制品的；②原件或者原物已不存在，但有证据证明复制件、复制品与原件、原物一致的。

对于证人证言的质证，证人原则上应当出庭接受双方当事人的询问。只有在确有困难不能出庭时，才能够经仲裁庭许可后，用提交书面证言或视听资料替代出庭。证人确有困难不能出庭的情形主要包括：①年迈体弱或者行动不便无法出庭的；②特殊岗位确实无法离开的；③路途特别遥远，交通不便难以出庭的；④因自然灾害等不可抗力的原因无法出庭的。在条件许可的地方，可以让未能出庭的证人通过双向视听传输技术手段作证。对于鉴定结论，《农村土地承包经营纠纷调解仲裁法》第三十九条第二款规定："根据当事人的请求或者仲裁庭的要求，鉴定机构应当派鉴定人参加开庭。当事人经仲裁庭许可，可以向鉴定人提问。"

《农村土地承包经营纠纷调解仲裁法》第四十条规定了出示证据的以下例外情形：①涉及国家秘密的证据。国家秘密是指关系国家政治、经济利益和国家安全，依照法定程序确定，在一定时间内只限于一定范围的人员知悉的事项。②涉及商业秘密的证据。商业秘密，主要是指技术秘密、商业情报及信息等，如生产工艺、配方、贸易联系、购销渠道等当事人不愿公开的工商业秘密。商业秘密本身具有一定的经济价值，如公开出示，可能会损害当事人的合法经济利益。③涉及个人隐私的证据。个人隐私是指涉及公民的私生活而不宜向外界公开的事项。隐私权是公民享有的一项民事权利，对涉及个人隐私的证据不得公开出示，目的在于防止个人私生活中不宜公开的内容扩散出去，对该公民个人和社会产生不良影响。

其次，辨认证据。一方当事人出示证据后，由另一方进行辨认。辨认的意义在于了解另一方当事人对所出示证据的态度，以便决定是否需要继续进行质证。辨认的结果分为认可和不予认可两种。认可一般以明示方式进行，如承认对方宣读的书证的内容是真实的；但也可以表现为不予反驳的默示方式。对已经为对方当事人认可的证据，仲裁庭可以直接确认其证明力，无需作进一步质证。

再次，对证据质询和辩驳。一方出示的证据为另一方否认后，否认的一方当事人就要向仲裁庭说明否认的理由。否认的理由包括指出对方出示的证据是伪造或编造的、对方出示的证据是采用非法手段收集的，说明对方提出的证人与该当事人有亲属关系或其他密切关系等。质证方陈述完否认的理由后，出示方还可以针对否认的理由进行反辩，然后再由质证方对反驳的理由进行辩驳，直至仲裁庭认为该证据已审查核实清楚。在质证过程中，质证方经仲裁庭许可后还可以向出示方提出各种问题，除非所提问题与质证目的无关，出示方应作出回答。必要时仲裁员也可以向当事人发问。

质证一般采用一证一质、逐个进行的方法，也可以采用其他灵活的方法。当案件具有两个以上独立存在的事实或仲裁请求时，仲裁庭可以要求当事人逐项陈述，逐个出示证据并分别进行质证。

【教师简介】

朱信利，学院农村土地经营管理服务中心副研究员。从事农村土地承包管理、纠纷调解仲裁、经营权流转以及农村改革等方面农业农村干部培训、教学管理和业务研究工作，主要开展农村土地承包仲裁庭审规范、案例评析、模拟庭审、证据制度和产权交易等方面教学工作。

PART

05

第五部分

财会与税收

政府会计准则制度解释等新制度讲解[*]

陈　苁

▶ 自 2019 年起，为确保政府会计准则制度在行政事业单位有效实施，财政部在陆续颁布相关新制度的同时，针对有关部门、单位在新旧制度衔接和新制度实施过程中反映的具有普遍性的问题，通过《政府会计准则制度解释》等文件，对相关内容做了进一步的解释说明。本文结合行政事业单位财务人员的实际工作需求，对最新政府会计相关政策进行具体讲解，具有较强时效性和实操性。

一、政府会计准则制度解释第 2 号

（一）关于归垫资金的账务处理

1. 归垫资金概念

行政事业单位（简称单位）按规定报经财政部门审核批准，在财政授权支付用款额度或财政直接支付用款计划下达之前，用本单位实有资金账户资金垫付相关支出，再通过财政授权支付方式或财政直接支付方式将资金归还原垫付资金账户。

2. 账务处理

用本单位实有资金账户资金垫付相关支出时

①财务会计

借：其他应收款　　　　　垫付的资金金额

　　贷：银行存款　　　　　垫付的资金金额

---

　*　本文是 2020 年农业系统财务管理培训班（第二期）的讲授课程文稿，该课程评估分值为 4.98 分。

②预算会计　不做处理

通过财政直接支付方式或授权支付方式将资金归还原垫付资金账户时

①财务会计

借：银行存款　　　　　　　　归垫的资金金额

　　贷：财政拨款收入　　　　　归垫的资金金额

借：业务活动费用　　　　　　归垫的资金金额

　　贷：其他应收款　　　　　　归垫的资金金额

②预算会计

借：行政支出/事业支出　　　　　　归垫的资金金额

　　贷：财政拨款预算收入　　　　　归垫的资金金额

（二）关于从本单位零余额账户向本单位实有资金账户划转资金的账务处理

单位在某些特定情况下，按规定从本单位零余额账户向本单位实有资金账户划转资金用于后续相关支出的：

第一，可在"银行存款"或"资金结存——货币资金"科目下设置"财政拨款资金"明细科目。

第二，可采用辅助核算等形式，核算反映按规定从本单位零余额账户转入实有资金账户的资金金额。

（三）关于从财政科研项目中计提项目间接费用或管理费的账务处理

1. 从财政科研项目中计提项目间接费用或管理费时

（1）财务会计

借："业务活动费用""单位管理费用"等　　　　计提的金额

　　贷：预提费用——项目间接费用或管理费　　　计提的金额

（2）预算会计不做处理

2. 按规定将计提的项目间接费用或管理费从本单位零余额账户划转到实有资金账户的

按照上面"（二）关于从本单位零余额账户向本单位实有资金账户划转资

金的账务处理"的相关规定处理。

3. 使用计提的项目间接费用或管理费时

（1）财务会计

借：预提费用——项目间接费用或管理费　　实际支付的金额

　　贷："银行存款""零余额账户用款额度"

　　　　"财政拨款收入"等　　　　　　　　　　实际支付的金额

使用计提的项目间接费用或管理费购买固定资产、无形资产的情况：

财务会计

借："固定资产""无形资产"　　　　　　资产成本金额

　　贷："银行存款""零余额账户用款额度"

　　　　"财政拨款收入"等　　　　　　　　资产成本金额

借：预提费用——项目间接费用或管理费　　资产成本金额

　　贷：累计盈余　　　　　　　　　　资产成本金额

（2）预算会计

借：事业支出——财政拨款支出　　　　实际支付的金额

　　贷："资金结存""财政拨款预算收入"　　实际支付的金额

（四）关于事业单位按规定需将长期股权投资持有期间取得的投资收益上缴财政的账务处理

1. 长期股权投资采用成本法核算

（1）被投资单位宣告发放现金股利或利润时

①财务会计

借：应收股利　　　应收的金额

　　贷：投资收益　　　应收的金额

②预算会计不做处理

（2）收到现金股利或利润时

①财务会计

借：银行存款　　　收到的金额

　　贷：应缴财政款　　　收到的金额

借：投资收益/累计盈余

（此前确认的投资收益已经结转的）　　　应收股利金额

　　贷：应收股利　　　　　　　　　　　应收股利金额

②预算会计不做处理

（3）将取得的现金股利或利润上缴财政时

①财务会计

借：应缴财政款　　　上缴金额

　　贷：银行存款　　　上缴金额

②预算会计不做处理

2. 长期股权投资采用权益法核算

（1）被投资单位实现净利润时

①财务会计

借：长期股权投资——损益调整　　　应享有的份额

　　贷：投资收益　　　　　　　　　　　应享有的份额

②预算会计不做处理

（2）被投资单位宣告发放现金股利或利润时

①财务会计

借：应收股利　　　　　　　　　　　应享有的份额

　　贷：长期股权投资——损益调整　　　应享有的份额

②预算会计不做处理

（3）收到现金股利或利润时

①财务会计

借：银行存款　　　　　　收到的金额

　　贷：应缴财政款　　　　收到的金额

借：投资收益/累计盈余

　　（此前确认的投资收益已经结转的）　　　应收股利金额

　　贷：应收股利　　　　　　　　　　　应收股利金额

②预算会计不做处理

（4）将取得的现金股利或利润上缴财政时

①财务会计

借：应缴财政款　　　上缴的金额

　　贷：银行存款　　　　上缴的金额

②预算会计不做处理

（五）关于收取差旅伙食费和市内交通费的账务处理

1. 单位不承担支出责任

（1）收到相关款项时

①财务会计

借：库存现金　　　　　　　　　　收到的金额

　　贷：其他应付款/其他应收款

　　　　（前期已垫付资金的）　　　　收到的金额

②预算会计不做处理

（2）向其他会计主体转付款时

①财务会计

借：其他应付款　　　转付的金额

　　贷：库存现金　　　　转付的金额

②预算会计不做处理

2. 单位承担支出责任

收到相关款项时

①财务会计

借：库存现金　　　　收到的金额

　　贷：相关费用科目　　收到的金额

②预算会计

借：资金结存　　　　收到的金额

　　贷：相关支出科目　　收到的金额

　　单位如因开具税务发票而承担增值税等纳税义务时，按照《政府会计制度——行政事业单位会计科目和报表》相关规定处理。

（六）关于专利权维护费的会计处理

　　单位应当按照《政府会计准则第 4 号——无形资产》规定，将依法取得的专利权确认为无形资产，并进行后续摊销。

在以后年度，单位按照相关规定发生的专利权维护费，应当在发生时计入当期费用，原确定的无形资产摊销年限不据此调整。

（七）关于公费医疗经费的会计处理

享受公费医疗待遇的单位，从所在地公费医疗管理机构取得的公费医疗经费，应当在实际取得时计入非同级财政拨款收入（预算会计：非同级财政拨款预算收入），在实际支用时计入相关费用（支出）。

（八）关于单位基本建设会计有关问题

1. 关于基本建设项目会计核算主体

基本建设项目应当由负责编报基本建设项目预决算的单位（即建设单位）作为会计核算主体。建设单位应当按照《政府会计制度》规定在相关会计科目下分项目对基本建设项目进行明细核算。

基本建设项目管理涉及多个主体，难以明确识别会计核算主体时，项目主管部门应当按照《基本建设财务规则》相关规定确定建设单位。

按照规定实行代建制的建设项目，代建单位应当配合建设单位做好项目会计核算和财务管理的基础工作。

2. 关于代建制项目的会计处理

（1）关于建设单位的账务处理

第一，拨付代建单位工程款时

①财务会计

借：预付账款——预付工程款　　　　　　　　　拨付的金额

　　贷："财政拨款收入""零余额账户用款额度"

　　　　"银行存款"等科目　　　　　　　　　　拨付的金额

②预算会计

借："行政支出""事业支出"等科目　　　　拨付的金额

　　贷："财政拨款预算收入""资金结存"　　拨付的金额

第二，按照工程进度结算工程款或年终代建单位对账确认在建工程成本时

财务会计

借：在建工程——"建筑安装工程投资"等明细科目　　确定的金额

　　　贷："预付账款——预付工程款"等科目　　　　　　确定的金额

第三，确认代建管理费时

财务会计

借：在建工程——待摊投资　　　　　　　确定的金额

　　　贷："预付账款——预付工程款"等科目　　　确定的金额

第四，项目完工交付使用资产时

财务会计

借：在建工程——"建筑安装工程投资"

　　　等明细科目　　　　　　　　　　　　尚未确认入账的金额

　　　贷："预付账款——预付工程款"等科目　　　尚未确认入账的金额

借："固定资产""公共基础设施"等科目　　在建工程成本

　　　贷：在建工程　　　　　　　　　　　　　　在建工程成本

　　工程结算、确认代建费或竣工决算时如涉及补付资金，应当在确认在建工程的同时，按照补付的金额，贷记"财政拨款收入""零余额账户用款额度""银行存款"等科目；同时在预算会计中进行相应的账务处理（图1）。

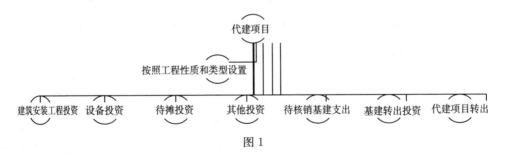

图1

　　（2）关于代建单位的账务处理

　　代建单位为事业单位时，应当设置"1615 代建项目"一级科目。

　　（3）关于新旧衔接的规定

　　建设单位在首次执行本解释时，如尚未登记应确认的在建工程，应当按照本解释规定确定的建设成本，借记"在建工程"科目，贷记"累计盈余"科目。

　　代建单位在首次执行本解释时，如已将代建项目登记为在建工程，应当按照"在建工程"科目余额，借记"累计盈余"科目，贷记"在建工程"科目。

3. 关于"在建工程"科目有关账务处理规定

（1）工程交付使用时

第一，单位应当按照合理的分配方法分配待摊投资

财务会计

借：在建工程——建筑安装工程投资、设备投资　　　分配的金额

　　贷：在建工程——待摊投资　　　　　　　　　　　分配的金额

第二，待摊投资中有按规定应当分摊计入转出投资价值和待核销基建支出的

财务会计

借：在建工程——待核销基建支出、基建转出投资　　分配的金额

　　贷：在建工程——待摊投资　　　　　　　　　　　分配的金额

（2）建设项目竣工验收交付使用时

第一，按规定直接转入建设单位以外的会计主体的

财务会计

借：在建工程——基建转出投资　　　　　　　　　　转出的成本

　　贷：在建工程——建筑安装工程投资、设备投资　　转出的成本

借：无偿调拨净资产　　　　　　　　　　　　　　　转出的成本

　　贷：在建工程——基建转出投资　　　　　　　　　转出的成本

第二，按规定先转入建设单位、再无偿划拨给其他会计主体的

建设单位应当按照《政府会计制度》规定，先将在建工程转入"固定资产""公共基础设施"等科目，再按照无偿调拨资产相关规定进行账务处理。

建设单位与资产调入方应当按规定做好资产核算工作的衔接和相关会计资料的交接，确保交付使用资产在记账上不重复、不遗漏。

4. 关于基本建设项目的明细科目或辅助核算

单位按照《政府会计制度》对基本建设项目进行会计核算的，应当在有关会计科目下设置与基本建设项目相关的明细科目，通过增加标记或设置基建项目辅助账等方式，满足基本建设项目竣工决算报表编制的需要。

（九）关于部门（单位）合并财务报表范围

1. 合并范围确定的一般原则

按照《政府会计准则第9号——财务报表编制和列报》规定，部门（单位）合并财务报表的合并范围，一般情况下应当以财政预算拨款关系为基础予以确定。有下级预算单位的部门（单位）为合并主体，其下级预算单位为被合并主体。合并主体应当将其全部被合并主体纳入合并财务报表的合并范围。

通常情况下，纳入本部门预决算管理的行政事业单位和社会组织都应当纳入本部门（单位）合并财务报表范围。

2. 以下会计主体也应当纳入部门（单位）合并财务报表范围

第一，部门（单位）所属的未纳入部门预决算管理的事业单位。

第二，部门（单位）所属的纳入企业财务管理体系，执行企业类会计准则制度的事业单位。

第三，财政部规定的应当纳入部门（单位）合并财务报表范围的其他会计主体。

3. 以下会计主体不纳入部门（单位）合并财务报表范围

第一，部门（单位）所属的企业，以及所属企业下属的事业单位。

第二，与行政机关脱钩的行业协会商会。

第三，部门（单位）财务部门按规定单独建账核算的会计主体，如工会经费、党费、团费和土地储备资金、住房公积金等资金（基金）会计主体。

第四，挂靠部门（单位）的没有财政预算拨款关系的社会组织，以及非法人性质的学术团体、研究会等。

（十）关于工会系统适用的会计制度

县级及以上总工会和基层工会组织应当执行《工会会计制度》（财会〔2009〕7号）；工会所属事业单位应当执行政府会计准则制度；工会所属企业应当执行企业类会计准则制度；挂靠工会管理的社会团体应当按规定执行《民间非营利组织会计制度》（财会〔2004〕7号）。

（十一）关于纳入部门预决算管理的社会组织适用的会计制度

纳入部门预决算管理的社会组织，原执行《事业单位会计制度》（财会〔2012〕22 号）的，应当自 2019 年 1 月 1 日起执行政府会计准则制度；原执行《民间非营利组织会计制度》的，仍然执行《民间非营利组织会计制度》。

（十二）关于本解释生效日期及新旧衔接规定

本解释第一至第八项自 2020 年 1 月 1 日起施行，允许单位提前采用；第九项适用于 2019 年度及以后期间的财务报表；第十项、十一项自 2019 年 1 月 1 日起施行。

本解释除第八项中关于代建制项目的会计处理以外，其余各项首次施行时均采用未来适用法。

二、事业单位成本核算基本指引

（一）《事业单位成本核算基本指引》概况

1. 出台的背景

党中央从推进国家治理体系和治理能力现代化的高度，在多份文件中从不同角度对加强政府成本核算提出了要求。

2. 出台意义

一是节约公共资源的需要。

二是公共服务或产品定价的需要。

三是完善绩效评价的需要。

四是 2019 年 1 月 1 日起实施的新政府会计准则制度较为全面地引入了权责发生制基础，为行政事业单位全面开展成本核算提供了可行条件和基础。

3. 制定原则

一是借鉴企业成本会计经验。

二是考虑事业单位特点。

三是紧密结合政府会计准则制度。

四是提炼各类事业单位共性。

（二）《事业单位成本核算基本指引》具体内容

1. 制定依据

依据《中华人民共和国会计法》以及政府会计准则制度等制定《事业单位成本核算基本指引》。

2. 适用范围及实施时间

第一，适用于执行政府会计准则制度且开展成本核算工作的事业单位。

第二，行政单位、参照执行政府会计准则制度的非行政事业单位主体开展成本核算工作，可以参照执行本指引。

第三，自 2021 年 1 月 1 日起施行。

3. 相关概念

第一，成本，是指单位特定的成本核算对象所发生的资源耗费，包括人力资源耗费，房屋及建筑物、设备、材料、产品等有形资产的耗费，知识产权等无形资产的耗费，以及其他耗费。

第二，成本核算，是指单位对实现其职能目标过程中实际发生的各种耗费，按照确定的成本核算对象和成本项目进行归集、分配，计算确定各成本核算对象的总成本、单位成本等，并向有关使用者提供成本信息的活动。

4. 成本信息需求

单位进行成本核算应当满足内部管理和外部管理的特定成本信息需求（图 2）。

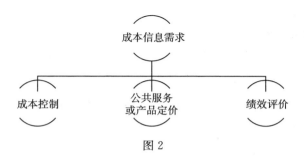

图 2

5. 成本核算前提

第一，单位应当以权责发生制财务会计数据为基础进行成本核算，财务会计有关明细科目设置和辅助核算应当满足成本核算的需要。

第二，单位应当建立健全成本费用相关原始记录，充分利用现代信息技术，加强和完善成本数据的收集、记录、传递、汇总和整理等基础工作，为成本核算提供必要的数据基础。

6. 成本核算原则

成本核算原则包括相关性、可靠性、适应性、及时性、可比性以及重要性原则。

7. 成本核算周期

单位可以根据成本信息需求、成本核算对象等确定成本核算周期，并按照成本核算周期等编制成本报告，全面反映单位成本核算情况。

8. 成本核算对象

第一，单位应当根据其职能目标、所处行业特点，以及不同的成本信息需求等确定成本核算对象。

第二，单位可以多维度、多层次地确定成本核算对象。

第三，单位按照维度确定的成本核算对象主要包括：

按业务活动类型确定的成本核算对象。

按政策、项目确定的成本核算对象。

按提供的公共服务或产品确定的成本核算对象。

第四，单位按照层次确定的成本核算对象主要包括：

以单位整体作为成本核算对象。

按内部组织部门确定的成本核算对象。

按业务团队确定的成本核算对象。

9. 成本项目和范围

第一，单位应当根据成本信息需求设置成本项目，并对每个成本核算对象按照其成本项目进行数据归集。

第二，成本项目是指将归集到成本核算对象的成本，按照一定标准划分的反映成本构成的具体项目。

可以根据具体成本信息需求，按照成本经济用途、成本要素等设置成本项目。

第三，单位成本项目的设置，应当与政府会计准则制度中"加工物品""业务活动费用""单位管理费用"等科目的明细科目保持协调。

第四，不属于成本核算对象的耗费，不计入该成本核算对象的成本（图3）。

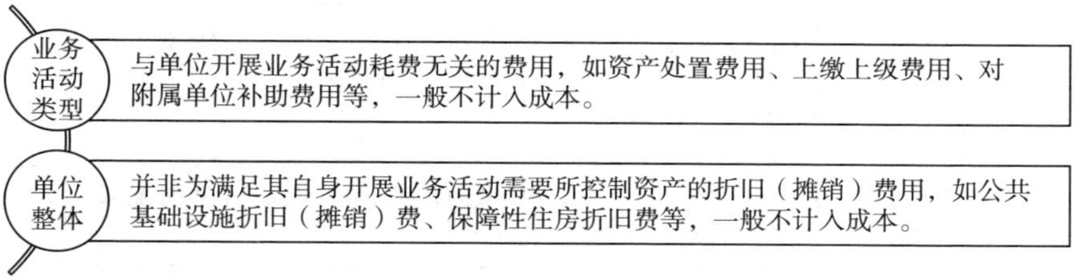

业务活动类型	与单位开展业务活动耗费无关的费用，如资产处置费用、上缴上级费用、对附属单位补助费用等，一般不计入成本。
单位整体	并非为满足其自身开展业务活动需要所控制资产的折旧（摊销）费用，如公共基础设施折旧（摊销）费、保障性住房折旧费等，一般不计入成本。

图 3

第五，为满足公共服务或产品定价需求开展的成本核算，应当在对相关成本进行完整核算的基础上，按规定对成本范围予以调整，如调减不符合有关法律法规规定的费用、有财政资金补偿的费用等。

10. 成本归集和分配

第一，单位一般通过"业务活动费用""单位管理费用"等会计科目，按照成本项目归集实际发生的各种费用，据此计算并确定各成本核算对象的成本。

当成本核算对象为自制或委托外单位加工的各种物品、建设工程项目、自行研究开发项目时，应当按照政府会计准则制度等规定分别通过"加工物品""在建工程""研发支出"等会计科目，按照成本项目归集并结转实际发生的各种费用。

第二，单位应当根据成本信息需求，对具体的成本核算对象分别选择完全成本法或制造成本法进行成本核算（图4）。

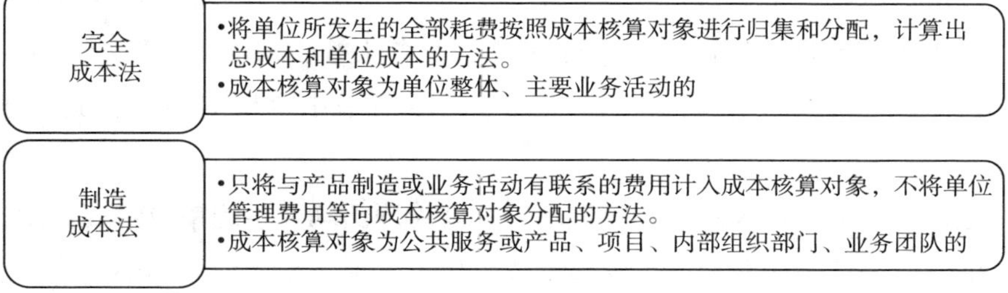

完全成本法	·将单位所发生的全部耗费按照成本核算对象进行归集和分配，计算出总成本和单位成本的方法。 ·成本核算对象为单位整体、主要业务活动的
制造成本法	·只将与产品制造或业务活动有联系的费用计入成本核算对象，不将单位管理费用等向成本核算对象分配的方法。 ·成本核算对象为公共服务或产品、项目、内部组织部门、业务团队的

图 4

第三，单位所发生的费用，按照计入成本核算对象的方式不同，分为直接费用和间接费用（图5）。

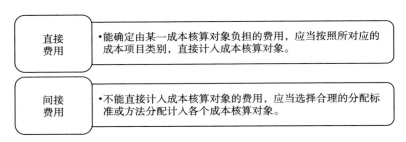

图 5

第四，单位应当根据业务特点，按照资源耗费方式确定合理的间接费用分配标准或方法。

间接费用分配标准或方法一般遵循因果关系和受益原则，将资源耗费根据资源耗费动因分项目追溯或分配至相关的成本核算对象，如根据工作量占比、耗用资源占比、收入占比等。

同一成本核算对象的间接费用分配标准或方法一旦确定，各期间应当保持一致，不得随意变动。

第五，单位应当根据其职能目标确定主要的专业业务活动，作为基本的成本归集和分配的对象。

一是单位内直接开展专业业务活动的业务部门所发生的业务活动费用，应当区分直接费用和间接费用，归集、分配计入各类业务活动等成本核算对象。

二是单位内为业务部门提供服务或产品的辅助部门所发生的业务活动费用，应当采用合理的标准或方法分配计入各类业务活动等成本核算对象。辅助部门之间互相提供的服务、产品成本，应当采用合理的方法，进行交互分配。

三是单位本级行政及后勤管理部门开展管理活动发生的单位管理费用，以及由单位统一负担的费用，可以根据成本信息需求，采用合理的标准或方法分配计入相关成本核算对象。

第六，成本核算对象为公共服务或产品的，可以合理选择品种法、分批法、分步法等方法进行成本核算。

三、政府财务报告编制办法和操作指南（试行）

（一）相关制度简介

为进一步推进权责发生制政府综合财务报告制度改革，2019 年 12 月 12 日，财政部对《政府财务报告编制办法和操作指南》进行修订，印发了《政府财务报告编制（试行）》（简称《办法》）《政府部门财务报告编制操作指南（试行）》（简称《部门指南》）和《政府综合财务报告编制操作指南（试行）》（简称《综合指南》）等 3 项制度。

1. 政府部门财务报告的编制范围调整

修订后，部门财务报告编制范围由原来"纳入部门决算管理范围的行政单位、事业单位和社会团体"修改为"部门及部门所属的行政事业单位，与同级财政部门有预算拨款关系的社会团体""企业（集团）下属事业单位不编制政府部门财务报告"。调整的重点是明确不同管理方式下的部分事业单位是否纳入编制范围。

2. 主要内容调整

修订后，政府综合财务报告内容由原来的"财务报表""财务分析"两项变为"财务报表""政府财政经济分析""政府财政财务管理"三项（图 6）。

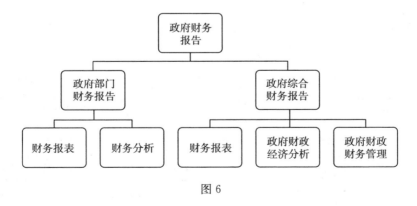

图 6

3. 政府内部经济业务事项抵销处理

第一，抵销事项，主要是对被合并主体之间发生的债权债务和收入费用分别进行抵销。其中抵销债权债务时，涉及已计提的坏账准备需要冲回，2019

年这次修订补充了相应规定。

第二，抵销范围，这里指的是合并财务报表所涉及的单位范围，与合并报表编制主体相关。财政部门编制政府综合财务报表时，应将属于政府内部各主体之间的经济业务事项进行抵销，包括部门与部门之间，财政和部门之间，以及财政内部不同资金主体之间发生的业务事项。

第三，2019年这次修订设置抵销门槛为10万元，是从实际情况出发，按照重要性原则确定的。

（二）《政府财务报告编制办法（试行）》

1. 制定依据与适用范围

依据：《中华人民共和国预算法》《中华人民共和国会计法》《国务院关于批转财政部权责发生制政府综合财务报告制度改革方案的通知》（国发〔2014〕63号）、政府会计准则制度等规定。

适用范围：各级政府、各部门、各单位。

2. 政府财务报告概况

政府财务报告概况见表1。

表1

	政府部门财务报告	政府综合财务报告	
编制主体	政府部门	政府财政部门	
分类	——	本级政府综合财务报告	行政区政府综合财务报告
报告内容	本部门财务状况、运行情况等	本级政府整体财务状况、运行情况和财政中长期可持续性等	行政区政府整体财务状况、运行情况和财政中长期可持续性等
报告作用	为加强政府部门资产负债管理、预算管理、绩效管理等提供信息支撑	可作为考核地方政府绩效、开展地方政府信用评级、评估预警地方政府债务风险、编制全国和地方资产负债表以及制定财政中长期规划和其他相关规划的重要依据	

3. 政府部门财务报告主要内容

政府部门财务报告主要内容见图7。

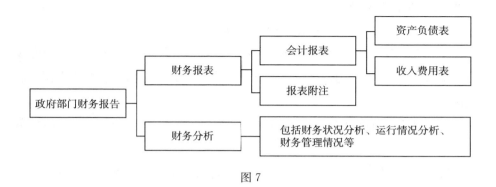

图 7

4. 政府综合财务报告主要内容

政府综合财务报告主要内容见图 8。

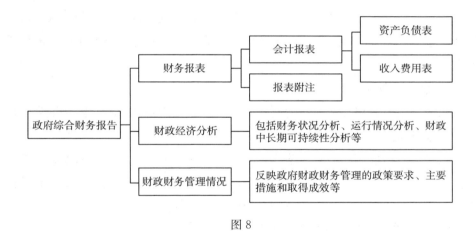

图 8

5. 政府财务报告编制基本要求

第一，政府财务报告内容应当符合政府会计准则制度等规定。

对于政府会计准则制度尚未作出规定的经济业务或事项，编制政府财务报告应当按照权责发生制原则和相关报告标准规定执行。

第二，政府财务报告按公历年度编制，即每年 1 月 1 日至 12 月 31 日。

第三，政府财务报告应当以人民币作为报告币种。

第四，政府财务报告应当以经核对无误的会计账簿数据为基础编制。

第五，政府财务报告格式应当符合财政部统一规定。

6. 政府部门财务报告编制

第一，由本部门所属单位按照财务管理关系逐级编制。

第二，政府各部门应当严格按照相关财政财务管理制度以及会计制度规定，全面清查核实单位的资产负债，做到账实相符、账证相符、账账相符、账表相符。

第三，政府各部门应当对所属各单位财务报表进行合并编制本部门财务报表。

编制合并财务报表时，对部门内部单位之间发生的经济业务或事项应当经过确认后抵销，并编制抵销分录，在此基础上分项生成合并财务报表项目。

第四，政府部门财务报表之间、财务报表各项目之间，凡有对应关系的数字，应当相互一致；报表中本期与上期有关的数字应当衔接。

第五，政府部门财务分析应当基于财务报表所反映的信息，结合政府部门职能，重点分析资产状况、债务风险、收入费用、预算管理和绩效管理等方面。

7. 政府财务报告报送

第一，政府各单位应当按照财务管理关系，按规定内容和时限采取自下而上方式逐级报送财务报告。

第二，政府部门财务报告应当按规定内容和时限报送同级政府财政部门。

第三，县级以上地方政府财政部门应当按规定内容和时限，将本级政府综合财务报告、本行政区政府综合财务报告报送上级政府财政部门。

8. 政府财务报告数据质量审核

第一，政府财务报告数据质量审核重点是报告的真实性、准确性、完整性和规范性。

第二，政府各部门、各单位应当对本部门、本单位财务报告真实性、准确性、完整性、规范性进行初审并负责。政府财政部门应当对部门财务报告的准确性、完整性、规范性进行复审。

各级政府财政部门应当对本级政府综合财务报告真实性、准确性、完整性、规范性进行初审并负责。上级财政部门应当对下级政府综合财务报告的准确性、完整性、规范性进行复审。

第三，政府财务报告的审核包括自行审核、集中会审、委托审核等形式。

第四，各地区、各部门应当认真做好财务报告审核工作，凡发现报告编制不符合规定，存在漏报、重报、虚报、瞒报、错报以及相关数据不衔接等问题和错误，应当要求有关单位立即纠正，并限期重新报送。

第五，政府财务报告审核应当依据政府会计准则制度和政府财务报告编制制度等规定，采取人工审核和计算机审核相结合方式进行。

第六，政府财务报告数据质量监督检查采取随机抽取与定向选择相结合的方式，对政府财务报告存在明显质量问题和以往年份监督检查不合格的单位进行重点核查。

9. 政府财务报告数据资料整理

第一，政府财务报告数据资料包括以各种介质存放的政府财务报告及相关工作底稿等。

第二，各部门、各单位应当按照会计档案管理相关规定，对部门财务报告数据资料进行归类整理、建档建库，并从计算机中传出备份保存。

各级政府财政部门应当按照会计档案管理相关规定对政府综合财务报告数据资料进行归类整理、建档建库，并从计算机中传出备份保存。

第三，涉及国家秘密的政府财务报告数据资料，应当严格实行密级管理。

【教师简介】

陈苾，学院学员服务中心主任、副研究员。主讲课程：政府会计改革与相关制度准则讲解、行政事业单位内部控制体系构建、行政事业单位管理会计理论与应用实践等。研究领域：长期从事政府会计制度准则、行政事业单位财务管理、内部控制等领域的研究和授课。

主持和参与了《行政和事业单位财务管理能力指标体系研究》《事业单位内部审计机制研究》等多项部级和院级课题。在核心期刊发表论文多篇。参与制定农业农村部相关政策文件，参与编著《农业领导干部财务工作300问》《政府采购实用知识问答》等多种教材。作为主要出题人参与了2016年、2018年、2020年农业农村系统财务人员知识竞赛的出题、判卷等工作。

税收政策与实务[*]

董烈之

▶ 本文对增值税进行了简要概述，讲解了增值税小规模纳税人和增值税一般纳税人管理的政策规定，专门介绍了涉农增值税的减税、免税等优惠政策，并对增值税专用发票管理风险和纳税义务发生时间进行了讲解，可作为财税工作人员从事增值税日常工作的参考指南。

一、增值税概述

（一）什么是增值税

增值税是我国税收收入的第一大税种。2017—2019 年，增值税约占到税收收入的 40%，几乎撑起了税收的半边天。

增值税对我国税收收入的贡献最大，也是最常见的流转税。那么，什么是增值税呢？我们先了解一下增值税的一些相关概念。

增值税是以单位和个人生产经营过程中取得的增值额为课税对象而征收的一种税。从理论上分析，增值额是指一定时期内企业在生产经营过程中新创造的那部分价值；从实际税收征管看，增值额是指单位销售货物或提供劳务的收入额扣除为生产经营这种货物或劳务而外购的那部分货物或劳务的价款之后的余额。

计税原理：

第一，按全部销售额计算税款，但只对货物或劳务价值中新增价值部分

---

* 本文是 2020 年农业系统财务管理培训班（第一期）的讲授课程文稿，该课程评估分值为 4.98 分。2022 年初根据最新政策修订。

征税。

第二，实行税款抵扣制度，对以前环节已纳税款予以扣除，避免重复征税。

第三，税款随着货物的销售逐环节转移，最终消费者是全部税款的承担者。但政府并不直接向消费者征收增值税，而是在生产经营的各个环节分段征收，各环节的纳税人并不承担增值税税款。

（二）增值税的类型

增值税按照对外购固定资产的处理方式不同，可分为 3 种类型。

1. 生产型增值税

是以纳税人的销售收入总额（或劳务收入）减除生产经营中的原材料、辅助材料、燃料、动力和外购劳务等中间消耗价值后的余额作为法定的增值额计算的一种增值税。这种类型的增值税在计算增值税应纳税额时，不允许扣除当期购置固定资产进项税额。

2. 收入型增值税

是以销售额减去外购商品、劳务和折旧额后的余额为课税依据所计算的增值税。这种类型的增值税在计算增值税应纳税额时，对外购固定资产价款只允许扣除当期计入产品价值的折旧费部分。

3. 消费型增值税

消费型增值税是以销售收入总额减去其耗用的外购商品、劳务和同期购进的固定资产价值后的余额为增值额所计算的增值税。我国实行消费型增值税。

（三）增值税是流转税

依据征税对象划分，目前我国税收分为流转税、所得税、资源税、财产税、行为税五大类。流转税主要有包括增值税、消费税、关税。

（四）增值税是价外税

价外税和价内税的区别：

1. 税收征收方式不同

价外税是由购买方承担税款，销售方取得的货款包括销售款和税款两部分。价内税是由销售方承担税款，销售方取得的货款就是其销售款，而税款由销售款来承担并从中扣除。

2. 计算公式不同

以增值税一般纳税人为例，价外税税款＝［含税价格/（1＋税率）］×税率＝不含税价格×税率。价内税税款＝含税价格×税率。

3. 含义不同

价内税就是税金包含在价格之中，作为价格的组成部分的税种。价外税是指税金不包含在价格之中，价税分列的税种。

二、增值税小规模纳税人的管理

（一）标准

年销售额在规定标准以下，并且会计核算不健全，不能按规定报送有关税务资料的增值税纳税人。会计核算不健全是指不能正确核算增值税的销项税额、进项税额和应纳税额。

1. 一般标准规定

根据财政部、税务总局《关于统一增值税小规模纳税人标准的通知》（财税〔2018〕33 号）规定，自 2018 年 5 月 1 日起，统一增值税小规模纳税人标准为年应税销售额 500 万元及以下。这意味着 500 万的销售额成为小规模纳税人和一般纳税人的区分标准。

2. 特殊标准规定

年应税销售额超过小规模纳税人标准的其他个人（指自然人）按小规模纳税人纳税；年应税销售额超过规定标准，但不经常发生应税行为的单位和个体工商户，以及非企业性单位、不经常发生应税行为的企业，可选择按照小规模纳税人纳税。

（二）税收优惠

《关于小规模纳税人免征增值税政策有关征管问题的公告》国家税务总局公告〔2019〕第 4 号）。

第一，小规模纳税人发生增值税应税销售行为，合计月销售额未超过 10

万元（以 1 个季度为 1 个纳税期的，季度销售额未超过 30 万元，下同）的，免征增值税。

第二，适用增值税差额征税政策的小规模纳税人，以差额后的销售额确定是否可以享受本公告规定的免征增值税政策。

第三，《增值税纳税申报表（小规模纳税人适用）》中的"免税销售额"相关栏次，填写差额后的销售额。

第四，《中华人民共和国增值税暂行条例实施细则》第九条所称的其他个人（所称个人，是指个体工商户和其他个人），采取一次性收取租金形式出租不动产取得的租金收入，可在对应的租赁期内平均分摊，分摊后的月租金收入未超过 10 万元的，免征增值税。

注意：根据《关于小规模纳税人免征增值税政策有关征管问题的公告》（国家税务总局公告〔2021〕第 5 号），上述标准已由 10 万元提高到 15 万元（以 1 个季度为 1 个纳税期的，季度销售额未超过 45 万元）。

（三）关于小规模纳税人"六税两费"减征政策有关征管问题

根据《关于进一步实施小微企业"六税两费"减免政策的公告》（财政部、税务总局公告〔2022〕第 10 号），由省、自治区、直辖市人民政府根据本地区实际情况，以及宏观调控需要确定，对增值税小规模纳税人、小型微利企业和个体工商户可以在 50％的税额幅度内减征资源税、城市维护建设税、房产税、城镇土地使用税、印花税（不含证券交易印花税）、耕地占用税和教育费附加、地方教育附加。

公告执行期限为 2022 年 1 月 1 日至 2024 年 12 月 31 日。纳税人自行申报享受减征优惠，不需要额外提交资料。

三、增值税一般纳税人的管理

（一）登记管理：一般纳税人的登记范围

1. 一般规定

增值税纳税人年应税销售额超过小规模纳税人标准。

年应税销售额，是指纳税人在连续不超过 12 个月或 4 个季度的经营期内累计应征增值税销售额，包括纳税申报销售额、稽查查补销售额、纳税评估调整销售额。

纳税申报销售额，是指纳税人自行申报的全部应征增值税销售额，包括免税销售额、税务机关代开发票的销售额以及未开票销售额。

稽查查补销售额和纳税评估调整销售额计入查补税款申报当月（当季）的销售额，不计入税款所属期间的销售额。

纳税人偶然发生的销售无形资产、转让不动产的销售额，不计入年应税销售额。

2. 特殊规定

年应税销售额未超过规定标准的纳税人，会计核算健全，能够提供准确税务资料的，可以向主管税务机关办理一般纳税人登记。

同时，符合以下条件的一般纳税人，可选择按照财政部、税务总局《关于统一增值税小规模纳税人标准的通知》（财税〔2018〕第 33 号）第二条的规定，转登记为小规模纳税人，或选择继续作为一般纳税人。

第一，已登记为一般纳税人。

第二，转登记日前连续 12 个月（以 1 个月为 1 个纳税期）或者连续 4 个季度（以 1 个季度为 1 个纳税期）累计应征增值税销售额（应税销售额）未超过 500 万元。

转登记日前经营期不满 12 个月或者 4 个季度的，按照月（季度）平均应税销售额估算上款规定的累计应税销售额。

转登记当期计税，一般纳税人转登记为小规模纳税人（以下称转登记纳税人）后，自转登记日的下期起，按照简易计税方法计算缴纳增值税；转登记日当期仍按照一般纳税人的有关规定计算缴纳增值税。

（二）增值税的视同销售

第一，将货物交付其他单位或者个人代销。

第二，销售代销货物。

第三，设有两个以上机构并实行统一核算的纳税人，将货物从一个机构移送其他机构用于销售，但相关机构设在同一县（市）的除外。

第四，将自产或者委托加工的货物用于非增值税应税项目。

第五，将自产、委托加工的货物用于集体福利或者个人消费。

第六，将自产、委托加工或者购进的货物作为投资，提供给其他单位或者个体工商户。

第七，将自产、委托加工或者购进的货物分配给股东或者投资者。

第八，将自产、委托加工或者购进的货物无偿赠送其他单位或者个人。

第九，视同销售服务、无形资产或不动产。

根据财政部、国家税务总局《关于全面推开营业税改征增值税试点的通知》（财税〔2016〕第36号）所附《营业税改征增值税试点实施办法》的规定，下列情形视同销售服务、无形资产或者不动产：

一是单位或者个体工商户向其他单位或者个人无偿提供服务，但用于公益事业或者以社会公众为对象的除外。

二是单位或者个人向其他单位或者个人无偿转让无形资产或者不动产，但用于公益事业或者以社会公众为对象的除外。

三是财政部和国家税务总局规定的其他情形。

对外赠送的会计处理举例：

2019年10月，某公司将成本价值50 000元的样品赠送给客户试用，这批样品市场价70 000（不含税价）元，税率13％，账务处理（视同销售）：

借：销售费用 59 100元

　　贷：库存商品（成本价）50 000元

应交税费——应交增值税（销项税）9 100（公允价 70 000×13％）

四、涉农增值税的减税、免税等优惠

（一）农业

这里的农业包括种植业、养殖业、林业、牧业、水产业生产者销售的自产初级农产品。初级农产品的具体范围由财政部、国家税务总局确定。

第一，单位销售的外购的农产品，单位外购农产品生产、加工后销售的，不属于免税范围。

第二，自2013年4月起，纳税人采取"公司＋农户"经营模式从事畜禽饲养，纳税人回收再销售畜禽，属于农业生产者销售自产农产品，免征增值税。

"公司＋农户"经营模式销售畜禽是指纳税人与农户签订委托养殖合同，向农户提供畜禽苗、饲料、兽药及疫苗等，农户饲养畜禽苗至成品后交付纳税人回收，纳税人将回收的成品畜禽用于销售。

问：收购的鸡蛋，再进行销售，是否可以享受免征增值税的优惠？

答：根据财政部、国家税务总局《关于免征部分鲜活肉蛋产品流通环节增值税政策的通知》（财税〔2012〕第75号）第一条，对从事农产品批发、零售的纳税人销售的部分鲜活肉蛋产品免征增值税。

免征增值税的鲜活肉产品，是指猪、牛、羊、鸡、鸭、鹅及其整块或者分割的鲜肉、冷藏或者冷冻肉，内脏、头、尾、骨、蹄、翅、爪等组织。

免征增值税的鲜活蛋产品，是指鸡蛋、鸭蛋、鹅蛋，包括鲜蛋、冷藏蛋以及对其进行破壳分离的蛋液、蛋黄和蛋壳。

（二）饲料

1. 单一大宗饲料

指以一种动物、植物、微生物或矿物质为来源的产品或其副产品。其范围仅限于糠麸、酒糟、鱼粉、草饲料、饲料级磷酸氢钙及除豆粕以外的菜籽粕、棉籽粕、向日葵粕、花生粕等粕类产品。

2. 混合饲料

指由两种以上单一大宗饲料、粮食、粮食副产品及饲料添加剂按照一定比例配置，其中单一大宗饲料、粮食及粮食副产品的掺兑比例不低于95％的饲料。

3. 配合饲料

指根据不同的饲养对象，饲养对象的不同生长发育阶段的营养需要，将多种饲料原料按饲料配方经工业生产后，形成的能满足饲养动物全部营养需要（除水分外）的饲料。

4. 复合预混料

指能够按照国家有关饲料产品的标准要求量，全面提供动物饲养相应阶段所需微量元素（4种或以上）、维生素（8种或以上），由微量元素、维生素、氨基酸和非营养性添加剂中任何2类或2类以上的组分与载体或稀释剂按一定比例配置的均匀混合物。

5. 浓缩饲料

指由蛋白质、复合预混料及矿物质等按一定比例配制的均匀混合物。

宠物饲料不属于免征增值税的饲料。

（三）制种行业增值税优惠政策

农业生产者销售自产农产品，免征增值税。包括以下两类企业：一是制种企业利用自有土地或承租土地，雇佣农户或雇工进行种子繁育，再经烘干、脱粒、风筛等深加工后销售种子。二是制种企业提供亲本种子委托农户繁育并从农户手中收回，再经烘干、脱粒、风筛等深加工后销售种子。

（四）纳税人提供技术转让、技术开发和与之相关的技术咨询、技术服务免征增值税

技术转让、技术开发，是指《销售服务、无形资产、不动产注释》中"转让技术""研发服务"范围内的业务活动。技术咨询，是指就特定技术项目提供可行性论证、技术预测、专题技术调查、分析评价报告等业务活动。

与技术转让、技术开发相关的技术咨询、技术服务，是指转让方（或者受托方）根据技术转让或者开发合同的规定，为帮助受让方（或者委托方）掌握所转让（或者委托开发）的技术，而提供的技术咨询、技术服务业务，且这部分技术咨询、技术服务的价款与技术转让或者技术开发的价款应当在同一张发票上开具。

（五）直接用于科学研究、科学试验和教学的进口仪器、设备

对科学研究机构、技术开发机构、学校等单位进口国内不能生产或性能不能满足需要的科学研究、科技开发和教学用品，免征进口关税和进口环节增值税、消费税。这项税收优惠属于法定免税项目。

纳税人（这里指供货商）代理进口按规定免征进口增值税的货物，其销售额不包括向委托方（这里指科研院所）收取并代为支付的货款。向委托方收取并代为支付的款项，不得开具增值税专用发票，可以开具增值税普通发票。

（六）财政补贴

根据国家税务总局《关于取消增值税扣税凭证认证确认期限等增值税征管问题的公告》（国家税务总局公告 2019 年第 45 号），纳税人取得的财政补贴收入，与其销售货物、劳务、服务、无形资产、不动产的收入或者数量直接挂钩的，应按规定计算缴纳增值税。纳税人取得的其他情形的财政补贴收入，不属于增值税应税收入，不征收增值税。

根据财政部《关于印发修订〈企业会计准则第 16 号——政府补助〉的通知》（财会〔2017〕第 15 号）相关规定，企业从政府取得的经济资源，如果与企业销售商品或提供服务等活动密切相关，且是企业商品或服务的对价或者是对价的组成部分，适用《企业会计准则第 14 号——收入》等相关会计准则。

《中华人民共和国增值税暂行条例》第六条明确：销售额为纳税人销售货物或者应税劳务向购买方收取的全部价款和价外费用。中央财政补贴不属于向"购买方收取"。

五、增值税发票管理

（一）增值税发票开具的基本规定

1. 基本规定

增值税一般纳税人销售货物、提供加工修理修配劳务和销售服务、无形资产、不动产，使用增值税发票管理系统开具增值税专用发票、增值税普通发票、机动车销售统一发票、增值税电子普通发票。

纳入增值税发票管理系统推行范围的小规模纳税人，使用增值税发票管理系统开具增值税普通发票、机动车销售统一发票、增值税电子普通发票。

纳入增值税小规模纳税人自开增值税专用发票试点的、小规模纳税人需要开具增值税专用发票的，可以通过增值税发票管理系统自行开具，主管税务机关不再为其代开。纳入增值税小规模纳税人自开增值税专用发票试点的，小规模纳税人销售其取得的不动产，需要开具增值税专用发票的，仍须向税务机关申请代开。

2. 单位和个人不得有下列虚开发票行为

第一，为他人、为自己开具与实际经营业务情况不符的发票。

第二，让他人为自己开具与实际经营业务情况不符的发票。

第三，介绍他人开具与实际经营业务情况不符的发票。

3. 不得开具增值税专用发票的情形

第一，向消费者个人销售货物、提供应税劳务或者销售服务、无形资产、不动产的。

第二，销售货物、提供应税劳务或者销售服务、无形资产、不动产适用增值税免税规定的，法律、法规及国家税务总局另有规定的除外。

第三，部分适用增值税简易征收政策规定的：

一是增值税一般纳税人的单采血浆站销售非临床用人体血液选择简易计税的。

二是纳税人销售旧货，按简易办法依3％征收率，减按2％征收增值税的。

三是纳税人销售自己使用过的固定资产，适用按简易办法依3％征收率，减按2％征收增值税政策的。

纳税人销售自己使用过的固定资产，适用简易办法依照3％征收率，减按2％征收增值税政策的，可以放弃减税，按照简易办法依照3％征收率缴纳增值税，并可以开具增值税专用发票。

第四，法律、法规及国家税务总局规定的其他情形。

4. 开具增值税专用发票的要求

第一，项目齐全，与实际交易相符。

第二，字迹清楚，不得压线、错格。

第三，发票联和抵扣联加盖发票专用章。

第四，按照增值税纳税义务的发生时间开具。

不符合上列要求的增值税专用发票，购买方有权拒收。

5. 纳税人丢失增值税专用发票的处理方法

纳税人同时丢失已开具增值税专用发票或机动车销售统一发票的发票联和抵扣联，可凭加盖销售方发票专用章的相应发票记账联复印件，作为增值税进项税额的抵扣凭证、退税凭证或记账凭证。

纳税人丢失已开具增值税专用发票或机动车销售统一发票的抵扣联，可凭相应发票的发票联复印件，作为增值税进项税额的抵扣凭证或退税凭证；纳税人丢失已开具增值税专用发票或机动车销售统一发票的发票联，可凭相应发票的抵扣联复印件，作为记账凭证。

（二）增值税发票等扣税凭证确认

增值税一般纳税人取得 2017 年 1 月 1 日及以后开具的增值税专用发票、海关进口增值税专用缴款书、机动车销售统一发票、收费公路通行费增值税电子普通发票，取消认证确认、稽核比对、申报抵扣的期限。纳税人在进行增值税纳税申报时，应当通过本省（自治区、直辖市和计划单列市）增值税发票综合服务平台对上述扣税凭证信息进行用途确认。

（三）走逃（失联）企业的异常增值税扣税凭证

走逃（失联）企业，是指不履行税收义务并脱离税务机关监管的企业。

判定标准：根据税务登记管理有关规定，税务机关通过实地调查、电话咨询、涉税事项办理核查以及其他征管手段，仍对企业和企业相关人员查无下落的；或虽然可以联系到企业代理记账、报税人员等，但其并不知情也不能联系到企业实际控制人的，可以判定该企业为走逃（失联）企业。

走逃（失联）企业开具增值税专用发票的处理：

第一，判定为走逃（失联）的企业，发生下列情形之一的，所对应属期开具的增值税专用发票列入异常凭证范围：

一是商贸企业购进、销售货物名称严重背离的；生产企业无实际生产加工能力且无委托加工，或生产能耗与销售情况严重不符，或购进货物并不能直接生产其销售的货物且无委托加工的。

二是直接走逃失踪不纳税申报，或虽然申报但通过填列增值税纳税申报表相关栏次，规避税务机关审核比对，进行虚假申报的。

第二，一般纳税人取得异常凭证，尚未申报抵扣的，暂不允许抵扣；已经申报抵扣的异常凭证，一律先作进项税转出。经主管税务机关核实后，符合现行增值税进项税抵扣规定的，允许纳税人继续申报抵扣。

六、纳税义务发生时间

销售货物或者提供应税劳务的纳税义务发生时间，按销售结算方式的不同，具体为：

1. 采取直接收款方式销售货物，不论货物是否发出，均为收到销售款或取得索取销售凭据的当天。

纳税人生产经营活动中采取直接收款方式销售货物，已将货物移送对方并暂估销售收入账，但既未取得销售款或取得索取销售款凭证也未开具销售发票的，其增值税纳税义务发生时间为取得销售款或取得索取销售款凭证的当天；先开具发票的，为开发票的当天。

2. 采取托收承付和委托银行收款方式销售货物，其纳税义务发生时间为发出货物并办妥托收手续的当天。

3. 采取赊销和分期收款方式销售货物，其纳税义务发生时间为书面合同约定收款日期的当天。无书面合同或者书面合同没有约定收款日期的，为货物发出的当天。

4. 采取预收货款方式销售货物，其纳税义务发生时间为货物发出的当天。但生产销售生产工期超过 12 个月的大型机械设备、船舶、飞机等货物，为收到预收款或者书面合同约定的收款日期的当天。

5. 委托其他纳税人代销货物，其纳税义务发生时间为收到代销单位的代销清单，或者收到全部或者部分货款的当天；未收到代销清单及货款的，为发出代销货物满 180 日的当天。

6. 销售应税劳务，其纳税义务发生时间为提供劳务，同时收讫销售款或取得索取销售款凭据的当天。

7. 纳税人发生除将货物交付其他单位或者个人代销，和销售代销货物以外的视同销售货物行为，其纳税义务发生时间为货物移送的当天。

8. 纳税人提供租赁服务采取预收款方式的，其纳税义务发生时间为收到预收款的当天。

9. 纳税人从事金融商品转让的，其纳税义务发生时间为金融商品所有权转移的当天。

10. 纳税人发生视同销售服务、无形资产或者不动产情形的，其纳税义务发生时间为服务、无形资产转让完成的当天或者不动产权属变更的当天。

11. 增值税扣缴义务发生时间为纳税人增值税纳税义务发生的当天。

12. 纳税人提供建筑服务，被工程发包方从应支付的工程款中扣押的质押金、保证金，未开具发票的，以纳税人实际收到质押金、保证金的当天为纳税义务发生时间。

【教师简介】

董烈之，学院农垦发展培训部（职业教育中心）副主任，高级会计师。拥有 3 年会计师事务所工作经验、6 年企业财务管理工作经验、9 年事业单位财务工作经验及资产管理工作经验。科技部和自然基金委项目评审专家库成员。多次参加科技部重点研发计划项目及北京市辖区单位预算评审、中期检查、项目验收、绩效评价等工作。

讲授课程：税收政策与实务——增值税，税收政策与实务——企业所得税，税收政策与实务——个人所得税，企业财务报表分析，项目预算编制及财务管理——以国家重点研发计划为例，非财务人员财税知识讲解。

村集体资产与财务管理[*]

薛　萃

▶ 随着乡村振兴工作逐步推进，农村集体经济组织不断发展壮大，涉及村集体经济组织财务管理的理论关注和实践探索成为行业热点问题。本文旨在梳理当前背景下村集体经济组织财务管理的特性和要求，明确其内在本质和工作重点，并结合工作实践，分析提炼财务管理工作中的难点和常见问题。本文既有理论讲解和政策要求，也有实证分析，并提出规避相关风险的建议。

一、理论界定

（一）财务管理定义

对村集体经济组织的经济活动和社区服务中的资金及其运动的管理。

（二）村级财务管理双重社会地位

第一，管理和经营：农村集体经济活动。

第二，管理和服务：农村社会服务（村委会）。

（三）财务管理职能

第一，决策：确定资金筹集和使用方案。

第二，计划：预算与规划。

---

* 本文是 2019 年山东省农村集体产权制度改革暨农村土地承包纠纷调解仲裁工作培训班的讲授课程文稿，该课程评估分值为 4.96 分。

第三，控制：落实的措施与监督。

简言之，财务管理就是决定怎么去筹钱、怎么去花钱，怎么去挣钱，挣了钱之后怎么分，买来的资产怎么收回本钱等。

（四）财务管理的关键

第一，民主管理。

第二，财务公开。

（五）村集体经济组织财务管理的模式

第一，村财自管。

第二，村财乡（镇）管。

第三，代理记账。

第四，村间互助管理。

村财乡管，不会改变村集体经济组织资产的所有权、审批权、使用权、收益权，只会使财务管理与会计核算相分离。目的是为了规范会计行为，实现会计核算处于乡、村的两级监督。

二、村财务管理的主要内容

（一）管什么

第一，凡是村集体经济组织资产增加、减少和收益分配事项（如筹集资金、对外投资、组织收入、安排支出、进行收益分配等），都是村集体经济组织财务管理的内容。

第二，村集体经济组织的承包业务，社会保障方面的政策落实，社区服务和管理中各项费用的预算、控制和决算。

第三，联营企业、村办企业等的日常经济活动，以及资产保全情况的必要管理和监督。

第四，政府或社会团体的各种补助、专项资金或专项物资的实施管理和监督。

（二）农村集体资产范围

第一，法律规定属于集体所有的土地、森林和林木、山岭、草原、荒地、滩涂、水面等自然资源。

第二，集体经济组织投资投劳购建的水利、电力、交通、通讯、房产等基础设施，教育、科技、文化、卫生、体育等公益设施，运输工具、捕捞工具、农业机械等生产设施。

第三，集体经济组织投资投劳兴办或者兼并的企业资产。

第四，集体经济组织在参与组建的股份制、股份合作制、联营和中外合资、合作等各类企业中享有的权益。

第五，集体经济组织与有关单位共同出资形成的公益设施中占有的集体资产，包括投劳（不含国家项目的义工）。

第六，集体经济组织所有的货币资产和股票、国库券、企业债券等有价证券，以及承包、租赁、拍卖等形成的资金。

第七，集体经济组织接受资助或者捐赠等形成的资产。

第八，集体经济组织依法享有的著作权、专利权、商标权等无形资产。

第九，依法属于集体经济组织所有的其他资产。

（三）村集体资产管理分类

第一，集体所有的土地、森林、山岭、草原、荒地、滩涂等。

第二，用于经营的房屋、建筑物机器设备、工具器具、农业基础设施、集体投资兴办的企业及其所持有的其他经济组织的资产份额、无形资产等。

第三，用于公共服务的教育、科技、文化、卫生、体育等。

第四，全面加强村集体资产管理。

第五，重点。

一是发达地区：三类资产的管护，重心是经营性资产。

二是不发达地区：资源性资产的开发利用。

（四）全面加强村集体资产管理政策要求

第一，开展集体资产清产核资。

一是范围：所有的集体资产。

二是侧重：经营性资产、非经营性资产和资源性资产中不清晰的集体建设用地集体四荒地。

三是任务：

·查清楚。

·登记入册、设立台账资产一定要登记，因为在流转的过程中，集体经济资产可作抵押。

·建立监管平台——信息化管理。

·遗留问题处理好。

·时间要求：3年完成。

第二，经营性资产产权制度改革。

一是有序推进经营性资产股份合作制改革——5年完成。

二是确认农村集体经济组织成员身份。

三是保障农民集体资产股份权利。

第三，农村集体资产管理制度的建设与完善。

一是资产清查制度。

二是台账制度。

三是评估制度。

四是承包、租赁、出让制度。

第四，村集体资产管理规定。

一是资产的经营方式。

包括承包、租赁、拍卖、联营、股份合作、中外合资和合作经营等。

要求：

·资产所有者与经营者之间应签订合同，明确双方的权利和义务。

·承包、租赁的，应当按照公开、公平、公正的原则确定经营者，不得利用职权压价发包或者低价出租集体资产。经营者应当采取资产抵押或者其他担保方式。

·直接经营集体资产的，必须明确经营责任、经营目标，确保集体资产保值增值。

二是资产评估的情形。

·资产实行承包、租赁、参股、联营、合资、合作经营的。

·产权交易中变更产权的。

·企业兼并、合并、分立、破产等需要清算的。

·资产抵押及其他担保的。

·依照国家有关规定必须进行资产评估的其他情形，评估结果必须经农村集体经济组织成员大会或者成员代表大会确认。

三是集体资产管理的民主规定。涉及农村集体资产的下列各项的，必须召开全体成员会议或成员代表会议，并获得半数通过。

·年度财务预算、决算及年终收益分配方案。

·重要农村集体资产招标、发包、出租、转让，确定和改变重大投资项目、购置或处置重要农村集体资产。

·较大金额的借贷、固定资产的借用，对外捐赠或将农村资产用于担保。

·需要对农村集体资产的价值进行评估的，应依法委托具有合法评估资格的机构评估。

·农村集体经济组织可以采取招标、发包、出租、入股等形成经营农村集体资产。

三、各类资产管理要求及侧重点

（一）流动资产管理

第一，资产分类：分为流动资产、农业资产、固定资产、无形资产。

第二，流动资产定义：在一年或一个营业周期内变现或耗用的资产。主要包括货币资金、短期投资、存货和应收账款、内部往来等。

第三，货币资金的管理目标。

一是确保货币资金的安全性、完整性、合法性和有效利用。

二是安全性：防止被盗、诈骗、挪用。

三是完整性：杜绝"小金库"。

四是合法性：按法律规定取得、使用现金。

五是有效利用：有效地持有、合理调度和使用，充分发挥其使用效益。

第四，货币资金的管理规定。

一是建立货币资金的内部控制制度，实行不相容职务相互分离的制度。具体应做到：授权批准人员与业务经办人员分离；物资管理人员不能负责收款；银行单据签发和印鉴保管应当分工负责，支票和银行印鉴不得由一个人保管；会计和出纳不得相互兼职。

二是向单位和农户收取现金时手续要完备，使用统一规定的收款凭证。取得的所有现金均应及时入账，不准以白条抵库，不准坐支，不准挪用，不准公款私存。应严格遵守库存现金限额制度，库存现金不得超过规定限额。

三是规范货币资金的管理程序。

· 明确审批权限，超限额或重大事项资金支付要实行集体审批。

· 严格支出审批程序，每笔支出都应有单位负责人审批、民主理财小组和会计主管审核、会计人员复核。

四是规范货币资金的使用。

· 只能由出纳员负责，其他人员（包括单位负责人）不得接触货币资金。

· 按人民银行规定的现金结算范围支付现金。

· 严格现金支票的管理。

· 不准"坐支现金"。

· 不准"白条抵库"。

· 每笔款项收付都应有健全的凭证和完备的审批手续为依据。

· 出纳人员要做到每天现金日记账余额与保管的现金核对相符，并经常与会计核对账目；镇经管站和村主管会计每月要对出纳进行1～2次突击盘点。

五是银行存款管理要点。

· 严格按照国家规定开设银行存款账户。

· 超过限额核定的现金必须存入银行。

· 支票、存折和印鉴应分别妥善保管，支票、存折由出纳员保管，印鉴由会计保管。

· 会计员应当定期与开户行核对账目。

· 不允许出租、出借银行账户，不得签发空头支票和远期支票，不得套用。

· 村级必须在银行或信用社开设银行账户，不准以存折代替银行账户。若在几家银行开户的，只能在一家银行或信用社开设基本存款账户。

·多头开户普遍存在，由于金融部门吸储不正当竞争，集体存款多头开户，甚至采用个人名义存单存款。

六是应收账款的管理。

·做好应收账款日常的记录和核算工作。

·要掌握欠款人完整的信息。

·要设置应收账款的总账和明细账。

·坚持定期的财务对账制度。

好处：可以提醒对方积极还款，而且还可以避免日后由于人员变动造成双方财务记载出现差错，进而出现呆账、坏账现象。

·严格按程序处理坏账。

确实无法收回，应取得对方破产、死亡等有关方面的证据，不得擅自核销。

·加强应收账款的催收

对不同情节的欠款应该采用不同的方法和手段：

一般欠款：要积极催收，对村民确实无力偿还的欠款，需要减免的，要进行公示，征得大家的同意。

恶意欠款：在催收的同时，要借助行政、司法等手段清收。

·加强应收账款的利用。

a. 债务转为股份。

b. 以非现金资产清偿。

c. 在提供其他利益的前提下减免债务。

常见问题：

a. 应收款增多导致资金沉淀，资产被个别村民无偿占用导致集体利益受损。

b. 擅自出借或自借资金，大量借款无法回笼。

（二）固定资产管理

第一，定义与特点。固定资产是指村集体经济组织拥有或控制的房屋建筑物、机器设备、器具工具等资产和村基本建设设施。（村组道路、桥梁、水利渠道、电力设施等不属于村固定资产，这部分具有公益性）

固定资产的特点：一是使用期限长。二是投资风险高。三是集中投资，分期收回。

第二，固定资产管理——入账价值。

一是经营租入：租入方不拥有固定资产的所有权；固定资产到期要归还给对方，按期支付租金；实物管理比照自有固定资产。

二是融资租入：从形式上看，承租人不拥有该固定资产的所有权，但实际上该固定资产所创造的未来经济利益为村集体经济组织所控制。融资租入实际上是分期购买固定资产的一种租赁形式，以租金的现值为基础入账。

第三，固定资产管理——应做好以下方面的工作。

·建立固定资产管理制度：

a. 保管使用制度、清查制度。

b. 要确定管理人员，建立岗位责任制，并按照制度规定及时清查固定资产。

c. 要明确固定资产的购置审批程序，要将固定资产购置和建设置于民主决策的轨道上，以避免决策失误。

·设置固定资产管理账册，登记变动情况。

·处理固定资产严格履行手续：

转让、对外投资、出租或报废，应该经村集体经济组织成员大会或代表大会讨论通过，然后进行公示，并严格履行财务会计手续，及时进行账务处理。

·折旧制度：

a. 按年或按季、按月提取。

b. 折旧方法可在"年限平均法""工作量法"等方法中任选一种，一经选定，不得随意变动。

c. 村集体经济组织当月增加的固定资产，当月不提折旧，从下月起计提折旧；当月减少的固定资产，当月照提折旧，从下月起不提折旧。

d. 固定资产提足折旧后，不管能否继续使用，均不再提取折旧；提前报废的固定资产，也不再补提折旧。

e. 下列固定资产应当计提折旧：房屋和建筑物；在用的机械、机器设备、运输车辆、工具器具；季节性停用、大修理停用的固定资产；融资租入和以经营租赁方式租出的固定资产。

·不计提折旧的情形：

a. 房屋、建筑物以外的未使用、不需用的固定资产。

b. 以经营租赁方式租入的固定资产。

c. 已提足折旧继续使用的固定资产。

d. 国家规定不提折旧的其他固定资产。

（三）在建工程管理

第一，项目必须实行招标、投标管理。

·投资额较小的要经村两委讨论决定，并做好预算，加强监督，待工程完工后做好验收、结算手续。

·投资额较大的，村委要事先制定投资方案和工程预算，再提交本单位党员、村民代表会议讨论通过，并要做好各次会议的记录。

第二，工程完工办好一切结算手续后，验收双方要在工程结算表签名确认，并要连同预算书、合同书、结算表、对方开出的合法发票，以及验收人、证明人、审批人签名后才能入账。

第三，在建工程项目完工后，应及时结转入固定资产。

（四）存货管理

第一，存货内容。

包括种子、化肥、燃料、农药、原材料、机械零配件、低值易耗品、在产品、农产品和工业产成品等。

第二，管理规定。

一是定期盘点核对，做到账实相符，年度终了前必须进行一次全面的盘点清查。

二是建立健全存货内部控制制度，建立保管人员岗位责任制。出入库时由会计填写出库入库单，保管员根据入库单清点验收，主管负责人批准，领用人签名盖章，保管员根据出入库单出入库。

（五）无形资产管理

第一，无形资产。积累形成的没有实物形态的资产。

第二，种类。含专利权；商标权；专有技术；商誉。

第三，无形资产的日常管理。有很多无形资产在实际中没有形成，村集体经济组织应该重视无形资产的培养，保护好无形资产的价值。

（六）农业资产资产管理

第一，农业资产内容。一是村集体经济组织拥有的牲畜（禽）和林木方面的资源，包括牲畜（禽）资产和林木资产两大部分。二是庄稼等粮食作物和蔬菜则放在存货中管理。三是在发展壮大集体经济的过程中，农业资产尤为重要。对大部分承包出去的农业资产，要将其登记好。

（七）对外投资管理

对外投资管理要注意以下几点：

一是资金的时间价值。

二是对方财务状况分析。

三是复利与单利。

四是联合投资。

五是核心竞争力。

四、"一事一议"资金及管理

第一，"一事一议"资金内容：是指村集体经济组织为兴办村民受益的生产、公益事业时，按照政策规定，经有关部门批准，向村民筹集的专项资金。这是现时村集体经济组织举办公益事业的主要资金来源渠道。

第二，"一事一议"资金管理

一是"一事一议"资金筹措形式：筹资、筹劳。

二是"一事一议"资金筹措目的：兴办村内农田水利基本建设、村内道路修建和维护、植树造林、抗灾、救灾、农业综合开发有关的土地治理项目等。

三是"一事一议"资金筹措的原则：

①量力而行：考虑本村的经济实力和村民的承受能力。

②村民受益：能给村民带来物资利益和精神利益或间接的社会效益。

③民主决策：向村民筹资筹劳项目、数额等事项，由村集体经济组织提出预案，提交成员大会或成员代表大会讨论通过。

④上限控制：所筹资金和劳务每年不得超过规定的上限标准，而且不得固定收取筹资及筹劳，不得强行以资代劳。

四是"一事一议"资金的免交：

· "五保户"、现役军人不承担筹资筹劳任务。

· 退出现役的伤残军人、在校就读的学生、孕妇等。

· 未满一年的妇女不承担筹劳任务等。

五是"一事一议"资金的减免：

· 家庭确有困难，不能承担或者不能完全承担筹资任务的农户；

· 因病、伤残或者其他原因不能承担或者不能完全承担劳务的村民，可以申请减免筹劳。

六是对"一事一议"资金的监管：

· 逐级监督管理的体制。

· 农业农村部负责全国筹资筹劳的监督管理工作。

· 县级和各乡镇级人民政府负责本行政区内筹资筹劳的监督管理工作。

七是"一事一议"资金的使用：

· 要单独设立账户，单独核算，专款专用。村民理财小组要负责对筹资筹劳实行事前、事中、事后全程监督，并定期张榜公布，接受村民监督。

· 要保护好"一事一议"资金的安全完整，任何单位或者个人不得平调、挪用"一事一议"所筹资金和劳务。

· 要注重资金的合理运用和使用效果。

五、村集体经济组织财务资产管理常见问题

（一）工程管理方面

随着农村经济的快速发展，村级农田水利、土地整理、交通道路等建设项目日益增多，而山林土地、果园鱼塘、房屋设施等集体资产的发包出租也正成为集体经济主要收入的支撑点，但在此过程中暴露出的发包、出租欠规范问题不容忽视。

第一，程序欠规范。搞暗箱操作，不进行招、投标；有的不开村两委会，少数人说了算，即使开了会，个别干部又擅自变更集体决定。

第二，手续欠规范。口说为凭，书面合同少；合同要素不全，条款不明，权利义务不平等或其他不符合法定要求等常见问题。

第三，付款收费欠规范。如工程项目的付款以领款凭证方式入账；以其他费用支出直接冲抵承包款和租金，收支均不入账；收取承包款后，私自保管挪用，长期不报账；"寅吃卯粮"，提前收缴承包款和租金，村集体资产被严重"透支"等。

（二）支出审批手续方面

按照《村合作经济组织财务管理制度》规定，开支由村主任"一支笔"审批。主任直接经手支出的票据须指定一名村主要领导审批；凡属支出的凭证，必须写明用途并由经手人签名，证明人作证，审批人审批，做到 3 项手续齐全。该制度又对开支额度的审批权限均有明文规定。常见问题有以下几点。

第一，审批不够规范。个别村开支不经集体研究；大额支出不讨论；有的干部自用自批，自收自支，架空出纳，财监小组形同虚设。

第二，账款结报不及时。部分村财会人员长期外出脱岗，无法正常结报；有的由于村主要干部违规干预财务，造成无法正常结账。

第三，报销凭证不够规范。有的村收款开具非统一收款收据，开支白条入账仍无法杜绝；支出凭证 3 项手续欠缺。

（三）资产管理方面

资产管理方面存在如下问题：

一是固定资产未按期盘点、账实不符。

二是接受捐赠赞助的固定资产未入财务账。

三是未建立捐赠赞助物资台账或台账建立不规范。

四是资产出入库手续不完善。

五是国有资产出租出借不规范。

六是未及时办理项目竣工决算。

（四）会计核算方面

第一，会计账簿、科目设置不规范。

一是账簿设置不齐全。未按规定设置"一账五簿"，财产物资等有账无物，有物无账，有总账没有明细账；对同一经济业务前后年度会计账目处理不一致总账、明细账不一致。

二是现金与存款不分。缺乏完善的村级现金日记账，农户与集体往来账不健全，造成往来不清，镇、村账目无法衔接；一些工程、项目开支另行建账，甚至不记账，未能纳入总账之中。

第二，会计、出纳自行记账，对账不及时，凭证传递方法不规范。

第三，会计档案管理不善。一些村办公条件差，实行村账代理制前的会计凭证自行保管，因保管不善难免遗失；有的财务人员调整以后，移交档案不全。

【教师简介】

薛萃，学院乡村振兴研究中心（科研管理处）研究员。《中国农业会计》期刊常务理事，先后参与财政部《事业单位财务规则》修订、中央国家机关会计知识大赛出题等工作，多年来为国务院机关事务管理局、国家体育总局、国家安全部以及中石化、中国银行、中国国际航空公司等部门授课，以理论功底扎实、授课生动广受学员好评。

主要授课专题：

1. 税收风险评估及应对

2. 村集体经济组织财务资产管理实务

3. 企业会计准则

4. "金税四期"背景下税收筹划新思路新路径

5. 企业价值及财报分析

6. 如何撰写财务报告

7. 会计人员职业道德与风险评估

农民合作社财务规范要点[*]

周忠丽

▶ 农民合作社高质量发展，财务规范是必由之路。目前对农民合作社财务管理重视的人很多，但懂得财务管理的人较少。本文从合作社本质出发，以农民合作社特殊性为突破口，分析财务管理对合作社战略决策与可持续发展的重要性，进一步明确合作社财务管理的相关规定与要求、会计核算的要点与注意事项，以及关于成员账户、财政补助形成的财产的处置方式等。从法规制度到具体问题，通过大量丰富的案例对合作社财务规范予以指导。

一、认识农民合作社

农民合作社是指在农村家庭承包经营基础上，农产品的生产经营者或者农业生产经营服务的提供者、利用者，自愿联合、民主管理的互助性经济组织。

对于每个主体而言，现代农业产业组织发展有公司化、合作化、农场化三条道路。那么，哪一条路是适合自己，哪一条是自己想需要的？

从实践中来看，大家好像都觉得办合作社有点难，因为合作社有其特殊性。合作社到底特殊在哪里？

接下来，我们一起分析一下公司与合作社的区别与联系。

公司是资合，是按股分红，公司股东对公司承担有限责任；合作社是人合，是按惠顾额返还盈余，农民合作社成员以其账户内记载的出资额和公积金

* 本文是 2019 年农民合作社带头人能力提升研修班（第四期）的讲授课程文稿，该课程评估分值为 4.97 分。

份额为限，对农民专业合作社承担责任（合作社法）。

合伙企业与合作社的区别与联系：

合伙企业是人合，是按合伙人的约定进行分配，合伙人对合伙企业承担无限连带责任；合作社与合伙企业一样是人合，是人合起伙来干一番事业，但合作社有一系列法律法规，成盈余分配有明确要求，可由合伙企业自行商讨、确定，承担的责任也不一样。

所以，合作社是介于公司与合伙企业之间的一种特殊的经济组织，它与公司的相同之处是仅仅以出资额为限承担有限责任；与合伙企业相同之处是成员之间实行民主决策，一人一票。这就体现了合作社的特殊之处——既实行民主管理又承担有限责任，在实践中面临的问题当然也会比较多。

因合作社有其特殊性，引申而来的就是对合作社真假问题的争议比较大。很多人就想问，什么是真的合作社？

要判定一个组织是否具有合作社的本质规定，就需要判断其所有者与惠顾者是否同一。人们通常所说的"真"合作社，一般需要具备以下 3 个特点：一是成员要入股，既要有要素契约又要有相应的所有权安排；二是要有商品契约，即成员与组织之间还要有产品和服务的交易；三是要素契约与商品契约之间要有相互作用。归根到底，做到了盈余分配规范、建立有合规的成员账户，做到民主管理，这就是规范的合作社。

那么，合作社为什么要规范呢？

对于这个问题，不同的人有不同的答案：

第一，迎合政府规制要求——从根本上讲，合作社规范化建设并非为了迎合政府规制要求。

第二，使合作社像合作社——也非为了"使合作社像合作社"，因为"像合作社"并非办合作社的目的。

第三，维护普通农民成员的权利和利益——只有在规范的组织建设（即规范的产权安排和治理结构）下，才能够较好地维护普通农民成员的权利和利益。

第四，实现合作社的长远发展——只有规范办社才能够较好地实现合作社的可持续发展。

第五，较好地实现经典的合作益贫旨趣和扶持发展的公共政策意图——自愿和开放、基于使用（惠顾）、民主控制（直接民主为主）、盈余返还（按惠顾返还盈余为主）。

第六，普通成员对规范的理解与制度设计者们不同——实际上，普通农民成员在很大程度上是实用主义的，是追求"帕累托改进"的。换言之，他们可能更在意切实到手的利益改进，而无所谓规范化及其迂回实现的利益公平。

合作社为什么要规范运营？主要基于三个原因：一是合作社有政策支持。财政、信贷、税收和产业政策等方面对合作社的倾斜，还要逐步把合作社作为承担政府支农项目的重要载体。二是合作社要保障成员权益。合作社是民办、民管、民受益的自治组织，是小农户与大市场的纽带。三是合作社要实现可持续发展。合作社想要凝聚人心、资源整合、示范带动、社会认可，都离不开规范建设。

二、合作社财务管理

（一）农民合作社财务管理的相关规定

《中华人民共和国农民专业合作社法》（2017 年修订）

《农民专业合作社财务会计制度（试行）》（财会〔2007〕15 号）

《关于进一步加强农民专业合作社财务管理工作的意见（农办经〔2011〕16 号）》

《农民专业合作社解散、破产清算时接受国家财政直接补助形成的财产处置暂行办法》（财资〔2019〕25 号）

《关于开展农民合作社规范提升行动的若干意见》（中农发〔2019〕18 号）

《农民专业合作社社示范章程》（2018）中华人民共和国农业农村部公告第 104 号

《农民专业合作社联合社示范章程》（2018）中华人民共和国农业农村部公告第 105 号

《农业农村部办公厅关于组织申报农民专业合作社质量提升整县推进试点有关事项的通知》（农办经〔2018〕11 号）

以上这些政策法规中，都对农民合作社财务规范有明确要求：

第一，《关于开展农民合作社规范提升行动的若干意见》第二点第六条（中农发〔2019〕18号）：指导农民合作社认真执行财务会计制度，合理配备财务会计人员或进行财务委托代理。鼓励地方探索建立农民合作社信息管理平台，推动农民合作社财务和运营管理规范化，建立农民合作社发展动态监测机制。农民合作社要按规定设置会计账簿，建立会计档案，规范会计核算，及时向所在地县级农业农村部门报送会计报表，定期公开财务报告。依法为农民合作社每个成员建立成员账户，加强内部审计监督。农民合作社与其成员和非成员的交易，应当分别核算。国家财政直接补助形成的财产应依法量化到每个成员，农民合作社解散、破产清算时要按照相关办法处置。财政补助形成资产由农民合作社持有管护的，应建立健全管护制度。

第二，《农民专业合作社示范章程》中华人民共和国农业农村部公告第104号：第四章第四十三条——本社成员可以用货币出资，也可以用库房、加工设备、运输设备、农机具、农产品等实物、知识产权、土地经营权、林权等可以用货币估价并可以依法转让的非货币财产，以及_____【注：如还有其他方式，请注明】等方式作价出资，但不得以劳务、信用、自然人姓名、商誉、特许经营权或者设定担保的财产等作价出资。成员以非货币方式出资的，由全体成员评估作价或由第三方机构评估作价、全体成员一致认可。

第四十四条——本社成员认缴的出资额，须在____个月内缴清。

第四十五条——以货币方式出资的出资期限为____年，以非货币方式作价出资【注：注明具体出资方式，如以土地经营权作价出资】的出资期限为____年。

第三，《农民专业合作社联合社示范章程》中华人民共和国农业农村部公告第105号：第四章第四十六条——本社接受的国家财政直接补助和他人捐赠，均按国务院财政部门制定的农民专业合作社财务会计制度规定的方法确定的金额入账，作为本社的资金（资产），按照规定用途和捐赠者意愿用于本社的发展。在解散、破产清算时，由国家财政直接补助形成的财产，不得作为可分配剩余资产分配给成员社，处置办法按照国务院财政部门有关规定执行；接受他人的捐赠，与捐赠者另有约定的，按约定办法处置。

第四十九条——监事会【注：或者执行监事】负责本社的日常财务审核监督。根据成员大会【注：或者理事会】的决定【注：或者监事会的要求】，本社委托＿＿＿＿＿＿＿＿＿＿对本社的财务进行年度审计、专项审计和换届、离任审计。

第四，《关于组织申报农民专业合作社质量提升整县推进试点有关事项的通知》农办经〔2018〕11号第四点第三条：指导农民合作社依照法律和章程加强规范运行，实行民主监督，提升运行质量，发挥农户成员积极性，让农户成员切实受益。指导合作社依法登记注册，及时进行年度报告公示。指导合作社制定符合自身实际的章程和各项规章制度，建立健全成员（代表）大会、理事会、监事会等组织机构，执行财务会计制度，科学分配盈余，建立档案台账。防范以合作社名义开展非法集资活动。试点地区农民专业合作社登记机关与农业农村部门依法建立农民专业合作社登记信息通报制度。探索建立健全合作社退出机制，简化注销程序，主动清退连续两年未从事经营活动的合作社。建立县域农民合作社辅导员制度，加强指导服务。

（二）财务管理规范

第一，配备必要的会计人员，按照财政部制定的相关财务会计制度规定，设置会计账簿，编制会计报表，或委托有关代理记账机构代理记账、核算。财务会计人员不得兼任监事。农民用水合作组织制定明确的水费征收和使用管理制度，资金、经营管理规范，用水经费使用公开透明。

第二，成员账户健全，成员的出资额、公积金量化份额、与本社的交易量（额）和返还盈余等记录准确清楚。

第三，可分配盈余主要按照成员与本社的交易量（额）比例返还，返还总额不低于可分配盈余的60％。

第四，国家财政直接补助形成的财产平均量化到成员账户。

依据《农民专业合作社解散、破产清算时接受国家财政直接补助形成的财产处置暂行办法》（财资〔2019〕25号第五条：剩余财产中国家财政直接补助形成的财产，应当优先划转至原农民专业合作社所在地的其他农民专业合作社，也可划转至原农民专业合作社所在地的村集体经济组织或者代行村集体经济组织职能的村民委员会。

因农业结构调整、生态环境保护等原因导致农民专业合作社解散、破产清算的，剩余财产中国家财政直接补助形成的财产，应当优先划转至原农民专业合作社成员新建农民专业合作社，促进转产转业。

涉及剩余财产中国家财政直接补助形成的财产划转的，清算组应当将划转情况反映在清算方案中，并将清算方案报县级农业农村部门、财政部门备案，同时做好相关财务账目、原始凭证等资料移交工作。

农民专业合作社解散、破产清算时，在清偿债务后如有剩余财产，清算组应当计算其中国家财政直接补助形成的财产总额。计算公式为：

剩余财产中国家财政直接补助形成的财产总额＝

$$剩余财产金额 \times \frac{专项基金中国家财政直接补助金额}{股金金额＋专项基金金额}$$

农民合作社财务管理相关教材：《农民专业合作社法释义》第五章；《农民专业合作社理事长管理实务（第二版）》第六章。

这些制度中，最值得一提、关系最为密切的，当属财政部于 2021 年 12 月 30 签发的《农民专业合作社会计制度》（财会〔2021〕37 号）。为了规范农民合作社会计工作，加强合作社会计核算，保护合作社及其成员的合法权益，根据《中华人民共和国会计法》《中华人民共和国农民专业合作社法》等有关规定，财政部对《农民专业合作社财务会计制度（试行）》（财会〔2007〕15 号）进行了修订，制定了《农民专业合作社会计制度》，这一制度将成为农民合作社财务规范与会计核算的最新标准与指导。

（三）农民合作社进行财务管理的意义

农民合作社财务管理，是指合作社组织财务活动、处理与各方面财务关系而产生的一项经济管理活动。

财务管理的 4 件事

一是筹资活动：资金从哪儿来。

二是投资活动：资金投哪儿去。

三是资金营运活动：资金如何周转。

四是盈余分配活动：资金分配给谁。

财务管理，不是为了达到农业农村局的要求，不是为了去评更高的示范社级别，不是为了去申请项目；财务管理，真正在目的在于在提高合作社盈余或盈余分配增长率、提高成员收入增长率。

接下来，我们分析一下合作社财务管理的意义与必要性：

第一，是规范合作社发展的重要手段。

第二，是推进合作社示范社建设的重要保障。

第二，是维护合作社成员物资利益的根本措施。

第四，是巩固扶持合作社发展大好环境的必然要求。

（四）农民合作社的资金来源

第一，农民合作社资金的主要来源。

一是国家财政资金；二是银行信贷资金；三是民间自有资金。

第二，国家财政资金的主要来源。

一是财政部门：中央财政农民专业合作组织发展资金重点支持的范围。①引进新品种和推广新技术。②雇请专家、技术人员提供管理和技术服务。③对合作组织成员开展专业技术、管理培训和提供信息服务。④组织标准化生产。⑤农产品粗加工、整理、贮存和保鲜。⑥获得认证、品牌培育、营销和行业维权等服务。⑦改善服务手段和提高管理水平的其他服务。

二是农业农村部门：农业农村部扶持合作社的项目。有农民专业合作组织示范项目；农民专业合作社示范社"以奖代补"试点项目；各产业司局主管的有关涉农项目。

三是其他部门：如科技部门、人社部门、工青妇等机构等。

第三，银行信贷资金的主要来源。

一是商业银行：工农中建交。

二是农村信用合作社：主要任务是筹集农村闲散资金，为农业、农民和农村经济发展提供金融服务。

三是中国邮政储蓄银行：是中国领先的大型零售商业银行，定位于服务社区、服务中小企业、服务"三农"。

四是村镇银行：在农村地区设立的主要为当地农民、农业和农村经济发展提供金融服务的银行业金融机构。

五是小额贷款公司：用来引导民间资本，成立贷款机构，从而正确规范民间信贷市场。

第四，获取银行信贷资金的条件。

一是要求合作社有两年完整的财务报告。

二是要求成员人数达到一定标准。

三是要求盈余分配较为清晰。

四是要求有稳定的销售合同，如与农业龙头企业有订单式合同。

五是要求有质押物或抵押物。

第五，民间自有资金的主要来源。

一是以现金入股。

二是以实物、无形资产入股。

三是以土地经营权入股。

四是信用合作。

《中华人民共和国农民专业合作社法》第十三条规定：

农民专业合作社成员可以用货币出资，也可以用实物、知识产权、土地经营权、林权等可以用货币估价并可以依法转让的非货币财产，以及章程规定的其他方式作价出资；但是，法律、行政法规规定不得作为出资的财产除外。

农民专业合作社成员不得以对该社或者其他成员的债权，充抵出资；不得以缴纳的出资，抵销对该社或者其他成员的债务。

由于农民合作社成员以其账户内记载的出资额和公积金份额为限对农民合作社承担有限责任，因此不论何种方式的非货币财产出资，都需要按照章程规定作价并记载为其账户内的出资额。

问：如果一个合作社算"真的"合作社，其单个成员股东的出资比例是不是小于30％比较好？

答：关于单个成员的出资比例，法律上没有要求，但有些地方上有要求。比如，某省要求单个成员的出资比例不能超过20％。这个问题，视当地规定和合作社实际情况而定。

（五）农民合作社的资金的使用

关于农民合作社资金的使用，一方面指的是农民合作社财务活动——投资活动。

第一，对内投资：购置固定资产、无形资产、生物资产等。

其目的一是为将来扩大规模积累财富；二是为在市场竞争中占有优势而影响或控制其他单位经济业务；三是有效利用闲置资金。

第二，对外投资：有货币资金投资、实物资产投资和无形资产投资。

按对外投资性质：分为股权投资——购买股票或实物入股（股东）和债权投资——购买国债（债权人）。

另一方面，指的是农民合作社财务活动——资金运营活动。

在这一方面，要求合作社要建立健全内部控制制度——明确岗位责任，明确业务人员权限。

合作社要确保各类资产的安全与完整——流动资产管理、流动负债管理、对外投资管理、有价证券管理、各类资产管理。

流动资产包括货币资金、存货、应收款项等。

流动负债包括短期借款、应付款项、应付工资、应付盈余返还、应付剩余盈余等。

具体要求：合作社应当依照国家统一的会计制度规定，设置账户，登记账簿，编制财务会计报告。联合社以入社合作社为成员，建立成员账户进行核算。

（六）农民合作社的盈余分配

第一，合作社盈余分配的流程：合作社在弥补亏损、提取公积金后的当年盈余为可分配盈余。

· 确定当年盈余。

· 确定当期费用。

· 弥补亏损。

· 提取公积金。

· 确定可分配盈余。

· 编制盈余分配或亏损处理方案。

· 按交易量（额）返还。

· 剩余盈余返还。

第二，盈余分配依据：《中华人民共和国农民专业合作社法》第二十八条规定：成员资格终止的，农民专业合作社应当按照章程规定的方式和期限，退还记载在该成员账户内的出资额和公积金份额。

第四十二条规定：农民专业合作社可以按照章程规定或者成员大会决议从当年盈余中提取公积金。公积金用于弥补亏损、扩大生产经营或者转为成员出资。

第四十四条规定：在弥补亏损、提取公积金后的当年盈余，为农民专业合作社的可分配盈余。

第三，具体要求：可分配盈余按照成员与本社交易量（额）比例返还的总额不得低于可分配盈余的60%。返还后的剩余部分，以成员账户中记载的出资额和公积金份额，以及合作社接受国家财政直接补助和他人捐赠形成的财产平均量化到成员的份额，按比例分配给本社成员。

经成员（代表）大会表决同意，可以将全部或者部分可分配盈余转为对合作社的出资，并记载在成员账户中。

举例如下：

若某合作社2021年的本年盈余有10万元，加上2020年没有分配的盈余1万元，即2021年的总盈余为11万元。按3%提取盈余公积金0.33万元；2021年度可以分配的盈余总额为 $11-0.33=10.67$ 万元；会议纪要证明成员大会同意，只分配其中的30%，故2021年进入成员账户的分配总盘子为 $10.67 \times 30\% = 3.201$ 万元。

问：这种情况可以吗？

答：成员大会同意就可以。其中，将盈余（10.67万元）的30%（3.201万元）拿出来作为当年的可分配盈余，盈余（10.67万元）的70%计入年末未分配盈余。年末分配盈余＝本年盈余＋年初未分配盈余＋其他转入－盈余公积－可分配盈余。

财务制度的规定与农民专业合作社法一致时，合作社可以在章程中规定公积金提取的比例和用途，每年提取的公积金按照章程规定的比例量化为每个成员所有的份额。合作社提取及使用公积金，应当经成员（代表）大会决议通过。合作社在弥补亏损、提取公积金后的当年盈余为可分配盈余。

（七）做好农民合作社财务管理工作的要点

第一，健全财务管理制度。做到有章理事，依规办事。制度建设要兼顾政策性、实用性和操作性。财务管理制度包括：盈余分配制度、财务报销审批制度、成员账户管理制度、财务报告公示制度、固定资产管理制度等。

第二，夯实财务管理基础。设立会计机构、配备会计人员、设置会计账簿、制定财务流程，为规范合作社的财务管理工作奠定基础。

第三，规范盈余分配制度。为每个成员分别建立成员账户，及时记录成员的权益变动和交易情况。年度终了在成员账户上，统一计算分配应量化给每个成员的公积金份额，统一计算提取应向成员返还的盈余数额。

第四，完善会计报表编制和报送制度。准确、及时、完整地编制资产负债表、盈余及盈余分配表、成员权益变动表、科目余额表、收支明细表等会计报表和财务状况说明书等，详实地反映合作社当期财务状况和经营成果。及时分析财务报告，以财务报告为依据制定战略规划与实施计划。及时向有关部门报送财务报表。

要做好合作社财务管理工作，还需要熟悉和了解合作社相关税收制度。

财政部、国家税务总局《关于农民专业合作社有关税收政策的通知》（财税〔2008〕81号）是国家针对农民专业合作社出台的税收优惠政策。享受税收优惠政策，合作社就需要有专业的财务人员或代理机构，且财务核算规范。不论是否享受税收优惠政策，每个合作社必须依法如实申报。

除此之外，还有一些地方性的税收优惠政策，或一些小微企业可享受的税收优惠政策，都值得合作社理事长和财务人员关注并争取。

三、合作社会计核算

（一）农民合作社会计核算的基础工作

第一，建立财务管理制度。合作社建立财务管理制度要遵循《中华人民共和国会计法》（简称《会计法》）、《会计基础工作规范》、《会计档案管理办法》《中华人民共和国农民专业合作社法》、《农民专业合作社财务会计制度》、《合作社章程》（简称《农民专业合作社法》）等。

第二，设置会计岗位配备会计人员。《中华人民共和国会计法》有明确规定，从事出纳人员不可以兼任稽核、会计档案保管和收入、支出、费用、债权债务账目的登记工作。要求如下：

一是会计岗位：合作社财务会计人员应当具备从事会计工作所需要的专业能力，会计和出纳互不兼任。理事会、监事会成员及其直系亲属不得担任本社的财务会计人员。（示范章程）

二是会计人员：合作社应根据本制度规定和会计业务需要，设置会计账簿，配备必要的会计人员。不具备条件的，也可以本着民主、自愿的原则，委托农村经营管理机构或代理记账机构代理记账、核算。

三是监事：农民专业合作社可以设执行监事或者监事会。理事长、理事、经理和财务会计人员不得兼任监事。

四是公务人员：执行与农民专业合作社业务有关公务的人员，不得担任农民专业合作社的理事长、理事、监事、经理或者财务会计人员。

第三，设置和使用统一票据。财务要规范，票据要统一。比如，农民专业合作社农产品收购凭证、农民专业合作社专用收据、农民专业合作社费用报销审批单、农民专业合作社差旅费报销单等，根据合作社业务需要配备统一的票据。

第四，设置和登记会计账簿。合作社一般涉及 3 类账簿：一是序时账簿，主要指现金日记账和银行存款日记账。二是分类账簿，主要指总分类账和明细分类账。分为总分类账：账簿一般采用"借方""贷方""余额" 3 栏式账页。明细分类账：根据总账科目所属的明细科目设置，比如成员往来、产品物资、受托代购（代销）商品、委托加工（代销）物品、农业资产、固定资产、股金、成本费用、收入等；和备查账簿（也是辅助账簿），主要为某些经济业务的经营决策提供必要的参考资料，如农副产品、有价证券、以经营租赁方式租入固定资产的登记簿等。如成员入社土地备查簿、成员交易登记簿、成员账户等。

原农民合作社财务会计制度里的会计科目是 37 个，新修订后的会计制度有 48 个会计科目，新旧制度会计科目对照情况见表 1。

表1　新旧制度会计科目对照表

序号	新制度会计科目		原制度会计科目	
	编号	名称	编号	名称
一、资产类科目				
1	101	库存现金	101	库存现金
2	102	银行存款	102	银行存款
3	113	应收款	113	应收款
4	114	成员往来	114	成员往来
5	121	产品物资	121	产品物资
6	124	委托加工物资	124	委托加工物资
7	125	委托代销商品	125	委托代销商品
8	127	受托代购商品	127	受托代购商品
9	128	受托代销商品	128	受托代销商品
10	131	对外投资	131	对外投资
11	141	消耗性生物资产	141	牲畜（禽）资产
12	142	生产性生物资产	142	林木资产
13	143	生产性生物资产累计折旧		
14	144	公益性生物资产		
15	151	固定资产	151	固定资产
16	152	累计折旧	152	累计折旧
17	153	在建工程	153	在建工程
18	154	固定资产清理	154	固定资产清理
19	161	无形资产	161	无形资产
20	162	累计摊销		
21	171	长期待摊费用		
22	181	待处理财产损溢		
二、负债类科目				
23	201	短期借款	201	短期借款
24	211	应付款	211	应付款
25	213	应付劳务费		
26	214	应交税费		
27	215	应付利息		

（续）

序号	新制度会计科目		原制度会计科目	
	编号	名称	编号	名称
28	212	应付工资	212	应付工资
29	221	应付盈余返还	221	应付盈余返还
30	222	应付剩余盈余	222	应付剩余盈余
31	231	长期借款	231	长期借款
32	235	专项应付款	235	专项应付款
三、所有者权益类科目				
33	301	股金	301	股金
34	311	专项基金	311	专项基金
35	321	资本公积	321	资本公积
36	322	盈余公积	322	盈余公积
37	331	本年盈余	331	本年盈余
38	332	盈余分配	332	盈余分配
四、成本类科目				
39	401	生产成本	401	生产成本
五、损益类科目				
40	501	经营收入	501	经营收入
41	502	其他收入	502	其他收入
42	511	投资收益	511	投资收益
43	521	经营支出	521	经营支出
44	522	税金及附加		
45	523	管理费用	522	管理费用
46	524	财务费用	529	其他支出
47	529	其他支出		
48	531	所得税费用		

第五，依规开展会计核算。开展会计核算的流程为：一是根据原始凭证填制记账凭证。二是出纳员登记现金、银行存款日记账。三是根据记账凭证和原始凭证登记各种明细账。四是根据记账凭证逐笔登记总账。五是总账与日记账、明细账定期核对。六是根据总账和有关明细账编制会计报表。

第六，编制相关会计报表。合作社根据自己业务发展需要决定是否编制月度或季度报表，但年度报表是必须要有。年度报表有资产负债表、盈余及盈余分配表、成员权益变动表。资产负债表表反映合作社一定日期全部资产、负债和所有者权益状况。盈余及盈余分配表反映合作社一定期间内实现盈余及其分配的实际情况。成员权益变动表反映合作社报告年度成员权益增减变动的情况。

（二）农民合作社会计报表

第一，报表数据之间的钩稽关系。

一是资产负债表中的"资产"项目＝"负债"项目＋"所有者权益"项目。

二是盈余分配表中的"年末未分配盈余"＝资产负债表中的"未分配盈余"。

三是成员权益变动表中的"合计年末数"＝资产负债表中的"所有者权益合计数"。

四是成员权益变动表中各项的年末数＝资产负债表中所有者权益各项的年末数。

第二，新修订的会计制度中报表的变化。

一是资产负债表——根据资产和负债分类的调整将长期资产改成了非流动资产，长期负债改成了非流动负债。

二是盈余及盈余分配表——把提取公积金置于可分配盈余之前，即在本年盈余中，先提取公积金，然后才是可分配盈余，与《农民专业合作社法》第四十四条规定一致。可分配盈余中除盈余返还与剩余盈余分配外，还加上了"转为成员出资"。

三是成员权益变动表——未分配盈余项目的本年增加数加入了"本年盈余"和"其他转入"；本年减少数加入了"提取盈余公积"和"转为成员出资"。

四是成员账户中，将剩余盈余返还金额改成了剩余盈余分配金额，项目名称上与本制度前后一致，也有利于区别盈余返还与剩余盈余分配，相应说法亦与农民专业合作法一致。

第三，如何分析财务报表。

偿债能力分析：资产负债率＝负债总额/资产总额

获利能力分析：销售净利率＝本年盈余/经营收入

经营能力分析：存货周转率＝经营成本/存货平均余额

资产周转率＝经营收入/资产平均余额

发展能力分析：资产增长率、收入增长率、盈余增长率

（三）农民合作社的成员账户

成员账户是用来记录成员与合作社交易情况，以确定其在合作社财产中所拥份额的会计账户。《中华人民共和国农民专业合作社法》第四十三条规定，农民专业合作社应当为每个成员设立成员账户，主要记载下列内容：该成员的出资额；量化为该成员的公积金份额；该成员与本社的交易量（额）。此外，还包含有形成财产的财政补助资金量化份额、接受捐赠财产量化份额，以及盈余返还金额和剩余盈余返还金额。

成员账户编制说明：

第一，本表反映合作社成员入社的出资额、量化到成员的公积金份额、成员与本社的交易量（额）以及返还给成员的盈余和剩余盈余金额。

第二，年初将上年各项公积金数额转入，本年发生公积金份额变化时，按实际发生变化数填列调整。"形成财产的财政补助资金量化份额""捐赠财产量化份额"在年度终了，或合作社进行剩余盈余分配时，根据实际发生情况或变化情况计算填列调整。

第三，成员与合作社发生经济业务往来时，"交易量（额）"按实际发生数填列。

合作社在申报项目时，有时会被要求提交4个材料：成员账户汇总表；资产负债表；盈余及盈余分配表；成员权益变动表。成员账户汇总表就源于单个成员账户信息，将所有成员的成员账户信息汇总即为成员账户汇总表。

（四）可分配盈余的账务处理

应付盈余返还指合作社可分配盈余中应按成员与本社交易量（额）返还给成员的金额。以下以可分配盈余中按交易额返还与按剩余盈余返还举例说明。

例1：按交易额返还

2018 年年末，合作社将提取公积金后的当年可分配盈余 10 万元按章程进行分配。章程规定，每个会计年度内，将实现可分配盈余的 80％按交易额返还给成员。

返还依据：根据成员账户记载，当年成员与本社的交易总额为 500 000 元。其中，甲、乙、丙、丁 4 个成员与本社的交易额分别为 20 000 元，30 000 元，50 000 元，60 000 元。

计算过程：

第一步：可分配盈余中根据交易额返还的金额：100 000 × 80％＝80 000元。

第二步：每个成员的交易额比重。

甲：20 000÷500 000＝4％，乙 6％，丙 10％，丁 12％。

第三步：应返还的可分配盈余金额。

甲：80 000×4％＝3 200 元，乙 4 800 元，丙 8 000 元，丁 9 600 元。

第四步：做会计分录。

借：盈余分配——各项分配 80 000 元

　　贷：应付盈余返还——甲 3 200 元

　　　　　　　　——乙 4 800 元

　　　　　　　　——丙 8 000 元

　　　　　　　　——丁 9 600 元

合作社兑现返还的盈余时：

借：应付盈余返还——甲 3 200 元

　　　　　　　　——乙 4 800 元

　　　　　　　　——丙 8 000 元

　　　　　　　　——丁 9 600 元

　　贷：库存现金/银行存款——80 000 元

例 2：按剩余盈余分配

应付剩余盈余是针对盈余返还而言的，是指按成员与本社交易量（额）返还给成员的可分配盈余后，应付给成员的可分配盈余的剩余部分。应付剩余盈余以成员账户中记载的出资额、公积金份额、财政直接补助和他人捐赠形成的财产平均量化的份额，按比例分配给本社成员。

接例 1，合作社将当年可分配盈余 100 000 元的 80% 按交易额返还成员，剩余 20% 按章程规定，全部对成员进行分配。

2018 年年末，合作社所有者权益总额为 600 000 元，其中股本 500 000 元，专项基金 50 000 元，公积金 50 000 元。

返还依据：根据成员账户记载，成员甲出资为 10 000 元，项专基金 5 000 元，公积金 3 000 元。

与合作社没有交易的成员戊出资额为 10 000 元、专项基金 1 000 元，公积金 1 000 元。

计算过程：

第一步：计算出每个成员个人账户记载的出资额、专项基金、公积金占这 3 项总额的份额。

甲：(10 000＋5 000＋3 000) ÷600 000＝3%

戊：(10 000＋1 000＋1 000) ÷600 000＝2%

第二步：计算每个成员应分配的剩余盈余金额。

甲：100 000×20%×3%＝600 元

戊：100 000×20%×2%＝400 元

第三步：做会计分录。

借：盈余分配——各项分配 20 000 元

　　贷：应付剩余盈余——甲 600 元

　　　　　　……

　　　　　　——戊 400 元

合作社兑现应付剩余盈余时：

借：应付剩余盈余——甲 600 元

　　　　　　……

　　　　　　——戊 400 元

　　贷：库存现金/银行存款——20 000 元

（五）财政直接补助形成的财产的财务处理

合作社获得财政补助资金，严格按项目申报的要求，坚持专款专用，确保发挥补助资金应有的作用。

未形成财产仅作为费用支出，形成财产生成专项基金；形成的专项基金平均量化到每位成员，参与年终盈余分配；成员退社时，量化到成员的专项基金不退。

以下举例说明财政补助形成的财产如何做账户处理。

第一，收到财政补助资金

合作社收到各级财政补助资金时，借记"银行存款"，贷记"专项应付款"。

例：合作社获得财政补助资金100万元，用于购置固定资产。

借：银行存款　　　　100万元

　　贷：专项应付款　　　100万元

第二，使用财政补助资金

合作社使用财政补助资金取得固定资产等时，按实际支出，借记"固定资产"科目，贷记"银行存款"科目；同时，借记"专项应付款"科目，贷记"专项基金"科目。

例1：使用财政补助资金100万元购置固定资产，并形成财产时。

借：固定资产　　　　100万元

　　贷：银行存款　　　　100万元

借：专项应付款　　　100万元

　　贷：专项基金　　　　100万元

合作社使用财政补助资金开展信息、培训、农产品质量标准与认证、技术推广等项目支出时，可直接借记"专项应付款"科目，贷记"库存现金"或"银行存款"科目。

例2：2019年11月，某合作社收到省级示范社建设项目资金15万元，项目资金申报批复用途是购买联合收割机13万元，开展成员操作技术培训1万元，管理人员外出考察费用1万元。合作社实际购买联合收割机花费16万元（合作社自筹3万元，使用财政13万元）。

A. 收到项目主管部门拨补助资金时

借：银行存款　　　　　　　　　　　　15万元

　　贷：专项应付款——省级××专项资金　　15万元

B. 支出管理人员考察费用时

借：专项应付款——省级××专项资金　　　1 万元

　　贷：银行存款　　　　　　　　　　　1 万元

C. 支出成员操作技术培训时

借：专项应付款——省级××专项资金　　　1 万元

　　贷：银行存款　　　　　　　　　　　1 万元

D. 购买联合收割机时

a. 不需要厂家安装调试时

借：固定资产——联合收割机　　　16 万元

　　贷：银行存款　　　　　　　　　16 万元

b. 需要厂家安装调试时

借：在建工程——联合收割机　　　16 万元

　　贷：银行存款　　　　　　　　　16 万元

c. 厂家安装调试合格后

借：固定资产——联合收割机　　　16 万元

　　贷：在建工程——联合收割机　　　16 万元

E. 形成财产的财政补助资金转增专项基金时

借：专项应付款——省级××专项资金　　　13 万元

　　贷：专项基金 ——省级××专项资金　　　13 万元

（六）农民合作社公积金的提取和量化

《中华人民共和国农民专业合作社法》第四十二条规定：农民专业合作社可以按照章程规定，或者成员大会决议从当年盈余中提取公积金。公积金用于弥补亏损、扩大生产经营或者转为成员出资。每年提取的公积金按照章程规定量化为每个成员的份额。

第二十八条规定：成员资格终止的，农民专业合作社应当按照章程规定的方式和期限，退还记载在该成员账户内的出资额和公积金份额。第四十四条规定：在弥补亏损、提取公积金后的当年盈余，为农民专业合作社的可分配盈余。

实际操作中，通常都是按照农民专业合作社法第四十四条规定，将当年盈余先弥补亏损，再提取公积金，这样就不用公积金来弥补亏损了。如果确实需要用公积金来弥补亏损，在章程或成员大会上需要明确写明或说明：公积金因用于弥补亏损而减少后，按规定量化给每个成员的公积金份额相应减少。这样，成员退社时可带走的公积金份额就是承担弥补亏损份额并相应减少后的公积金份额。

问：公积金是平均量化还是按照交易量（额）进行量化呢？

答：《中华人民共和国农民专业合作社法》第四十二条规定，每年提取的公积金按照章程规定量化为每个成员的份额。这也就是说，具体合作社提取的公积金是平均量化，还是按交易量（额）或出资额等进行量化，由合作社的章程来规定。

有人认为，公积金份额是农民合作社盈余中按规定比例提取的一部分数额，主要用途是用于弥补亏损、扩大生产经营和转为成员的出资。如果转为成员的出资，就应合理量化到各个成员的账户中，量化方法不同，得出公积金量化到每位成员账户中的数额不同。公积金份额采用不同的量化方法导致剩余盈余分配的数额大小也不同。

目前有些农民合作社公积金量化方法简单，主要体现在：单纯以成员平均量化的办法，没有考虑各种经济因素对成员应享有公积金份额的内在经济影响。有的采用按交易量（额）标准量化，忽视了成员出资对农民合作社发展所做出的贡献；有的采用按成员出资为标准进行量化，忽视了成员与农民合作社发生的交易量（额）所做的贡献，把农民合作社视为以单纯追求货币报酬效应为宗旨的企业组织。

问：应该如何看待上述这些问题？

评论：公积金的量化方式经成员大会同意即可，没有绝对固定的模式，只要成员大会通过即为合理，只要章程中写明量化的标准且全体成员认可即为合理。

四、合作社财务管理上的常见问题

（一）合作社财务报表的问题

调研过程中，发现有些合作社的财务报表名称错误，有些完全达不到报表标准。

（二）合作社财务档案的问题

有些合作社财务档案或合作社档案不健全不规范；有些合作社还是手写档案；有些会议记录签字不全。

（三）合作社盈余分配方案的问题

有些合作社虽也有按交易量返还，也有按出资额返还，但做得不规范，未能达到法律要求的比例标准。

问：某合作社成员大会决议，2021 年度分红基数为当年可分配的盈余总额的 30％，剩余 70％留做 2022 年产业发展再投入（有正式合规的成员大会会议纪要）。这种说法和做法对吗？

答：将可分配盈余总额的 30％用于 2021 年分配是可以的，而剩余 70％不能直接作为 2022 年发展基金投入资产。在财务上，剩余 70％应列入 2021 年年末未分配盈余，反映的是合作社年末累计未分配的盈余。在 2022 年年初，应该将这 70％列入年初未分配盈余。那么 2022 年的可分配盈余应该是 2022 年的本年盈余＋年初未分配盈余＋其他转入－提取公积金，也就是 2021 年剩余未分配盈余要成为 2022 年可分配盈余中的一部分，参与 2022 年分配。

（四）合作社制度上墙的问题

有些合作社制度挂在墙上，但名称和内容上写的还是公司制度。在制度上，合作社与公司没能较好区分。

（五）合作社成员是否要出资的问题

农民专业合作社法并不要求合作社的每位成员都必须出资。合作社可在章程中约定是否出资、出资方式和出资金额等。即使不出资的成员也对合作社承担有限责任，以其账户记载的公积金份额为限对合作社承担有限责任。

（六）理事长兼职的问题

《中华人民共和国农民专业合作社法》第三十七条规定，农民专业合作社的理事长、理事、经理不得兼任业务性质相同的其他农民专业合作社的理事长、理事、监事、经理。

总体上来看，做好合作社财务规范，应做好 6 个方面。一是建立财务会计制度，聘请专业财务人员（或代理机构）。二是建立成员账户。三是将成员与非成员交易分别核算。四是做实公积金的提取与量化。五是做好盈余分配。六是按规定做好财政补助形成的财产账务处理及量化。

合作社如果能做到财务规范，自然地受益无穷。做好财务规范，有利于合作社项目申报、示范申报、享受扶持、凝心聚力、持续发展、保障权益、社会认可等。

建议合作社人能做到：

自知：要破除合作社发展中的"迷思"。要深刻认识到合作社规范化建设的重要性和迫切性。要清醒认识到合作社发展并不只是搭个规范的组织构架那么简单。

自信：当前，中国农业农村正迎来一场极其深刻的，而且是前所未有的大转型。要充分认识农民合作社在农业农村发展中的独特地位和关键作用。

自强：要坚定不移地把提升合作社运营绩效放在首位。在战略上，要多关注市场和合作社自身发展，构建合理的内外部利益协调机制。要积极地、认真地、持续地在规模经营、质量提升、品牌建设、加工升级、出口拓展、联合发展、和产业融合等方面下功夫、做文章、出效果。

【教师简介】

周忠丽，学院农民合作社发展中心（家庭农场发展中心）副主任、副研究员。主要研究领域为农业经营管理、合作经济、合作社财务管理等。主要从事于新型农业经营主体带头人培训与研究工作，主持和参与多个院级课题、省部级及其他课题研究。

连续多年被农业农村部管理干部学院评为"优秀班主任"。长期为农民合作社带头人、辅导员，以及农村致富带头人等主讲农民合作社相关主题课程。

主讲课程有农民合作社发展的理论与实践、实施乡村振兴战略发挥合作社积极作用、农民合作社规范化建设、农民合作社财务规范要点、案例教学及点评、结构化研讨主持等。

PART

06

第六部分

能力与素养

沟 通 与 执 行*

徐 倩

▶ 有效沟通与高效执行是青年干部重要履职能力之一。本课从团队视角出发，围绕个人在团队里如何做好角色定位、保障有效沟通、提升执行力进行全面阐述，力求通过形象生动的游戏设计、角色扮演的现场模拟、以案说理的点评升华，深化青年干部对沟通、执行的认识，内化为履职尽责的素质能力。

一、团队再认识

主题导入：猫鼠游戏（神奇的石头）

介绍规则：参与者把右手举起掌心朝下，左手食指举起，放在左侧同学的掌心下，围成一个圈。每当故事中出现"好"这个字，要同时做两件事，一是迅速抓住右手掌心的手指，二是迅速逃离左侧的手掌。

讲述故事：有一个装扮像魔术师的人来到一个村庄，他向迎面而来的妇人说："我有一颗汤石，如果将它放入烧开的水中，会立刻变出好喝的汤来，我现在就煮给大家喝。"这时，有人就找来一口大锅，也有人提来一桶水，并且架上炉子和木材，就在广场煮了起来。这个陌生人很小心地把汤石放入滚烫的锅中，然后用汤匙尝了一口，很兴奋地说："太美味了，如果再加入一点洋葱就更好了。"立刻有人冲回家拿来洋葱。陌生人又尝一口，说："太好了，如果再放些肉片就更香了。"又一人快速回家端了一盘上好的肉来。"再有一些蔬菜就完美了。"陌生人又建议道。在陌生人的指挥下，有人拿来了盐，有人拿来

＊ 本文是 2019 年青年干部履职能力提升培训班的讲授课程文稿，该课程评估分值为 4.89 分。

了酱油，也有人捧来了其他材料，当大家一人一碗蹲在那里享用时，他们发现这真是天底下最美味好喝的汤。

学员互动：游戏结束后，问抓逃最成功的学员，是否记得刚才讲过的故事？做出这一锅美味的汤靠的是这块神奇的石头吗？学员一致认为，做出这一锅美味的汤靠的是团队的力量。团队大家非常熟悉，在生活中无处不在。人的成熟分为依赖、自赖、互赖 3 个阶段。

依赖阶段：以"你"为中心，你要对我负责、你要关心我、你要爱我……有问题就对外归因，领导不认可我的工作，我就消极怠工；领导不哄我，我就不好好干；业务不长进，抱怨同事水平太差；出现纰漏，总是找一堆客观理由……从心理上来说，还处于婴孩阶段。

自赖阶段：以"我"为中心，我可以做到；我可以负责；我可以选择；崇尚单枪匹马、孤胆英雄。

互赖阶段：以"我们"为核心，知道自我的局限性，我们可以做到；我们可以合作；我们可以互补。

互赖就是良好的团队精神，也是人成熟的最高境界。比如，前世界首富比尔·盖茨，创立了微软帝国，富可敌国，开创了一个时代，他的体会是小成功靠个人，大成功靠团队。没有完美的个人，可以有完美的团队。团队能让我们突破个体的局限性，实现更大的成长和价值。

在动物界，这种团队效应也比比皆是，比如雁阵。雁群在天空中飞翔，一般都是排成人字阵或一字斜阵，并定时交换左右位置。生物专家们经过研究后得出结论，雁群这一飞行阵势是它们飞得最快最省力的方式。因为它们在飞行中后一只大雁的羽翼，能够借助于前一只大雁的羽翼所产生的空气动力，使飞行省力，一段时间后，它们交换左右位置，目的是使另一侧的羽翼也能借助于空气动力缓解疲劳。通过团队协作，雁阵成员才能取得比具有同样能量而单独飞行的大雁多飞 70％路程的良好效果。

既然团队这么重要，那么到底什么是团队呢？

（学员互动）

团队是为实现一个共同的目标，由两个或两个以上的人按照一定规则组成的集体。这方面的研究很多，观点很多。归纳起来，团队主要包含 3 个要素：一是目标——没有目标就是乌合之众。二是人——两个以上的人才能称其为团队。三是规则——包括团队战略、工作计划、职责分工、奖惩制度等。

二、沟通

团队的内涵很丰富，但抽丝剥茧，透过这些概念看本质，一个人在团队中主要面对两个方面，一方面是人，另一方面是事。对人就需要沟通，对事就需要执行。

沟通就是信息的传达，按信息流动方向分类可分为上行沟通、平行沟通和下行沟通三种；按照方式可分为语言的、文字的、肢体的、图像的等等。无论是什么形式，重点是"达"，即要让被沟通对象懂你，准确理解你的意思。本文重点讨论语言沟通。

折纸体验：请学员把白纸拿起来，按照老师口令折纸。请学员把纸打开，和身边的同学比对一下，会发现折出来的形状五花八门，各不相同。

通过这个小游戏可以体验到，沟通不是一件容易的事。生活中人们常说"你不说我怎么知道呢"，实际情况是，对方说了你也不一定知道，这就是沟通。大量管理研究表明，一个组织70％的工作是沟通，沟通的70％是情绪。沟通之于一个团队就像血脉一样，沟通不畅就血脉不通，机体就要僵化陈旧。

《圣经·旧约》里有这样一个故事：有一群聪明能干的人，他们准备建造一座高塔，一直通到天上，去天堂过神仙眷侣的生活。一开始，高塔修建得非常顺利，直插云霄，因而惊动了天神。天神看到人们这样齐心协力，统一强大，心想：如果人类真的修成宏伟的通天塔，那以后还有什么事干不成呢？必须得阻止他们。于是他想办法改变并区别开了人类的语言，使人类之间语言变得不通，合作变得混乱，通天塔也就半途而废了。

再说个现实中的例子。大家都非常清楚，在太空技术方面，苏联和美国非常领先，20世纪60年代，苏、美先后把人类送上了太空，尤里·加加林是第一位进入地球轨道的人类，阿姆斯特朗则用橡胶鞋底在月球表面留下了人类的第一个印记。其实，在当时，欧洲也雄心勃勃地想要征服太空。为此，他们专门成立了欧洲运载火箭发展组织。在当时，欧洲的航天技术和专业知识是和美国不相上下的——德国人第一个研发了军事火箭；英国人成功研发了空对地、地对空、空对空等武器；意大利、法国、比利时和荷兰也掌握了重要的资源和技术。应该说，这是一个有着统一目标和优质资源的团队，成功是指日可待的。但事实怎样呢？

欧洲运载火箭发展组织前后共进行了 6 次火箭发射尝试，但是均宣告失败。1974 年，该组织宣告解散。是什么导致了这样强大的团队如此惨痛的失败呢？原因就出在沟通上。各个国家之间都是单打独斗，每个国家都试图控制一节或几节火箭，也没有相应的系统供各团队之间共享资料。生产资料没有统一的规格，项目承包商只向各自政府汇报情况。这就导致了最终的失败。在这个故事中，欧洲强国犯了一个团队沟通中常见的问题，叫"深井"壁垒，指团队成员习惯于在自己的"深井"内工作，以效率的名义有意或无意的省略掉团队内部的沟通。下面以学习岛为单位讨论 10 分钟，工作中影响沟通的障碍有哪些。根据学员的讨论分享，影响沟通的障碍主要有个人因素，人际关系因素，组织结构因素，技术因素，客观环境因素等方面。如何对症下药？我们重点从"说"和"听"，也就是矛盾的两个方面下手。

（一）"听"

根据统计，大部分人认为"说"是沟通中的短板，而对于"听"，只要听力正常就没有问题。不过，"能"听不代表"会"听。不信，不妨给自己做一个倾听能力测试，看看自己的成绩是否与期望的一样。

倾听非常重要，但又容易被忽视。人们关心自己，这是人的本性。我们都非常喜欢讲述自己的故事，也喜欢听到与自己有关的事情。一张合影中，你是不是一下子就能找到自己，并对只有自己在意，而别人根本看不出来的细节耿耿于怀？同事聊天中提到你感兴趣的细节，你会很兴奋地插话，很多"歪楼"都是这么"盖"出来的。的确，在沟通中，经常会出现不耐心倾听、自我揣测、打断别人讲话的情况，沟通对象会马上感觉到对方对他的不尊重。而沟通的 70% 是情绪，情绪问题会导致沟通的不顺畅。没让对方说完话就以为自己理解了，真的是这样吗？一个商店的经理听到售货员跟客人说："已经好几个星期没有了，未来一段时间也不会有。"经理听了，大吃一惊，在客人走出店门前追了上去说："会有的，马上就会有的！"客人很古怪地看了他一眼就走了。经理对店员说："永远不要对客人说我们没有。如果当时没有，就说我们已经订货了，马上就会有了。对了，刚才那位客人想要什么？"店员说："雨。"

听了这个故事，大家笑过之后，更需要反思我们在倾听中出现的问题。用心不专、急于发言、排斥异议、心理定势、厌倦等因素通常会影响我们的倾听，让我们表现出完全不听、假装在听、选择性地听；好的倾听应该是专注地听、同理心倾听。

做好倾听要做到"四心"。一是耐心，让人把话说完，这是最基本的。不要打断、不要插话。二是用心，通过眼神、肢体语言等，做出积极的反馈，告诉对方你很重要，所有注意力都在此。三是有心，复述确认、核对关键信息。不仅能够保证你得到准确信息，还可以通过复述，表达你接下来的想法，这样可以加强沟通，避免做无用功。四是同理心，同理心这个词来源于希腊字，它的意思是"情绪进入"，表示一种理解能力——觉察他人之个人经验的能力。形象地说，就是穿着别人的鞋子走路。

我国古人造字非常有深意，看看这个"聽"字，左边是耳为王，右边是十目一心，就是察言观色、专注用心。怎么用同理心倾听呢？给大家推荐一个ASH模式。Acknowledge就是认可，表明注意到了对方的情绪，不忽视、不评价、不否定，假定这是合理的。Share就是分享，永远是先分享感受或情绪，再分享内容和事实。先引导对方说出心中感受，再探讨问题事实。Help就是援助，提供支援，与对方一起探讨解决方法。

（二）"说"

要把话说明白、说清楚、说漂亮，需要把握4个方面。

第一，逻辑性。请学员看两个工作场景。

场景一：某单位工会组织活动，安排同事采购物品。一种表达是简单罗列——苹果、鸡蛋、臂包、纯奶、柚子、运动衣、奶酪、计步器、酸奶、西瓜。另一种表达是分类表述——水果（苹果、柚子、西瓜），装备（臂包、运动衣、计步器），蛋奶（鸡蛋、纯奶、酸奶、奶酪）。可以看出经过科学归纳、梳理后的效果就大不相同。

场景二：周一，领导让你安排一个会议，原定在当天下午3点半，要求小明、小华和小红都来参加。

情况之一，小明今天下午有个紧急项目会，不能参加；情况之二，小华不介意晚一点开会；情况之三，小红正在出差，今天晚上才能回；情况之四，会议上要讨论的文件，最早周二早上才能汇总收齐，10：30印出来。

请学员模拟汇报：

汇报一：主任，开会的消息我已传达给大家。小明今天下午有个紧急项目会，不能参加。小华不介意晚一点开会，对了，小红正在出差，今天晚上才能回来。会议时间把会放在明天开也行，但是10：30以前不行。我问了一下文印室，会议上需要的重要文件，最早明天早上才能汇总收齐。定在明天上午11点似乎比较合适。您看行吗？

汇报二：主任，建议将原定于今天下午3点的会议，改在星期二上午11点开。因为那时小明、小华和小红都可以参加，并且会议要讨论的重要文件周二早晨10：30才能到位。

显然第二种汇报方式更好。好在哪里？还是逻辑。这背后是金字塔原理，在结构上结论先行、以上统下、归类分组、逻辑展开，在方法上先重要后次要、先结果后原因、先全局后细节。核心是从沟通对象的需求出发，抓住利益点、关注点、兴奋点。

第二，准确性。表达一定要准确，否则坑人坑己。

情况一：表达模糊。某男生暗恋一个女生。一天自习课上，男生终于鼓足勇气给女生发微信——其实我注意你很久了。不一会儿，女生回了，上面写着：拜托！别告诉老师，我保证以后上课再也不嗑瓜子了！故事中，男生用了模糊的语言，致使女生"解码"错误，这是一个典型的无效沟通。

情况二：传达错误信息。如1930年，蒋、冯、阎中原大战。冯玉祥的参谋给阎锡山的参谋发电报，让对方去河南"泌阳"汇合，但却写成了"沁阳"。而河南泌阳与沁阳的距离是500公里，结果蒋介石的部队先解决了沁阳的阎锡山，回过头来解决了泌阳的冯玉祥。"泌阳"与"沁阳"一点之差，竟最终影响了一场战争的胜负！

第三，精简性。请学员分角色模拟一段令人抓狂的对话，体会精简性的重要。精简性就是说话要准确简洁。说起来容易如何做到呢？给大家推荐麦肯锡30秒电梯理论。麦肯锡的公司曾经为一家重要的大客户做咨询。咨询结束的时候，麦肯锡的项目负责人在电梯间里遇见了对方的董事长，该董事长问麦肯锡的项目负责人："你能不能说一下现在的结果呢？"由于该项目负责人没有准备，而且即使有准备，也无法在电梯从30层到1层的30秒钟内把结果说清楚。最终，麦肯锡失去了这一重要客户。从此，麦肯锡要求公司员工凡事要在最短的时间内把结果表达清楚，凡事要直奔主题、直奔结果。麦肯锡认为，一般情况下人们最多记得住"一二三"，记不住"四五六"，所以凡事要归纳在 3 条以内。这就是如今在商界流传甚广的"30 秒钟电梯理论"或称"电梯演讲"。大家可以有意识地训练自己表达的精简性。

第四，认知统一性。就是对什么人说什么话，否则就是鸡同鸭讲、对牛弹琴，沟通更是谈不上了。如果谈话双方不是一个认知体系和话语体系，如果想通过沟通得到自己想要的信息和结果，就必须调整自己的话语体系。

这对于农业农村干部更加重要，因为我们服务最基层的农民、最广大的农村，最基础的农业，需要深入田间地头开展调研。比如围绕乡村文化建设进村调研，见了大爷，如果直接问你们村的文化建设怎么样，大爷肯定很迷惑，不知如何回答。相反，我们可以问大爷爱听戏吗，平时去哪听，大妈们跳广场舞吗，过年咱村里踩高跷扭秧歌吗……先打开大爷的话匣子，然后再把大爷的信息归纳梳理，就可以得出村里文化建设的现状了。

总结：沟通是把对方心打开，而不是辩论。黄金法则是你希望别人怎么对你，你就怎么对待别人。

三、执行

前面讲到团队之所以成为一个团队，首先是要有目标，大家在一起要干事的。怎么干，怎么干成，怎么干好，说的就是执行的问题。

有一群老鼠开会，研究如何应对猫的袭击。有一只很聪明的老鼠想到了好主意，在猫的脖子上挂上一个铃铛，只要猫一动，铃铛就会响，这样就可以提前知道猫来了。大家都觉得这主意不错，但是问题来了，谁去给猫挂上这铃铛呢？所以，再宏大的目标、再好的战略、再有效的管理举措，没有执行，一切都是空谈。

团队执行力就是将战略与决策转化为实施结果的能力，就是当上级下达指令或要求后，迅速做出反应，将其贯彻或者执行下去的能力。一个团队的执行力涉及战略规划、组织结构、岗位说明、管理流程、考核激励、文化建设等内容，很多不是我们所能左右。下面我们将谈谈个人执行力，如何守好自己的田、种好自己的地。

（一）执行力三圈模型

执行力主要由态度、能力、条件 3 个方面构成，三圈相交地带就是执行力的最佳状态。只有态度和能力，缺乏条件，那就是时机不成熟、缺乏天时地利人和，如果硬来可能达不到预期效果。有态度、有条件而没有能力，那就难堪重用，就成了"三拍干部"了——拍脑袋、拍胸脯、拍桌子，最后可能就只能拍屁股走人了。有条件、有能力但是态度不端正、不积极、不主动，就是典型的不思进取。要有高效的执行力，态度、能力、条件缺一不可。而且这三者是动态的，如果条件不成熟，可以通过自己的能力、态度赢得支持。如果能力有欠缺，但态度积极主动，可以有针对性地提升短板，实现三圈重合面积从无到有。如果态度有问题，怎么办？

执行最重要的是态度，有决心、有恒心、有那股劲儿。什么是那股劲？就是别人称之为困难，你却视为挑战；别人借口连篇，你却主动执行；别人三分干劲，你要全力以赴；别人不紧不慢，你却快马加鞭；别人强调分歧，你却精诚合作；别人诉说苦劳，你却呈现功劳；别人一蹶不振，你却永不言败；别人自甘平凡，你却追求卓越。

（二）LEAD 工作法

L（Listen）是听。听清楚上级要的结果究竟是什么。

E（Explore）是调研、取经。看看别人是怎么做的，成功的失败的都是宝贵的，他山之石可以攻玉。

A（Analysis）是分析，拆解，找出其中的规律和逻辑。我们一辈子听过很多故事，但都停在信息层面，没有再加工，也就是想透过现象看本质，再联系实际进行迁移。

D（Do）就是干。

LEAD 工作法就是想好了再干。这一点非常重要，否则经常会出现欲速则不达的情况。

（三）五个干

第一，是痛快干：勇敢干、积极干。大家接受工作任务有没有不痛快的时候？肯定有。情绪管理差的人还会把推脱、抱怨写在脸上。不痛快主要两个原因，一是不敢干。就像亮剑视频里讲的，要你这个团长干什么？我们就是解决问题的，不是做简单重复劳动的。西点军校有句名言：合理的要求是训练，不合理的要求是磨炼。二是不愿干，可能是苦差、累差、可能是不容易出彩的工作。这就涉及基本价值判断的问题了，长此以往会影响个人成长。而且既然一定要干，为什么不痛痛快快干呢？如果经常推脱或者缩手缩脚，可能今后就什么工作也不交给你了。

第二，是马上干：不拖延。拖延是困扰我们很多人的顽疾。这背后有自律的问题、有时间管理的问题。时间管理理论目前已经到了第四代，而且更倾向于叫自我管理。大家都非常熟悉四象限法则，其中核心要义就是要事第一。无论事情再多再忙再急，要搞清楚哪些是重要的，否则就会被事情牵着鼻子走。坚持要事第一的原则，会让你逐步扩大重要不紧急的象限，缩小重要紧急的象限，人生就会从容高效。否则轻的后果是重要不紧急的拖延成重要紧急的，把自己搞得狼狈不堪，严重的是把自己搞出局。

第三，是提前干：想在前、干在前。换位思考，如果你是领导，要交办一项工作，下属告诉你已经考虑到了、安排好了，是什么感觉？如何经常给领导这种感觉，就是换位思考，多站在领导的角度考虑问题。

第四，是超值干：消费者剩余。经济学上有个名词叫消费者剩余，就是消费者消费某种商品愿意支付的最高价格与这些商品的实际市场价格之间的差额。如果把领导、同事、自己看成消费者，我们要主动加压，在任务完成的时间、数量、质量、效果等方面创造消费者剩余，正常发挥是1，努力让自己做到1.1；0.9的5次方是0.59，1.1的五次方是1.61，差别就在每项工作的质量中。

第五，是放心干：让对方放心。怎么放心，及时的反馈、保持信息对称很重要。凡事有交代，件件有着落，事事有回音。有一种人干完了活也不向领导反馈，认为是小事。设想自己是领导，你想整天提心吊胆吗？任务布置下去，也不知道干得怎么样了。及时反馈这是一个良好的职业习惯，也是一种修养。

第二种是干完了再反馈。这要看任务的周期、重要程度，反馈有多种形式，目的是让领导随时了解工作进展、重要信息。

总结：

一是积极主动。有句话讲永远叫不醒一个装睡的人，如果自己不主动，其他都无从谈起。

二是双赢思维。无论是沟通还是执行，同理心倾听还是换位思考，都要多从对方角度考虑问题，如果以自我为中心，做不好也做不长。

三是目标导向。始终记得要干什么，目标是什么。不能干着干着、说着说着忘了为什么而来，为什么而干。要事第一、沟通不是辩论，都是这个道理。

这几条也是彼得·德鲁克、史蒂芬科维等管理学大师公认的高效能人士的良好习惯。道理听了千遍，只是故事不同。听了刚才的交流，建议学员思考两个问题：学到了什么、可以做哪些改进。

关键是 JUST DO IT。

【教师简介】

徐倩，农业农村部管理干部学院副院长，中共农业农村部党校副校长，副研究员。长期从事干部教育培训的理论研究和实践探索，重点围绕团队建设、沟通与执行等通用能力开发课程，遵循学习规律运用复合式教学法开展授课。在《农村工作通讯》《学习时报》等期刊发表多篇研究文章，获评"全国农业先进个人""农业部十佳青年""农业部巾帼建功标兵"等荣誉称号。

主要为新入职人员培训、青年干部能力建设培训等项目讲授课程。

主讲课程：拓展训练与团队破冰、团队沟通与执行等。

党校学习方法辅导与演练[*]

孙晓明

▶ 习近平总书记在 2020 年秋季学期中央党校（国家行政学院）中青年干部培训班开班式上发表重要讲话强调，面对复杂形势和艰巨任务，我们要在危机中育先机、于变局中开新局，干部特别是年轻干部要提高政治能力、调查研究能力、科学决策能力、改革攻坚能力、应急处突能力、群众工作能力、抓落实能力。为深入学习贯彻习近平总书记的重要讲话精神，本课从实践角度出发，围绕年轻干部要提高的七种能力，采用结构化研讨的教学方式，引导学员通过学思践悟行的闭环演练，进一步帮助大家深刻把握习近平总书记重要讲话的丰富内涵、核心要义和实践要求。

课前，我们收集并统计了全体学员最关心的问题，本次研讨针对各组提出的重点问题，采用研讨方式，探讨对策建议。课程时长约两个半小时，包含两部分教学环节。

一、结构化研讨方法介绍

我们了解或者熟知的结构化研讨方法或工具很多，使用目的都是能够让一群人在一个相对统一的规则下，按照公认的逻辑顺序，充分发扬民主制，提倡全员深度参与，头脑风暴，献智献策，这也是结构化研讨方法相比较传统讨论的价值所在。下面，我简要介绍与本次课程相关的研讨工具。

---

* 本文是 2020 年部属事业单位处级干部能力建设培训班的讲授课程文稿，该课程评估分值为 4.93 分。

（一）六顶思考帽

所谓六顶思考帽，是指使用 6 种不同颜色的帽子代表 6 种不同的思维模式。国人擅长用哲学的角度来看待事物，分析问题时能够从多个角度进行阐述。比如用正反两方面来看，从高度上、厚度上、深度上来看，从短期、中期、长期来看，这是国人潜移默化就有的一种思维模式。六顶思考帽是用来全面认识整体事物的一个工具，也代表 6 种基本思维模式，从 6 个角度先拆解再合并，达到准确认识事物的目的。

第一，蓝色思考帽。蓝色表示冷静理智，负责控制思维过程。它负责安排各顶思考帽的使用顺序，规划和设计整个思考过程，并负责做出结论。

第二，红色思考帽。红色热情奔放，用来表达情感。戴上红色思考帽，可以表达自己的情绪，还可以表达直觉、感受、预感等。

第三，黄色思考帽。黄色代表认同和肯定，戴上黄色思考帽，可从正面考虑问题，表达乐观、满怀希望、建设性的观点。

第四，黑色思考帽。戴上黑色思考帽，可以运用否定、怀疑、质疑的看法，进行合乎逻辑的批判，发表负面意见，找出逻辑错误。

第五，绿色思考帽。绿色象征勃勃生机，绿色思考帽的寓意是创造力和想象力，代表创新性思考。

第六，白色思考帽。白色表示中立而客观。戴上白色思考帽，要关注客观的事实和数据。六顶思考帽是一套平行思维的工具，也是思维模式的创新。对六顶思考帽最常见的认识误区就是仅仅把思维分成 6 个不同颜色，但其实其应用的关键在于使用者用何种方式去排列帽子的顺序。一个典型的六顶思考帽团队在实际中的应用步骤可以是：一是陈述问题事实（白帽）。二是提出如何解决问题的建议（绿帽）。三是评估建议的优缺点：列举优点（黄帽），列举缺点（黑帽）。四是对各项选择方案进行直觉判断（红帽）。五是总结陈述，得出方案（蓝帽）。

（二）四副眼镜法

四副眼镜法指从不同的视角看问题、分析问题，展开创造性思维，最终得到对问题的完整认识。四副眼镜分别代表 4 种不同的思维状态。我们之所以把大家分为 4 个组，是为了更好地亲身实践四副眼镜法。每个组认领 1 副眼镜。四副眼镜法相比六顶思考帽，操作起来更直观、更容易上手。

第一副万花镜，戴"万花镜"思考，比喻看世界缤纷多彩。让当事人以乐观、积极、充满希望的视角，看待一件事或一个问题，表达赞成、乐观、支持、肯定的态度立场。

第二副墨镜，戴"墨镜"思考，比喻看问题冷静和严肃，意味着小心和谨慎。让当事人分析某个观点或决策可能的风险或负面成分，表达反对意见或提出质疑。在实际工作场景中，我们最需要也最难听到这方面的真实意见。因此，我希望在研讨过程中，大家要把这种质疑对应到研讨的问题中，而完全不代表对某位学员，或是某个组的批评，只是针对研讨结果的评价意见。

第三副望远镜，戴"望远镜"思考，比喻视野高远，总揽全局。让当事人从全局高度和长远战略高度思考问题，表达分析得出问题的准确性。打个比方，可以换位到上级领导，领导站位高，因此看得远，能一览众山小，把控全局。

第四副放大镜，戴"放大镜"思考，比喻视角放大、扩大基础层面。让当事人充当基层执行者角色思考问题，表达分析得出问题的真实性。在座各位都是领导干部，都有下属，回想下您的下属在落实工作的过程中，经常会向您提出哪些问题？哪些地方模棱两可？哪些地方表述不清？

（三）SWOT 分析法

SWOT 是英文 Strengths、Weaknesses、Opportunities、Threats 的缩写，意为企业本身的竞争优势、劣势、机会和威胁分析，是战略管理方案设计的基础工作，也是战略管理常用的手段之一。我们利用 SWOT 手段进行分析的目的，主要在于通过考察组织内部优势和劣势，并与组织外部的机会和威胁相联系，帮助形成组织的战略。通过这个工具，我们在分析原因时尽可能把方方面面的问题找出来，这样提出的对策才可能更全面。

（四）SMART 原则

与 SWOT 分析法一样，SMART 原则也是由英文单词演绎而来。无论是制定团队的工作目标还是员工的绩效目标都必须符合上述原则，5 个原则缺一不可。S（Specific）代表具体，绩效考核要切中特定的工作指标，要具体、可操作，不能笼统、大而空；M（Measurable）代表可度量，绩效指标是数量化或行为化的，验证这些绩效指标的数据或信息是可获得的；A（Attainable）代表可实现，绩效指标在付出努力的情况下可实现，避免设立过高或过低的目标；R（Relevant）代表相关性，是与绩效指标工作的其他目标、与本职工作相关联的；T（Time-bound）代表有时限，注重完成绩效指标的特定期限。避免简单将所有问题都归结于缺钱、少人、没资源，诸如此类，进而直接将对策回应为增配人手、追加经费、调拨资源等。试想：在绝大多数时候，单位或者部门的工作开展都会受限于内、外部的各种约束条件。如果有钱、有人、又有闲，那又何来问题可言？作为单位的中层干部，组织上更期待我们在既定条件下，能够积极作为、打开局面、改善现状，带着这种认识干工作或开展讨论才更有价值和意义。因此，我们研讨时提出的每一条改进措施，都要遵循SMART原则。

（五）鱼骨图法

鱼骨图法是进行原因分析时经常采用的一种方法，强调透过现象看本质。鱼骨图由日本管理大师提出并绘制，因形状类似鱼骨而得名。任何问题产生的背后总是受到一些因素的影响，我们通过头脑风暴法找出影响因素，并将它们按相互关联性整理，使得层次分明、条理清楚，并标出重要因素。在绘制时，头尾间用粗线连接，犹如脊椎骨，将问题或原因标在"鱼头"外，在鱼骨上长出鱼刺，上面列出产生问题的可能原因。想到一个因素，就用一根鱼刺表达，把能想到的关联项都用不同的鱼刺标出，鱼刺距离鱼头越近，表示越为重要。之后再细化，用鱼刺分支表示每个主因相关的元素，还可继续三级、四级分叉找出相干元素。原因型鱼骨图，鱼头在右；对策型鱼骨图，鱼头在左，通常以"如何提高/改善……"来写；此外还有整理问题型鱼骨图。鱼骨图法比较直观，简捷实用，因此运用广泛。

（六）目标分解法

目标分解法看起来与我们平时使用的大括号很相似，可以说是一个旋转了90度的括号。我们将总体目标或一级目标分解，将实现一级目标的手段作为二级目标，依次类推，一级一级分解下去。分目标要保持与总体目标方向一致，内容上下贯通，保证总体目标的实现，各分目标的表达也要简明扼要。

那么，如何让大家都参与到结构化研讨中呢？我再给介绍两个惯常用来共同讨论和决策使用的方法。

第一，头脑风暴法。每组都是 6、7 个人，自由发言，群策群力，互相启发和激励。要求独立思考，不允许私下交谈，禁止批评和评论，以免干扰别人的思维；集中全体智慧，追求设想数量，越多越好，并把各种设想全部完整地记录下来。

第二，团队列名法。这个方法的初衷是最大限度地收集所有人的意见，避免"麦霸"，也避免沉默不语。具体步骤是每个参与者将能够想到的所有问题或建议罗列在一张纸上，在催化师的引导下逐一发言，每人每次只说一条。在这个过程中，可能有学员受到别人启发产生了新的想法，要等到下一轮表达；也有可能别人把自己罗列的问题说完了，暂时不发言，允许本轮轮空，后面有新的想法再表达。这两个方法也可以交替使用，灵活掌握。

在小组研讨前，有几个事项需要再次强调。首先是我们今天研讨的大致秩序。第一步，聚焦问题，前期我们整理了关于 7 个方面的 15 个问题，每组从中选择一个组内学员感兴趣的话题；第二步，针对各自所选的问题，进行原因症结分析，找出问题背后的深层次原因；第三步，提出解决问题的有效措施；第四步，全班集体交流分享。其次是研讨进度的把控。教师会根据各组的实际情况，对全班的各环节时点进行提醒。对进度较慢的组，教师会及时催促；对进度太快的组，要看看是否浮于表面，不够深入。各组不要比速度，而是要结合刚才学习的结构化研讨方法，尝试如何在原因分析时能够剖析更深刻，在查找对策时措施更有针对性。每轮研讨只聚焦本环节的内容，不进行跨环节的讨论，组内也不需要再细分任务，每个环节都会留够时间。

二、结构化研讨方法实践

（一）各组挑选问题

在大家做选择前，我们先一起回顾下之前梳理出的 15 个问题。在政治能力中，有政治理论学习不够主动深入和政治与业务结合不够紧密两个问题。在调查研究能力中，有调研前期准备不充分，和调研成果应用不够、没有解决实际问题两个问题。在科学决策能力中，有存在经验主义、决策具有很强的主观性，和关键决策者"一言堂"两个问题。在改革攻坚能力中，有思想观念不适应改革攻坚要求和改革方向不明确两个问题。在应急处突能力中，有应急处置措施、制度不完善、机制不健全，和经验能力不足、不能有效应对突发事件两个问题。在群众工作能力中，有换位思考不够、缺乏问计于民的意识，和化解群众矛盾能力不强两个问题。在抓落实能力中，有站位不高、缺乏全局高度，和统筹协调、沟通调动能力不足，以及不能凝聚团队形成合力 3 个问题。

如何进行问题选择？前一次大家讨论出了二十多个问题，如果每个组员都泛泛而谈，就会造成不深不透的情况。各组可以优先选出组员觉得最有共识、最急需破解的问题，确保全员能够积极参与到后面的讨论中。各组从上述 15 个问题中任选其一，各组一边选我一边记录，选好的组请举手示意我，我这边把这个问题划掉了，其他组不再重复选，四个组不能重复选。今天给大家呈现的是上次讨论现场各位的原话。各组选好问题后，在讨论时可以对问题进行微调和修改。各组可以围绕所选的问题，进行文字优化，让问题更精准，确保主题不跑偏就可以。下面用 3 分钟时间，各组选定问题。

（小组研讨）

感谢各位学员的配合，刚才我们 4 个组从 15 个问题中选定了 4、5、10、13 4 个题目，作为今天聚焦的话题，大家选得既快又准。接下来，请各组完成一个 1 分钟任务，选出今天下午活动的组长。还是按老规矩，请我们组内最年轻的学员，或任职年限最短的学员给其他学员提供帮助。有请 4 位组长起立，让我们用最热烈的掌声表达对他们的支持！

四个组的组长都已经定好了，一会儿大家在研讨过程中再确定各自的发言人和评论员。发言人主要代表本组，交流汇报小组研讨的情况。评论员的任务，各组的评论员需要提前有所准备。简单起见，以右手这边为起点，按照由近及远的顺序给各组分别编排为 1、2、3、4 组，依据这个顺序，介绍各组评论员的任务。第二组针对第一组的发言进行评论，扮演"万花镜"视角，要对第一组的发言表示肯定。第三组针对第二组的发言进行评论，扮演"墨镜"角色，要对第二组的发言提出质疑。第四组针对第三组的发言进行评论，扮演"望远镜"角色，要代表上级领导指导工作。第一组针对第四组的发言进行评论，扮演"放大镜"角色，要代表下属落实回应工作。这个实验每组只选派一个评论员，戴一副眼镜，重点是让大家体验下研讨的方法。

（二）原因分析

建议各组把刚才选的问题先记录在白纸上，然后在问题附近先列主因，再列支因，也可以先列在笔记本上做准备。讨论的时候大家可以学着使用 SWOT 原因分析法，综合运用团队列名、头脑风暴、鱼骨图、目标分解等方法。这个环节用时 20 分钟。

（小组研讨）

时间已经到了。有两个组完成了，还有两个组在整理研讨成果。提前完成的学员，可以看看还有没有要补充的内容，如没有，也可以自行休息，一起耐心等待后两组。

（三）提出对策建议

同第二环节相似，我先布置下第三环节的研讨要求。我们继续运用头脑风暴、团队列名、思维导图、目标分解等方法，结合刚才组里提出来的原因分析，针对如何提升改进解决问题，提出建设性的对策。提出的措施要注意遵守 SMART 原则。这个环节用时 15 分钟。

（小组研讨）

（四）小组交流汇报

下面请大家就座，开始全班分享交流。一个多小时的热情研讨展现了全班学员浓厚的学习劲头。特别是各组评论员，为了更好地完成任务，不仅自己提前去其他组观摩，还带着组员一起去学习。现在按照调查研究、科学决策、应急处突和抓落实的顺序进行汇报，发言人和评论员交替进行。请各组严格控制发言时间在 5 分钟内，一并汇报针对问题分析的原因和提出的对策，每位评论员的时间控制在 3 分钟内。

首先，请第二组汇报讨论交流情况。

（第二组汇报）

感谢第二组的发言。这个组的字是 4 个组里写得最好看的，研讨记录干净整洁。其实在第二环节分析问题时，这个组的进度稍微有点慢，但他们在紧接着的第三环节，发挥主观能动性把进度赶上来了，而且卷面还非常整洁。

这也对第三组的评论员提出了挑战，提高了难度系数。第三组需要从"墨镜"的角度进行点评，要力争让第二组的学员红红脸、出出汗，不能蜻蜓点水。大家都在一个系统工作，遇到事情也经常需要上上下下征求意见，不管是司局向事业单位征求意见，或是司局间相互征求意见，都不能只走个流程，而要体现这家司局或者这家单位的存在感、专业性、竞争力等。所以，第三组的评论员既要批评到位，还要努力争取得到第二组学员的认同，让他们心甘情愿地接受批评。这个点评主要是为了感受下工具的内容，评论也只限于主题和内容，与第二组学员没关系。请第三组对第二组的发言进行点评。

（第三组点评）

感谢第三组的点评。在刚才的交流过程中，第二组学员对这位评论员的意见也给予了回应。我们党的"三大法宝"之一就是坚持批评和自我批评，敢于做到刀刃向内。作为中层领导，也要利用和创造这样的机会。无论是上级领导，还是同级的、下属的批评意见，要能有渠道、有办法听到对自身的真实评价和诚恳的批评，这也是处级干部必备能力之一。

下面请第一组汇报讨论交流情况。

（第一组汇报）

感谢第一组的发言。刚才这位学员的语气语调，特别是神色都很适合当第四组的评论员，批评意见表达得很含蓄，但特别有气势，铿锵有力，自带领导气场，感官上更像是"望远镜"。可以请第四组的评论员学习下。

话说回来，批评人确实不容易，夸奖人其实也挺难，而且要能够夸到位、夸精准、夸到对方自认为最得意的地方、夸出他们最想展示的亮点。请第二组对第一组的发言进行点评。

（第二组点评）

感谢第二组的点评。这位点评员在这么短的时间内，比较完整地把握了第一组研讨的核心，说明刚才第一组的汇报给他和其他学员都留下了比较深刻的印象。作为领导干部，简明扼要地做好工作汇报，位列我们之前提到过的三大技能（说话、办事、写文章）之首，这不仅是必备技能，也是需要经常习练习的技能。

下面请第三组汇报本组研讨成果。

（第三组汇报）

感谢第三组的汇报。下面请第四组对第三组的发言进行点评。

（第四组点评）

感谢第四组的评论。这位学员的话风包罗万象，起初我听着像是"万花镜"，后来突然转向"墨镜"，好像还没找到"望远镜"的感觉。第四组还有想尝试这个角色的学员吗？

（第四组补充点评）

感谢这位学员的发言。对各位处长而言，对自己的上级领导都再熟悉不过了。我们不一定学习上级领导的语气神态，但对于领导经常提点、敲打、强调的工作要点，要做到心中有数，这样才能够通过与上级领导的工作交谈，不断为部门发展起到推动作用。

有位老领导（现在是部领导了），早年在单位工作时经常强调，处级干部要做到上升两级看问题，下沉一级抓落实。我觉得这句话在今天这个场景很适合，一方面我们要能提高站位，从宏观层面来认识本部门、本岗位的职能职责；另一方面，要接地气，从微观层面知晓基层实际，这样说话做事才不会被视为外行。下面请第四组汇报如何抓落实。

（第四组汇报）

感谢第四组的发言。这位学员的发言层次很清晰，内容很合理，对策也有针对性。

刚才听学员讨论时说，现在处（室）里工作主力是"85后"，"90后"也不少，所以请点评员从"85后""90后"的角度来提意见，试着找出处长们与青年新生力量之间存在着哪些认识偏差？下面请第一组对第四组的发言进行点评。

（第一组点评）

感谢第一组的点评。受这位学员启发，我谈一个自身真实的经历。部门有位"90后"的聘用员工，工作表现总是差强人意，有消极应付，也有敷衍了事的现象。我反复地琢磨了挺长一段时间，想着如何与他谈心谈话，以便改进他的工作状态。但是，当我还没提出这个话题的时候，他就来找我辞行了，已另谋出路。我想表达什么呢？各位处长、学员，当我们认真思考如何带队伍时，当我们还停留在固有思维、经验主义时，我们的下属越来越年轻，问题越来越多元，过两年就迎来了"00后"，如何与青年人相处的问题，会一直陪伴着我们。

最后，我和大家分享3点感受，也作为课程回顾：

第一，感谢学员们能够配合我们的课程需要，完全以学员身份相处，全身心投入交流。有的处长任职年限很长，仍然能以学习的心态融入活动，整个班级自始至终有着浓厚的学习氛围。从大家刚才的交流中，我们体会到要能放下身段，以空杯心态，通过各种渠道加强学习，带着当下参训时的学习状态重新审视本职工作。

第二，打开思维，不断创新。法无定法，唯一不变的是世界一直在变化，要用变化的认识来不断激励创新。处级干部是"关键少数"，是单位骨干，作用至关重要，对各单位各部门都是如此。

第三，希望大家加强相互交流。我听说这几天晚上，个别组主动加课去外班蹭课学习，这样饱满的学习劲头让人佩服。尺有所短、寸有所长，培训班会有结业，但学习永无止境。

【教师简介】

孙晓明，学院党校工作部主任，助理研究员。多年连续担任中央党校中央国家机关分校处级党员干部进修班、处级干部能力建设类培训班组织员、班主任。

坚持培训策划、课程开发、课题研究三位一体的理念，不断探索成人学习规律。撰写《基于"三圈理论"正确把握党校主体班教学管理工作》《党校教学规律与实践》《创新导学述学研学增强理论教育实效》《从我党干部教育学习热潮看农业农村部党校发展变迁》等文章，带领部门自主开发经典理论和党性教育导学课程，编发《党校教学规律与实践》《任职班工作规范》《培训管理员应知应会手册》教材。主要讲授党校学习方法辅导、处级干部能力担升工作坊、传承红色精神、红色故事汇等课程。

高绩效团队建设[*]

沈振鹏

▶ 习近平总书记曾经讲过："力量不在胳膊上，而在团结上。"个人的进步离不开团队，事业的发展更离不开团队。本课程重点针对机关与事业单位各级干部开发，目的是帮助提升团队建设的能力，打造一支有战斗力的工作队伍。课程融合运用讲授、研讨、实践三种教学形式，从管理学游戏入手，带领学员一起发现团队建设过程中面临的种种问题，引导学员开展结构化研讨，以解决问题为导向提出思路办法，在此基础上总结升华，提出高绩效团队建设"三圈理论"，为提升学员团队建设能力水平提供理论指导。

本次课我们一起来讨论团队这个话题。习近平总书记曾经讲过："力量不在胳膊上，而在团结上。"个人的进步离不开团队，事业的发展更离不开团队。

在近几年对培训需求的调研过程中，很多单位都对下属的各工作团队表达了更高的期望。很多领导认为，无论是新晋员工，还是业务骨干，大都具有非常优秀的个人素质，能够独当一面，如果团队意识更强一点，团队配合更默契一些，一定能够取得更好的工作业绩。结合这一需求反馈，我们及时成立了"高绩效团队建设"课题组开展研究。接下来要和大家探讨的内容，就是我们研究成果的一部分。

开始探讨之前，我们先提出几个问题，请大家思考，并且在今天的课程中共同来寻找答案。

第一，什么是高绩效团队？

* 本文是农业农村部第 39 期处级干部任职培训班暨中央党校中央和国家机关分校 2021 年春季学期农业农村部党校处级干部进修班的讲授课程文稿，该课程评估分值为 4.99 分。

第二，高绩效团队有哪些关键要素？

第三，如何建设高绩效团队？

3个问题请大家先记下来。今天的课程不同于传统的授课形式，我把它定义为复合式教学，通过多种教学形式，实现"体验—发现—归纳—运用"这样的库伯学习圈，让大家能够有更加直观、深刻的学习体会，实现学以致用。

一、体验

首先是体验环节。我们先进行一个管理学游戏。

大家也发现了，我们今天的座位摆放方法很特别。我们下面要进行游戏名字叫做"七巧板"。"七巧板"应该很多人都接触过或者使用过，是一款很神奇的拼图工具（展示七巧板教具）。游戏流程如下。

第一，我们这个团队已经分为了7个小组，在外围的6个组从我的右手边起按逆时针依次为1~6组，中心的小组为第7组，大家的桌子上都有编号。

第二，一共有5组不同颜色的七巧板，7张图形卡，7张任务卡。这是大家一会儿游戏中要接触到的道具。

第三，一会儿我会给每个组随机分配5块七巧板，一张图形卡，并发放小组相对应的任务书。请大家仔细阅读任务书，完成相关任务会获得相应分数。大家在完成相关任务后请第一时间通知观察员，核对无误后我会把你们小组获得的分数及时登记在记分牌上。游戏的总时间为40分钟。

要求及注意事项：

一是只有第7组队员可以移动，1~6组的队员均不得离开本组场地，违者酌情扣减本组分数。

二是所有七巧板、图形卡等道具可通过第7组队员传递，均不得抛扔，违者酌情扣减本组分数。

大家看看各个小组都拿到相关的道具了吧？还有什么问题吗？

好，请大家遵守规则，注意安全，计时开始。

（游戏中可再次提醒大家仔细阅读任务卡）

（40分钟）

时间到。我们的游戏现在暂时告一段落。请大家看向我们的记分牌。我们团队获得的总分是×××分（根据学员在游戏中的表现特别是失误进行引导性的提问与点评）。

二、发现

总的来看，我们团队的整体任务完成得还是不错的。我看大家也都有很多话想说，这样，接下来我们就进入"发现"的环节，请大家自己通过刚才的游戏，去找出与团队建设有关的一些体会与想法。用时 30 分钟，我们开展一次研讨。因为我们时间有限，大家想说的方面也可能比较多，为了提高讨论的效率，我们采用六顶思考帽的形式进行，每个人侧重一个重点方面深入进行研讨。

白色思考帽：戴上这顶思考帽的小组，你们看待问题的角度是客观的。请你们重点总结游戏过程中的一些客观现象及数据，不做评价。例如，游戏中我们拼图花了 3 分钟，等等。

红色思考帽：戴上这顶思考帽的小组，你们看待问题是感性的。请你们重点总结对这个游戏及游戏过程中各个环节的直观感受。例如，这个游戏太吵了，等等。

黄色思考帽：戴上这顶思考帽的小组，你们喜欢从正面的角度看问题。请你们重点总结游戏中一些积极的、正面的做法。

蓝色思考帽：戴上这顶思考帽的小组，你们喜欢从负面的角度看问题。请你们重点总结游戏中一些消极的、不合理的做法。

粉色思考帽：戴上这顶思考帽的小组，你们的思维是发散的。请你们重点讨论如果再有一次游戏的机会，将如何改进取得更好成绩。

黑色思考帽：戴上这顶思考帽的小组，你们的思维是全局性的。请你们以本次游戏为案例，升华提炼出团队实现高绩效发展所需要具备的要素。

1～6 组自愿选择一顶帽子，先到先得，第 7 组默认与黑帽子组共同讨论。每组选出一位主持人，一位发言人。小组讨论时间 15 分钟，最后每组汇报时间 3 分钟。

请主持人注意合理分配时间。现在研讨开始。

_____（15分钟）

讨论时间到，下面请各组代表汇报本组研讨成果，每人3分钟时间。

_____（各组汇报）

三、归纳

刚才我们一起结合管理学游戏总结了高绩效团队的诸多要素或者说是关键点，非常全面也非常准确。那么，我想进一步把这些要素做一下梳理，也就是进入我们课程的第三个环节"归纳"，总结为这三个方面。

建立一个团队绩效三圈模型，如图1。

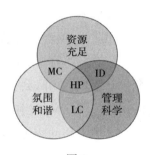

图1

HP：高绩效区；MC：无序区；ID：离心区；LC：无能区

一个团队要完成任务，首先要有能力，要具备充足的资源。比如说我们刚才的七巧板游戏，首先我们要有"七巧板"这个资源，其次我们要会拼七巧板，否则无论如何也不可能完成任务的。当然，除此之外，还有其他很多需要具备的资源。其次，要有团结和谐的氛围，能够全体成员默契配合，劲往一处使。最后，要有科学的决策管理，把团队的潜力发掘出来，把实力全部发挥出来。资源、氛围、管理就构成了团队绩效的三要素。

大家看图上这3个圈有几个重叠的部分，我先来进行一下定义。3个圈都重叠的地方，就是"高绩效区"，简称 HP 区（High Performance）。我们认为在这个区理论上可以诞生一个高绩效的团队。"资源圈"和"氛围圈"的相交部分，我们称为"无序区"，简称 MC 区（Management Chaos）。这个区域内的团队，团结、有能力，但是缺乏有效的管理，或是目标不清晰，或是决策不合理，或是执行不到位，或是激励不充分，导致工作事倍功半。"资源圈"和"管理圈"相交部分，称为"离心区"，简称 ID 圈（Internal Discord）。这个区域的团队有能力，有规划，有策略，但是人心不齐。《天下无贼》里面葛优有句名言：人心散了，队伍不好带。这样的队伍往往会功亏一篑，输给自己。"氛围圈"与"管理圈"相交部分，称为"无能区"，简称 LC 区（Lack of Capacity）。这里的无能不是笨，而是指缺乏实现目标的相关能力，虽然有着良好的氛围和科学的管理，但是依然无法很好地创造绩效。无序区、离心区、无能区相对于高绩效区来讲，也可以称为"次优区"。

四、运用

以上就是我们大家共同对高绩效团队的关键要素进行的归纳总结。通过三圈模型，我们可以认识到，要让团队更加优秀，就要努力让团队处于高绩效区域。但是大家应该也能够体会到，这并不容易。因为随着时间、地点、团队领导、团队成员、外部环境等变化，我们的团队会在以上所提到的高绩效区和次优区移动变化。这里，我想借用《三国演义》当中大家都非常熟悉的几个故事为例，来进一步探讨团队在几个区域中移动变化情况。

相信在座各位大多数都看过《三国演义》，据统计，全书有名有姓的人物一共 980 多人。汉室将倾之时，天下群雄并起，有点资源资本的，都组建了自己的军事集团，逐鹿天下。这个过程中，很多团队演绎了非常精彩的故事。我要选择的例子，就是大家都很熟悉的"刘备军事集团"这个团队。

我们先来看看这个团队创业之初的情况。有个经典的场景叫"桃园结义"，这也是刘备这个团队最初的雏形。刘备创业初期的实力，书中形容为"兵不满千，将不过关张赵"。可见在当时众多诸侯国里面，刘备团队实力是相对弱小的，在前期基本上就站不稳脚跟，被曹操打得到处跑，甚至一度被打散了。这种情况直到赤壁之战之后才实现了扭转。

我们再看看"氛围圈"的情况。书中写到，"备有雄才而甚得众心。张飞、关羽者，皆万人之敌也，为之死用""刘备宽仁有度，能得人死力"，可见刘备凭借个人魅力和用人艺术，在团队中形成了极强的凝聚力。

最后看看"管理圈"。刘备在起事之初就打出了"匡扶汉室，安邦定国"

这样的旗号，而且在整个发展阶段，都坚持只打正义之战。大家可以回忆一下，刘备团队除了被动防御的战斗，其他主动出击都师出有名，如剿黄巾、讨董卓、救徐州等等。这支正义之师也得到了当时大多数诸侯乃至老百姓们的支持，也让这支实力不强的团队得到了宝贵的发展空间。可以说，刘备找到了一条正确的发展道路。

因此，刘备团队在创业前期，三圈模型应该处于"LC——无能区"，如图2。

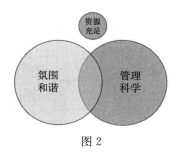

图 2

当然，刘备作为一代枭雄，肯定也能够充分认识自身短板。因此，他在广招人才的同时，也在不断寻找机会壮大自身实力。通过不懈努力，终于通过赤壁之战实现了实力上的逆转（资源充足），并以此为契机，靠着坚强的核心团队（氛围和谐）与"联吴抗曹"的战略战术（管理科学），奠定了三分天下的局面。这个时候，刘备团队的三圈模型应该刚好达到了"HP——高绩效区"，如图3。

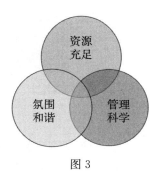

图 3

那么，刘备团队是不是就能够一直保持在高绩效区里呢？熟悉历史的大家应该都知道，当然不是。那么后面又发生了什么样的偏移呢？

刘备建立蜀国以后，实力上确实达到了一个巅峰，以其东征讨伐孙权时的兵力为参照，水陆共 72 万大军，在当时绝对是非常强大的军事力量，团队内部依然是君明臣贤。但是这个时候的管理方面出现了重大的误差，因为关羽的战略失误，导致吴蜀两国交恶，进而出现了荆州失守、关羽阵亡、张飞遇刺等一系列事件，事态愈发严重。后来刘备举大军伐吴，蜀国从以前联吴抗曹的正确战略战术，演变成了据吴抗曹，这一战略失误带来的后果，在夷陵之败后被进一步放大，影响了三股势力之间的平衡。我们认为，这个阶段的刘备团队已经偏移到了"无序区"，如图 4。

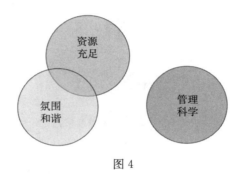

图 4

再接下来，刘备去世，刘禅继位。这之后，虽然蜀国实力尚在，但是因为宦官当道、后主昏聩，导致君臣不再是一条心，到了诸葛亮过世之后，君臣嫌隙更大，这个时候，团队已经逐渐的偏移到了"离心区"，如图 5。

图 5

通过以上刘备团队的发展历程，我们对团队在高绩效区和次优区的偏移情况做了探讨或者说是例证。可以看出，当团队位于次优区域时，如果团队的领导者能够及时发现问题，并进行有效调整，团队就能够不断向高绩效区靠近；而如果团队领导无视自身问题，盲目发展，则会给团队完成目标任务过程中增加阻碍，使团队不断偏离高绩效区，最后导致重大损失甚至灭亡。

下面，我们继续探讨一下，当我们的团队不处于高绩效发展区的时候，如何通过认真分析团队现状，查找问题，认清不足，把小了的圈往大画，把偏了的圈拉回来，把缺了的圈再画出来，最终让我们的团队进入高绩效区，高效地完成团队既定的目标。

第一，如果是"资源圈"出现了问题，那我们就要把团队建设的重点放到提升实力上面。资源圈的修正包括硬实力和软实力的提升。硬实力一般包括人、财、物，例如招贤纳士，吸引优秀的人才加入团队，补充力量；申请更加充足的经费预算；购置现代化的仪器设备，增强开展工作的硬件水平。还有软实力的提升，比如加强内训，提升团队现有成员的相关能力素质，包括知识技能的储备，特别是执行能力的提升，使团队成员的能力水平与我们要实现的既定目标相匹配。以我们部门为例，这两年根据学院的要求，需要逐步推动年轻人走上讲台，讲授课程。那么，完成这个团队目标，实力的提升肯定是首要的。所以，我们在新成员的引进上加大了博士生的比例，提升团队的学历层次；邀请名师讲授相关授课理论和技巧，安排团队内部的资深老教师传授经验；针对准备讲授的专题大量收集名师讲义、相关书籍、教具，集体备课，逐步提升团队实现目标的能力。现在部门内所有年轻同志基本上都有了自己比较擅长讲授的领域，并且较好地完成了任务目标。

第二，如果是"氛围圈"出现了问题，那么我们应该从优化团队成员关系入手，促进团队内部关系和谐，实现信息共享，资源利用最大化。导致团队不和谐的因素有很多，这里讨论两个比较重要的因素。

一是囚徒困境。囚徒困境是博弈论里面的一个经典案例。两个犯罪嫌疑人作案后被警察抓住，分别关在不同的屋子里接受审讯。警察知道两人有罪，但缺乏足够的证据。警察告诉每个人：如果两人都抵赖，各判刑1年；如果两人都坦白，各判8年；如果两人中一个坦白而另一个抵赖，坦白的放出去，抵赖的判10年。于是，每个囚徒都面临两种选择：坦白或抵赖。然而，不管同伙选择什么，每个囚徒的最优选择是坦白：如果同伙抵赖、自己坦白就能放出去；如果同伙和自己都坦白，则各判8年，比起抵赖的判10年，坦白还是比抵赖的好。结果，两个犯罪嫌疑人都选择坦白，各判刑8年。如果两人都抵赖，各判1年，显然这个结果最好。但是由于囚徒无法信任对方，因此倾向于互相揭发，而不是同守沉默。

我们可以看到，因为不信任，每个人都去做自己的最优选择，从而导致了整个团队的非理性。比如刚刚的游戏，我们这次并没有出现这种情况，但以前有的团队在做游戏的时候，有的小组为了完成自己的任务，把个别七巧板扣在自己手里，谁也不给，直到完成了自己的所有任务才同意放出去。事后问他们原因，他们说，是怕放出去了来不及要回来，耽误了自己的任务进度。这就是囚徒困境造成的不和谐。

二是"深井壁垒"。先举个例子，美国航空航天局第一个试验性无人飞行器第一次发射失败，原因是运载火箭在设计之初是用来装载弹头的，与卫星不相匹配，关键问题在于，双方的技术人员没有就这个问题进行相应的沟通，信息没有充分的共享。这就是深井壁垒，通俗讲就是"你干你的，我干我的"。团队的成员沉浸在自己的专业领域或者具体任务当中，并不关心整体目标与任务，从而把自己的"井"越挖越深。刚才的游戏当中，这一点还是有体现的。我观察了一下，大多数的小组，还是更多地在喊"我要什么样的板子""我要什么颜色的"，很少有人喊"我这里有什么，谁要"，也几乎没有人主动询问过其他组的任务是什么。因此，塑造和谐团队氛围必须打破深井壁垒。

带领团队成员走出囚徒困境，打破深井壁垒，更多需要团队的带头人和骨干力量组织团队成员加强交流互动，让团队成员从了解到熟悉，认同自己的团队，认同自己的伙伴。例如定期召开例会，让团队成员了解同伴们在做什么，明确团队的总体目标；开展素质拓展，磨炼团队成员默契度与信任度；通过规章制度净化团队环境，鼓励一切行动为了团队，对于严重破坏团队氛围的人和事要严厉打击等等。最后也是最重要的是建立团队的文化，形成团队特有的、正能量的核心价值观，从而把团队成员真正凝聚在一起，正如习近平总书记所讲的"以利相交，利尽则散；以势相交，势败则倾；以权相交，权失则弃；以情相交，情断则伤；唯以心相交，方能成其久远。"

第三，"管理圈"的修正，更加需要我们团队的带头人和骨干分子发挥重要作用。管理学大师彼得德鲁克对于管理的定义就是："界定企业的使命，并组织和激励人力资源去实现这个使命。"所以，修正管理圈，重点就是抓好使命、组织、和激励三个关键要素，也就是解决让团队成员知道干什么，怎么干，愿意干的问题。

界定团队使命，必须明确团队的目标定位，让团队成员知道干什么。大家也在讨论中提到了，我们游戏开始之所以比较混乱，就是因为没有把所有小组的目标统一到团队的整体目标上来，各自为战。我们再回忆一下刚刚看的"桃园结义"那段视频，刘备就非常清晰地和关羽、张飞分析梳理了团队的目标愿景，达成了共识，并且团结一致为之奋斗。所以说，作为团队的管理者和骨干人员，必须及时地组织带领团队成员理清团队任务，明确工作方向，及时将团队目标灌输于团队成员取得共识，把每个人的工作统一到团队整体任务当中，实现目标共享，团队合力。这样才能事半功倍。

抓好团队组织，重点就是要作出科学的决策，制定正确的团队发展路线图，让团队成员知道怎么干。我们的游戏也是一样，如果我们能够在游戏开始的阶段拿出一些时间一同讨论一下，制定一个合理的策略，而不是急急忙忙地就开始自己的任务，或许能够取得一个更加优异的成绩。

最后谈谈激励的问题。恰当的激励措施是激活团队的重要手段，没有激励，团队就没有干劲。这里的激励不仅仅是物质奖励、职务提升，还有很多的方式。毛主席在解决激励问题上给我们做了很好的示范。蒋介石一直很疑惑，就是毛泽东没钱没枪，缺吃少穿，为什么那么多人愿意跟着毛泽东干，甚至拼了命地干。这件事直到他退到了台湾才想明白，其实原因就是一句话，就是毛主席喊出的口号：打土豪分田地。也就是说共产党革命，是为了打击土豪劣绅，为了把土地分给广大农民，是为了解救广大贫苦百姓。在老百姓看来，我不革命什么都没有，我革命了就有希望，给国民党打仗虽然发大洋，但是那是给官老爷打仗，跟着共产党革命可是给自己打仗，给自己分地。毛主席明确指出："有了土地改革这个胜利，才有了打倒蒋介石的胜利。"因此，毛主席激励机制的核心就是给人以希望。那么对于我们工作团队的成员来讲，希望是什么呢？通用电气公司前 CEO 杰克·韦尔奇说："我的经营理论是要让每个人都能感觉到自己的贡献，这种贡献看得见摸得着，还能数得清。"这就是员工的希望。对团队成员来讲，感受到自己对团队的价值就是最大的激励。因此，比如说及时地对团队成员完成的工作给予肯定和赞扬，对团队成员委以重任，都会对团队成员起到极大的激励作用。当然，除了正向激励，还有负激励。对于给团队带来负面影响，阻碍团队目标任务完成的人和事，要根据规章制度给予适当的警醒与惩戒。

简单总结一下，此次课程主要是通过"七巧板"这个管理学游戏，希望跟大家一同体验一下，团队在完成目标任务的时候影响团队绩效的诸多因素，并且对这些因素进行了归纳；建立了团队绩效三圈模型，并对于如何修正团队绩效三圈模型做了一个初步的探讨。当然，团队建设是一门大学问，里面包含的内容非常多，我们半天的时间无法穷尽，今天只是把我们课题组的一些研究成果与大家进行了分享，如有不当之处还请大家指正。各位都具有丰富的工作经验，在日常工作中都带领团队取得了优秀的成绩，有着很多好的方法与心得。同时，也希望大家把自己宝贵的经验和经典的案例与我们分享。

习近平总书记讲过：团聚最喜悦，团圆最幸福，团结最有力。在此课程结束之际，我衷心地祝愿在座每一位领导所在的团队都能像家庭一样温馨，像拳头一样有力，团结进取，一往无前，取得更加辉煌的业绩！

【教师简介】

沈振鹏，学院党政人才培训部主任。重点开展"团队建设"主题相关课程模块开发，创新运用复合式教学法开展授课，并多次在《学习时报》发表有关文章。主要为处级干部任职培训、青年干部能力培训、科研人员能力建设培训、新入职人员培训等项目讲授团队建设类课程。

主讲课程：拓展训练与团队破冰，高绩效团队建设等。

新时期农垦精神传承与创新[*]

甄　瑞

▶《关于进一步推进农垦改革发展的意见》（中发〔2015〕33 号）明确指出，农垦的改革发展要大力弘扬农垦精神，推进农垦文化建设。农垦事业的发展离不开农垦精神的传承与创新。本课程针对农垦历史、农垦精神的内涵和起源进行了深入剖析，对新时代农垦精神与农垦改革发展、党的建设、先进文化塑造、精神文明建设、中国梦等实现互联、互通、互促、互融，从而实现接续传承与创新发展等内容进行了相关探讨。

党的十八大以来，以习近平同志为核心的党中央高度关心农垦事业发展。2014 年 4 月，习近平深入新疆生产建设兵团进行调研，对新疆生产建设兵团在屯垦戍边方面的重要作用作出高度评价，并在讲话中进一步指出，"新形势下，兵团工作只能加强，不能削弱。"2018 年 9 月，习近平就东北振兴问题到东北三省考察，考察的首站就选在黑龙江农垦建三江管理局。习近平在考察时强调，"农垦为保障国家粮食安全、支援国家建设、维护边疆稳定作出了重大贡献。要贯彻新发展理念，加快建设现代农业的大基地、大企业、大产业，深化农垦体制改革，全面增强农垦内生动力、发展活力、整体实力，更好发挥农垦在现代农业建设中的骨干作用。"

我国农垦事业是在特定的历史背景下，为了完成特殊的国家使命而形成的独特形态。农垦精神为中国特色社会主义建设道路所特有，它是由特殊群体通过特殊的实践过程而积累和发展起来的，是中华民族优秀传统文化体系中的瑰宝和精髓之一。一代又一代的前辈们在垦荒戍边的艰苦创业环境中，磨炼形成

＊ 本文是 2019 年农垦职业经理人才培训班（第二期）的讲授课程文稿，该课程评估分值为 4.94 分。

中华民族特有的"艰苦奋斗，勇于开拓"的农垦精神，得益于农垦人忠于国家、敢于承担、无私奉献的爱国精神，也体现出农垦人前赴后继、勇于献身的伟大实践精神，为中华民族凝聚了重要的精神财富。

农垦不仅是现代农业的排头兵，一直以来，我国都以严谨的农垦精神引领着农业水平的提高，同时这种宝贵精神也在随着形式的变化而不断发展。60多年来，中国农垦始终坚持以农为本的基本理念，紧紧围绕"农"的基础，逐步建立起一大批国有农场和农业企业集团。其中，很多企业成为国家最主要的粮棉油糖胶等重要农产品的生产基地，推动了农业现代化。农垦精神为我国农业生产保驾护航功不可没，对于保障国家粮食安全、支援国家建设以及维护边疆稳定等均有突出贡献。

2015年11月27日，中共中央、国务院出台了《关于进一步推进农垦改革发展的意见》，将农垦视为"国有农业经济的骨干和代表"，是"推进中国特色新型农业现代化的重要力量"，并提出要"发展壮大农垦事业，充分发挥农垦在农业现代化建设和经济社会发展全局中的重要作用"，同时明确指出农垦的改革发展要大力弘扬农垦精神，推进农垦文化建设，为农垦改革发展提供了政策支持和制度保障。

一、简要回顾中国农垦的前世今生

中国共产党领导的农垦事业起源于抗日战争时期。1939年冬，在毛泽东同志"自己动手、丰衣足食"的号召下，陕甘宁边区开展军民大生产运动，延安创办了抗日民主根据地第一个农场——光华农场。王震同志率领八路军120师359旅，按照"以农业为第一位，以工业与运输业为第二位，商业为第三位"的方针，开发建设了南泥湾。1947年，东北各省创建了一批国营农场。1948年，华北人民政府农业部在河北省冀县、衡水、永年交界的千顷洼建立了解放区第一个机械化国营农场——冀衡农场。1949年，在北大荒建立了一批以安置荣誉军人为主的荣军农场和组织国民党"解放军官"生产劳动的解放团农场。

新中国成立后，在毛泽东同志等老一辈无产阶级革命家的亲自决策和领导下，以成建制的人民解放军转业官兵为骨干、吸收大批知识分子、支边青年组成农垦大军，奔赴边疆和内地的亘古荒原，开始了大规模垦荒造田、兴办国有农场的创业历程，铸就现有农垦国企雏形，为国家发展作出了不可替代的贡献。目前，全国农垦在 31 个省份共有 35 个垦区（其中广州、南京、新疆农业、新疆畜牧等 4 个系统所属农牧场在各省份内单列管理），土地总面积 37.1 万平方公里，约占国土陆地面积的 3.9%；其中耕地 9 316 万亩，占全国耕地总面积的 4.6%；1 780 个国有农场，1 455 万人。

新中国农垦事业的发展历程大体分为 5 个阶段。

（一）新中国成立初期艰苦开拓（1949—1966 年）

新中国成立之初，为迅速恢复和发展生产，妥善安置大批军人，中央人民政府人民革命军事委员会决定组织军队参加农业生产，农垦事业开始大规模发展。1951 年，政务院作出《关于扩大培植橡胶树的决定》，在华南地区开荒，建设橡胶农场。1956 年，中共中央、国务院决定成立农垦部，统一管理全国军垦农场和地方经营的国营农场。1958 年起，在中央部署下，大批转业官兵、内地支边青年和城市知识青年纷纷奔赴边疆、荒原和戈壁滩建设农场。到 1966 年，全国共建立了 1 940 个农场，有职工 284 万人，耕地 4 784 万亩，天然橡胶 250 万亩，年产粮食 81 亿斤，干胶 2.3 万吨。

（二）"文化大革命"中遭遇挫折（1967—1976 年）

在此期间，农垦部及省级农垦管理机构被撤销，大批国营农场被下放，原有的管理制度被破坏，农垦系统连年亏损，10 年间共亏损 32 亿元。

（三）改革开放中不断发展（1977—2001 年）

党的十一届三中全会以后，农垦系统进行了一系列重大改革。1978 年，国务院决定在农垦系统国营农场试办农工商联合企业，实行农工商综合经营，突破了农场长期单一经营农业的格局。1983 年起，农垦系统兴办职工家庭农场，建立大农场套小农场的双层经营体制，解决了职工吃企业"大锅饭"问题。1986 年，全国农垦工作会议明确提出农垦企业要建立场长负责制。1988 年，在全国农垦企业中全面推行承包经营责任制。1992 年，国有农场逐渐开始公司制改造或属地化管理，将办社会职能交给当地政府。这期间，农垦系统以市场经济为导向，逐步建立和完善现代企业制度，加大对外开放力度，完善职工社会保障制度。

（四）前进步伐全面加快（2002—2014 年）

农垦系统加快推行集团化、企业化、股份化改革，不断理顺管理体制，创新运行机制，着力激发农垦内在活力；积极开展改革办社会职能、建立社会保障体系、加大土地管理力度、努力化解债务，着力优化农垦发展环境；积极实施农业"走出去"战略。农垦管理体制更加适应市场经济体制要求，企业经营机制更加灵活高效，打造了一批具有市场竞争力的现代农业企业集团。农垦经济效益保持持续高速增长，自 2002 年全系统扭亏为盈以来，经济增长率连续 13 年保持在 10％以上。2012 年 3 月，国务院发文，开展国有农场办社会职能改革试点。2014 年，全国农垦生产总值突破 6 500 亿元，粮食生产实现"十一连增"，总产突破 720 亿斤。

（五）农垦改革发展进入新时代（2015 年至今）

2015 年 11 月 27 日，中共中央、国务院印发《关于进一步推进农垦改革发展的意见》。以此为标志，农垦改革发展进入新时代。文件指出，农垦是国有农业经济的骨干和代表，是推进中国特色新型农业现代化的重要力量。新形势下，农垦承担着更加重要的历史使命，要努力把农垦建设成为保障国家粮食安全和重要农产品有效供给的国家队、中国特色新型农业现代化的示范区、农业对外合作的排头兵、安边固疆的稳定器。全国农垦贯彻落实中央农垦改革发展文件精神，用 3 年左右时间基本完成了农垦国有土地使用权确权登记发证和改革国有农场办社会职能任务。垦区集团化和农场企业化改革稳步推进，建设现代化大基地、大企业、大产业，把农垦建设成为具有国际竞争力的现代农业企业集团，努力形成农业领域的航母。

二、什么是农垦精神

农垦精神是中华民族文化精髓的重要红色资源之一，也是中华民族精神的重要形式之一。农垦精神主要包括南泥湾精神、军垦精神、北大荒精神、华南垦殖精神等一系列重要的农垦文化要素。南泥湾精神，是抗战期间中国共产党领导八路军在南泥湾将战斗、生产和学习三者结合，克服自然经济困难条件，从磨难中历练出的精神，为农垦创业奠定了基础。军垦精神，是抗战胜利后我国军队在新疆地区垦荒戍边过程中形成的精神，它不仅是该阶段垦荒戍边的精神支撑，也是农垦精神文化体系的红色基因。北大荒精神，是新中国成立后一大批怀有报国理想的知识分子和科技人员在铁道兵的带领下奔赴北大荒，他们用智慧改造自然条件，攻坚克难，变"北大荒"为"北大仓"，奋斗过程中凝结成的精神。北大荒精神是农垦精神的核心构件，也是农垦二次创业的重要元素。华南垦殖精神是华南农垦人在北纬17°以北创造了世界橡胶人工种植史上的一个奇迹，在祖国南疆拓荒过程中锤炼而成的垦殖精神。

（一）艰苦创业是农垦精神的精髓

艰苦创业是崇高的思想境界，是事业发展的精神动力，是中华民族的优良传统。农垦人建设农垦事业的过程就是艰苦奋斗的创业史。艰苦创业是农垦人在困难条件下，自力更生、艰苦奋斗的过程中所展现的精神风貌。艰苦创业推进农垦民生的改善和农垦经济社会健康快速发展。"无人的北大荒""无水的戈壁滩""无胶的热带雨林"都留下农垦人艰苦创业的印记，造就了农垦人吃苦耐劳、不屈不挠的精神品格。农垦人为党和国家的事业做出了巨大贡献，他们将艰苦创业寓于改革开放之中，求真务实，埋头苦干，将艰苦创业的风格加以传承，形成具有时代意识的创业精神。

（二）勇于开拓是农垦精神的主题

勇于开拓是民族生存发展的精神力量，是国家发展的支撑。农垦人取得的每一次进步都与他们大胆探索、不断开拓创新紧密相关。勇于开拓概括了农垦人突破陈规、积极探索的精神状态。在中国共产党的领导下，农垦人在挑战面前不甘落后、开拓进取，形成了勇于开拓、敢为人先的思想意识。农垦人在艰难的历史阶段，不墨守成规，积极探索，在屯垦戍边的过程中创造了丰功伟绩。面对社会的日新月异，农垦人没有故步自封，而是紧随时代潮流，将优良传统与时代精神相结合，解放固有的思想观念，突破思维定式，在自强不息的基础上，吸收新思想、新观念，不断开拓创新。

（三）爱党爱国是农垦精神的灵魂

爱党爱国是爱国主义的应有之义，是民族精神的基因，深深植根于中华儿女的心中，激励着无数人民为祖国繁荣发展而奋斗。农垦人经受住各种考验，同他们拥有深厚的爱国主义情怀密不可分。爱党爱国展示了农垦人坚定的政治立场、执着的政治追求。农垦人在中国共产党的领导下，经过长期磨炼和重重困难的考验，自发形成了爱党爱国的政治觉悟，并一直在实际行动中展现出来。国家处于特殊时期，农垦人以国家利益为重，在艰难恶劣的环境中为国家兴业贡献力量。他们所展示的志气、胸怀和品格是热爱国家和追求共产主义信念的真实写照。在进入社会主义改革的攻坚阶段，农垦人爱党爱国突出表现在对党的路线、方针和政策的拥护，以国家利益为重，坚守爱国主义的核心地位，始终坚信只有中国共产党才能领导中国特色社会主义事业取得胜利，用自己的实际行动践行爱党爱国，证实对党和国家的忠诚。

（四）服务奉献是农垦精神的核心

服务奉献是行为准则，是价值追求，更是时代进步发展的精神导向。国家的进步和社会的发展需要服务奉献的精神领航。农垦事业的辉煌成就彰显的就是服务奉献的旗帜。服务奉献的价值取向，是对农垦人顾全大局、公而忘私、无私奉献的精炼概括。在特殊时期、特殊环境下，农垦人不计较个人得失，以党和国家的利益为重，敢于担当，承担起为社会做贡献的责任。服务奉献是农垦人的信念和灵魂。在实现中国梦、全面建成小康社会的大背景下，农垦人继续坚持服务奉献，以服务社会为志向，将人民利益放在首位，坚决维护群众的切身利益，将实现自身的人生价值和社会价值统一起来，把无私奉献继续发扬光大。

近些年来宣传和报道农垦感人事迹的影视作品、书报刊物等越来越多。如央视一套就先后播出了反映农垦生活的《破天荒》《戈壁母亲》《龙抬头》《第一犁》《天涯热土》等优秀作品，并创下了收视率的新高；《当代中国的农垦事业》《一代农垦人》《盛世农垦》《突破北纬17度》《雁飞塞北》等书籍或画册也十分畅销；有些年轻人也会时不时地哼唱《草原之夜》《戈壁滩上盖花园》《兵团战士胸有朝阳》《北大荒人的歌》《何必让你记着我》等赞美农垦精神的歌曲。

三、农垦精神的源起与传承

（一）农耕文化与屯垦精神，是农垦精神的历史起点

中华民族自古以来都是以农业为立国之本。我们的祖先为了民族的生存与发展，用他们的勤劳和智慧创造了光辉灿烂的农耕文化。中国农耕文化的哲学意蕴可概括为"应时、取宜、守则、和谐"八个大字。

应时：农业生产，本就是一种根据节气、物候、气象等条件而进行的具有强烈季节性特征的劳作活动，其时间性是很强的。因此，顺天应时是几千年人们恪守的准则，"不违农时"是世代农民心中的"圣经"。

取宜：主要是对"地"来说的，即适宜、适合。种庄稼最重要的是因地制宜，"取宜"是农业生产的重要措施。

守则：则，即准则、规范、秩序。指要遵守作物生长的规则。

和谐：农耕生活的平实性与和谐性，使中华民族爱好和平，并且重视"和合"。追求人与自然和谐，人与社会和谐，人与人和谐。

应时、取宜、守则、和谐，就是在天、地、人之间建立一种和谐共生的关系，这是农耕文化的核心理念。时至今日，农耕文化仍是农村社会的主要文化形态和主要精神资源。

第一，中国农耕文化的时空特征主要表现为地域多样性、民族多元性、历史延续性和乡土普世性。

地域多样性：我国地域辽阔，各地的地形地貌和气候环境千变万化，差异很大。中国先人很早就懂得根据不同土壤、地貌、季节与作物，因地制宜、因时制宜、因物制宜地采取不同的经营方式，创造了多样性的农业生产模式。

民族多元性：我国民族众多，每个民族都对我国农业发展作出了特殊贡献。一部中国农业史，就是各民族的独特文化多元交汇的历史。各民族在其繁衍生息过程中，依据不同的环境资源特点，因地制宜创造了自己的农耕文化。

历史延续性：农耕文化是人类最古老的原生性遗产文化，至今我们依然可以在乡村的某些习俗中发现原始农耕文化的踪影。比如，祈年求雨习俗、祭山拜地习俗、开犁开廉习俗、丰收庆典习俗等等。

乡土普世性：农耕文化产生于乡土乡村，它与农民和土地紧密相连，与平

民百姓共生共存。农耕文化的民间性特点，使它在历史风云变幻中，既不完全受王朝演替的影响，也不全部因时尚文化而改变。这就是农耕文化的生命力。

第二，中国农耕文化的实践原则主要包括协调和谐的三才观、趋时避害的农时观、主观能动的物地观、变废为宝的循环观和御欲尚俭的节用观等。

三才观：即天、地、人。人与自然的关系；经济规律与生态规律的关系；发挥主观能动性和尊重自然的关系。古人早就提出了著名的"天时不如地利，地利不如人和"的论断，强调在农业生产中做到"顺天时，量地利，用力少而成功多"。

三才思想在中国文化中可谓源远流长。如盘古开天辟地的创世神话，其实表现的就是天、地、人三才思想，那时古人就把人放到了突出的位置。其他古老的神话，也包含着三才思想，如共工怒触不周山。这是三才思想的升华，但还只停留在天、地、人各行其道的水平之上。到了《易经》的时代，人们终于发现：人可以向天、地学习，人道可以与天道、地道会通，通过法天正己、尊时守位、知常明变，以开物成务，建功立业，改变命运，成就了"三才之道"的伟大学说。

趋时避害的农时观：中国农业有着很强的农时观念。"不误农时""不违农时"是中国农民几千年来从事农业生产的重要指导思想。

主观能动的物地观：早在先秦时代，人们就认识到在一定的土壤气候条件下，有相应的植被和生物群落，而每种农业生物都有它所适宜的环境。但是，作物的风土适应性又是可以改变的，农业生物与环境的关系也是可以变的。

变废为宝的循环观：在中国传统农业中，施肥是废弃物质资源化、实现农业生产系统内部物质良性循环的关键一环。中国传统农业是一个没有废物产生的系统。农户生态系统是"小而全"的结构单元，物质封闭循环，几乎所有的副产品都被循环利用，以弥补农田养分输出的损耗。通过废弃物循环再利用，实现无废物生产，是中国传统农业的一大特征和核心价值。

御欲尚俭的节用观：古人提倡"节用"，主要目的之一是积粮以备荒；同时也是告诫统治者，对物力的使用不能超越自然和老百姓所能负荷的限度，否则就会出现难以为继的危机。与"节用"相联系的是"御欲"，自然能够满足人类的基本需要，但是满足不了人类的贪欲。中国农耕文化包含着丰富的人文精神与和谐理念，是中国劳动人民在几千年的生产实践和生活实践中积淀下来的巨大财富。

自西汉以来，中国又出现了一种新的农耕形式，即屯垦。屯田垦荒是我国历代政府开发边疆和巩固国防的一项重大国策。最初的屯垦主要是为了长期戍边的需要，属于军屯。军队驻守边疆，在打仗之余有组织地开荒种地，实现粮食、衣物等物质的部分甚至全部自给，这不仅缓解了政府的压力，也减轻了民众的负担。东汉以后，开始出现从属于军屯的犯屯，就是将发配到边疆的罪犯置于军队的控制之下，强制他们屯田垦荒。魏晋南北朝以后，各地民屯兴起，一般是由地方政府组织或引导无地或少地农民择地屯垦。清朝还出现了商屯、旗屯、回屯等屯垦形式。在这时断时续、长达两千多年的屯垦历程中，我们的先辈留下了大量经典论述和文化遗迹，展示了丰富的精神内涵。

习近平总书记在视察新疆生产建设兵团时指出："屯垦兴，则西域兴；屯垦废，则西域乱。"我国历朝历代的屯垦、特别是军屯对维护边疆稳定、促进民族团结发挥了极其重要的作用。数以万计的屯垦将士离家千里，在条件艰苦、环境复杂、充满危险的边塞地区为国家建功立业，他们的屯垦戍边活动本身就包含着巨大的精神文化价值。历史上有名的诗句："劝君更尽一杯酒，西出阳关无故人"（唐·王维《送元二使安西》）、"秦时明月汉时关，万里长征人未还"（唐·王昌龄《出塞》）、"羌笛何须怨杨柳，春风不度玉门关"（唐·王之涣《凉州词》）、"只解沙场为国死，何须马革裹尸还"（清·徐锡麟《出塞》）等诗词文章千古传颂，体现和赞扬了屯垦将士自立自强、吃苦耐劳、报效国家的精神、意志和行为。这是一种具有继承性的精神价值资源，它以其独特的传承方式和传承路径支撑着屯垦戍边成为延续两千余年的重要历史活动。中国古代屯垦精神是中华民族精神宝库中的重要历史遗产，也是新中国农垦事业必需的精神传承。

（二）大生产运动中锻造的南泥湾精神，是农垦精神的直接来源

1938 年武汉会战后，中国抗日战争进入战略相持阶段。日本人在速战速决、逼迫国民政府屈服的战略企图破灭后，调整了侵华政策，逐步将军事重心转向中国共产党领导的敌后抗日根据地，惨无人道地实施"三光"政策。国民党蒋介石也因为战场的失利和日本的诱降而再度积极反共，不仅停发了八路军、新四军的军政经费，还重兵包围、封锁了陕甘宁边区及各抗日根据地，再

加上自然灾害，边区军民的困难真是太大了。毛泽东同志回忆说："我们曾经弄到几乎没有衣穿，没有油吃，没有纸，没有菜，战士没有鞋袜，工作人员在冬天没有被盖。"在这形势严峻的紧要关头，党中央和毛主席发出了"自己动手、丰衣足食"的号召，迅速地开展了一场党政军民学参加的以发展农业为主的轰轰烈烈的大生产运动。1941 年春天，八路军 120 师 359 旅在王震旅长、王恩茂副政委等人的率领下，分 4 批开进南泥湾，一边练兵、一边屯田垦荒。

南泥湾位于陕西省延安城东南 45 公里处，也曾是人口稠密的繁华之地，但在清朝中期因回、汉民族冲突而变成了杂草丛生、荆棘遍野、人迹稀少、野兽出没的荒凉之地。359 旅指战员进驻南泥湾后，没有住处就先露营、搭草棚，然后再挖窑洞；没有生产工具，就冶铁成钢、打制锹镢；粮食不够，就打猎捕鱼，吃野菜、榆树皮；没有烧材，就打柴火、烧木炭；衣物匮乏，就长裤改短裤，短裤改裤衩，破布再打成草鞋穿；没有耕牛，就用镢头开荒比赛，还能"气死牛"。屯垦部队在开荒种地的同时，还办起了纺织厂、造纸厂、木工厂、榨油厂、皮革厂、陶瓷厂等工厂。到第二年，359 旅生产自给率就达到 61.55%，第三年达到 100%，到 1944 年共开荒种地 26.1 万亩，收获粮食 37 000 石（1 石≈100 斤），养猪 5 624 头，上缴公粮 10 000 石，做到了"耕一余一"。

从 1941 年到 1944 年短短的几年时间里，在"一把镢头一支枪，生产自给保卫党中央"的口号下，359 旅指战员披荆斩棘，艰苦奋战，实行战斗、生产、学习三结合，战胜了重重困难，把一个荒无人烟的南泥湾，变成了到处是庄稼、遍地是牛羊的"陕北的好江南"，成为全军大生产运动的一面光辉旗帜，也同时锻造了"自力更生、艰苦创业，同心同德、团结奋斗"的南泥湾精神。南泥湾精神是延安精神的重要组成部分，具有纯正的中国革命精神的血统。各大垦区的创业精神又基本上都是以南泥湾精神为蓝本，红色基因代代相传。

（三）新中国成立后，五十万复转官兵和社会各界人士创造了农垦精神

农垦事业是前无古人之事。虽然中国古代也有过几次在新疆、海南岛等地区垦殖的历史，但从来都没有获得过大规模的成功。只有在新中国建立后，在中国共产党的领导下，以中国人民解放军复转官兵为核心的农垦大军，才真正

地把农垦事业发展壮大起来。50 多万复转官兵和社会各界人士经过"三大战役",完成了向戈壁滩要粮要棉、突破北纬 17°向热带雨林要橡胶和向"北大荒"要粮的艰巨任务。

1949 年年底,毛泽东同志在《军委关于 1950 年军队参加生产建设工作的指示》中指出:人民革命军事委员会号召全军,除继续作战和服勤务者外,应负担一部分生产任务,使我人民解放军不仅是一支国防军,而且是一支生产军,借以协同全国人民克服长期战争遗留下的困难。

时任中国人民解放军新疆军区代司令员的王震同志,响应毛主席的号令,作出了关于《新疆军队生产建设工作的方针与任务》的报告,提出成立军人合作社,兴办机械农场和工厂等,并动员 11 万名驻疆指战员,在天山南北,戈壁荒滩,就地屯垦,创建军垦农场。广大驻疆官兵克服了常人难以想象的困难。他们吃的是"盐水辣椒面就粗粮",住的是"地窝棚",工具要自己造,犁要用人来拉……就这样,他们用青春与热血铸就了"艰苦奋斗、屯垦戍边、拼搏进取、无私奉献"的军垦精神和"热爱祖国、无私奉献、艰苦奋斗、开拓进取"的兵团精神,完成了屯垦戍边的战略任务。王震将军曾动情地称赞他们:"生在井冈山,长在南泥湾,转战千万里,屯垦在天山。"

抗美援朝战争期间,帝国主义对中国实施了全面的经济封锁和战略物资禁运。为了保障新中国的经济建设和社会主义阵营的整体利益,党中央作出了"一定要建立我们自己的橡胶生产基地"的决定,并成立了华南垦殖局,任命叶剑英元帅为首任局长,率领两名林业工程师、一个独立团官兵,以及先后加盟垦荒队伍的高校师生、归国华侨、翻身农民等数十万垦殖大军,挺进莽莽丛林和亘古荒原,白手起家,开荒种植橡胶。华南农垦人突破了橡胶树的生命禁区,将世界公认的不可能在北纬 17°以北生长的巴西三叶橡胶树大面积北移种植成功,创造了世界橡胶人工种植史上的一个奇迹,为新中国的社会主义建设作出了巨大贡献。他们在祖国南疆拓荒过程中锤炼而成的"艰苦奋斗、团结奋进、求实开拓、积极奉献"的垦殖精神,是中华民族宝贵的精神财富。

海南农垦的成立可以追溯到 20 世纪 50 年代初。当时,新中国成立不久,帝国主义对我国采取了经济封锁和橡胶禁运的政策。天然橡胶有着耐磨、防水、可塑性等特点,广泛地运用于工业、国防、交通、医药卫生领域和日常生活等方面，从民用货车、客车、空客到军用战车、战机、战舰，再到太空飞行器、月球上行走的太空车等，都可以找到橡胶的影子。没有天然橡胶，经济发展将受到极大的限制。

1952年1月1日，华南垦殖局海南分局成立，中国人民解放军林业工程第一师组建，与此同时，上万集体转业复员官兵、大批南下干部、归国华侨、大专院校师生、科技工作者、当地黎、苗族群众踊跃投身农垦建设，拉开新中国天然橡胶垦殖事业的宏伟序幕。

当无数农垦人渡过琼州海峡，到达海南岛的时候，面对的不仅仅是落后而艰苦的环境，发展橡胶种植还有着众多技术难关亟待解决。西方生物学界植胶权威专家就曾认定，巴西橡胶树仅仅生长在北纬17°以南，南纬或北纬10°以内的热带地区，北纬17°以北被视为植胶禁区，而海南岛正位于这禁区内。但农垦人并没有因此而放弃，为了破除西方专家"权威"论断，众多的技术人员投入到研究工作中，历经千辛万苦，创造出一整套适合我国特点的橡胶栽培技术，成功地在北纬17°以北大面积种植橡胶，创造了世界植胶奇迹，建成了中国最大的天然橡胶基地。

为了更好地开展橡胶种植，农垦分局在海南省内各地兴办了农场、分场。刚解放不久的海南岛基础设施条件落后，农场大部分位于偏远山区，交通不便、蚊虫肆虐都是摆在农垦人面前的难题，缺衣少食的状况更需要他们自身投入生产来缓解。而且橡胶树需要凌晨开始割胶，往往是天不亮，割胶工人就要起床前往橡胶林内割胶，让胶滴入桶内，待几小时后再重回山上取回胶桶。时间短了胶桶装不满，时间过长胶水溢出来又是浪费，这种辛苦也是常人难以想象的。橡胶树需要一段生长期才能开始割胶，至少需要2～3年时间，每年台风季节，保护珍贵的橡胶树苗就成为重中之重，农垦人冒着风雨只为保护好这一株株树苗。

在海南农垦博物馆里，这些曾被使用过的器材被一一保存下来，并用照片、画作等形式生动再现了当时农垦人为了祖国发展所作出的不懈努力。当时的测量仪器、镰刀等劳动工具，都被完好地保存了起来，历经沧桑的老旧物件记录着主人的点滴过往。正是因为它们，新中国成立初期的橡胶紧缺问题也得到极大的缓解，为国家的经济发展作出了重要的贡献。海南农垦在几十年中也以惊人的速度向前迈进，有了属于自己的优势农产品品牌。农垦人也一代代扎根于此，在这片土地上继续发挥着自己的光与热，为海南的经济、文化、工业领域发展都作出了极大的贡献。

1954 年 6 月，时任铁道兵司令员的王震同志向广大指战员作出了开发"北大荒"的动员报告。次年，王震同志又建议由铁道兵在黑龙江的密山、虎林、饶河 3 个县境内成立一个综合性的机械化农牧企业，铁道兵先后有 9 个师的复员转业官兵到达那里，建立了一批农场。1956 年 6 月，经国务院批准，成立了铁道兵农垦局，极大地拓展了黑龙江的农垦事业。1958 年 1 月，中央军委发出了《关于动员十万干部转业复员参加生产建设的指示》，其中有 7 万多人又进军到了"北大荒"。垦荒英雄们跋山涉水、勇往直前，他们把生命融入这片荒原，用青春和智慧征服了这片桀骜不驯的黑土地，实现了从"北大荒"到"北大仓"的历史性剧变。而支撑他们一路前行的正是"艰苦奋斗、勇于开拓、顾全大局、无私奉献"的"北大荒精神"。

1986 年 2 月，我国农垦事业的开拓者和农垦精神的缔造者王震同志在为《当代中国的农垦事业》一书所作的序言中指出："什么是中国农垦创业者的精神呢？我以为，最主要的，一是艰苦奋斗，一是勇于开拓。"这是对农垦精神最精辟、最权威的概括。中国的农垦事业是由第一代农垦人用汗血和生命奠定的，他们"献了青春献终身，献了终身献子孙"，才有了新中国真正意义上的农业发展。

（四）改革开放的伟大实践，为农垦精神释放新的活力

农垦事业的蓬勃发展，离不开农垦精神的薪火相传。正如王震将军所言："时代前进了，生产发展了，我国农垦已有了雄厚的物资技术基础，但创业者艰苦奋斗的精神不能丢，要代代传下去""最主要的是发扬农垦精神，把这个无价之宝一代接一代地传下去"。几十年来，一代又一代农垦人不畏艰险、顽强拼搏，他们战严寒、斗酷暑，艰苦奋斗、勤俭创业的精神不曾改变；几十年来，一代又一代农垦人解放思想、敢闯新路，他们破旧习、立新规，勇于开拓、敢于创新的精神没有褪色；几十年来，一代又一代农垦人携手共进、患难与共，他们"你帮我、我帮你，精诚团结、协作奋进"的精神一直没丢；几十年来，一代又一代农垦人不计得失、勇于牺牲，他们为国家、为人民，顾全大局、无私奉献的精神代代传承。

改革开放以后，中国农垦的内、外环境已发生了根本性的改变。一方面，随着社会的进步和自身的积累，农垦在物质条件、技术水平、产业规模等方面已今非昔比。但另一方面，国家经济体制由计划经济向市场经济转轨，承担着很多社会职能的国营农场管理体制不顺，经营机制不活，经济效益低下，要实现自主经营、自负盈亏，这给广大农垦干部和职工造成极大压力。农业本身就是弱质产业，常受自然灾害侵袭，收入很不稳定。场部职工承包土地办家庭农场也要照章纳税，他们承担了为国家应急解难的任务，还要承担其中的经营风险。但农垦人从不怨天尤人，他们非常理解国家的困难，靠着"艰苦奋斗，勇于开拓"的农垦精神负债经营、纳税经营、风险经营。他们大刀阔斧地进行体制改革，推行大农场套小农场的双层经营体制，转换经营机制，提高运营效率，负重前行的农垦人凭着顽强的精神探索了一条发展之路，实现了科学发展。农垦人均收入大大超过了农村，成为农业战线最先富起来的群体。但是，农垦人深知"一花独秀不是春"的道理，他们响应中央的号召，以先进的生产力和农业科学技术，支援着周边的农村，携手广大农村共同实现农业现代化。农垦人在推进农垦改革发展的新征程中，对农垦精神作出了新的诠释。

"非典"时期，北京粮食市场一时紧缺，黑龙江垦区开动 48 条大米精加工生产线，连续 7 天 7 夜将 20 000 吨优质大米源源不断运往北京。2008 年"5·12"汶川抗震救灾期间，北大荒人又经受住严峻的考验，他们仅用了 2 天多时间，让 2 400 吨大米驶向四川灾区。同年发生的寒害期间，广西垦区出资 1 亿多元人民币无偿救助受害的乡村甘蔗农户；云南垦区劲捧农场无私解囊百万余元为傣家村民架桥修路等。新冠肺炎疫情防控时期……

（五）新的历史时期，为农垦精神注入时代因子

党的十九大指出，中国特色社会主义已经进入了新时代。新时代的中国农垦承担着更加重要的历史使命，"保障国家粮食安全和重要农产品有效供给的任务更加艰巨，维护边疆和谐稳定的形势更加复杂"。与新时代的新要求相适应，农垦干部职工要学会运用马克思主义的宽广眼光去观察不断变化的世界，做到不唯书本、不信教条。唯有以主人翁精神，克服"等靠要"思想，发扬农垦优良传统作风，牢固树立开拓创新和市场竞争意识，增强推进农垦改革发展

的自觉性主动性，为农垦精神持续注入鲜活的时代因子，让其更加富有生命活力，为进一步推进农垦改革发展提供强大的精神动力，中国农垦才能实现跨越式发展。

四、新时期农垦精神的创新发展

"艰苦奋斗、勇于开拓"是农垦精神的高度凝练与概括。农垦精神在历代农垦人的传承和升华中历经了风风雨雨，催生了丰富的农垦文化，形成了良好的工作作风，展现了农垦人的优秀政治品质，造就了中国农垦服务人民与社会的累累硕果，在绵延中成为一股卓越的精神源泉，孕育了千千万万中华儿女的道德品质，是当今时代精神的典范。农垦精神与农垦改革发展、党的建设、先进文化塑造、精神文明建设、中国梦实现等相结合，互联、互通、互促、互融，才能更好地推进新时期农垦精神的接续传承与创新发展。

（一）农垦精神是推进农垦改革发展的强大动力

正如中共中央、国务院《关于进一步推进农垦改革发展的意见》所指出的，"大力弘扬农垦精神。推进农垦改革发展，根本上要靠农垦自身努力"。农垦人从诞生之日起就形成了自力更生、丰衣足食的意志品格，破除了"等靠要"思想。改革正需要这种精神。农垦精神是农垦人的精神旗帜，其本质和内涵永远是与时俱进的。以爱国主义为核心的"艰苦奋斗、勇于开拓"的农垦精神，流淌着中华民族薪火相传、生生不息的精神血脉。传承和弘扬农垦精神为推动农垦改革发展提供了强大精神动力。

（二）农垦精神是关注农业发展的价值抉择

农垦精神通过对"农"的认知、认同、劳作，深刻诠释了我国农业的重要性和迫切性，体现了农业发展的重中之重的地位。现代社会是由农业文明向工业文明转变的结果，但现代化并不意味农业的没落和更替，相反，农业在现代社会中发挥着举足轻重的作用。农业是人民生活的根本基础，是国家持续发展的重要前提。作为一个农业大国，关注农业的现在和未来，是我国人民理应承担的责任。农业与每一个人息息相关，推动农业现代化是时代的呼吁，是我国走向现代化的必由之路。农垦精神是对农业的深厚热爱，是对农业的理性认识，是对农业的捍卫呼吁。传承农垦精神，赋予农垦精神时代内涵，意味着要深刻认识农垦精神的独特作用，要理性看待农业的存在价值，将对农业的关注作为推动自身发展、不断完善的途径，树立科学的农业观和正确的农业价值观。

（三）农垦精神是加强党的建设的政治本色

农垦精神是中国共产党在长期革命斗争岁月中形成并塑造的，凝练为中国共产党的政治本色和价值取向，是中国共产党的政治品质要求，更是新时期新形势下开展党的建设伟大工程的基本要求。新时期发扬农垦精神，保持艰苦奋斗的本色，激扬勇于开拓的信念，是中国共产党人进行党的政治建设、思想建设、组织建设、作风建设、纪律建设的着眼点。艰苦奋斗是党要管党、从严治党的基本原则；勇于开拓是党自觉承担责任、发挥领导核心作用的根本任务。农垦精神将融入党的建设，对于端正中国共产党正确的发展方向，在风云变幻的国际环境中，遏制"四风"，率先垂范，提高服务群众的能力和水平；有效落实共产党员应有的责任和义务，为开展党的建设伟大工程造就一支政治强、业务精、思想坚定的马克思主义政党队伍，发挥了积极作用。

（四）农垦精神是打造中国先进文化的重要内容

我国有着 5 000 年的文明历史，在时光的流逝中积累了丰厚而优秀的传统文化。在这些文化精华中，折射着中华民族的思想观念、道德准则和行为规范，通过长久的实践体验逐渐内化到人们的精神领域，作为一种性格和品质表征着它的价值。千百年来，中华民族凭借着不畏艰难困苦、勇于拼搏、扎实肯干的精神与恶劣的环境作斗争，在坚持中勇敢战胜困难，用实际行动谱写中华民族的光辉历史。"艰苦奋斗，勇于开拓"也成为中华民族传承下来的生存法则。农垦精神在南泥湾精神、北大荒精神、兵团精神等综合引领下，形成了"艰苦奋斗，勇于开拓"的精髓和核心价值，正是中华民族传统文化的典型体现。农垦精神记载了农垦人解放思想、勇于创新、求实开拓的精神风貌，是当前构建中国先进文化的重要内容。先进文化是与时俱进的文化，是跨越时空领域的文化，是引领人类与社会走向完善与美好的文化。农垦精神深度融合时代与社会的发展需求，其价值取向有利于个人、家庭、国家、人类和谐、全面发展，在不断更新中形成了一套思想体系。从其精髓来看，在经济、文化、政治各个领域皆有导航标的作用。重新归置农垦精神的价值地位，是贯彻习近平总书记关于重视中华优秀传统文化传承重要讲话精神的体现，有助于我国社会主义先进文化的构建、传播与推进。

（五）农垦精神是弘扬社会主义核心价值观的重要途径

农垦精神是中国共产党带领全国各族人民在新中国建立初期的大生产运动中孕育、培养、形成的革命精神，是中国精神的重要组成部分，是社会主义核心价值观的宣传手段和实践途径。农垦精神是志存高远、克己奉公的人生境界；是昂扬向上、发奋图强的精神风貌；是坚韧不拔、求真务实的工作作风；是谦虚谨慎、团结一致的良好风尚。农垦精神蕴含爱国主义的理想信念、斗志昂扬的民族自尊、勇往直前的责任承担。农垦精神涉及个人的优良品德、团队的民主团结、家庭的和谐尊重、国家的热爱关怀，是中国人民价值追求的目标，是思想道德建设的核心内容，也是开展社会主义精神文明建设的重要途径。重申农垦精神的功能价值，不仅为国民思想道德修养提供宝贵的资源，而且能有效推进社会主义核心价值观的普及化和认同感，帮助国民树立正确的世界观、人生观和价值观。

（六）农垦精神是实现中国梦的思想引导

党的十八大以来，习近平总书记多次提出"共圆中华民族伟大复兴的中国梦"。梦想承载希望和未来，"有梦想、有机会、有奋斗，一切美好的东西都能够创造出来"。中国梦，是国家的富强梦、民族的复兴梦、个人的幸福梦，成为时代的最强音和民族振兴的力量。农垦精神的宣扬对激发国民的爱国情操有着很大的启示作用，是当前国家致力于实现伟大"中国梦"的关键品质。在农垦精神引领下，国民的社会责任感和使命感得以增强，社会主义集体主义教育得以进一步强化，农垦与国家、个人与社会的关系得以深刻领悟，为中国梦的实现注入强大的思想导引力量。

【教师简介】

甄瑞，学院农垦发展培训部（职业教育中心）主任、副研究员。主要从事农业农村（农垦）产业发展、农垦改革发展、农业农村（农垦）干部教育培训规律、培训方式方法、干部素质能力提升、党的建设等方面管理和研究工作。参与多项省部级及司局级重点课题研究，参编多部专著。

主讲项目：管理、文化传承、能力提升等课程。

新时代机关党建工作的
主要问题与创新策略 *

黄琭璐

▶ 机关党建是机关建设的根本保证。党中央赋予新时代机关党建围绕中心、建设队伍、服务群众的职责定位，为加强新时代机关党建提出了更高要求、确立了更高标准。本课以互动式学习习近平总书记在中央和国家机关党的建设工作会议上的讲话为切入口，运用结构化研讨等工具，带领学员审视、梳理新时代机关党建工作存在的突出问题、主要原因和创新策略，并引入行动学习理念，通过研讨交流中的核心感触，促进学员产生自身关联，推动实践应用。

本课用结构化研讨方式来聚焦专题学习，在前期政策文件学习、上级精神解读的基础上，深化理论吸收，交流实践经验，同时帮助大家了解更加科学的思维方法和有趣的研讨方式，兼收"鱼与渔"。

一、复盘：习近平在中央和国家机关党的建设工作会议上的讲话精神学习

2019 年 7 月 9 日，习近平总书记出席中央和国家机关党的建设工作会议（简称"7·9"讲话），在党的历史上还是第一次。这篇讲话精辟论述了加强和改进中央和国家机关党的建设的重大意义，深刻阐明了新形势下中央和国家机关党的建设的使命任务、重点工作、关键举措，对加强和改进中央和国家机关

---

* 本文是 2020 年农业农村部系统党办主任培训班的讲授课程文稿，该课程评估分值为 4.96 分。

党的建设作出全面部署，科学回答了机关党的建设一系列重大理论和实践问题，构筑了机关党的建设的"四梁八柱"，是新时代机关党的建设理论指导和根本遵循。

（一）拼接学习

现在，我手上一共有4沓文本，分别是"7·9"讲话中的若干内容。请每个小组派一位学员来我这里，根据顺序领回学习材料，并选择一个学习主题，带回各组。

（学员代表领取学习材料并回到座位）

首先请各组告诉一下大家，你们领到的主题分别是什么？

（学员告知任务主题：重要经验、使命任务、正风肃纪、特点规律）

请每组根据领到任务主题，在领取到的若干文本段落中，找出属于这个任务主题下的内容，并按照你们认为的顺序摆放在各组的桌面上，限时3分钟。提醒：为了帮助大家强化学习效果，在这一阶段，所有学员只能运用从老师处领取的学习资料进行对比思考、讨论，禁止翻看其他资料或使用手机。

（3分钟分组学习）

时间到，请大家停止讨论，请各组选出一位裁判员，交叉到下一组，根据我在大屏幕即将公布的答案，核对正确率后告诉大家。

（裁判员就位，PPT公布答案，作业批改）

看来咱们这个班的学员很有基础，4组中有2组的正确率是100％；另外两组，有一组选错了一个文本段落，另一组文本中的顺序弄错了两组，说明大家有着比较好的学习基础。在各单位，党办主任作为党务工作者，肯定是需要"先学一步、学深一点"的。不论是全对，还是有差距，请本组学员再一次认真学习放在组内桌面上的这个任务。时长30秒。

（二）"世界咖啡"

现在，我想问大家对刚刚认领的那个任务主题下的内容有没有一个更加深刻、全面、牢固的认识？假如知识是一杯"咖啡"，那么你们现在已经喝到了自己所在组内的"咖啡"。接下来，我要让各组流动起来，请大家再去其他组"喝喝咖啡"。

　　"世界咖啡"工具常用于研讨，不同专业背景、不同职务、不同部门的一群人，针对数个主题，发表各自的见解，互相意见碰撞，激发出意想不到的创新点子。冲破固有信念、团队创新，使人们能够用新的视角来看世界。但在这一堂课，我针对复盘学习的需要，把"世界咖啡"改造成快速学习的一个工具。

　　现在，每组有一位学员留在本组内，其他学员可以站起来活动一下，分头到其他的 3 个组，大家要均匀地分散去到不同的组，然后我们重新组 4 桌。留在本组内的老组员，请你给新来的学员们解读一下任务。"喝"完新桌的"咖啡"，新成员可以把原来所在组的任务主题与其他人交流，比如主题、关键内容等等。每轮"喝咖啡"的时间大致是 3 分钟，根据我的口令，老组员保持不动，其他学员继续换桌。"喝咖啡"环节全部结束后，我会随机抽取学员为大家分享整个讲话（所有组的核心内容），本轮学习时间 5 分钟。

　　（5 分钟集体学习）

　　现在请全体学员回到原来的座位上。请每桌派一个代表，用自己的语言，跟大家回顾一下你们一开始所拿到的那个主题下的内容。（通过复盘，帮助全班同学再次学习重温讲话精神；根据现场情况随机抽取一位学员交流整个讲话）

　　【参考资料】

　　第一主题：重要经验

　　党的十八大以来，中央和国家机关党的建设取得了显著成绩。总结实践，主要有 6 条重要经验。一是只有坚持和加强党的全面领导，坚持党要管党、全面从严治党，以党的政治建设为统领，才能永葆中央和国家机关作为政治机关的鲜明本色。二是只有坚持以习近平新时代中国特色社会主义思想为指导，高举思想旗帜、强化理论武装，机关党建工作才能始终确保正确方向。三是只有围绕中心、建设队伍、服务群众，推动党建和业务深度融合，机关党建工作才能找准定位。四是只有持之以恒抓基层、打基础，发挥基层党组织战斗堡垒作用和党员先锋模范作用，机关党建工作才能落地生根。五是只有与时俱进、改革创新，勇于探索实践、善于总结经验，机关党建工作才能不断提高质量、充满活力。六是只有全面落实党建责任制，坚持党组（党委）班子带头、以上率下、以机关带系统，机关党建工作才能形成强大合力。这些重要经验，大家要坚持好、发展好。

第二主题：使命任务

以习近平新时代中国特色社会主义思想为指导，增强"四个意识"，坚定"四个自信"，做到"两个维护"。以党的政治建设为统领，着力深化理论武装，着力夯实基层基础，着力推进正风肃纪。全面提高中央和国家机关党的建设质量，在深入学习贯彻习近平新时代中国特色社会主义思想上作表率，在始终同党中央保持高度一致上作表率，在坚决贯彻落实党中央各项决策部署上作表率，建设让党中央放心、让人民群众满意的模范机关。

第三主题：正风肃纪

中央和国家机关作风状况直接关系党中央形象，关系党和政府在人民群众中的形象。这次主题教育聚焦初心使命，就是聚焦宗旨意识、人民立场、使命担当。中央和国家机关要带头弘扬党的光荣传统和优良作风，让群众切身感受到新变化新气象。一是持续深化纠"四风"工作，特别是要力戒形式主义、官僚主义。二是大力弘扬密切联系群众的优良作风。三是坚持"严"字当头，把纪律挺在前面。这里要强调的是，必须正确处理干净和担当的关系，决不能把反腐败当成不担当、不作为的借口。要践行新时期好干部标准，不做政治麻木、办事糊涂的昏官；不做饱食终日、无所用心的懒官；不做推诿扯皮、不思进取的庸官；不做以权谋私、蜕化变质的贪官。

第四主题：特点规律

提高中央和国家机关党的建设质量，必须深入分析和准确把握规律和特点，使各项工作更好体现时代性、把握规律性、富于创造性，推动机关党的建设高质量发展。一是处理好共性和个性的关系。二是处理好党建和业务的关系。三是处理好目标引领和问题导向的关系。四是处理好建章立制和落地见效的关系。五是处理好继承和创新的关系。

这节课通过拼接学习、"世界咖啡"，带着大家把"7·9"讲话的主要内容复盘学习了一遍。这些都是我们平时开展机关党建工作的"四梁八柱"，所以希望每一位学员都把这个讲话不仅烂熟于心，还要通过学习、内化、关联、输出，对照到各自的实际工作中来。

二、结构化研讨：深度聚焦问题，开展专业化研讨

（一）无领导小组讨论体验——当前党建工作存在的突出问题

首先请大家用无领导小组讨论的方式，结合实际，研讨一下当前党建工作存在的突出问题，时间 5 分钟。计时开始！

（无领导小组讨论时间）

时间到！我想问问各组研讨有什么结果、有什么收获？每组一位代表，用 1 分钟时间阐释刚刚无领导小组讨论的情况，可以是收获，也可以是感受。

（学员发言）

我想问一下大家，对刚刚的无领导小组讨论的成效满意吗？刚刚的无领导小组讨论中，有没有出现意见领袖？有没有出现喋喋不休的话痨，而实际上你觉得他讲的东西平平无奇，占用了其他人说话的时间，又有没有人一言未发？

（学员互动）

这就是我想通过大家自己去感受一下无领导小组讨论的情况。无领导小组一般常用于面试当中，通过一定数目的考生组成一组（6～9 人），进行 1 小时左右时间的与工作有关问题的讨论。讨论过程中不指定谁是领导，也不指定受测者应坐的位置，让受测者自行安排组织。评价者来观测考生的组织协调能力、口头表达能力、辩论的说服能力等各方面的能力和素质是否达到拟任岗位的要求，以及自信程度、进取心、情绪稳定性、反应灵活性等个性特点是否符合拟任岗位的团体气氛，由此来综合评价考生之间的差别。那在我们成人培训的研讨中，出现意见领袖是好还是不好呢？

从理论上来讲，研讨是更符合成人学习习惯的一种方式。孩子在学校里接受的教育更多的是知识和信息的传递，教师在这过程中更多地起到主导作用。而成人的学习，更多的是基于"经验—反思—理论—实践"的循环模式，需要学习者本人进行更多的经验分享、碰撞、交流。特别是在干部培训院校，参加学习的领导干部，无论是理论知识储备还是实际工作经验，都非常丰富，干部培训院校如果单纯地做知识灌输型的培训，很难满足学员的培训需求。习近平同志在 2012 年中央党校秋季开学典礼的讲话中指出：学员来自不同地方、不同部门和不同工作领域，来自四面八方、五湖四海，大家的知识积累、经验积

累和个人经历、政治阅历也都不同。这种学员构成，给大家提供了一个相互交流、相互学习的良好环境。

然而，从以往现实来看，传统的学员研讨，经常会出现"一放就乱，一收就死"的现象。干预多了，学员们一个个规规矩矩，挨个做汇报发言；干预少了，又容易出现聊天效应、领袖效应、明星学员等消极现象。在传统的小组研讨中，很多领导干部经常会觉得研讨不起来，研讨结果往往是"事实很清楚，问题明摆着，解决很困难"。传统的"垂直思维"模式下，每个人从自身角度出发，直接从问题的提出、分析、到解决方案提出个人的观点。但每个人的认识是有局限的，认识问题不够全面、分析问题不够透彻、解决问题的对策建议受限于自身工作范围。如此，容易形成"一杠子插到底"的结论，对问题的判断也容易简单粗暴，研讨效果不尽如人意。

所以，我们倡导运用结构化研讨，来克服和规避刚刚大家所感受到的和我上述所提的研讨中常见的问题。

（二）结构化研讨概念引入、缘起和工具介绍

第一，结构化研讨的定义。结构化研讨是指由催化师按照一定的程序和规则，采用相关的团队学习工具，引导学员围绕某一主题多角度、分层次开展讨论的方法。近年来，结构化研讨在国家行政学院的培训课堂上大量推广使用，成为探索干部教育培训新途径、新方式中的一项重要成果。

第二，结构化研讨的由来和演变。结构化研讨脱胎于国家行政学院培训中心 2007 年承办的澳门行动学习项目。为了配套行动学习，在时任国家行政学院副院长陈伟兰的带领下，项目小组开发集成了一系列研讨工具和方法，将学员研讨的过程层次化、工具化、结构化，以保证行动学习各场研讨会的顺利开展。国家行政学院的澳门行动学习项目取得了巨大的成功，得到了中央领导和澳门特别行政区政府的高度好评。在圆满完成培训任务的同时，这次行动学习项目也造就了一支能够熟练使用各种研讨工具、组织引导学员有效研讨的催化师队伍。此后，国家行政学院逐渐将这种研讨方法在省（部）班、厅（局）班中进行了推广使用，取得了非常可观的效果。因为这种研讨有很强的规则设计，要求学员在不同的环节使用不用的研讨工具进行研讨，研讨成果的模块也是固定的，所以时任国家行政学院进修部的主任、后来任学院教务长的陆林祥

给这种研讨起了个名字，叫结构化研讨。

正是基于干部培训的研讨需求和现实效果的差距，结构化研讨应运而生。结构化研讨，以"水平思维"替代"垂直思维"，先引导所有学员一起从不同角度查找问题，使每位学员吸收别人的观点、克服自身认识问题的局限，全方位认识问题；问题澄清后，大家一起来分析原因；原因分析透彻后，集体探讨对策。这种研讨方法，使学员的思维慢下来，围绕问题，层层深入，借助工具使每个人都能贡献思想并尊重差异，使整个研讨更加有序，也更容易看到成果。

常用的结构化研讨分析工具有：SMART 分析原则、鱼骨图原因分析法、目标分解图法、团队列名法、头脑风暴等等。

（三）结构化研讨实操

接下来我们进入实操环节。就聚焦党建与业务深度融合这个话题，分查找问题、分析原因、探讨对策、成果汇报 4 个步骤进行。

我们先开始分配研讨角色，研讨时间为 1 分钟。

组长——按照主持人的引导要求，组织成员有序展开研讨，把握时间、适时打断、及时纠偏，确保研讨集中有效，每人都有参与发言机会。

记录员——听取每位成员的发言，用精炼语言记录到白板纸上，借助结构化研讨工具对信息进行分类梳理。

汇报人——用精炼语言代表小组汇报主要研讨成果，包括对问题的分析、对下步的思路等。

点评人——综合组内讨论意见，运用 4 副眼镜方法，从不同角度对其他组的研讨结论进行点评。

（1 分钟集体讨论）

第一，查找问题。我们先来讨论党建与业务深度融合方面存在的问题，时间 15 分钟，注意要找"真问题"，不要"伪问题"。工具使用团队列名法。团队列名法，是一种结构化的头脑风暴方法，是集体决策方法之一，可以最大限度收集成员的意见，有效避免"领导效应""明星效应""首说效应"，较好解决少数活跃人控场的现象；遵循"三不"原则，即不批评、不打断、不重复；可用于查摆现象、分析原因、提出对策全过程。步骤一，独立思考。每人把自已的意见（一句话概括，不解释）顺序排列，写在纸上，禁止讨论。步骤二，发表意见。每人轮流说一条意见，若有重复，则换一条。没有则过，不解释、不评论。步骤三，澄清问题。对每条意见进行讨论，可提问，意见所提人解释，相同则合并。步骤四，个人决策。每人根据自己认为重要的程度，选择3条意见，按3分制进行赋权打分。步骤五，集体决策。把每条意见的分数相加，得分最多的前几项即为小组意见。

假设有一组选的是党建与业务深度融合，针对现在还没有深度融合的情况，你觉得问题出现在哪里？现在请组长来主持发言，每个人遵循3项原则：一是每个人都要有一次发言，每次一个人发言，其他人禁止插话，发言请简短扼要。二是要追求数量和创意，发言要有新意，内容不能重复。三是不许质疑、不许批评、不许打断。

（集体讨论）

第二，分析原因。分析原因这一步骤，我给大家推荐结构化研讨分析工具中的鱼骨图原因分析法。鱼骨图原因分析法是将头脑风暴法、团队列名法找出的因素，按照相互关联性整理而成的层次分明、条理清晰的分析方法；是一种图形思维工具，实现结构化思考、图形化表达。请记录员在这个白板上把每个人讲的要点记下来，几轮发言轮完之后，请你们进行小组讨论。小组讨论的时候请大家合并同类的观点，有一些可能描述得不是很准确的，可以在这个阶段进行整合，进行完善，最后提炼出来。

在这个环节的最后，建议以鱼骨图直观表达问题的内因外因，或以其他维度去思考，问题出现的原因有哪些维度，比如是人、财、物（可能不是每道题都是适用于这种维度）。在这个环节用20分钟时间完成查摆原因。

（集体讨论）

第三，探讨对策。利用鱼骨图分析完了原因后，接下来我们需要探讨解决这个问题的对策。这个环节，我推荐大家使用目标分解图法。目标分解图法，类似拉提纲，与写文章搭骨架相同。我们可以完全按照鱼骨的大骨头、小骨头来找解决的对策，这个环节不用头脑风暴，也不用团队列名法，我们直接用绘画的方式来呈现。时间最好控制在20分钟。在提建议、提对策的过程中，请大家记住这些原则（目标为SMART）：一是目标必须是具体（Specific）的。二是目标必须是可以衡量（Measurable）的。三是目标必须是可以达到（Attainable）的。四是目标必须和其他目标存在相关性（Relevant）。五是目标必须有明确的截止期限（Time－based）。这个环节，组长要把握时间，控制在30分钟内。

（集体讨论）

第四，成果汇报。请各组的代表阐述本组研讨的观点，各小组的点评人以"四副眼镜法"法（万花镜——支持与赞成，墨镜——质疑与反对，望远镜——前瞻与长远，放大镜——可行与落地），需要从不同角度进行点评，达到碰撞智慧、学学相长的目的。

（小组汇报）

三、行动学习：用形象化关联你的思考，推进实践运用

学习需要转化为行动。那么，通过今天这节课程，我们从习近平总书记重要讲话到聚焦一个重点难点问题，再到深度研讨，也希望能够最终转化成大家的实际行动，接下来请大家认真填写下列的行动学习表（表1），写完后，请大家课上或课后对这张表格进行交流。

表1　行动学习表

核心感触	自身关联	实践应用	目标拆解
说明：在这堂课上，你最受触动的认识（做法、经验、创意）是什么？	说明：结合所在的单位（支部），这个认识或原理，可以关联分析吗？	说明：结合触动的内容，是否有下一步的应用方向的考虑？	说明：回去以后，打算通过多长时间、如何实现实践应用的计划？请拆解目标。

课程进行到这里，有些学员已经看见了这堂课的全貌了。请问，大家来培训完，一年之后，还能记住多少当时培训的内容？我们来看看埃德加·戴尔"学习金字塔"理论。在塔尖，第一种学习方式——"听讲"，也就是老师在上面说，学生在下面听。这种是我们最熟悉最常用的方式，学习效果却是最低的，两周以后，之前学习的内容只能留下大约5％。第二种，通过"阅读"方式学到的内容，可以保留10％。第三种，用"声音、图片"的方式学习，可以达到20％。第四种，通过"示范"这种方式学习，可以记住

30％。第五种，通过"小组讨论"的方式学习，可以记住50％的内容。第六种，通过"实际演练"的方式学习，可以达到75％。最后一种在金字塔基座位置的学习方式，是"教别人"或者"马上应用"，可以记住90％的学习内容。爱德加·戴尔提出，学习效果在30％以下的几种传统方式，都是个人学习或被动学习；而学习效果在50％以上的，都是团队学习、主动学习和参与式学习。

从研讨方法来看：结构化的集体研讨方法，通过倾听和回应可以消除盲点，通过陈述与回答可以消除隐蔽区，通过观点碰撞可以共同探索未知区。"世界咖啡"则把结构化研讨的优势在有限的空间和时间内实现最大化。

从参与者来说：每个参与者的大脑都是不同的，各自有独特的看问题角度、思维方式和经验背景。行动学习这种方式就让每个人发挥其独特价值成为可能，更容易激发参与者的创作激情和潜能。大部分参与者甚至于能够从最终的成果中找到自己贡献的影子，使其成就感大增。当参与者能够从行动学习的成果中找到自己独特的贡献的时候，对他的激励作用是巨大的。

到此，不知道你们对这种创新形式的复盘、研讨和催化行动的方式，是否有一些认同。无论认同还是反对，我希望大家都能够同时收获"鱼与渔"，把行动学习的理念带回到单位、团队和个人学习中去，是我这堂课想要传递给大家的重要信息。

【教师简介】

黄琭璐，学院党校工作部副主任，部团委委员，部党校团委副书记，助理研究员。主要研究方向：公共管理、党的建设、行动学习和培训方式方法研究。

根据成人学习特点，创新结构化研讨、访谈教学、案例教学、模拟教学、团队建设等培训课程，多次为农业农村部党办主任培训班、党支部书记培训班、处级干部能力建设培训班、新党员培训班等讲授或主持支部工作方法与艺术——案例行动课、党校教学方法——结构化研讨、红色凝聚力团队拓展、身边榜样系列访谈等课程。

工作压力与情绪管理[*]

贾　蕾

▶ 健康是促进人的全面发展的必然要求，是经济社会发展的基础条件，是民族昌盛和国家富强的重要标志，也是广大人民群众的共同追求。党的十八大以来，习近平总书记高度重视全民健康，推进健康中国建设。心理健康是全民健康的重要组成部分，本课旨在普及心理健康科学知识，针对常见心理健康问题，介绍心理压力管理、情绪调适的应对策略，帮助学员树立科学的心理健康理念、提升心理压力调适能力和社会适应能力。

人是群体性动物，要在社会群体中实现某种目的和情感需求，就要适应社会发展新阶段带来的新变化。当今世界正经历百年未有之大变局，经济社会飞速发展，社会竞争加剧，生活节奏加快，工作中需要解决的问题越来越多样、越来越复杂，需要面临的环境出现更多地变化和不确定性，这些都给人们造成了极大的压力和挑战，严重者甚至会影响人们的心理健康和身体健康。根据中国科学院发布的《中国国民心理健康发展报告（2017—2018）》，11％～15％的国民心理健康状况较差，可能具有轻到中度心理问题；2％～3％的国民心理健康状况差，可能具有中度到重度的心理问题。聚焦我国公务员群体的心理状况，62.4％的公务员压力水平处于中高等及以上，40.2％的公务员焦虑水平处于中高等及以上，38.7％的公务员抑郁水平处于中高等及以上。

---

　　* 本文是 2019 年河北省基层农技人员知识更新培训班（第三期）的讲授课程文稿，该课程评估分值为 4.83 分。

一、认识心理压力问题

心理是大脑对客观现实的主观反映。心理的源泉是客观现实，具有客观性。客观现实在心理的表现形式会经过大脑的加工，具有主观性。当人们发现主观反映与客观现实不统一时，又无法对两者间的差异给出合理化解释，就会产生心理问题。心理问题会引发大脑对客观现实的重要性、个人解决问题的能力进行评价，如果认为需要付出较大努力才能适应客观现实，或这种适应行为超出个人能够承受的范围，就会形成心理压力。

心理压力的起源是压力事件，如特殊的生理或心理需求，以及与自身相关的、强度较大的威胁或刺激事件。感受到压力事件后，身体会出现应激反应，为应激行为提供所需的能量。心理应激反应是当大脑判断出能够改变现状时，使人作出攻击、逃跑等行为；当发现无法改变现状时，促使大脑不停地思考解决方案，产生焦虑等情绪。

日常生活中，人们容易误判自身的心理压力状态。有些机关干部对心理压力不敏感或不能正确识别心理压力，常常忽视心理压力变大时的症状，将小问题养成大问题，有的还会严重影响身体健康。人们应及时察觉自身的心理压力水平，尽早进行干预和调节。有些机关干部对心理压力很敏感，常常因为一些小事陷入紧张的压力状态，常常过度担忧自身的心理健康状况。可以通过科学的压力管理将心理压力水平控制在一定范围，发挥心理压力的积极作用，降低心理压力的消极影响。当感到心理压力较大时，做好情绪调控及心理状态的自我调节，将心理状态恢复至健康水平。

二、调控情绪，保持健康心理

（一）调节消极情绪的性质

情绪是人对客观事物和对象所持的态度体验，能够产生内在动机驱使人们采取特定行动，用最小的代价快速作出趋近或回避客观事物的反应。情绪处于一定强度内，有助于提高大脑的活跃程度和身体健康状况，而过于激动的情绪和持久性消极情绪则会通过激发情绪性行为、损害人们的身体健康。《三国演义》中周瑜因计策失败，赔了夫人又折兵后，一时情绪激动出现高血压或心脏病的症状——"大叫一声，金疮迸裂，倒于船上"。情绪调控的目的是控制消极情绪的比例，避免情绪过度激动，保持情绪的稳定性。

　　情绪的性质和强度与压力事件、大脑的认知评价和身体的生理反应有关。其中，大脑对压力事件的认知评价，即客观事物和对象是否满足人们当时的期望，对情绪的形成起重要作用；身体健康状况起到调节情绪的中介作用（吊桥效应），改变人们对压力事件的不合理认知，如直觉、绝对化、过分概括化等。有些情况，引发情绪的不是压力事件本身，而是压力事件对人所具有的意义，或由压力事件引起的回忆或想象。我们应拒绝没有客观证据的胡思乱想，避免自己吓自己，减少无理由的负面认知评价。

（二）调节消极情绪的强度

　　焦虑：是由对危险或威胁的预期引发的无方向的烦躁情绪，没有具体焦虑对象，主要成分是恐惧及痛苦、羞愧、内疚等。人们经常有焦虑的倾向出现，无法避免，只有严重时才成为病态。减少焦虑的方法：让自己忙起来；为最坏的情况做好准备；不要过于在意别人的想法。

　　恐惧：面对危险或威胁时无能为力只能回避的一种情绪体验。未知事物或幻觉都会引发人的恐惧。减少恐惧的方法：多关注过程，不要过多考虑结果；进行模拟演练或实践练习；避免负面提醒，如"不要紧张、别害怕"等语句。

　　愤怒：面对危险或威胁时能够作出攻击行为时的一种情绪体验。表达愤怒能够展现个人力量，获得他人的重视和尊重。人们给自己提供合理宣泄愤怒的渠道。迁怒是转移愤怒的对象，把对某人的情绪转移到其他人身上。在日常生活中，应避免愤怒被舆论引导或操控，形成群体性愤怒。

　　情绪宣泄是释放消极情绪的有效方式，能够将情绪表达时产生的剧烈能量释放出来，恢复心理平衡。直接宣泄指直接针对引发情绪的客观事物或对象表达情绪，直接宣泄对自己不利时可使用间接宣泄。工作中使用拖延、遗忘、莫名犯错等方式阻碍任务进度也是宣泄情绪的一种形式。

（三）改善情绪性行为

　　情绪性行为，指原来稳定的行为受到情绪影响而紊乱或增强的情况。冲动行为是受情绪左右的、与日常行为习惯不同的一种突发、短暂、不理智、不受控制情绪性行为，表现为口头或躯体攻击。如路怒症，工作中被领导批评指责时的口不择言，突发事件舆情回应中的失误等。习得性情绪行为是一种后天习得的容易上瘾的行为，能够能使人产生心理或生理上的愉快感、满足感，如谈恋爱、吃零食。改善情绪性行为的方法：中断情绪性行为过程；阻碍情绪的发展过程；有条件的情况下，远离刺激环境，有助于减轻心理压力，缓解消极情绪。

（四）修复受到的打击

挫折是工作生活中经常遇到的，使人受到打击的压力事件。受到挫折后，人们的心理因现实和预期之间的落差产生不适感，心理需要处于受阻或中断的状态。此时，人们的反应是向外攻击以消除心理受阻的源头，或向内攻击埋怨自己无能。常见的挫折事件包括失败、被拒绝。对于失败，要学会接纳，做好自我安慰，快速恢复自信心；模仿可学习的榜样，提高成功率。受到挫折后，给自己一些物质补偿或精神补偿，能够有效恢复受到的伤害。

丧失是失去原来拥有的对象后，对现在生活造成的不适的感觉。对于能够挽回的，先尽力去找回，恢复原来的状态。对于确实无法挽回的，强迫自己适应失去后的现实，不要过度纠结失去的原因，陷入自责或后悔中，尽快忘记过去。某种情绪发生后，如未受到外部干预，其发展趋势会逐渐减弱直至消失，强烈悲伤期多为 6~12 个月。

（五）培养积极的社会情感

情感是在多次情绪体验的基础上形成的，对客观事物或对象所持的稳定、持久、深刻的态度体验，受情境的影响小。人的情感具有调节情绪、控制行为的功能，如得到满足后不狂喜，未得到满足而不生气，使个人行为受社会环境和行为规范的制约。

道德感是最常见的一种社会情感。道德感指人对自己或他人的动机、言行是否符合一定的社会道德行为准则而产生的一种内心体验。对道德观念、道德行为和道德准则的认识是产生道德情感的基础。习近平总书记 2014 年在北京大学师生座谈会上说①，"核心价值观，其实就是一种德，既是个人的德，也是一种大德，就是国家的德、社会的德。国无德不兴，人无德不立""对一个民族、一个国家来说，最持久、最深层的力量是全社会共同认可的核心价值观"。2018 年习近平总书记在全国教育大会上强调②，"要在加强品德修养上下功夫，教育引导学生培育和践行社会主义核心价值观，踏踏实实修好品德，成为有大爱大德大情怀的人。"当某个行为被认为具有道德正义性时，实施该行为会给人带来满意、愉快的情绪体验。责任感是道德情感中的一种。增强工作的责任感，履行责任就变成了快乐的事情。提升责任感的基础是具有强烈而深刻的情感体验。

情绪情感具有传染性，一旦进入工作环境，会通过非正式渠道传染整个组织。如发现有成员情绪情感状态不佳，应积极进行干预。具体方法有：利用安慰剂效应，进行正向的心理暗示；适度的幽默；多组织集体活动，增加人与人之间的正面互动；多与他人分享情感体验，多向他人表示感谢；多参与在集体中送祝福的活动。

三、关注身体，增强机体抗压力

（一）健康是应对压力的基础

身体是革命的本钱。人们在应对压力的过程中会大量消耗自身能量。身体健康状况良好，储备的能量较多，能够承担高压带来的较多能量消耗，表明机体的抗压力较强。亚健康或不健康状况下，机体的抗压力较弱，无法承受较大的压力。如工作压力变大，就容易出现感冒、发烧等症状，在压力面前身体先扛不住，难以支撑自己继续处理压力问题。

还有一种情况，身体能量持续被消耗并未得到有效补充，身体进入低能量模式，免疫系统受到抑制容易生病。如脑供血不足容易引发晕厥，甚至对身体

---

① 习近平：核心价值观其实就是一种德 国无德不兴 [EB/OL].［2014－05－05］. http：//politics. people. com. cn/n/2014/0505/c1024－24975911. html.

② 习近平在全国教育大会上强调 坚持中国特色社会主义教育发展道路 培养德智体美劳全面 [EB/OL].［2018－09－10］. https：//baijiahao. baidu. com/s？id＝1611234575766690445&wfr＝spider&for＝pc.

器官造成不可逆的伤害。面对长期较重的工作任务，应警惕长时间、不间断的持续性能量消耗；重视身体在能量较低时发出的信号，如眼前发黑、胸闷气短、四肢乏力；把持续性压力转变为间歇性压力。快速补充能量的方法：多喝热水、吃含糖量高的食物，直接补充能量；冲热水澡、晒太阳能够提高身体的热量，间接增加身体能量。

（二）心理压力的生物调节

心理压力向现实压力转化时，除受到大脑的认知评价的影响，还受到人体内生物调节系统的影响。面对突发性压力事件，过大的心理压力会抑制大脑的活动，缩小人们的认知范围，判断力减弱，自制力降低。此时，理性被感性压制，人们很难通过重构大脑的认知来调节情绪和行为，需要依靠生物调节系统，采用物理手段或药物手段降低身体的应激生理反应强度，弱化情绪和应为反应，使大脑恢复理性。

心理压力大的外在表现是紧张的身体状态。身体放松疗法是从生理方面应对心理压力，如深呼吸、练瑜伽和气功等。专注思考一段时间后，身体变得僵硬，适宜做一些舒缓的活动来活动关节和四肢，如广播体操。休息日，外出贴近大自然、与熟悉的亲朋好友聚会有助于缓解紧张的身心。

（三）用睡眠给身体充能

睡眠是弥补身体能量损失的有效方式。压力减弱或消失后，经过一段时间的正常作息，身体健康状况自动得到恢复。睡眠中能够促进体内组织的生长和修复，消除身体和精神上的疲劳，增强身体免疫力和抵抗力。压力状态下，有些人的睡眠质量会受到较大影响，出现失眠、易醒、睡眠时间不足等问题。睡眠不足会降低人的思考力、判断力、注意力和记忆力，直接影响解决压力问题的效率和效果。改善睡眠质量的方法有多种，如养成良好的睡觉习惯，形成固定的睡眠时间，营造良好的睡眠环境，避免睡前剧烈运动、思考问题等。人的睡眠周期包括浅睡眠、深睡眠、快速动眼睡眠 3 个阶段。白天体力消耗较大宜早睡，白天精神和脑力消耗较大宜自然醒。

（四）科学运动和饮食

运动过程中会消耗身体应激产生的过量激素，平衡压力下的生理反应，缓解焦虑等紧张的情绪。有氧运动的时候，人们无暇思考问题，使大脑暂时远离压力和烦恼。不同运动项目效果不同。每天走路几千步有助于产生愉悦的心情；挥拍类运动、游泳、单车运动有助于增强身体素质、降低死亡率；篮球、足球、广场舞等团体性运动以及单车、有氧健身运动有助于改善情绪、恢复精神状态。运动健身要合理，高强度运动中感到身体有所抗拒，要暂时停止运动，不强迫自己继续。

不能因为工作忙碌忽视正常的饮食需求，如节食、三餐不规律、不认真吃饭等。同时，应重视日常营养的摄取，适当补充抗压食物，如富含维生素 B 族的食物，含有 Omega‐3 脂肪酸的鱼油、含有生物碱物质的香蕉等，增强身体的抗压力。

四、直面问题，管理好压力事件

（一）积极行动的态度

人的成长发展中会遇到一个又一个的困难和问题，这些困难和问题是人们产生心理压力的源头，每战胜一个困难和问题，就会减轻或消除相应的心理压力，以及由这个心理压力引发的消极情绪及冲动行为。即使问题没有完全解决，付出的努力也能够给人带来心理慰藉，缓解焦虑和不安的情绪。

解决问题，行动是关键，不能光说不做、只想不做。周末早晨，楼上住户用电钻装修，噪声非常大。对此，邻居甲，心里很不高兴，又不愿意到楼上去说，在家里嘟嘟囔囔，感到心里压抑。邻居乙，火冒三丈，跑上楼大喊大叫，与邻居争吵。邻居丙，到楼上进行理论，当发现无法沟通时，拎起菜篮子去买菜。邻居甲没有采取行动，被动承受压力。邻居乙的行动不理智，没有取得效果，并制造了新的压力。邻居丙主动采取行动解决问题，失败后远离压力情景，有效减少了心理压力。解决问题时不必等万事俱备才行动，考虑周全后就可以行动起来，须克服行动拖延症。

（二）常见压力事件应对

直面问题，是一种态度问题，也是一种能力问题。习近平总书记在 2020 年秋季学期中央党校中青年干部培训班开班式上强调①，要提高解决实际问题能力，想干事、能干事、干成事，不断解决问题、破解难题。我们对 400 多名不同地区、不同层级的农业农村系统干部开展问卷调查，发现工作中常见压力事件主要有以下 4 个方面。

第一，工作责任大。工作责任大意味着工作的社会价值大、个人的工作价值大。要深刻认识到工作任务在社会发展、行业生产中的重要意义。感到担子过重时，可适当将常规性、非创新性工作授权给他人，并充分相信被授权人。

第二，工作事情多、加班多。加强工作任务管理，踢开"伪压力"，让压力事件变少一点。优先解决重要的事情（如图 1），将主要精力用在第一序列，多花时间放在第二序列。对琐碎工作进行整合，将工作性质相似或相近的多件小事合并成一件大事，减少工作任务的数量和大脑的记忆量。好记性不如烂笔头，把容易忽略、记混的工作用笔记下来，可用文字形式，也可绘制表格。

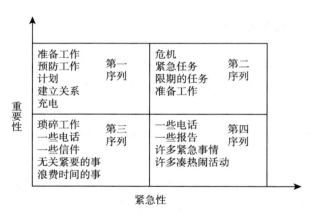

图 1

第三，工作要求高、协调难度大。马克思指出，问题就是时代的口号。新时代，我们正面临着一系列重大挑战、重大风险、重大阻力、重大矛盾的艰巨

---

① 习近平：年轻干部要提高解决实际问题能力 想干事能干事干成事［EB/OL］．［2020 - 10 - 10］．https：//baijiahao．baidu．com/s？id＝16801672065627637 50＆wfr＝spider＆for＝pc．

考验，只有不断解决问题才能不断前进。通过合理的任务分解，先完成其中能够解决的部分；对超出能力范围的部分，向上级领导或同事寻求帮助。

第四，工作的意义模糊、缺少被认同感。从个人层面和社会层面两个角度确定工作的意义，问问自己通过工作能够获得什么、实现哪些期望，找到个人切身利益相关的部分；发现具体工作对他人、对集体、对单位、对社会的作用，赋予具体工作一定的社会意义，增强社会认同感。

（三）非常规压力事件

第一，没有标准答案的问题。有些问题缺少相对统一的评价标准，没有绝对正确的标准答案，如价值观问题、道德问题、审美问题等，很难判断孰对孰错。当工作内容涉及上述问题，且领导的要求不符合自己的评价标准，先按照领导要求的方式去执行，尝试在适当部分融入符合自己评价标准的内容。

第二，左右为难的选择问题。有些情况表现为两种选择的趋避冲突，想实现某个目标，却不想付出所需要的代价。对于此，应牢记实现目标是最重要的，可将目标分阶段实施。有些情况表现为双避冲突，两种选择都不想要，却必须从其中选择一个稍微能接受的。有些情况表现为双趋冲突，两种选择都想要，却只能从其中选择一种，两者不可兼得，选择更想要率先实现的。"两难"问题不一定是"二选一"，可通过改变现实环境条件，增加某一选择的优势或减少其劣势，提出更适合问题情景的第三种选择。

第三，职业倦怠问题。职业倦怠指个体在工作重压下产生的身心疲劳与耗竭的状态，常见表现为对工作丧失热情、对周围的人事不关心、工作态度消极失去耐心、对工作的意义和价值评价下降甚至打算跳槽、转行。避免职业倦怠的方法有轮岗，以及提升工作中的控制感。职业倦怠中的无力感与工作中控制感低有关，应给予个体一定的控制权。

第四，特定阶段的特殊心理问题。进入新环境后的适应期，发现现实与预期存在差距，心存质疑和矛盾，需快速熟悉新环境，发展人际关系，开始新的工作；与新圈子中的佼佼者相比感到心理失衡，不满现状，应进行全面的比较，不能只拿自己的长板去比较别人的短板；即将离开原有环境前，想要突破规则。如退休前害怕失去现有的生活，想要用非常规操作来阻止或延缓变化，需尽快认清和接受现实，将注意力转到新的方向；离职、转岗前，认为自己要离开了，可以发泄之前积累的不满情绪，这时应多关注自己未来的生活，把不满对象当作不再联系的陌生人，放下之前的恩怨；处于领导岗位、权威地位较长时间后，有自命不凡的心态，害怕丢脸、不愿审视缺点时，需牢记初心和使命，多做自我反省，寻找下一个目标或挑战，避免被围猎。

五、锤炼意志，增强心理抗压力

（一）树立崇高的理想信念

意志指个体自觉地确定目的，并根据目的调节支配自身的行动，克服困难，实现预定目标的心理过程。意志对人的行为有发动、坚持和制止、改变两个方面的控制调节作用。

坚定的意志来源于崇高的理想信念。理想是对未来事物的美好想象和希望，指引着人生方向；信念指信任、坚信不疑的想法，决定了事业的成败；理想信念是一个人世界观、人生观、价值观的集中体现，是人生的精神支柱，是迎难而上的精神动力。在党的百年历史中，一代又一代共产党人为了追求民族独立和人民解放，不惜流血牺牲，靠的就是一种信仰，为的就是一个理想。尽管他们知道，自己追求的理想可能并不会在自己手中实现，但他们坚信，只要一代又一代人为之持续努力，一代又一代人为此作出牺牲，崇高的理想就一定能实现。

公元前99年，汉将军骑都尉李陵战败投降匈奴，司马迁说了几句公道话，触怒了汉武帝，被处宫刑。司马迁的身体虽然残废了，但汉武帝仍爱惜他的才学，改官为中书令。李陵案件，对司马迁是极为严重的打击。他在答复朋友任安的信里说道：我受了这样可耻的重刑，还依然隐忍苟活是有原因的。我多年来搜集全国历史事迹，考察比较，研究其成功、失败、兴起、灭亡的道理，写了一百三十篇，目的是要弄清人类和自然界的关系，阐述古代到现代的发展、变化，建立一家之言。不料工作还没有完成，便遇到这件惨祸，为了写完这部书，便只好忍受这种刑罚。反之，假如我的这些心血早已成书，并传布开了，就是死一万次，也是无悔。司马迁对历史著作严肃、郑重、负责的态度，是他百折不挠完成事业的奋斗精神动力。

（二）坚持行动的要素

美好的愿景目标，使人充满希望。马克思是这样描述共产主义社会的：在共产主义社会里，任何人都没有特殊的活动范围，而是都可以在任何部门内发展，社会调节着整个生产，因而使我们可以随着自己的兴趣今天干这事、明天干那事，上午打猎、下午捕鱼，傍晚从事畜牧，晚饭后从事批判，这样就不会使我总是一个猎人、渔夫、牧人或批判者。这样的社会给人充分的自由和发展空间，令人向往并为之奋斗。有吸引力的愿景目标，对个人有重要意义和价值，使人对目标产生深刻的情感，行动的动机和意愿强烈，如果愿景目标对他人也具有意义，能够成为共同的希望。好的愿景目标要生动形象、令人向往、有安全感。

良好的社会支持系统能够降低心理压力的强度。社会支持系统包括物质支持和精神支持。通过他人的精神鼓励，坚定信念，增强自信。利用消极情绪，激励自己克服困难，度过高原现象，突破自我。建立好的人际关系，主动展示良好状态，坚持自己的立场，给予他人信任，体谅他人，找到人际关系网中值得信赖的对象。

（三）锻炼压力耐受力

孟子说，天将降大任于是人也，必先苦其心志，劳其筋骨，饿其体肤，空乏其身，行拂乱其所为，所以动心忍性，曾益其所不能。人恒过，然后能改，困于心衡于虑而后作，征于色发于声而后喻。入则无法家拂士，出则无敌国外患者，国恒亡，然后知生于忧患而死于安乐也。

现任美国联邦最高法院的第 17 任首席大法官约翰·罗伯茨，是美国两个世纪以来最年轻的首席大法官。他在儿子初中毕业典礼上的致辞中说：在未来的很多年中，我希望你被不公正地对待过，人们唯有遭遇不公时，才知道公正的价值。

重点关注人群：上进心强但思想基础不牢固，有虚荣心、爱表现，经不起挫折和批评；经历多次失败，犯过错误、长期处于后进状态。

（四）实现内心的平衡

第一，合理调整期望值。工作生活中有准确的自我定位，能够正确认识自己的能力，不攀比，不随大流；客观认识现实与理想的差距，防止目标脱离实际造成的心理压力；预期目标要符合当前的环境或技术条件。

第二，接纳不理想的现实。有效说服自己，使用发展的眼光、辩证的眼光、酸葡萄理论、甜柠檬理论；用合理化解释安慰不如意的自己，避免因能力不够等理由伤害自尊心。

第三，保持好心情。努力回忆初始情绪事件，通过合理化解释改变糟糕的心情；疲惫、睡眠不足、不舒服等亚健康状况，天气、季节等环境条件都会影响心情；参加体验性消费有助于快速改善心情。

第四，微笑面对困难。在艰难困苦中努力寻求欢乐，保持微笑；通过观看喜剧、听笑话、面部练习使自己微笑。

【教师简介】

贾蕾，学院专业技术人才培训部副主任、副研究员。长期从事农业农村干部教育培训理论与实践研究，主要讲授心理调适与压力管理、工作决策与执行、沟通与协调等课程，多次在农业农村部门党员领导干部、基层党政干部、农业职业经理人以及企业人员培训班授课。

著有《机关工作心理压力管理》《机关工作决策与执行》，参与编写《社会主义新农村建设》等书。在《农民日报》《农业经济》《继续教育》《继续教育研究》《农村工作通讯》等报纸、期刊发表论文十多篇。

图书在版编目（CIP）数据

闻道集：农业农村部管理干部学院教学讲义选编：
2019-2021. 卷一 / 中共农业农村部党校，农业农村部管
理干部学院编著 . —北京：中国农业出版社，2022.12
　　ISBN 978-7-109-30086-6

Ⅰ.①闻…　Ⅱ.①中…　②农…　Ⅲ.①三农问题—研
究成果—汇编—中国—2019－2021　Ⅳ.①F32

中国版本图书馆 CIP 数据核字（2022）第 175991 号

WEN DAO JI：NONGYE NONGCUNBU GUANLI GANBU XUEYUAN
JIAOXUE JIANGYI XUANBIAN

中国农业出版社出版
地址：北京市朝阳区麦子店街 18 号楼
邮编：100125
策划编辑：丁　芳
责任编辑：任红伟　刁乾超　　文字编辑：吴沁茹
版式设计：李　文　　责任校对：吴丽婷
印刷：三河市国英印务有限公司
版次：2022 年 12 月第 1 版
印次：2022 年 12 月河北第 1 次印刷
发行：新华书店北京发行所
开本：700mm×1000mm　1/16
印张：26.75
字数：420 千字
定价：88.00 元